KB272169

새로 읽는 한국침례교회사

새로 읽는 한국침례교회사

초 판 1쇄 발행　2025년 8월 30일
개정판 2쇄 발행　2026년 1월 30일

발 행　기독교한국침례회
지은이　김용국
감 수　침례교 역사편찬 · 보존위원회

편 집　Up Dream 편집팀
펴낸곳　Up Dream
등 록　제2021-000013호
주 소　17557 경기도 안성시 공도읍 심교길 24-5

값 25,000원
ISBN 979-11-990160-4-0 03230

새로 읽는

한국침례교회사

The Re-reading of Korean Baptist History

김 용 국 지음

이 욥 목사

기독교한국침례회 제114차 총회장,
역사편찬보존 위원회 위원장

136년 전, 하나님께서 이 땅에 말콤 C. 펜윅 선교사를 보내시어 한국침례교회의 첫 발걸음을 내딛게 하셨습니다. 이름 없이 헌신한 수많은 목회자와 성도들의 눈물과 기도가 씨앗이 되어, 오늘의 한국침례교회는 믿음의 뿌리를 깊게 내리고 풍성한 열매를 맺게 되었습니다.

세월이 흐르며 수많은 역사적 기록과 연구가 쌓였고, 그 가운데 『대한기독교침례회사』, 『한국침례교회의 산증인들』, 『한국침례교 인물사』, 『한국침례교회사』, 『말콤 C. 펜윅』, 『시대를 앞서간 말콤 펜윅』, 『한국침례교회 100년의 향기』, 『신사참배 거부로 수난당한 침례교 대표 32인』, 『한국침례교사상사』, 『침례교 선교의 발자취』 등 귀중한 저술들과 각 교회 역사책들이 교단의 정체성을 밝혀주고 우리의 지난 과거를 조명해 주었습니다. 역사는 단순히 과거를 기록하는 것에 머물지 않고 오늘을 살아가는 우리에게 갈 길을 보여 주며 내일을 준비하게 합니다.

이번에 발간된 『새로 읽는 한국침례교회사』는 35년 만에 총회 차원의 공식 역사서로 세상에 나오게 되었습니다. 이는 단순한 학문적 성취가 아니라, 하나님의 은혜와 인도하심 속에 교단 전체가 함께 세워 온 믿음의 유산을 새롭게 확인하는 사건입니다. 이를 위해 특별히 집필과 감수에 헌신하신 저자 김용국 교수님, 편찬 및 감수위원이신 김태식 교수님, 김일엽, 이황규, 김성렬, 이요섭 목사님께 깊은 감사를 드립니다. 무엇보다도 한국침례교회를 지금까지 지켜 주시고 앞으로도 인도해 주실 성삼위 하나님께 찬양과 영광을 올려 드립니다. 이 책을 읽는 모든 이들이 우리의 뿌리를 다시금 깨닫고, 더욱 굳건한 믿음과 헌신으로 교단의 미래를 세워 가는 계기가 되기를 기도합니다.

주후 2025년 8월 25일

이 욥 목사

기독교한국침례회 제114차 총회장, 역사편찬보존위원회 위원장

김용국 목사

한국침례신학대학교 교회사 교수

저자는 평소에 한국침례교회사 저술을 꼭 감당해야 할 사명이라 생각했다. 그런 차원에서 "한국침례교 사상사"를 주제로 박사학위논문(2001)을 썼고, 그것을 번역하여 출판했다. 우리 교단은 큰 틀의 신앙고백서가 있으나, 조직 신학 주제에 따른 정교한 신앙고백서가 없는 상황이어서 사상사 연구가 필요했다. 한국의 타 교단들은 지금까지 교단의 신학 역사를 집대성한 교단 사상사가 거의 부재한 실정이다. 저자는 교단 사상사만큼은 타 교단보다 앞서 출판했다는 자부심이 있었다. 이제 남은 일은 교단 역사를 저술하는 것이었다. 그러나 신학교에서 "침례교회사" 과목의 교과서가 필요하여, 오랜기간 세계침례교회사 연구에 매달릴 수밖에 없었다. 결국 『세계침례교회사』(2020, 2024)를 출판하여 일단락을 지었고, 3~4년의 연구를 통해 『한국침례교회사』를 출판하려 했다.

그런데 2025년 4월 초 총회로부터 교단 역사책 저술을 의뢰받았다. 저자는 한국침례교회사와 관련한 두 권의 책과 몇 편의 논문을 썼으나, 전체 교단 역사를 저술하기에는 연구가 부족하고 시간도 촉박하여 망설였다. 그러나 좋은 기회이고, 평소에 꼭 해야 할 일이었으며, 무엇보다 기도 제목이 응답된 것으로 생각하여 제안을 수락했다. 저자는 기존 연구를 재사용하고, 새로운 자료를 발굴하여 본서를 저술했다.

저자는 한 가지 원칙을 세웠다. 그것은 친소(親疏)나 유불리, 정치적 입장 등을 배제하고 객관적으로 역사를 기술하는 것이다. 본서를 포함한 모든 역사는 불가피한 왜곡이 존재한다. 같은 사건이라도 역사가에 따라 다르게 해석되고 기술되기 때문이다. 역사 해석의 다양성은 역설적으로 역사가가 객관 역사라는 원칙에 충실하지 않으면, 왜곡된 역사를 쓰게 될 가능성이 더 높아지게 됨을 보여준다. 독자는 역사책을 읽을 때, 그것이 사실일 것이라 믿고 읽는다. 이처럼 역사는 독자에게 기준 제시의 역할을 하므로 객관성은 절대 가치에 해당한다. 특히 본서처럼 무게감 있는 책에서 객관성은 정말로 중요하다. "호랑이는 죽어서 가죽을 남기고 사람은 죽어서 이름을 남긴다"고 하는데, 이름을 남기는 일은 역사가에 의해 이루어진다. 따라서 역사가는 공(功)은 공대로 과(過)는 과대로 기록해야 한다. 객관적 기록을 위한 고집과 정직함은 역사가의 최소 덕목이며 반드시 갖추어야 할 자세이다. 고의적인 역사 왜곡은 죄악된 행위이기 때문이다.

저자는 이러한 객관 역사의 원칙에 따라 본서를 기술하려 노력했다. 다만 제1장에 나오는 "사진 논쟁" 부분에서 원칙을 지키지 못했는데, 그것은 저자와 감수위원들 간에 객관성에 관한 의견의 차이가 존재하여, 오랜 토론 끝에 중립적으로 기술하고 향후 연구 과제로 남기기로 합의했기 때문이다. 이 부분과 더불어 한 가지 아쉬운 점이 있는데, 그것은 많은 교회들의 역사를 비롯하여 꼭 담아야 할 부분을 채워넣지 못한 것이다. 본서의 부족한 부분은 다른 역사가에 의해 반드시 수정·보완되어야 하며, 그렇게 될 것이라 믿어 의심치 않는다. 그런 저작들이 가까운 시일 내에 출판되어 보다 객관적인 역사와 풍성한 역사 해석을 제공하리라 기대한다.

독자들은 보통 역사책에 나오는 인물과 사건에 관해서는 흥미를 갖지만, 그것을 기록한 역사가에 대해서는 관심을 덜 기울이게 된다. 많은 자료를 모으고 분석하여 역사를 기록한 선배 역사가들에게 특별한 감사를 표하고 싶다. 김용해 목사, 장일수 목사, 조효훈 박사, 김장배 목사, 김갑수 목사, 허긴 박사, 최봉기 박사, 김승진 박사께 감사드린다. 특히 존경하는 조효훈 박사님께 깊은 감사를 드린다. 27년 전 저자를 자신의 샌프란시스코 자택에 수일간 머물게 하고, 어렵게 수집한 귀한 사료를 복사하도록 허락한 박사님의 배려를 생각하면 눈물이 앞을 가린다.

본서의 출판을 기획하고 저술을 맡겨주며, 인내로 고비를 넘겨 책이 출판되도록 노력한 이읍 총회장과 이황규 총회전도부장께 깊은 감사의 말씀을 드린다. 본서의 완성도를 높이기 위해 조언을 아끼지 않은 역사편찬 및 감수위원들, 사진 정리와 편집을 맡아 준 이정훈 목사, 부록 작성에 도움을 준 제자 권일중 목사께 감사드린다. 귀한 사진을 제공한 침신대 안희열 교수와 한국선교유적연구회 회장 서만철 장로에게 감사의 말씀을 드린다. 무엇보다 나의 구원자이시며 친구 되신 예수님과 성부와 성령, 삼위일체 하나님께 모든 감사와 찬양을 올려드린다.

주후 2025년 8월 25일
하기동 연구실에서
저자 김용국

| 차례 |

발간사 | 이욥 목사 … 004

머리말 | 김용국 목사 … 006

제1장
한국침례교회의 시작(1889-1905)

기독교의 한국 전래 … 017

한국침례교회의 시작 … 022

말콤 펜윅의 신앙 배경과 내한 … 029

펜윅의 목사 안수와 엘라씽기념선교회 … 039

엘라씽기념선교회의 한국선교 … 047

펜윅의 한국순회선교회 설립과 엘라씽기념선교회 인수 … 066

스테드맨의 재방한과 충청도 상황 … 081

사진 논쟁 … 084

제2장
일제강점기 한국침례교회(1906-1944)

대한기독교회 시대(1906-1920) … 095

교권 파동과 「포교계」 사건   124

전도인과 순교자들   133

펜윅의 성경 번역과 복음 찬미   141

동아기독교회 시대(1921-1932)   143

동아기독대 시대(1933-1939)   155

동아기독교 시대(1940-1944)   171

대한기독교회와 항일운동   179

제3장

교단의 재건과 남침례교회 한국선교 시대
(1945-1958)

8·15해방과 교단 재건   189

미국 남침례교회와의 제휴   192

남침례교 선교사들의 입국과 한국 적응 모습   215

구호사업   222

의료선교   228

전도와 교회개척   240

침례교 정체성의 주입   254

교회 부서와 총회 기관 설립   257

결론 및 평가   272

제4장

교단 분열 시대(1959-1968)

교단 분열의 배경과 원인   279

교단 분열의 과정   284

교단 분열의 결과와 평가   308

분열 이후 포항총회   313

분열 이후 대전총회   316

교단의 재통합   331

성령 운동과 교육 목회   334

제5장

한국침례회연맹총회 시대(1968-1975)

교회개척과 한미기금위원회   344

한미연합전도대회   345

총회의 상황   350

총회 기관 현황   353

김장환 목사와 1973년 빌리 그래함 전도집회   359

제6장
기독교한국침례회 시대(1976-현재)

남침례교 선교부의 지원과 교단 부흥	368
한국 목회자들과 교단 부흥	376
오관석 목사와 하늘비전교회	377
김충기 목사와 강남중앙침례교회	382
김장환 목사와 수원중앙침례교회	388
이동원 목사와 지구촌교회	397
안희묵 목사와 꿈의교회	406
김성로 목사와 춘천한마음교회	412
호칭장로제 논쟁	416
여성목사 안수 논쟁	426
침례병원 문제	436
한국침례신학대학교 현황	447
그 외 기관들의 현황	459
맺는말	469
[부록 1] 역대 총회장과 총회 시대 구분	473
[부록 2] 한국침례교 순교자 명단	482
후주	484

한국침례교회의 시작

1889-1905

기독교의 한국 전래

기독교는 예수 그리스도의 성육신, 속죄, 부활, 재림을 역사적 사실로 믿는 종교로 크게 천주교회, 정교회, 개신교회 등 세 가지 분파가 있다. 한국에는 세 가지 분파가 다 존재하고 있으나, 1900년 2월에 시작한 한국 정교회는 교세가 극히 미약한 실정이다.

1. 천주교회의 전래

기독교 3개 분파 중 천주교회가 중국을 통해 한국에 가장 먼저 들어왔다. 부강한 나라 건설을 위해 서양의 학문과 문명을 연구한 조선의 실학자들이 명·청 시대에 발전하던 중국 천주교회를 한국에 소개했다. 이수광은 『지봉유설』(1614)에서 예수회 신부 마테오리치의 『천주실의』를 논평했고, 이익은 『성호사설』에서 예수의 동정녀 탄생, 선교, 십자가 죽음과 부활을 설명하며 기독교를 소개했다.[1] 천주교회는 서학, 천주학, 양학 등으로 불리다가 약 1770년대에 종교로 전환되기 시작했다. 허균, 홍유한, 이승훈, 이벽, 김범우, 권일신, 권철신, 정약용, 정약전 등은 천주교회의 가르침을 학문이 아닌 신앙적 차원으로 받아들였다. 천주교회는 조상제사를 반대하여 박해받았는데, 신해박해(1791), 신유박해(1801), 기해박해(1839), 병인박해(1866) 등 4대 박해를 통해 김대건 신부를 포함하여 약 1만 명이 순교했다. 천주교회에 대한 박해는 명성황후 일파가 정권을 잡으면서 완화되다가, 1886년 6월 4일 조선과 프랑스와의 조약 체결을 기점으로 종식되었다. 그때부터 천주교회는 한국에서 자리 잡고 성장했다.[2]

2. 개신교회의 전래

1) 유럽 개신교회의 한국 전래

한국에 최초로 개신교회를 전한 사람은 네덜란드 선교회 소속의 칼 귀츨라프였다. 그는 1832년 7월 17일 황해도 서해안 장산곶(長山串) 근해에 상륙하여, 그곳의 주민에게 복음서를 주려 했으나 실패했다. 그 후 귀츨라프 일행은 장산곶을 떠나 7월 25일 충청도 홍주만 앞 고대도에 도착했다. 그들은 고대도 주민에게 한문으로 된 전도지와 성경을 주고 돌아갔다.[3] 두 번째로 한국 땅을 밟은 선교사는 미국 상선 제너럴 셔먼호를 타고 온 영국인 로버트 토마스였다. 그는 1866년 8월 17일 대동강 어귀의 황해도 황주목 삼전면 송산리 앞바다에 도착

새로 읽는 한국침례교회사

했다. 당시 조선은 쇄국정책을 시행하여 외국과의 무역을 금지하였으므로 황주 목사는 다시 돌아가라고 했다. 하지만 셔먼호는 되돌아가라는 명령을 거부하고 총을 난사하면서 항해하여 양각도 서쪽에 정박했다. 그러나 대동강 물이 빠지면서 셔먼호는 양각도 모래 위에 좌초되었고 조선의 군졸들에 의해 불태워졌다. 그때 토마스도 다른 일행과 함께 죽임당했다.[4] 토마스의 순교는 그러나 헛되지 않았다. 평양으로 오는 동안 그에게 성경을 전달받은 홍신길, 김영섭, 김종권, 최치량은 후에 강서와 평양 판동교회의 창설자들이 되었으며, 토마스를 죽인 박춘권은 후에 안주교회 영수가 되었다. 최치량에게 성경을 받아 집의 벽지로 사용했던 박영식은 기독교인이 되었고, 그의 집은 평양 최초 교회인 널다리골 예배당이 되었다.[5]

조선의 쇄국정책은 1873년 흥선대원군이 하야하면서 폐지되었다. 새로 정권을 잡은 명성황후 일파는 개국정책을 펼쳤고, 그 결과 조선은 1876년 2월 일본과의 강화도 조약을 시작으로 1882년 5월 미국, 1883년 11월 영국과 독일, 1884년 7월 러시아, 1886년 6월 프랑스와 각각 조약을 체결했다. 조선은 수호통상조약들로 인해 서방에 본격적으로 알려졌다.[6] 당시 중국에서 선교하던 스코틀랜드 출신 존 로스는 한국선교에 관심을 가졌다. 그는 이응찬, 백홍준, 이성하, 김진기, 서상륜 등의 도움으로 만주에서 성경을 한글로 번역했다. 1877년에 시작한 신약성경 번역은 10년이 걸려 1887년에 책으로 출판되었다. 그것은 최초의 한글 성경이었다. 서상륜을 비롯한 초기 기독교인들은 이 성경을 배포하며 복음을 전했다.[7]

2) 북미 개신교회의 한국선교

한국교회는 북미교회로부터 직접적인 영향을 받았다. 미국교회의 한국선교 배경은 1883년 민영익이 이끄는 견미사절단의 미국 방문과 관련이 있다. 이들은 기차 안에서 우연히 미국 북감리교회 목사 존 가우처를 만났다. 가우처는 그 만남을 계기로 한국에 특별한 관심을 갖게 되어 북감리교 해외선교부에 한국 선교를 요청했으나 거절당했다. 그러자 가우처는 당시 일본에서 활동하던 로버트 맥클레이 북감리교 선교사에게 한국 선교를 타진해 보라고 했다. 맥클레이는 1884년 6월 한국에 와서 외위문 주사 김옥균에게 도움을 요청했고, 김옥균은 고종에게 의료와 교육사업을 허가받았다.[8] 이후 북미 선교사들은 의료와 교육사업 명목으로 한국에 들어왔다. 한국에 개신교 선교가 시작되는 시점에 북미에서는 보수·복음주의 계열의 인사와 단체가 해외선교운동을 주도하고 있었다. 미국은 19세기 중반에 각 교단에서 해외선교부가 조직되었고, 19세기 후반에는 무디 부흥운동, 나이아가라 사경회, 학생자원운동이 해외선교의 열기를 일으켰다. 드와이트 무디, 아더 피어슨, 아도니람 고든, 앨버트 심슨 등은 청년들의 가슴 속에 해외선교의 비전을 심었다. 피어슨은 3,000명을 해외선교사로 파송하도록 했고 1895년에 아프리카내지선교회를 설립했다. 고든은 1889년에 보스턴선교훈련학교를 세웠고, 심슨은 신자와 선교사 연맹을 창설했다. 19세기 말에 한국에 온 북미 선교사들은 이러한 영향권 안에 있던 사람들이었다.[9]

최초로 한국에 온 미국 선교사는 의료선교사 호러스 알렌(1858-

1932)이었다. 그는 1884년 9월에 미국 공관의사(公館醫師) 자격으로 내한하여 광혜원을 설립했다. 광혜원은 곧 제중원으로, 그리고 얼마 후 세브란스병원으로 이름을 바꾸었다. 알렌에 이어 1885년 4월 미북장로교 선교사 호러스 언더우드(1859-1916)와 미북감리교 선교사 헨리 아펜젤러(1858-1902)가 내한 했으며, 이들은 각각 한국장로교회와 한국감리교회를 세웠다.[10] 1889년 호주장로교회, 1890년 성공회, 1892년 미남장로교회, 1896년 미남감리교회의 선교사들이 순차적으로 내한했다. 캐나다 선교사로는 제임스 게일이 1888년 12월, 말콤 펜윅이 1889년 12월, 윌리엄 맥켄지가 1893년 12월에 각각 내한했다. 미북침례교회 엘라씽기념선교회 선교사들은 1895년 2월에 입국했다.[11] 장·감 선교부는 선교의 경쟁과 중복을 막기 위해 1893년 1월 선교지 분할협정을 체결했다. 북장로교회는 경기, 충북, 경북, 황해, 평남, 평북을, 남장로교회는 충남, 전북, 전남, 제주를, 호주장로교회는 경남을, 캐나다장로교회는 함남, 함북을, 북감리교회는 경기, 충북, 강원, 황해, 평남, 평북을, 남감리교회는 경기, 강원, 함남을 각각 배정받았다. 배정된 지역에서 인구가 5,000명이 넘는 도시나 마을은 공동 점유할 수 있으나, 5,000명 미만일 경우 한 선교부가 먼저 점유하면 다른 선교부가 진출하지 않는 것으로 했다. 이런 선교지 분할은 관례적으로 유지되어 오다가, 1909년 9월 장·감 선교부에 의해 공식 조인되었다. 그러나 침례교, 성결교, 구세군 등 군소 교단을 협정에서 제외하여 형평성과 공정성의 문제가 있었다.[12]

한국침례교회의 시작

1. 한국침례교회의 시작을 언제부터로 보아야 하나?

한국침례교회의 기원에 관해 두 가지 주장이 존재한다. 첫째, 기독교한국침례회의 전신(前身) 대한기독교회를 창설한 말콤 펜윅 선교사의 내한을 교단 역사의 시작으로 보아야 한다는 주장이다. 현재 한국침례교회는 대한기독교회의 후손이며, 따라서 양측의 역사적 연결이 분명하므로 펜윅의 선교를 교단의 출발로 보아야 한다는 견해이다. 대한(동아)기독교 출신 목회자들이 쓴 역사책은 일관되게 이런 입장을 견지해 왔다.[13] 총회 역사편찬위원회가 1990년에 출판한 교단의 공식 역사도 펜윅의 선교를 기독교한국침례회의 출발로 확정했다.[14]

둘째, 1895년 미북침례교 엘라씽기념선교회 선교사들의 내한, 혹은 1950년 남침례교 선교사들의 내한을 교단의 기원으로 삼아야 한다는 주장이다. 이 주장의 근거는 펜윅의 침례교 정체성을 인정할 수 없다는 데 있다. 펜윅이 1893년 미국으로 건너가 침례교인이 되어 1896년에 다시 한국에 온 것은 맞으나, 1889년에 내한할 때는 초교파 독립 선교사로 왔으므로, 펜윅이 한국침례교회의 출발이 될 수 없다는 주장이다. 미국 서든침례신학교에서 한국인 최초로 교회사 박사학위를 받은 조효훈 목사가 이 주장의 포문을 열었다. 그는 펜윅이 1893년 미국으로 돌아가기까지 침례교인이 아니었으며, 펜윅과 동시대 활동한 언더우드의 부인 릴리아스가 그를 캐나다 장로교인으로 불렀던 점을 근거로 펜윅을 장로교단 출신의 독립 선교사였을 것이라 했다.[15] 즉 장로교 출신의 초교파 평신도 선교사가 침례교회의 출발이 될 수 없다는 것이다. 조효훈은 1971년 소논문에서 명확하게 펜윅은 침례교인이 아니었고, 사후 추종자들에 의해 침례교인이 되었을 뿐이라 했다. 그는 펜윅이 비록 침수 침례를 실행했어도 독재적으로 교단을 운영했기 때문에 침례교인으로 볼 수 없다며, "펜윅의 교회 정체에 관한 타당한 결론은 침례교 영향을 받은 엄격한 스코틀랜드 장로교인으로 그는 신앙적으로 볼 때, 미국 남침례교회와 같은 신앙을 가진 침례교인은 아니었다"라고 결론지었다.[16] 조효훈은 펜윅이 창립한 대한기독교회의 교단적 정체성에 관해서는 구체적으로 논증하지 않았으나, 전형적인 침례교회는 아닌 것으로 보았다.

한국침례신학대학교 교회사 교수 허긴도 펜윅이 침례교 교회 행정과 달리 교회를 권위적으로 운영한 것을 지적하며, "펜윅과 그의 추종자들은 침수 침례를 제외하고는 어떠한 침례교 신앙 원리도 가지고 있지 않았다"라고 했다.[17] 허긴은 그러나 펜윅이 1896년 이후부터 침례교 정체성을 가지고 있었으며, 특히 펜윅이 엘라씽기념선교회를 인수한 것은 그와 대한기독교회가 침례교 정체성을 소유한 근거가 된다고 했다. 그럼에도 대한기독교회는 개교회 자치, 회중주의, 자원주의가 없었으므로 전형적인 침례교회는 아니라 했다.[18] 한국침례신학대학교 교회사 교수 김승진은 허긴과 유사한 견해를 펼쳤다. 그는 펜윅을 침례교 영향을 받은 스코틀랜드 장로교 배경을 가진 사람이며, 대한기독교회는 회중주의와 민주주의에 관한 개념이 없었으므로 전형적인 침례교회는 아니라 했다.[19] 캐나다 토론토대학 한국학 교수 유영식은 펜윅이 장로교인이었을 가능성이 크다고 했다. 1881년도 마캄 마을 인구조사(Markham Township Census)에 펜윅의 가족이 장로교인으로 등록되어 있다는 것과, 펜윅의 어린 시절 마캄에는 침례교회가 없었다는 것을 근거로 제시했다.[20] 유영식은 펜윅이 침례교 목사 아도니람 고든과 연결되어 있다는 점은 인정했으나, "펜윅을 기독교한국침례회의 창시자로서 간주할 수 없고, 한국에 개신교의 한 교파로서 침례교회를 소개한 최초의 침례교인도 아니다"라고 결론 내렸다.[21] 이에 대해 한국침례신학대학교 기독교 윤리학 교수 최봉기는 마캄 지역 역사박물관(Markham District Historical Museum)의 기록을 통해 1848년 마캄에는 시온침례교회(Zion Baptist Church)가 존재했다는 사실을 제시하며, 펜윅의 어린 시절 그의 마을에 침례교회가 없었다는 유영식의 주장은 사실이 아니라 했다. 최봉기는 펜윅이 고든에게서 목사안수를 받은 것, 엘라씽기념선교회 인수, 침수 침례를 실시한 것 등은 그를 침례교인으로 보아야 하는 근거라 했다.[22] 최봉기는 펜윅을 한국침례교회의 출발로 보았다.

펜윅의 선교를 한국침례교회의 시작으로 볼 수 없다는 주장은 일견 타당한 측면이 있다. 교단의 기원은 현존하는 한국침례교회의 정체성이 시작된 시점이어야 하기 때문이다. 즉 침례교 정체성을 분명하게 소유한 사람 혹은 단체이어야 한국침례교회의 기원이 될 수 있는 것이다. 펜윅은 초교파 독립선교사로 한국에 왔으므로 그를 교단의 창시자로 볼 수 없고, 엘라씽기념선교회 선교사들의 1895년 내한, 혹은 1950년 남침례교 한국선교를 한국침례교회의 시작으로 보아야 한다는 주장은 합리적인 측면이 있다. 그럼에도 펜윅을 한국침례교회 의 출발로 보는 것이 더 합당한데, 그 이유는 다음과 같다.

첫째, 펜윅이 세운 대한기독교회가 기독교한국침례회의 직계 조상이어서 역사적 연결이 분명하다는 점이다. 한국에서 침례교회를 시작하고 유지한 주체는 대한기독교회의 목회자와 교인들이었다. 그것은 미남침례교회와의 관계에서도 잘 드러난다. 남침례교회가 한국선교를 시작한 것은 동아기독교의 주도적 활동에 의해서였다. 두 교단이 연결된 것은 남침례교회가 한국에 선교사를 파송하여 이루어진 것이 아니라, 동아기독교(대한기독교회)가 선제적으로 우태호를 남침례교회로 보내어 이루어진 것이다. 남침례교회가 선교하여 한국침례교회를 세운 것이 아니며, 동아기독교의 요청에 따라 선교사를 파송했다. 이처럼 두 교단은 제휴 관계로 연결된 것인데, 이는 동아기독교가주체적으로 침례교회를 이어온 것을 보여준다.

둘째, 펜윅과 대한기독교회의 침례교 정체성을 인정할 수 있기 때문이다. 대한기독교회가 기독교한국침례회의 직계 조상이지만, 만일 침례교 정체성이 없다면 한국침례교회의 기원이 될 수 없다. 그렇다면 대한기독교회를 창설한 펜윅의 침례교 정체성이 중요한 관건이 된다. 펜윅은 분명히 장로교 가정에서 성장했고 초교파 독립선교사로 한국에 왔다. 그러나 그는 미국 북침례교 목사 고든에게서 1894년 4월 8일 신자의 침례를 받았고, 4월 15일경 목사 안수를 받았다. 펜윅은 침례교 목사로서 1896년에 다시 한국에 와서 1906년에 대한기독교회를 창립했다. 그리고 대한기독교회를 침례교의 핵심 특징인 신자의 침례를 실행하는 교단이 되게 했다. 펜윅이 침례교 정체성을 소유하고 있었다는 것은 엘라씽기념선교회의 인수 과정에서도 잘 드러난다. 엘라씽기념선교회는 한국선교를 1895년 2월에 시작하여 1901년 4월에 종료했다. 선교회는 한국선교를 종료할 때, 한국의 선교회 재산을 매각하려 했으나 포기하고 펜윅에게 넘겨 주기로 했다. 이에 관해 스테드맨 선교사는 다음과 같이 말했다: "펜윅 선교사는 본 선교회와 깊은 인연이 있을 뿐 아니라 가장 신뢰하는 분임으로 우리가 세운 여러 교회와 건물 및 대지 등 남아있는 재정 일체를 위임하고 떠나니, 동역자인 펜윅 선교사를 절대적으로 신뢰하고 상호 협력하여 훌륭한 결실이 있기를 희망한다."[23] 스테드맨은 엘라씽기념선교회가 펜윅의 침례교 정체성을 인정하여 재산과 교회들을 넘겨준다는 것을 분명히 밝혔다.

셋째, 펜윅과 동시대에 활동한 타 교단 선교사들과 한국인들은 펜윅과 대한기독교회를 침례교로 여겼다는 사실이다. 타 교단 선교사들은 펜윅을 "캐나다 침례교 독립 선교사"(independent Baptist missionary, Fenwick)라 했고,[24] 펜윅의 한국어 선생 서경조도 펜윅을 "침례교 목사 편육"이라 불렀다.[25] 한국에서 '침례교회'라는 단어는 펜윅이 선교하던 때에 이미 광범위하게 사용되고 있었다. 예를 들면, 1904년 1월 25일 원산의 창전교회는 프란손 선교사를 강사로 장로교, 감리교, 침례교 연합으로 부흥회를 개최했다는 기록이 있다.[26] 또한 1905년 11월 17일 을사늑약이 체결된 후, 11월 19일자 「대한매일신보」에 실린 광고와 기도문에는 "長老會와 浸禮會와 美美會에셔 公同훈 聯合會를 團結ᄒ야"라는 문구가 있다.[27] 장로회, 침례회, 감리회(미미회)가 연합으로 구국기도회를 개최했다는 신문 기사를 볼 때, 당시 외부인들은 대한기독교회를 침례교회로 불렀음을 알 수 있다. 이것은 교단의 정체성에 관한 외부의 평가라는 면에서 중요성이 있다.

넷째, 초기 한국 침례교인들은 펜윅을 침례교인으로 인식하고 있었다는 사실이다. 이와 관련된 사건은 다음과 같다. 엘라씽기념선교회 선교사 스테드맨은 충남 칠산에서 6명의 결신자를 얻었으나, 자신은 안수받은 목사가 아니어서 군산에서 선교하던 미남장로교 선교사 부위렴에게 침례식을 요청했다. 1899년 12월에 최초 내한한 부위렴은 1900년 여름 금강에서 6명에게 침례를 주었다.[28] 스테드맨은 1901년 4월에 미국으로 돌아갔고, 펜윅은 그해 9월에 충청도에 왔다.[29] 따라서 교인들은 5개월 동안 선교사가 없는 상태로 신앙생활을 했다. 그때 흥미로운 사건이 일어났다. 부위렴이 칠산 교인들에게 목회적 도움을 주려 했으나 교인들은 그가 침례교 목사가 아니라는 이유로 거절했다.[30] 이처럼 충청도 교인들은 침례교 정체성을 가지고 있었다. 자의식적 침례교인들이 펜윅을 그들의 목회자로 인정한 것은, 펜윅을 침례교인으로 여겼기 때문이다.

다섯째, 대한기독교회의 교회론은 침례교 교회론과 대체로 같다고 볼 수 있다. 물론 펜윅이 침례교 전통보다 세대주의에 더 집착한 것은 사실이다. 세대주의자들은 로마 황제 콘스탄틴의 정교일치 정책으로 교회의 타락이 시작되었고, 가톨릭교회의 영향이 남아 있는 개신교단들도 타락하게 될 것이라 믿었다. 그래서 순수한 교회를 회복하려면 교단과 연결되지 않아야 한다고 생각했는데, 펜윅은 이러한 세대주의 교회론에 따라 대한기독교회를 세웠다. 교단 명칭도 침례교회가 아닌 초교파적 이름을 사용했다. 그렇지만 대한기독교회는 다음과 같이 침례교 교회론의 특징을 가지고 있었다: (1) 대한기독교회는 신약교회를 이상적인 교회로 여겨 교회의 체제와 직분을 신약교회에 따라 조직하려 했는데, 침례교회 역시 신약성경에 나와 있는 대로 교회의 체제와 직분을 세우려 했다.[31] (2) 대한기독교회는 유아세례를 반대하고 신자의 침례와 중생자 회원의 교리를 믿었다. 이 두 교리는 침례교의 핵심 특징이다. (3) 대한기독교회는 민주주의와 개교회주의를 실행하지 않았으나, 교회 직분을 계급이 아닌 사역으로 보았다. 즉 침례교처럼 회중주의를 보존하고 있었다. (4) 대한기독교회는 정교분리를 믿었으나, 애국주의와 긍정적 국가관을 가지고 있었다. 침례교회도 정확히 같은 입장이다.[32] (5) 대한기독교회는 교회치리를 엄격하게 시행했다. 엄격한 교회치리는 침례교의 주요 전통이다.[33] (6) 대한기독교회는 선교를 매우 중시했다. 침례교회도 선교적 교회로 불릴 만큼 선교를 중시했다. 이처럼 대한기독교회의 교회론은 침례교 교회론과 거의 같다. 이상의 근거들을 볼 때, 펜윅의 선교를 한국침례교회의 시작으로 보는 것이 합당하다.

1. 말콤 펜윅의 어린 시절과 회심

한국침례교회의 역사는 말콤 펜윅(Malcolm C. Fenwick, 1863-1935)의 내한으로부터 시작된다. 펜윅은 초교파 독립선교사로 '오와리 마루호'(Owari Maru)라는 일본 증기선을 타고 1889년 12월 11일 부산항에 입항했다. 그는 부산에서 며칠 머문 후 육로로 서울을 향해 갔다.[34] 펜윅은 아치발드 펜윅(1813-1868)과 바바라 라담(1823-1901) 사이의 7남 4녀 중 10번째 자녀로 1863년 캐나다 토론토 마캄(Markham)에서 태어났다. 5살 때 아버지 아치발드가 세상을 떠나 펜윅은 경제적 어려움으로 정규교육을 받을 수 없었다. 그렇지만 어머니와 도널드 매킨토시(Donald McIntosh) 목사의 가르침으로 건전하게 성장했다.[35] 아치발드는 동네에서 평판이 좋았으며 바바라는 신실한 기독교인으로 자녀들을 기독교 신앙과 경건한 삶으로 이끌었다. 매킨토시는 은퇴한 나이 많은 목사로 펜윅의 집에서 여러 해 유하며 신앙적 영향을 끼쳤다.[36] 펜윅은 그에 대해서 다음과 같이 말했다:

매킨토시 목사님은 글래스고우 대학교에서 금메달을 획득할 정도로 우등생이었다. 그는 한 시간 내내 시를 외울 수 있었다. 그는 정말로 비상한 두뇌를 가진 사람이었다. 그러나 그의 위대함은 이러한 것에 있지 않았다. 비록 그는 공부를 많이 하고 지혜도 풍부하며, 문학적 능력도 뛰어났으나, 이런 것보다 겸손하고 꾸밈이 없으며, 어린이 같은 예수님의 제자였다. 그의 위대함은 바로 여기에 있다.[37]

펜윅은 한국 교인들에게 어린이 같은 겸손을 강조했는데, 이는 매킨토시의 영향에서 비롯된 것이다. 매킨토시는 펜윅이 18세에 온타리오 프라이즈 모델농장(Prize Model Farm of Ontario)에 취직하여 마니토바라는 지역으로 갈 때, 안식일을 거룩하게 지킬 것을 당부했다. 이에 관해 펜윅은 다음과 같이 말했다:

그의 작별을 나는 기억하는데 왜냐하면 그 말은 내 인생에 큰 영향을 끼쳤기 때문이다: "말콤아 기억해라. 안식일을 거룩하게 지켜라. 그러면 너는 아무 문제가 없게 될 것이다. 나는 많은 젊은이의 삶을 지켜보았는데, 인생의 내리막길로 가는 출발점은 안식일을 기억하는 일에 실패하면서부터였다." 그 말은 나를 정규적으로 교회에 출석하게 했다. … 짧게 말하면 그 말은 이 땅에서 나의 가장 좋은 친구가 되었다.[38]

19세기 후반 북미의 복음주의자들은 안식일 성수를 강조했다. 그들은 안식일의 신성함을 분명하게 인식하는 것이 기독교 문화와 교회를 이루는 기초라 했다.[39] 매킨토시는 전형적인 복음주의자였고 그의

                                    새로 읽는 한국침례교회사

복음주의적 신앙은 어린 펜윅에게 깊이 영향 끼쳤다.

어머니의 신앙과 영성 역시 펜윅에게 큰 영향을 끼쳤다. 펜윅은 가족을 떠나 마니토바에서 일하며 생활할 때, 어머니와 누이들의 신실한 신앙생활을 기억하며 죄악에 빠지지 않았다.[40] 그는 온타리오 프라이즈 모델농장에서 3년간 일한 후 잠시 집으로 돌아왔다. 그때 어머니는 사고로 누워있었다. 펜윅이 얼마간 간호한 후 다시 직장으로 돌아가려 할 때, 등 뒤에서 "아들아, 너의 마음을 예수님께 드리기만 한다면, 나는 네가 아무리 멀리 떠나있어도 걱정이 없을 거야"라는 말이 들려왔다.[41] 어머니의 간곡한 권면은 펜윅으로 하여금 예수님을 진지하게 찾게 했다. 그는 그리스도를 만나기 위해 긴 신앙적 고통을 경험했다. 펜윅은 당시 경험을 다음과 같이 회고했다:

나는 그때 기차를 타고 가던 중에 그분을 발견할 때까지 찾아 나서기로 결심했다. 강한 확신이 들기까지 2년 동안 나는 그리스도를 발견하기 위해 알고 들었던 모든 방법을 동원했다. 예를 들면, 숲속에 혼자 있으면서 그분을 찾는가 하면, 밤새워 기도하거나, 그 외 모든 자기의 의로움을 이루기 위해 노력했다. 그러나 이러한 모든 노력은 결국 절망감과 함께 포기하게 되었고, 나는 하나님께 구원받을 가치가 없는 사람이라 고백했다. … 토론토의 어는 거리의 어떤 장소, 그곳은 이전에 가본 적이 있는 곳이었는데, 거기에서 나의 오랜 갈등의 날들 가운데 나의 왕 나의 구원자를 만났다. 내가 그분의 평화로운 얼굴에서 나오는 광채를 바라보고 있을 때 그분의 음성이 들렸다. "너는 가치가 없지만 나는 가치가 있다. 나는 네가 살 수 있게 하려고 죽었다." 나는 그때 내가 구원받았음을 알았다.[42]

펜윅은 2년간 산기도와 철야기도를 비롯한 많은 방법을 통해 주님을 체험하려 했다. 그러던 중 23세가 되던 1886년 토론토의 어떤 거리에서 예수님에 대한 환상을 보며 회심을 경험했다.[43] 펜윅은 어머니의 권면으로 회심했을 뿐만 아니라 재림 신앙도 물려받았다. 펜윅이 한국으로 떠날 때 어머니는 마지막 작별의 말을 했다: "내 아들아 괜찮다. … 예수님이 곧 다시 오실 것이고, 그때 우리는 다시 만나게 되며 작별이란 영원히 없을 것이기 때문이다."[44] 어머니의 경건한 신앙생활과 재림 신앙은 펜윅의 마음에 깊이 뿌리내렸다.[45]

2. 나이아가라 사경회와 학생자원운동

펜윅은 회심 이후 1886년부터 나이아가라 사경회(Niagara Bible Conference)에 정기적으로 참석하며 신앙 체계를 세웠다. 본 사경회는 1884년을 제외하고 1883년부터 1897년까지 나이아가라 폭포에서 22km 떨어진 나이아가라 호숫가에 있는 퀸스 로열(Queen's Royal) 호텔에서 매년 여름 개최되었다.[46] 나이아가라 사경회는 북미 신학교와 교회가 유럽의 자유주의 신학을 받아들이는 현상에 반대하여, 성경의 진실성과 보수 신앙을 지키려는 목적으로 만들어졌으며, 성인이 된 펜윅에게 지대한 영향을 끼쳤다.[47] 사경회는 성서주의, 세대주의, 경건주의, 세계복음화를 표방했는데, 그것은 사경회가 플리머스 형제회, 부흥주의, 케직 사경회로부터 영향받았기 때문이다.[48] 그러나 개혁주의 전통도 상당히 보존하고 있었다.[49] 펜윅은 나이아가라의 보수·근본주의 신학을 진리로 받아들였다.

펜윅은 회심 이후 막연히 해외선교사의 소명을 느꼈으나 거부했다. 그러던 중 1887년 7월 나이아가라 사경회에서 미국 학생자원운동(Student Volunteer Movement)의 창립회원이며 인도 선교사였던 로버트 윌더(Robert Wilder)가 해외선교의 긴급성을 호소했고, 펜윅은 그의 설교에 감동받아서 소명에 순종했다.[50] 펜윅은 이에 관해 다음과 같이 말했다:

> 나이아가라 사경회에 참석하고 있는 동안 전 부터 막연히 느껴왔던 것, 즉 멀리 있는 이방인에게로 가라는 소명에 대해 나는 변명했다. "주님! 저는 단지 한 상인에 불과하지 않습니까?"라고 말했다. "가라" 그분은 말씀하셨다. 저는 정규교육을 받은 적이 없고 목사도 아닙니다. 저는 신학교에 가본 적도 없는 사람입니다. "가라!" 그분은 다시 말씀하셨다. … 세 번째 날에 나는 말했다. "주님, 저는 원치 않습니다. 그렇게 하기 원치 않습니다. 그러나 당신께서 나를 자원하게 만드신다면 아마도 내가 감당할 수 있기 때문이겠지요." 그날 저녁 인도에서 선교사로 활동하는 윌더 형

제로부터 사막에서 목이 말라 죽어가며 물을 달라고 외치는 한 사람의 이야기를 듣게 되었다. 그는 말하기를 만일 내가 아주 잘 만들어진 유리 주전자에 있는 물을 멋진 유리컵에 담아서 그에게 주면, 그는 매우 감사할 것입니다. 그러나 내가 녹슬고 찌그러진 깡통에 물을 담아주어도 그는 기쁘게 마시고 살아날 것입니다. 그가 필요로 하는 것은 오직 물입니다. 이 단순한 설명이 나를 자원하게 했다.[51]

펜윅은 자서전에서 해외선교사 소명을 받아들인 날짜를 기록하지 않아서 정확한 일자를 특정할 수는 없다. 그는 단지 두 가지 사실만 밝혔다. 첫째 해외선교사 소명을 나이아가라 사경회에서 받아들인 것, 둘째 그 결정을 1889년 이전에 했다는 것이다.[52] 그런데 그것과 관련해 신빙성 높은 증언이 있다. 그것은 한국에서 1914년부터 1956년까지 활동한 캐나다 출신 선교사 윌리엄 스콧(William Scott)이 언급한 내용이다. 스콧은 다음과 같이 말했다: "펜윅은 미국 학생자원운동의 지도자 윌더를 1887년 토론토에서 만났고, 그 만남으로 인해 해외선교사가 되기로 결심했다."[53] 토론토는 나이아가라 사경회를 가리키는 것으로 보인다. 스콧은 펜윅과 동시대에 활동한 선교사이며 동향인이므로 펜윅과 여러 차례 대화했을 것이다. 따라서 그의 말은 신빙성이 있다고 볼 수 있다. 미국교회 역사가 레리 페티그루는 1887년도 나이아가라 사경회는 해외선교에 관한 주제로 여러 개의 세미나가 개최됐다고 했다.[54] 로버트 윌더는 분과 세미나 중 한 곳에서 강의

　　　　　　　　　　　　　　　　　　　새로 읽는 한국침례교회사

하였을 것이고, 펜윅은 그 강의를 들으며 해외선교사의 소명을 받아들인 것이다.

펜윅은 이처럼 19세기 말 영국과 미국의 대학생들에게 해외선교에 대한 열정을 불러일으킨 학생자원운동으로부터 영향받았다. 윌리엄 스콧은 한국에 처음 들어온 캐나다 출신의 4명의 선교사 게일(Gale), 펜윅, 하디(Hardie), 애비슨(Avison)은 "19세기 말에 미국과 영국의 대학들을 휩쓸었던 열정적인 해외선교운동의 산물이었다"라고 했다.[55] 학생자원운동은 드와이트 무디(D. L. Moody)의 노스필드 사경회의 영향으로 1886년에 시작되었다. 학생자원운동의 대표적 연설가로는 아도니람 고든, 아더 피어슨, 제임스 부룩스(James Brookes), 웨스트(West), 무어헤드(Moorehead) 등이었는데, 그들은 모두 전천년주의자들이었다.[56] 이들 중 고든, 피어슨, 부룩스는 펜윅에게 직접적 영향을 끼쳤다. 로버트 윌더는 학생자원운동을 태동시킨 "헤르몬 마운트 학교 100인"(Mt. Hermon 100)의 일원이었다.[57] 피어슨은 학생자원운동의 유명한 구호, "현세대 내에 전 세계 복음화"(the evangelization of the world in this generation)라는 표어를 유행시켰다.[58] 피어슨은 세계 복음화는 "전 세계의 개종이 아니라, 전 세계에 복음을 전파하는 것"이라 했다.[59] 펜윅은 피어슨의 선교관을 스펀지가 물을 흡수하듯 받아들였다. 펜윅은 학생자원운동과 더불어 나이아가라 사경회로부터 초교파주의와 전천년주의 선교관을 갖게 되었다. 펜윅은 이에 대해 다음과 같이 말했다:

옛 나이아가라 호숫가에서 뛰어난 성경학자들로부터 여러 해 배웠는데, 그 사경회에 참석자들은 그들을 가르치는 사람이 어느 교단에 소속되어 있는지 몰랐다. 교파적 선교 개념은 내 마음에 크게 다가오지 않았다. 다만 모든 인류에게 하나님에 관해 증거하는 것과, 현재 부재중이신 주님의 재림을 앞당기는 것이 기독교인의 일이라고 나는 늘 생각해 왔다.[60]

펜윅은 전 세계 복음화는 세계를 개종시키는 것이 아니라 세계에 복음을 전파하는 것이며, 전 세계에 복음이 전파되면 주님이 재림할 것이라는 전천년주의 선교관을 그대로 받아들였다. 그리하여 자신이 한반도, 만주, 시베리아 지역을 맡아 복음을 전하려 했다. 특히 복음이 전파되지 않은 지역인 오지(regions beyond)에 복음을 전파하려 했다.

펜윅은 또한 나이아가라 사경회를 통해 세대주의를 배웠고 그것을 진리로 받아들였다. 사경회 지도자 중 고든, 스코필드, 부룩스 등에게 많이 영향받았다.[61] 나이아가라 사경회는 1885년부터 세대주의를 강조하기 시작했다. 블렉스톤은 1885년 7월 23-30일 개최된 사경회에서 성경의 세대와 그리스도의 재림에 관해 설명했다. 스코필드는 1886년부터 세대주의를 가르쳤다.[62] 스코필드는 1888년 나이아가라 사경회에서 7세대를 처음으로 강의했고, 그 강의는 『진리의 말씀을 올바르게 등분하는 법』(Rightly Dividing the Word of Truth)이라는 소책자로 나오게 되었다. 제임스 부룩스는 본인이 운영하는 잡지 「진리」(The Truth)의 1888년 8월호에 스코필드의 소책자를 실었다.[63] 펜윅은 스코필드의『진리의 말씀을 올바르게 등분하는 법』번역하여 대한기독교인들에게 가르쳤다. 펜윅의 가르침을 기록한 책,「사경공부」에 스코필드 책의 내용이 그대로 나온다.[64]

3. 펜윅의 내한

펜윅은 나이아가라 사경회와 학생자원운동을 통해 신학을 정립한 후 선교지를 물색했다. 그러던 중 1889년 7월에 한 소식을 접하게 되었다. 그것은 한국에서 선교하는 존 헤론(Dr. J. W. Heron) 선교사의 부인이 복음을 전한다는 이유로 감옥에 갇혀있고, 곧 교수형을 받을 것이라는 이야기였다. 그것은 명백한 오보였으나, 이를 몰랐던 펜윅은 선교사의 부인을 죽이는 미개한 나라에 가서 복음을 전해야겠다고 생각했다.[65] 펜윅은 1889년 7월 17-24일 나이아가라 사경회에 참석했다. 그 사경회는 역대 가장 큰 규모의 사경회였으며, 중국내지선교회(China Inland Mission)의 허드슨 테일러가 강사로 연설한 해외선교에 대한 열정이 가장 뜨거웠던 사경회였다.[66] 펜윅은 사경회가 끝난 후 한국으로 갈 방안을 찾았다. 그때 "한국연합선교회"(Corean Union Mission)와 연결되었다. 한국연합선교회는 토론토시 YMCA 회원들을 중심으로 1888년 10월에 창립된 초교파 선교단체로 당시 토론토시 YMCA 의장 헨리 고든(Henry Gordon)이 운영 책임을 맡고 있었다.[67] 한국연합선교회는 로버트 하크니스(Robert Harkness)를 최초 한국 선교사로 파송했

펜윅 선교사 부부와 원산교회 교인들

다. 하크니스는 펜윅보다 1년 전인 1888년 12월 12일 한국에 왔으나, 건강 문제로 1889년 6월에 일본으로 갔다. 그러자 선교회는 하크니스를 대신하여 펜윅을 한국 선교사로 임명했다.[68] 펜윅은 1889년 8월에 떠나 일본을 거쳐 1889년 12월 11일 부산에 왔다.[69] 펜윅은 한국연합선교회의 후원을 받아 초교파 독립 선교사로 한국에 왔다.[70]

펜윅은 1889년 12월 20일경 서울에 도착하여 약 10개월간 "한국어 교과서와 입문서를 무조건 외우려"하는 등 한국말을 익히려 부단히 노력했다. 펜윅은 그러나 생각만큼 한국어 습득이 잘 되지 않자, 외국인들이 없는 곳으로 가야겠다고 생각하고 한국어 선생 서경조와 함께 황해도 소래로 갔다. 펜윅은 소래에서 한국어에 상당한 진전을 보게 되었다. 자신감을 얻은 펜윅은 앞으로 상주하며 선교할 지역을 탐색했다. 그는 당시 외국 선교부가 진출하지 않아 비어 있는 함경도 원산을 선교지로 정했다.[71] "남의 터 위에 건축하지 아니하려 함이라"(롬 15:20)라는 말씀을 따라, 오지 선교의 정신으로, 펜윅은 1891년 가을에 개항장이며 미항인 원산을 향해 갔다.[72] 펜윅은 원산에 약 10만 평의 땅을 매입하고 그곳을 동산이라 불렀다.[73] 동산은 원산 시내와 동해 앞바다가 훤히 보이는 해발 20-30미터의 다소 높은 위치의 땅이었다.[74] 펜윅은 10만 평의 땅에 농장을 만들고 원산 사람들에게 농사법을 가르치며 복음을 전했다.[75] 펜윅은 농장에서 2천여 평의 땅을 따로 과수원으로 조성했다. 과수원에서 출하된 과일은 품질이 우수하여 원산의 공립학교에 납품하거나 러시아의 블라디보스토크로 수출했다. 펜윅은 과수원과 더불어 원예와 축산도 운영했다.[76] 펜윅은 원산에 정착했다.

펜윅의 목사 안수와 엘라씽기념선교회

1. 아도니람 고든과 클라렌돈 스트리트 침례교회

펜윅은 원산에서 약 1년 6개월 정도 지난 후, 두 가지 목적으로 미국에 갔다. 그것은 장기적인 선교활동을 위해 목사안수를 받는 것, 그리고 본인의 선교를 전적으로 후원하는 단체를 설립하는 일이었다. 당시 펜윅은 한국연합선교회의 후원이 중단될 위기에 처하여 새로운 후원 단체가 필요했다.[77] 펜윅은 1893년 3월경 나이아가라 사경회

아도니람 저드슨 고든 목사

의 지도자이며 보스턴에 소재한 클라렌돈 스트리트 침례교회(Clarendon Street Baptist Church)의 담임목사 아도니람 저드슨 고든(Adoniram J. Gordon)을 찾아갔다. 고든이 설립한 보스턴 선교훈련학교에서 공부하여 목사 안수를 받을 목적으로 그곳에 간 것이다. 고든은 찬송가 315장 "내 주 되신 주를 참 사랑하고"를 작곡한 음악에 재질이 있고 초교파적으로 유명한 목사였다. 그는 뉴햄프셔주 뉴햄튼에서 1836년 4월 19일 침례교 집사 존 칼빈 고든과 샐리 로빈슨 고든 사이에서 태어났다. 아버지는 미국침례교회 최초 해외선교사 아도니람 저드슨을 존경하여 그의 이름을 따서 아들의 이름을 지었다. 아도니람 고든은 15세였던 1851년에 회심했고 1860년에 명문 브라운 대학교를, 1863년에 뉴톤신학교를 졸업했다. 1863년부터 1869년까지 매사추세츠주 록스버리에 있는 자메이카 광야침례교회에서 목회했고, 1869년에 클라렌돈 스트리트 침례교회에 담임으로 부임하여 1895년 2월 2일 세상을 떠날 때까지 목회했다.[78]

클라렌돈 스트리트 침례교회는 상류층 교인이 많았고, 예배당은 색유리 창문, 고급스러운 카펫, 값비싼 오르간으로 장식되어 있었다. 고용된 전문 4중주 음악가들이 음악을 인도했다. 교회는 화려했으나 영적 생동감이 없었다. 고든은 갱신을 추진했다. 먼저 회심의 경험이 없는 4중주 찬양대를 해체하고 신자로 합창단을 구성하여 음악을 인도하도록 했다. 그리고 교회 내에 댄스, 연극, 오페라, 페스티벌 등 각종 오락 프로그램을 폐지하고, 기도회와 성경공부반을 활성화했다.[79] 이후 교회는 점차 부흥하여 고든이 부임했던 1869년 12월에 358명의 교인이 1895년에는 1,000명 이상으로 증가했다. 1869년에는 국내외 선교사 각 1명씩 2명을 후원했으나, 1895년에는 각 12명씩 총 24명을 후원했다. 그리고 미국 내에 있는 유대인, 중국인, 흑인의 개종에 앞장서는 교회가 되었다.[80]

2. 보스턴선교훈련학교

펜윅은 1893년 봄부터 1894년 봄까지 약 1년간 보스턴선교훈련학교(Boston Missionary Training Institute)에서 청강생으로 공부했다.[81] 고든은 평신도 선교사나 늦은 나이에 목회자로 소명 받은 사람, 혹은 정규 고등학교를 졸업하지 못하여 신학대학교에 진학할 수 없는 사람을 위해, 1889년 10월 2일에 클라렌돈 스트리트 침례교회 부속건물에 보스턴선교훈련학교를 세웠다. 고든이 초대 교장으로, 그의 부인이 비서로 취임했다. 학교는 성경을 유일한 교재로 사용했고, 전임교수로 채펠(F. L. Chapell)을, 사무처장으로 퍼킨스(C. W. Perkins)를 채용했다. 학비는 무료였다.[82] 학교는 2년의 교과과정을 시행했으나 정식 학위를 수여할 수 없는 처지여서, 학생들의 형편에 따라 수업 연한은 얼마든지

조정이 가능했다. 1889년 10월 3일에 15명의 남학생과 1명의 여학생을 상대로 첫 수업을 시작했다. 학생은 1890년에 40명, 1894년에는 89명으로 증가했다. 강의는 화요일부터 토요일까지 주간에 이루어졌고, 가끔 야간 강의도 개설됐다. 학생들은 주일에는 교회 사역에 참여했고 월요일은 쉬었다. 교과과정은 8개 주제를 중심으로 개설되었는데, "1) 성서 및 실천 신학, 2) 성경 종합연구, 3) 성서 해석학, 4) 특별 성경연구, 5) 성경읽기, 6) 영적 삶과 크리스천 사역, 7) 선교, 8) 찬양" 등이었다.[83] 이와 같이 보스턴선교훈련학교의 교육 목적은 성경공부가 주를 이루면서 목회와 선교를 위한 실제적 가르침에 초점을 맞춘 것이었다. 이 학교는 현재 미국 동부의 명문 고든대학(Gordon College)과 고든-콘웰 신학교(Gordon-Conwell Theological Seminary)로 발전했다.[84]

3. 엘라씽기념선교회의 설립

새뮤얼 씽 집사

펜윅은 보스턴선교훈련학교에서 공부하는 동안 고든과 동료 학생들에게 한국을 소개하며 한국선교의 필요를 역설했다. 펜윅이 학교에 입학하기 전 클라렌돈 스트리트 침례교회에서는 이미 엘라씽기념선교회가 운영되고 있었다. 선교회의 창립 과정은 다음과 같다. 클라렌돈 스트리트 교회는 7명의 안수 집사가 있었으며, 그중 새뮤얼 씽(Samuel B. Thing, 1833-1900)은 신발제조회사의 총책임자로 상당한 재력가였다. 그런데 그의 외동딸 엘라(Ella Florence Thing)가 29세가 되던 1891년 8월에 세상을 떠나게 되었다.[85] 엘라는 중병으로 자신이 죽게 될 것을 알고 아버지에게 상속분을 미리 달라고 했다.

폴링과 마블(앞줄)

씽이 엘라에게 그 이유를 묻자, 엘라는 "그리스도를 모르는 사람들에게 복음을 전하는 일에 사용하면 좋지 않을까요?"라고 답변했다. 씽은 엘라의 요청대로 해당 금액을 교회에 헌금했다. 씽은 여러 선교단체에 수천 달러를 헌금하고 있었으나 그것이 어떻게 사용되는지 전혀 알 수 없었다. 그래서 엘라의 유산만큼은 선교활동을 확인할 수 있는 선교단체에 주고 싶었다. 씽은 담임목사인 고든에게 이러한 뜻을 밝히고 모든 일의 진행을 맡겼다. 이에 고든은 선교위원회를 구성했고, 위원회는 얼마 후, 두 명을 최초 한국 선교사로 임명했다.[86]

선교위원회의 구성은 1892년에, 최초 한국 선교사 임명은 1893년에 이루어졌을 것으로 추정된다. 임명된 두 명은 에드워드 폴링과 어맨다 가델라인이었다. 고든이 1895년 2월 2일 갑자기 사망하자, 선교위원회는 1895년 2월에 이사회를 조직하여 "엘라씽기념선교회"(The Ella Florence Thing Memorial Mission)라는 명칭의 정식 선교단체로 확대 개편했다. 선교회는 세 명의 선교사를 추가로 임명했다.[87] 이처럼 엘라씽기념선교회는 1892년경에 설립된 선교위원회로부터 시작됐다. 1895년 2월에 작성된 엘라 플로렌스 씽 기념선교회의 최초 정관은 다음과 같다.[88]

엘라 플로렌스 씽 기념선교회

Ⅰ. 명칭

보스턴 클라렌돈 스트리트 침례교회의 S. B. 씽 집사의 사망한 딸의 이름에서 따온 명칭이다. A. J. 고든 박사는 선교회의 시작부터 많은 관심을 기울였다. 씽 양은 잠들면서 자신의 유산을 복음의 해외 전파에 사용되기를 원했으며, 고든 박사의 마지막 사역의 일부는 이 새로운 시도와 관련이 있다.

Ⅱ. 운영 체제

선교회의 사역 방향은 S. B. 씽 집사, F. L. Chapell 목사, M. H. Deming 목사와 그들이 도움을 요청하는 사람들로 구성된 위원회에서 결정된다. 해외선교사들은 동역자들과 특히 선임자들로부터 독립적 지위를 가진다.

Ⅲ. 선교사들

선교사들은 선교에 철저히 헌신하고, 침례받은 신자이어야 하며,

주님의 전천년 재림의 진리를 간직하고, 성경에 기초한 전천년주의
진리로부터 나오는 그리스도인의 생활과 사역을 보여주어야 한다.

Ⅳ. 선교지

전반적인 목표는 다른 복음주의 선교단체가 점유하지 않은 지역에
진출하는 것이며, 그렇게 하여 세계 복음화를 겸손히 돕는 것이다.
첫 번째 진출한 나라는 한국이며, E. C. 폴링이 개척 선교사이다. 그
의 현재 주소는 한국의 서울이다.

Ⅴ. 모임

위원회는 매월 첫째와 셋째 주 금요일 오후 5시에 모인다.

Ⅵ. 협력

같은 목표와 정신을 소유한 사람, 혹은 서면이나 직접 방문하여 동
의를 표하거나, 혹은 위원회에 기부하는 사람은 협력자로 정중히
초대된다.

보스턴-1895년 2월

이처럼 엘라씽기념선교회는 침례교 선교회로서 전천년주의 신앙
에 기초하고, 오지선교를 지향하며, 한국을 선교지로 정했다. 펜윅은
엘라씽기념선교회가 한국을 선교지로 정하는 데 결정적 영향을 끼
쳤다.

4. 펜윅의 침례와 목사안수

펜윅은 1893년 3월부터 1894년 3월까지 약 1년간 보스턴선교훈
련학교에서 수학하며 침례교 정체성을 갖추게 된다. 클라렌돈 스트리
트 침례교회는 1894년 4월 6일(금요일) 펜윅이 침례를 받으면 정식 회
원으로 받아들이기로 결정했다. 펜윅은 1894년 4월 8일(일요일) 저녁
에 고든에게 침례받았다. 교회 소식지 「클라렌돈의 빛」(The Clarendon
Light)의 1894년 5월 6일자 교회 소식란에는 "한국으로부터 온 장로교
선교사 말콤 펜윅"이 4월 8일에 침례받았다는 광고가 있다.[89] 유아세
례를 받은 장로교 배경의 펜윅이 신자의 침례를 받고 침례교인이 된
것이다. 펜윅은 에드워드 폴링 외 5명과 함께 1894년 4월 15일경(일요
일) 고든과 피어슨 목사(Arthur T. Pierson, 1837-1911)의 주례로 목사안
수를 받았다.[90] 초교파 평신도 선교사 펜윅이 침례교 목사가 되었다.
피어슨은 장로교 목사로 고든과 함께 나이아가라 사경회와 학생자원
운동을 이끌었으며, 유명한 영국 침례교 목사 찰스 스펄전의 메트로
폴리탄 테버네클교회에서 1891년 10월부터 1893년 6월까지 설교목
사로 사역했고, 1892년 2월 스펄전 목사의 장례식에서 설교를 맡는
등 침례교회와 각별한 관계를 맺었다.[91] 피어슨은 피어슨기념성경학
원(현 평택대학교)의 설립자이기도 하다.

엘라씽기념선교회의 한국선교

1. 엘라씽기념선교회 선교사들의 내한

엘라씽기념선교회는 에드워드 클레이튼 폴링(Edward Clayton Pauling, 1864-1960)과 여선교사 어맨다 가델라인(Amanda Gardeline)을 최초 한국 선교사로 파송했다.[92] 폴링은 1864년 8월 31일 미국 펜실베이니아주 엘림스포트(Elimsport)에서 태어났다. 그는 1883-1889년 즉, 19세부터 25세까지 인디애나주에서 살았다. 1888년에 베크넬 학교(Backnell Academy)를 졸업하고, 1888년부터 1889년까지 인디애나 발파리소 사범학교(Valpariso Normal School Indiana)에서 수학하고, 인디애나주의 여러 공립학교에서 교사로 봉직했다. 교회에서는 주일학교를 조직하고 설교사역도 했다.[93] 폴링은 1889-1893년 4년간 펜실베이니아주의 침례교 계열의 명문 벅넬대학교(Bucknell University)에서 수학했고, 1893년 졸업식 때 웅변학 최우수 학생으로 선발되어 부상으로 금시계를 받기도 했다. 폴링은 학업

폴링 선교사와 가족

중 1892년부터 1893년까지 노덤버랜드교회(Northumberland Church)에서 목회도 병행했다.[94] 벅넬대학교는 1846년 펜실베이니아주 루이스버그 침례교회의 지하실에서 시작됐다. 처음부터 신학과와 일반학과가 함께 있었으며, 미국에서 선구적으로 남녀 공학을 실시한 학교였다. 이후 부유한 중개업자 윌리엄 벅넬(William Bucknell)이 학교에 거금을 기부했고, 학교는 아예 학교명을 그의 이름으로 바꾸었다.[95]

폴링은 벅넬대학교를 졸업할 즈음 고든의 초청을 받아 보스턴선교훈련학교에서 약 1년간 공부했다. 폴링은 목사안수를 받고 약혼녀 마블 발렌타인 홀(Marbel Valentine Hall)과, 가델라인과 함께 1894년 5월 한국을 향해 떠났다. 그들은 일본에서 얼마 동안 머문 후 1894년 11월에 한국에 와서 상황을 파악했다. 그리고 다시 일본으로 돌아가 겨울을 보냈다. 1895년 2월 14일 폴링은 홀과 일본 요코하마에서 결혼식을 올린 후, 곧장 가델라인과 함께 한국으로 갔다.[96] 그들은 1895년 2월 15일경 서울에 도착했고,[97] 얼마 후 현 서울지방경찰청 자리인 서울시 종로구 내자동 201번지의 1,000여 평 규모의 대지와 건물들을 매입하여 선교 스테이션(본부)으로 삼았다.[98]

엘라씽기념선교회 선교사들은 선교 스테이션을 마련한 후 본격적으로 전도했다. 그들은 전도지 배포, 개별 방문, 길거리 설교, 책 판매, 선교 스테이션 방문자에게 전도하는 등 다양한 방법으로 복음을 전했다. 1890년 내한하여 1900년에 순직한 미북장로교 선교사 대니얼 기퍼드는 폴링의 전도 활동에 대해 다음과 같이 묘사했다:

자, 다시 날아다니는 양탄자를 타고, 서울의 상가 거리에 내려 보자. 침례교 선교사 E. C. 폴링 목사가 거리의 한쪽에 조용히 서 있다. 양손에는 복음서와 전도지를 가득 들고 있다. 목사는 그중 한 권을 꺼내 펼쳐서 조용히 읽는다. 곧 한 명의 행인이 고개를 돌려 폴링을 쳐다본다. 그 사람은 목사에게 더 가까이 다가가나 목사는 모르는 척 계속 읽기만 한다. 이윽고 서너 명이 주위에 몰려들기 시작하면 폴링은 점점 큰 소리로 성경 구절을 읽기 시작한다. 이 모습은 지나가는 많은 사람에게 호기심을 불러일으켜 순식간에 한 무리의 사람이 목사 주위에 몰려든다. 이때부터 폴링은 노방전도를 하는 다른 모든 선교사처럼 큰 소리로 외쳐 설교하기 시작한다. 옆에 있던 조사가 폴링을 도와 모여든 사람들에게 전도지를 나누어주고 복음서를 팔기도 한다. 이렇게 노방전도는 복음의 씨를 뿌리는 전도 방법 가운데 하나가 되었다.[99]

위의 기퍼드의 기록은 폴링의 1895년 선교활동을 기술한 것으로 보인다. 기퍼드의 책은 1898년에 출판되었으나 그는 1896년부터 1898년 사이에 미국에 있었다. 따라서 위의 내용은 1896년 이전에 목격한 것을 기록한 것이다. 폴링은 여러 사람에게서 침례식을 요청받았으나 온전히 회심한 것으로 보이는 한 사람에게만 침례를 주었다.[100] 그는 서울과 군산, 강경을 오가며 포목(무명) 장사하던 지병석이었다.[101] 지병석의 회심과 침례는 엘라씽선교사들이 1895년 10월에 보스턴선교훈련학교에 제출한 보고서 즉, "한국에서의 새로운 선교는 이미 서울에서의 첫 개종자를 얻었고 점차 해안가 지역으로 팽창되어 가고 있으며…"라는 구절과,[102] 1896년에 출판된 글에서 폴링의 언급 즉, 그때(1895년)까지 "한 명에게만 침례를 주었고", 앞으로는 남부 지역에서 선교사업을 할 것이며, 서울에 더 이상 새로운 선교 스테이션을 개설할 계획이 없다는 글에 잘 나타나 있다.[103] 지병석은 1895년 여름에 한강에서 침례받은 최초의 한국인 수침자였다.[104]

2. 엘라씽기념선교회의 충청도 선교

폴링은 지병석을 통해 충청도에 상주 선교사가 없다는 사실을 알고 충청도를 주된 선교지로 삼았다.[105] 그는 복음이 전파되지 않은 지역 즉, 오지를 선교지로 삼는 엘라씽기념선교회의 방침에 따라, 이미 다른 교단 선교부들이 자리 잡은 서울보다 복음이 아직 들어가지 않은 충청도를 선교지로 정했다.[106] 폴링의 충청도 선교 결정은 1895년에 이루어졌다. 충청도는 원래 선교지 분할협정에 따라 미국 남장로교 선교부가 할당받은 지역이었다.[107] 교계예양이라 불리는 선교지 분할협정은 공식적인 조약으로 발효되지 않았으나 관례처럼 존중되고 지켜져 왔다. 그러다가 1909년 9월 16-17일 서울 YMCA 회관에서 장로교와 감리교 양 교단의 주도하에 공식적으로 조인되었다. 그것은 재정 낭비와 선교사들 간 마찰을 방지하는 효과가 있었으나, 침례교, 성결교, 구세군 등 군소 교단들이 협정 과정에서 제외되는 문제점이

지병석 집사 부부

있었다.[108] 남장로교 선교부는 인력 부족으로 1895년 9월경에 충청도를 침례교회에 넘겨주고 전라도에 집중 사역했다. 이와 관련해, 남장로교 선교부 기관지 「선교사」(The Missionary)의 1896년 1월 호에 "침례교 형제들이 아마도 충청도 전역을 담당할 것 같다. 우리의 영역은 전라도로 제한될 것이다"라는 글이 있다. 그리고 남장로교 의료선교사 드루(A. D. Drew)가 1895년 9월에 작성한 것으로 보이는 "Korea"라는 글에서도 "침례교는 올해 4-5명의 충원을 기대하면서 그들 중 몇 명을 충청도로 내려보내려 하는 중이다"라는 표현이 있다.[109] 미북장로교 선교사 밀러(F. S. Miller)는 "침례교와 장로교의 합의하에 충청도가 침례교에 할당되었다"라고 했다.[110] 이처럼 충청도는 침례교 선교회가 1895년 9월경에 남장로교로부터 넘겨받아 최초로 정착하며 복음을 전한 지역이었다.

1) 강경침례교회의 설립

폴링은 지병석의 안내에 따라 강경으로 왔다. 그리고 1896년 초반에 강경과 공주에 선교 스테이션을 마련했다.[111] 폴링은 지병석에게 거주할 집을 부탁했고, 지병석은 강경읍 북정 136번지에 주택을 마련했다. 주택 비용은 엘라씽선교회가 지불했다. 1896년 2월 9일 폴링 부부와 가델라인, 그리고 지병석과 그의 부인 천성녀 등 5명이 지병석에 의해 옥녀봉에 마련된 집에서 예배드리므로 한국 최초 침례교회인 강경침례교회가 시작되었다.[112] 폴링은 강경 옥녀봉의 4,732평 대지를 매입했다. 그것은 옥녀봉 전체의 1/3에 해당하는 규모였다. 강경 대지는 1912년 8월에 실시된 일제의 토지조사령에 따라, 1912년 10월 1일 전체 4,732평의 대지가 펜윅의 명의로 등기되었다.[113] 폴링은 타교단 선교사들과 호의적인 관계를 맺고 있었다. 당시 재경 선교사들

초기 강경교회(감리교 선교사들이 강경교회 건물과 옥녀봉 부지를 매입하기 위해 1900년경에 찍은 사진)[114]

새로 읽는 한국침례교회사

은 주일 오후 3시에 배재학당에 있는 "연합교회"에서 교단을 초월하여 예배드리며 설교를 번갈아 했는데, 폴링이 1896년 3월 22일 주일에 설교했다. 또한 서울에서 1896년 10월 26일 개최된 '장로교선교부 공의회'에 참석해 축하 메시지를 발표했다.[115] 이러한 호의적 관계로 폴링은 충청도에서 선교할 때, 타교단 선교부로부터 우호적 협조를 받았을 것이다.

2) 공주침례교회(현 공주꿈의교회)의 설립

폴링은 1896년 초반에 공주에 선교 스테이션을 마련했다.[116] 그는 공주군 반죽동에 2,470평의 대지를 매입했는데, 본 대지는 이후 일제의 토지조사령에 따라 두 개로 분할 등기되었다. 공주읍 반죽동 109번지 1,346평은 1912년 9월 19일에 신명균의 이름으로, 공주읍 반죽동 110번지 1,124평은 1912년 10월 27일에 펜윅의 이름으로 등기되었다.[117] 폴링은 강경에 정착했으나 공주를 수시로 방문하여 선교 스테이션을 살피고 순회 전도를 다녔다. 공주교회의 사역은 1896년 4월에 내한한 엘라씽선교회의 제2진 선교사들에 의해 본격적으로 시작됐다. 프레더릭 스테드맨(Frederick W. Steadman, 1871-1948), 새디 에클스(Sadie Ackles), 애나 엘머스(Anna Ellmers)[알마 엘머(Arma Ellmer)로 잘못 알려짐]는 서울에서 두 달 머문 후, 1896년 6월에 공주에 와서 공주 전역을 돌아보며 복음을 전했다.[118] 공주침례교회는 폴링이 기초를 놓았고, 스테드맨에 의해 1896년 6월에 본격적으로 시작되었다.

스테드맨은 캐나다 노바스코샤주 빌타운(Billtown) 출신으로 그곳

의 빌타운침례교회에서 신앙생활을 했다. 보스턴선교훈련학교에서 3
년간 공부했으며 1896년 2월 14일에 보스턴 클라렌돈 스트리트 침례
교회에 교인으로 정식 등록했다. 엘머스는 스태드맨과 보스턴선교훈
련학교 동급생이었고, 에클스는 스테드맨과 엘머스보다 2년 후배였
다.[119] 스테드맨은 25살의 평신도 총각 선교사로 내한하여 1년 반 후
인 1897년 9월 29일에 아그네스 테일러 브라이든(Agnes Taylor Bryden)
과 서울에서 결혼했다.[120] 브라이든은 가델라인과 보스턴선교훈련학
교에서 동급생으로 공부했고 엘라씽선교회 소속 선교사였다.[121] 스
테드맨은 브라이든과의 결혼을 앞두고 기존의 한옥을 수리했다. 이
에 관해 미남장로교 선교사 해리슨(W. B. Harrison)은 서울에서 임지
인 전주를 향해 가던 중, 수원에서 폴링을 우연히 만나 함께 길을 갔고
1897년 5월 6일 공주에 도착했는데, 그때 스테드맨은 땀을 흘리며 한
참 집을 수리하고 있었다고 했다.[122] 스테드맨은 결혼을 앞두고 신혼
집을 준비한 것이다.

스테드맨 일행의 공주 선교는 브라이든이 1898년 10월 엘라씽 선
교회에 발송한 편지에 잘 나타난다. 그들은 매일 몇 시간씩 한국어를
공부하면서 하루 평균 5-15명의 여성과 어린이 환자를 돌보았다. 궤
양, 천연두, 실명(失明) 환자들에게 약을 주고 치료했다. 의료선교의
소문이 퍼져 먼 지역에서도 사람들이 왔다. 선교사들은 아프거나 죽
어가는 사람들이 문진을 요청하면 늦은 밤이나 이른 아침을 가리지
않고 찾아갔다. 그러면 가난한 한국인들은 감사의 표시로 닭이나 몇
개의 달걀을 주곤 했다. 선교사들은 50달러어치 이상의 약을 나누어

주었으나 더 이상 돈이 없어 약 제공을 중단했다. 브라이든은 공주에 의사가 절실히 필요하다고 했다.[123] 스테드맨 일행은 1987년 4월에 강경의 폴링 집에 가서 10일간, 1898년 가을에는 7일 정도 머물며 성찬예배를 드리고 친목을 다졌다.[124] 브라이든은 가델라인이 1897년 12월 1일에 공주에 왔을 때 건강이 좋지 않아 선교사역을 제대로 할 수 없다고 했다. 브라이든이 1898년 10월에 발송한 편지에서 가델라인이 그립다고 표현한 것으로 볼 때, 가델라인은 1898년 10월 이전에 미국으로 돌아간 것 같다. 브라이든은 조사(助事) 역할을 하는 한국인 여성의 도움을 받으며 여성들을 상대로 전도했다.[125] 침례교회가 행정 중심지 공주에 가장 먼저 진출한 것은 의미 있는 일이다. 공주는 조선시대에 도관찰사가 거처하는 감영이 있었으며, 일제강점기에는 1932년까지 충청남북청(忠淸南北廳)이 있었다. 공주는 행정중심도시로 양반이 많아 유교적 보수성이 강한 지역이었다.[126] 따라서 선교가 쉽지 않은 지역이어서 감리교는 의료와 교육사업을 병행하며 선교했다. 감리교 선교사 맥길은 공주 남부면 하리동에 초가 두 동을 매입하여 하나는 예배당으로, 하나는 교육관과 진료실로 사용했고,[127] 로버트 샤프는 영명학교를 세웠다.[128] 이에 반해 침례교 선교사들은 약을 나누어주며 가벼운 치료는 했으나, 의료선교사가 아니어서 전문적인 치료나 병원을 설립하지 못했다. 교육사업 역시 실행하지 않았다. 이러한 이유로 침례교회는 공주에서 큰 발전을 이루지 못했다. 19세기 말부터 20세기 초 사이 공주 지역에 설립된 침례교회는 공주교회(1896년), 신리교회(1903년, 현 신영교회), 태성교회(1905년)가 있다.[129]

스테드맨이 공주에서 선교활동 중 홍봉춘과 오긍선을 얻게 된 것은 큰 수확이었다. 홍봉춘은 양반 출신으로 입신양명을 위해 서울로 갔다가 1897년경에 스테드맨을 만나 기독교를 받아들였다. 스테드맨과 함께 공주로 내려온 홍봉춘은 스테드맨의 어학 선생과 조사의 역할을 하며 선교에 큰 도움을 주었다. 홍봉춘은 부여군 양화면 입포리 갓개로 이사하여 원당교회 설립의 기초를 놓았으며, 이후 감로(장로)의 직분을 받았다.[130] 오긍선은 올리버 에비슨에 이어 세브란스의학전문학교의 제2대 교장으로 한국 의학과 사회사업에 크게 공헌한 인물이다.[131] 오긍선은 1896년 10월 배재학당에 입학해 이승만, 주시경과 함께 협성회보의 창간 위원으로 활약했고,[132] 1896년 7월에 설립된 독립협회의 간사로 활동했다. 그런데 정부는 1898년 12월 25일 독립협회 해산령을 발표하고 주동자 검거에 나서자,[133] 오긍선은 도망 다니다가 "정동 배재학당 뒤쪽 서대문 근방에 있던 침례교 선교사 스테드맨 목사 집에 피신하여 화를 면했다."[134] 오긍선은 1899년 초 스테드맨과 함께 공주로 내려와 스테드맨의 한글 선생으로 지냈다. 그러던 중 독립협회 사건이 일단락되어서 상경하여 학업을 계속해 1900년 봄에 배재학당을 졸업했다.[135] 오긍선은 학교를 졸업하고 다시 공주로 내려와 1900년 봄 금강에서 스테드맨에게 침례받았다. 그는 스테드맨이 칠산, 강경으로 선교지를 옮길 때도 동행했다.[136] 스테드맨은 1901년 4월 한국선교를 종결하고 미국으로 돌아가기 전에 군산 예수교병원장 남장로교 선교사 알렉산더에게 오긍선을 소개했다. 오긍선은 알렉산더의 후원으로 1902년 1월 미국으로 유학가서,[137] 1907년 3월에 의

학박사와 인턴 과정을 마친 후, 남장로교회 한국 의료선교사로 1907년 10월에 귀국했다.[138] 오긍선은 당시 서울에서 개원하면 엄청난 부를 축적할 수 있었으나, 적은 급여를 받으며 군산예수병원과 목포예수교병원에서 일했다. 1912년 세브란스의학교의 교수로 가서 제2대 교장까지 올라갔다. 세브란스에서 정년을 마친 후 본인이 세운 경성보육원에서 수천의 고아를 돌보았다.[139] 평생 남만 위해 살았던, 한국 의학계에서 추앙받는 인물, 오긍선은 공주침례교회의 초대 신자였다.

3) 서울 선교 스테이션의 매각

엘라씽기념선교회는 충청도에서 성공적으로 자리를 잡았다. 1897년 미국 남장로교 선교보고서는 충청도는 침례교 선교사들에게 거의 넘어갔다고 했다.[140] 엘라씽기념선교회는 충청도에 확고히 정착하자 서울의 선교 스테이션을 남감리교 선교부에 매각했다. 남감리교 여선교사 조세핀 캠벨은 "학교 사업을 계획했던 한국감리교회는 1898년 8월의 첫날, 서울 북쪽의 장흥고 앞쪽에 있는 대지를 매입한 것을 다행으로 여긴다. 그 땅은 전에 침례회 선교부가 소유했던 곳이다"라고 했다.[141] 남감리교 선교부는 그곳의 집들을 수리한 후, 1898년 10월 2일부터 배화학당을 시작했다.[142] 엘라씽기념선교회는 서울 자산의 매각 자금을 충청도 선교를 위해 사용한 것으로 보인다.

3. 폴링 선교사의 귀국

강경교회에서 목회하던 폴링은 1899년 늦가을에 스테드맨에게
자신 가족은 곧 미국으로 복귀할 것이라며 강경교회를 맡아달라고 부
탁했다. 폴링은 순탄하게 성장하던 교회를 놔두고 왜 미국으로 돌아
갔을까? 이에 관해 여섯 가지 이유가 제시되었다. 첫째, 한국선교유
적연구회 회장 서만철은 일차 자료를 근거로 폴링이 다른 선교사들을
한국으로 데리고 오려고 미국으로 갔으나, 하나님이 다르게 인도하
여 고향 펜실베니아에서 복음 사역을 이어갔다고 했다.[143] 둘째, 폴링
의 손자 데이비드(David Pauling)는 후원그룹을 조직하고 다시 한국으
로 가려 했으나 이루지 못하고 미국에 남게 되었다고 했다.[144] 셋째, 엘
라씽선교회의 재정적 어려움이 귀국 원인이다. 넷째, 장남 고든 폴링
(Gordon Pauling, 1895-1899)의 사망이다. 고든은 만 3세가 갓 지난 1899
년 초에 사망했는데, 그것은 폴링 부부의 선교 의지를 위축시켰을 것
이다. 특히 당시 폴링의 아내는 넷째 자녀이자 첫째 딸인 클레멘타인
(Clementine)을 임신 중이어서 정서적으로 더욱 힘들었을 것이다.[145]
고든 폴링은 서울 양화진외국인선교사묘원에 안장되어 있다. 다섯째,
침수 침례에 대한 한국인들의 부정적 시각이다. 이것은 호레이스 알
렌의 주장으로, 그는 "침례교 선교사들이 한국에 사역을 개설했는데,
아마도 토착민들이 몸이 물에 잠기는 침수 예식을 싫어했던 것 같다.
그들은 얼마 되지 않아 한국을 떠나 목욕의 나라인 일본으로 갔다"라
고 했다.[146] 여섯째, 신유 은사를 받기 위함이다. 장일수는 "Pauling 선

                                                          새로 읽는 한국침례교회사

교사는 불교와 유교의 완고한 한인들을 회개시키는 데에는 병 고치는 능력을 받아야 되겠다 생각하고, 신문에 보도된 바를 읽고 미국 여자 부흥사에게 능력을 받기 위하여 안수를 받으려고 선교본부에 아무 연락도 없이 귀국하니…"[147]라고 했다. 이처럼 폴링의 조기 철수에 관한 다양한 이유가 제시되었다. 그러나 핵심 이유는 엘라씽기념선교회의 재정 문제였다. 이와 관련하여 엘라씽기념선교회의 한국선교 종료 부분에서 자세히 기술할 것이다.

폴링 가족은 엘머스와 함께 1899년 겨울에서 1900년 초 사이에 미국으로 돌아갔다. 가델라인은 1898년 10월 이전에 이미 귀국한 상태였다.[148] 폴링은 7명의 아들과 5명의 딸을 두었는데, 그 중 첫 네 자녀는 한국에서 출생했다. 첫째 아들 고든은 1895년 12월 21일 출생하여 만 3세가 갓 지난 1899년 1월 11일 사망했다. 둘째 아들 프레드릭(Frederick)은 1897년 3월 23일, 셋째 아들 해롤드(Harold)는 1898년 4월 30일, 네 번째 자녀이자 첫째 딸 클레멘타인(Clementine)은 1899년 8월 27일에 각각 출생했다.[149] 폴링은 펜실베이니아에서 살며 8명의 자녀를 더 얻게 되었다. 부인 마블은 막내아들을 출산한 지 4일 만인 1909년 12월 27일 세상을 떠났다. 폴링은 1912년 6월 11일 조세핀(Josephine)과 재혼했으나 둘 사이에 자녀는 태어나지 않았다. 폴링은 1960년 96세의 일기로 주님의 품으로 돌아갔다.[150]

4. 칠산, 용안, 원당교회의 설립

스테드맨 부부와 에클스는 1900년 초에 강경으로 이사했다. 그들은 강경침례교회에서 목회하며 공주교회를 정기적으로 방문하고 인근 지역을 다니며 순회 전도했다. 그들은 칠산에서 장교환, 김치하, 김도정, 최준명, 홍봉춘, 고내수 등 6명의 결신자를 얻게 되었다. 스테드맨은 군산에서 활동하던 남장로교 선교사 부위렴(William F. Bull)을 초청해 이들의 침례식을 의뢰했다. 스테드맨은 안수받은 목사가 아니어서 조사 오긍선에게는 침례를 주었으나, 6명의 새신자는 목사에 의해 침례받는 것이 더 좋다고 판단한 것 같다. 1899년 12월에 내한한 부위렴은 1900년 8월 금강에서 6명의 신자에게 침례를 주었다.[151] 이들 6명의 신자는 칠산 서촌 당산 641번지에 집을 사서 예배당으로 삼아 정기적으로 예배드리므로 칠산침례교회를 시작했다.[152] (칠산교회와 일부 학자는 폴링에 의해 1896년 8월 교회 설립을 주장함) 칠산교회는 장기영 가문이 교회에 합류하면서 활발하게 성장했다. 장기영의 14세 된 외동아들 장판순(장석천)은 귀신들린 병을 앓고 있었는데, 1902년 초 공주에서 신명균의 기도로 병이 낫게 되자 그의 할아버지인 장치환이 예수를 믿게 되었고, 집안 전체가 다 기독교 신자가 되어 칠산교회에 출석했다. 당시 온 가문이 기독교로 개종하는 것은 매우 드문 일로, 장석천 가문은 한국에서 집안 전체가 기독교 신자가 된 선구적 가문이었다.[153] 전북 여산군 용안면의 용안침례교회는 1900년 스테드맨에게서 전도 받고 침례받은 이자삼, 이자운, 유내천, 장봉이 등으로 구성된

성경 학습반에서 시작되었
다.[154] 성경 학습반은 한태형
(혹은 한태영)의 부친 한찬필
이 1905년에 자택을 예배당
으로 헌당하므로 조직교회
로 발전했다.[155] 용안교회는
1906년 교단 창립총회 때 5
명의 교인을 만주 선교사로
파송한 믿음의 교회였다.[156]

충남 부여군 양화면 원
당리에 소재한 원당침례교
회는 스테드맨에게 전도 받

장기영 감로와 장석천 목사

은 홍봉춘에 의해 시작되었다. 홍봉춘에게 전도 받은 사람들이 학습
반으로 모이다가 정성교가 1905년 4월에 자택을 예배당으로 헌당하
면서 조직교회로 발전하게 되었다. 정성교는 원래 강경교회 교인이었
다. 그는 같은 원당 출신의 김치화로부터 전도 받아 강경교회에 출석
하며 신앙생활을 했다. 그런데 강경과 부여는 거리가 멀어 자택에 교
회를 세운 것이다.[157] 정성교와 더불어 원당교회의 주축인 최미리암도
강경교회 출신이었다. 그는 본래 안(安)씨였는데, 스테드맨이 남편 최
원여의 성을 따라 최미리암이라 이름을 지어주었다. 최미리암은 남편
최원여(崔元汝)를 전도하여 원당교회의 지도자가 되게 하고, 아들 최
학기를 한국침례교 최초 성도 지병석의 딸과 혼인시키는 등 집안을

명문 신앙 가문이 되게 했다.[158] 정성교와 최미리암(최종석 목사 조모)은 스테드맨에게서 침례받았다. 최미리암은 스테드맨이 침례를 주고 난 후 지어준 이름이었다. 이처럼 원당교회는 최미리암, 정성교, 최미리암의 남편 최원여가 중심이 되어 세워졌다.[159] 침례교회는 충청도 지역에서 견실하게 성장했다. 스테드맨은 충청도 사람들은 온화하고 참을성이 많으며 호의적인 사람들이어서 전도하는 일이 즐겁다고 했다. 스테드맨 일행은 거의 100만 명 인구가 있는 충청도의 마을과 도시를 두루 다니며 "오래된, 옛이야기"(복음)를 전했다.[160]

5. 엘라씽기념선교회의 한국선교 종료

충청도 일대를 돌아다니며 전도하던 엘라씽기념선교회 선교사들은 선교를 시작한 지 6년 만에 한국선교를 종료했다. 마지막까지 남아 있던 스테드맨 부부와 에클스는 1901년 4월에 미국으로 돌아갔다. 이와 관련해 장일수는 "교회는 점점 부흥되어 재미있으려 할 때, 엘라씽선교부가 재정난으로 사업을 계속 못하게 되어 1900년에 선교사를 소환하니 스테드맨 선교사는 귀국하여 목사가 되고, 북침례교 연맹의 주선으로 일본에 가게 되었다. 엘라씽 선교사업은 이로써 한국에서 사라졌다"라며 정확하게 평가했다.[161] 스테드맨은 미국으로 철수하기 전에 공주, 강경, 칠산의 교회 지도자들을 소집하여 말콤 펜윅 선교사에 대해 설명하며, 엘라씽선교회의 사역과 재산을 그에게 이양할

　　　　　　　　　　　　　　　　　　　　　새로 읽는 한국침례교회사

것임을 천명했다. 그는 "펜윅 선교사는 본 선교회와 깊은 인연이 있을 뿐 아니라 가장 신뢰하는 분임으로 우리가 세운 여러 교회와 건물 및 대지 등 남아 있는 재정 일체를 위임하고 떠나니 동역자인 펜윅 선교 사를 절대적으로 신뢰하고 상호 협력하여 훌륭한 결실이 있기를 희망 한다"라고 말했다.[162] 엘라씽선교회는 한국의 사역과 재산을 펜윅에 게 이양했다.

엘라씽기념선교회는 1898년 12월 재정상 이유로 한국선교를 지 속할 수 없다고 결론짓고, 선교사업을 미국침례교총회에 이관하거나, 한국의 재산을 타 교단 선교부에 매각하려 했다. 그 과정에서 폴링 가 족과 엘머스가 1차로 귀국했고, 스테드맨 부부와 에클스는 선교를 마무리 하는 책임을 맡았다. 엘라씽선교회는 재산의 매각과 이관을 동시에 진 행했다. 매각을 위한 노력은 다음과 같이 진행됐다. 스태드맨 일행은 강경으로 옮길 것을 결정하고 공주의 재산을 매각하려 했다. 때마침 미북감리교 선교부는 공주 반죽동의 재산을 매입하여 선교본부로 삼 고자 했다. 양측은 오랜 기간 협상했으나 결국 결렬되고 말았다. 이에 북감리교 선교부는 1902년에 하리동 (현재 중학동)에 선교 스테이션 부지를 확보하고 이듬해인 1903년에 의료선교사 맥길과 한국인 이용 주를 파송했다.[163] 스테드맨은 1900년에 강경의 건물과 대지도 매각 하려 했으나 성사되지 않았다.

이관을 위한 노력은 다음과 같이 진행됐다. 엘라씽기념선교회 창 설자 씽 집사는 1898년 12월에 미국 북침례교회 전신 미국침례교선 교협회(American Baptist Missionary Union)에 한국선교 사업의 이관을 제

말을 탄 펜윅 선교사(1900년)

안했다. 이관 조건으로 씽이 선교협회에 연간 2천 달러씩 3년간 총 6천 달러를 지원하고, 그가 사망한 이후에는 엘라씽기념선교회 재산을 선교협회에 넘기거나 5만 달러 이상을 기부한다는 조건이었다. 미국침례교선교협회의 소위원회는 씽의 제안을 1899년 4월 24일 검토했으나 결정하지 못하고 선교협회 이사회에 넘겼다.[164] 당시 원산에 있던 펜윅은 엘라씽선교회의 사역을 인수하겠다는 내용의 편지를 선교협회 이사회에 보냈다.[165] 선교협회 이사회는 1900년 5월 연례 회의의 안건으로 상정하도록 소위원회가 관련 사항을 충분히 조사하도록 지시했다. 그런 와중에 씽 집사는 사망했다.[166] 이후 과정은 상세히 알 수 없으나 미국침례교선교협회는 한국선교 인수를 포기했고, 엘라씽기념선교회는 한국의 재산 매각을 중지하고 펜윅에게 양도하기로 최종 결정했다.

스태드맨이 충청도 교인들에게 펜윅을 소개한 1901년 4월에 펜윅은 원산에 있었다. 즉 스태드맨은 펜윅이 부재한 상태에서 교인들에게 그를 소개한 것이다. 펜윅은 신명균과 함께 1901년 9월이 되어서야 충청도에 왔다.[167] 엘라씽선교사들은 떠났고 펜윅은 아직 오지 않았으나 충청도 침례교인들은 굳건하게 신앙을 지키고 있었다. 강경교회와 칠산교회는 서로 번갈아 예배드리기도 했는데, 이에 관해 북장로교 선교사 밀러의 조사 김흥경은 1901년 8월 8일자 「그리스도 신문」의 "교회통신"란에 다음의 글을 실었다:

> 은진 강경포와 임천 원산포(칠산)에 회당이 있는데 상거가 삼십리 가량인데 이 근래에 상약하기를 우리가 멀지 아니한 곳에서 주일을 각각 보는 것이 매우 섭섭한 일이라 하고 한주일은 원산포에서 보고 한주일은 강경포에서 보기로 하자하고 주일을 당하면 사오십명 남녀 교우가 이 고렴에 더위를 무릅쓰고 삼십리 길을 고로온줄 모르고 서로 왕래하야 주일을 지내니 형제사랑 하는 열심을 매우 감사할너라.[168]

이처럼 강경교회와 칠산교회의 교인 40-50명은 1901년 여름에 칠산교회의 전용 나룻배로 서로 왕래하며 예배드렸다.[169] 한편 스테드맨이 떠나고 펜윅이 오기 전 5개월간의 공백 기간에 흥미로운 일이 일어났다. 그것은 전에 스테드맨의 요청에 따라 6명의 신자를 금강에서 침례 준 남장로교 선교사 부위렴이 충청도 침례교인들에게 목회해 주겠다고 제안하였으나 거절당한 사건이다. 이와 관련해 장일수는 "장기영이 우리는 침례를 받은 침례교인이므로 장로교회로 갈 수 없다고 거절하므로 부위렴 선교사와는 관계를 끊고 교인들끼리 계속 신앙생활을 지속하였다"라고 했다.[170] 이처럼 충청도 교인들은 침례교인이라는 자의식을 가지고 있었다.

펜윅의 한국순회선교회 설립과 엘라씽기념선교회 인수

1. 펜윅의 한국순회선교회 설립

펜윅은 1893년 3월에 목사안수와 후원회 설립을 위한 목적으로 미국에 갔다. 첫째 목적은 1894년 4월 15일경 고든과 피어슨에게 안수받아 이루어졌다. 둘째 목적은 펜윅이 1894년에 한국순회선교회(Corean Itinerant Mission)를 설립함으로 이루어졌다. 선교회 본부를 토론토에 두고 회장은 펜윅이, 명예 총무 겸 재무는 조셉 더글러스가 맡았다.[171] 펜윅은 한국순회선교회를 창립한 후 한국연합선교회와 관계를 끊은 것으로 보인다. 펜윅은 19세기 미국 근본주의자들처럼 초교파 선교를 추구하며, 교단의 도움을 받지 않고 성령의 인도하심을 전적으

새로 읽는 한국침례교회사

로 의지하는 신앙선교(Faith Mission)를 선교회의 신앙 정신으로 삼았
다. 이러한 선교관은 "한국순회선교회의 원리와 표어에 대한 선언"에
잘 드러난다:

> 본 선언은 한국순회선교회의 위대한 목표를 제시하는 것이다. 본
> 선교회는 성격상으로 초교파적이고, 영적으로 복음주의적이며,
> 방법적으로 적극적이다. 본 선교회는 어떠한 인간적인 재단을 설
> 립하지 않고, 오지로 나아가며, 모든 백성에게 복음 전파를 목표
> 로 한다. … 본 선교회의 교리적 기준은 어떠한 한 단체의 교리를
> 배타적으로 따르기보다 개혁주의 교회와 그 분파들, 그리고 소위
> 복음주의 동맹으로 불리는 단체가 믿고 있는 위대한 근본적 교리
> 들에 기초한다.[172]

한국순회선교회는 신학적으로는 초교파주의, 복음주의, 근본주
의, 개혁주의를 포용하며, 선교적으로는 신앙선교와 오지선교를 추구
했다. 따라서 선교회는 소속 선교사들에게 고정된 급여를 지급하지
않았는데, 그 이유는 성령께서 그들의 필요를 채우실 것이라 믿었기
때문이며, 또한 어떤 조직적인 도움보다는 신자들이 자원하여 주는
후원을 선호했기 때문이다.[173]

펜윅은 한국순회선교회의 선교사가 되기 위한 자격요건으로는 심
도 있는 신학 지식보다 중생의 체험, 성령의 인도하심에 대한 확신, 그
리고 영혼 구원에 대한 강한 열망 등 세 가지 요건을 갖추어야 한다고

했다:

> 본 선교회는 교육을 많이 받은 일꾼들을 진정으로 환영하며, 자격 없는 사람들을 위한 공간을 만들기 위해 지성이나 문화에 대해 어떤 의도적 경멸을 하지 않는다. 그러나 본 선교회가 모든 선교사 지망자에게 요구하는 가장 중요하면서 다른 어떤 것으로도 대체할 수 없는 자격요건은 진정으로 거듭나야 하며, 그리스도를 증거하고 영혼을 구원하는 사역을 위해 성령께서 훈련시키는 데 적합한 사람이어야 한다는 것이다.[174]

펜윅은 위와 같은 자격요건 외에 선교사는 일상생활의 실제적 지식이 필요하다고 했다: "선교사는 150가지 이상의 다른 일들을 해보아야 한다. 외교관으로부터 도랑 청소부의 일까지, 그리고 은행원으로부터 사무실 심부름꾼의 일까지 해보아야 한다."[175] 펜윅은 선교사가 되기 전에 철물 도매상 지배인, 농장 직원, 원예농업, 상업, 사람을 관리하는 법 등의 일을 했다. 그는 하나님이 그러한 다양한 경험을 통해 자신을 준비시켜 놓은 후 선교사로 부르셨는데, 다양한 경험은 선교에 큰 도움이 되었다고 했다.[176]

펜윅은 신앙선교를 깊이 확신했고, 그러한 시각에서 언더우드의 행태를 비판했다. 언더우드는 1893년에 미국과 캐나다의 여러 지역을 순회하며 한국선교에 관해 설명회를 개최했는데, 펜윅은 우연히 그가 방문한 지역들을 여행하면서 언더우드의 황해도 소래에 관한 선교 보고를 듣게 되었다. 펜윅은 언더우드가 왜곡하여 말했다고 생각했다. 이와 관련하여 펜윅은 소래 주민에게서 들은 이야기를 기초로 장로교 목사 제임스 부룩스에게 편지를 보냈다. 부룩스는 그 편지를 자신이 출판하는 잡지, 「진리」(The Truth)에 실었다. 편지의 내용은 언더우드가 소래에 사는 한국인에게 돈을 주고 40명에서 50명을 모아 오라고 지시했으나 단지 9명만 모이게 되었고, 언더우드는 영문도 모른 채 온 9명에게 세례를 주었다는 것이다.[177] 이와 관련한 편지 내용의 일부는 다음과 같다:

> 성령으로 인해 자신의 죄를 깊이 깨닫고 난 이후에 받는 침례가 복되다고 믿는 나와 관련 있는 한 한국인이 있습니다. 그는 자기 영혼의 깊은 고뇌 가운데 "나는 하나님을 믿는다. 그런데 이 예수는 도대체 누구란 말인가? 나는 그 사람을 믿고 싶지 않다. 나는 정직하게 말하면 예수를 믿고 싶다는 기도를 드리고 싶지도 않았다"라고 외쳤던 사람입니다. 그는 온순하고 비천한 분을 미워할 뿐만 아니라 경멸하기까지 했습니다. 그러나 성령께서 그에게 역사하자 그는 주 예수라는 말을 즐겁게 사용하게 되었고 구원받게 되었습니다. 이러한 확신은 그가 세례를 받고 난 이후 한참이 지나서야 갖게 되었습니다. 그리고 그는 예수를 주라 시인하고 난 이후에 받는 침례가 "훨씬 나은 방법"임을 깨닫게 되었습니다.[178]

언더우드의 부인 릴리아스와 그녀의 아버지는 「진리」에 실린 글을 보고 충격을 받았다. 그들은 펜윅의 주장을 전면 부인했다. 그러자 펜윅은 1894년 8월호 「세계 선교 기사」(The Missionary Review of the World)에 선교활동을 왜곡 과장하는 방식으로 후원금을 모으는 행태를 근절시켜야 한다는 확신으로 편지를 썼다고 주장했다.[179] 릴리아스 언더우드는 오랜 시간이 지난 1918년에 출판한 책에서 이 사건에 관해 다음과 같이 기술했다: "그 젊은이는 악의적인 한국인이 준 잘못된 정보를 받고 그런 글을 썼다. 그는 몇 년 후 잘못을 깨닫고 최선을 다해 수정하려 했으며, 서울에서 개최된 선교사 예배에서 설교하는 도중 사과했다."[180] 펜윅은 신앙선교와 세대주의 신학으로 무장한 상태로 1896년 봄에 다시 한국으로 왔다. 그는 이 신학에 따라 전도하고 교회를 이끌었다. 또한 침례교 목사로서 침례교 교회론에 따라 교회를 세우고 운영했다.

2. 펜윅의 엘라씽기념선교회 인수와 신명균 파송

펜윅은 1894년에 목사안수를 받고 한국순회선교회를 조직했으나, 북미에서 2년을 더 머문 후 1896년 봄에 한국순회선교회 파송 선교사 자격으로 원산에 왔다.[181] 펜윅은 원산으로 돌아온 후 농장을 가꾸고 원산교회를 돌보았다. 그 시기에 특별한 일은 펜윅이 1897년 연초에 황해도 소래교회에서 두 주간 사경회를 개최하여, 300명의 교인을 회개케 한 사건이었다. 소래교회 부흥은 1907년 평양 대부흥보다

10년 앞서 일어난 한국 교회 역사상 최초의 대규모 부흥회로서 큰 의미가 있다.[182] 펜윅은 1901년 봄 남루한 누런 상복을 입은 키 작은 사람 신명균을 만났다.[183] 신명균은 함흥 외가를 방문하고 서울로 돌아가던 길에 원산을 경유했는데, 주일날 찬송 소리에 이끌려 펜윅의 원산교회로 갔다.[184] 신명균은 집으로 가지 않고 펜윅과 함께 살며 신앙지도를 받았다. 그는 10일이 지난 후 "주님! 나는 내 인생을 책임질 수 없으니, 주님께서 원하시는 대로 내 삶을 주관하시옵소서"라며 신앙을 고백했다. 펜윅은 그의 회심을 진실한 것으로 여겨 침례를 베풀었다.[185] 신명균은 서울 태생으로 평산(平山) 신씨 문중의 양반이자 한학자였다. 그는 일어학원과 군관학교를 졸업한 최고 엘리트에 해당하는 사람이었다.[186] 칠산침례교회의 나씨 할머니는 "신명균은 인물이 좋았

으며 설교를 매우 잘했고 성품은 깐깐하고 매사에 빈틈이 없었다"라고 증언했다.[187] 한편 장일수는 다르게 평가했다: "신명균은 국가에서 세운 학원 일어(日語)과를 졸업하고 외국 유학의 뜻을 품고, 일을 성취하려 막연하게 함흥 친척의 집에 갔다가 귀가 도중에 원산에 이르렀다"라고 하여, 성공을 향한 열망을 원산에

펜윅과 신명균, 공주교회 반죽동 뒷산 대나무 숲,
1907-1908년경

들르게 된 이유로 보았다.[188] 신명균은 지성인이며 유능하고 인간적 야망이 큰 인물이었다. 신명균이 교단을 탈퇴하고 평양의 회중교회에서 물의를 일으켜 해임된 사실을 볼 때, 장일수의 평가는 어느 정도 일리가 있다고 볼 수 있다.

펜윅은 엘라씽기념선교회로부터 인계받은 충청도 교회들을 살펴보기 위해 1901년 9월 신명균과 함께 충청도에 왔다. 당시 공주, 강경, 칠산, 용안 등지에 23개의 성경공부반(class)이 있었다.[189] 교인 총수는 100여 명 정도였다. 펜윅은 신명균과 함께 공주, 강경, 칠산을 두루 순방하며 엘라씽기념선교회의 선교 스테이션들을 살펴보고 교인들을 만났다. 지병석, 장교환, 김치화, 김도전, 최준명, 고내수 등과 교제하며 교회의 부흥을 도모했다.[190] 펜윅은 충청도에서 4개월을 사역한 후 12월에 전 교인을 모아놓고 사경회를 열었다. 사경회가 끝난 후 펜윅은 신명균을 공주교회에 주재케 하고 강경과 칠산교회도 순회 목회하게 했다.[191] 펜윅은 신명균에게 충청도 지역을 맡기고 원산으로 돌아간 이후 불안한 마음을 떨칠 수 없었다. 양반 가문의 자제였던 신명균이 예수를 믿는다는 이유로 집안에서 쫓겨나고 아내와의 별거를 감수한 것은 신앙을 가진 분명한 증거이지만, 그가 기독교 신학에 관한 충분한 가르침을 받지 못한 상태에서 목회 일선에 투입된 것에 불안을 느꼈다. 더욱이 원산과 충청도는 거리가 멀어 자신이 감독할 수 있는 형편도 안 되었기 때문에 마음이 몹시 불편했다.[192] 펜윅은 올바른 교리를 중요하게 여긴 보수주의자였기 때문에 현지인이 잘못된 교리를 설교할 가능성을 크게 우려한 것이다.[193]

펜윅은 그러나 다음의 세 가지 이유로 현지인 사역자를 사용하기로 결심했다. 첫째, 실제적인 필요 때문이다. 당시에 한국순회선교회의 본부는 함경도 원산에 있었으므로 펜윅은 충청도 교회들을 물리적으로 돌볼 수 없었다. 그는 신명균에게 충청도를 맡기는 것을 망설였으나 성령의 도우심을 믿고 맡기기로 했다. 그는 "사랑의 성령님께서 훈련받지 못한 현지인 회심자를 사용하는 데 따르는 두려움을 몰아내셨다"라고 고백했다.[194] 그러나 펜윅은 한국에 오기 전에 고든에게 현지인 사역자를 활용해야 한다는 가르침을 받았다.[195] 아마 고든의 가르침이 그의 결심에 영향을 끼쳤을 것이다. 둘째, 성령의 절대 주권을 믿었기 때문이다. 펜윅은 "내가 하나님의 대행자 성령을 알면 알수록 더욱 쉬워졌다. 이것은 어떤 일이 일어날지 모름에도 나를 전통적 선교에서 실제적 선교로 나아가게 했다"라고 고백했다.[196] 펜윅의 이러한 믿음은 고든의 영향에서 비롯되었다. 고든은 "선교사가 이방인들 사이에서 그리스도의 생명이 재생산되게 하기 위해서는 성령의 내주하심이 필수적이다"라며 성령의 인도를 신뢰해야 한다고 가르쳤다.[197] 셋째, 한국인들의 편견을 극복하기 위해서였다. 이와 관련해 펜윅은 다음과 같이 말했다:

자연발생적 측면에서 본다면, 선교사는 인종차별을 인정하고 그것에 대처하는 것이 능력 있는 선교사가 되는 중요한 요소이다. 현지인들이 얼마나 명백하게 백인을 무시하는지 발견하면, 선교사는 정책을 바꾸어 그들 중 한 사람으로 살아야 한다는 사실, 즉 현지인의 옷을 입고 마을들을 여행해야 하며, 비서, 목사, 집사, 전도인을 단순히 실제적인 측면에서만 다루면 안 된다는 것을 깨닫게 된다. 선교사가 이렇게 할 때 대부분의 문제는 사라지고 사역은 100배의 결실을 얻게 된다.[198]

펜윅이 한복을 입고 초가집에서 살며 전도인들을 최선으로 도우려 한 것은 인종차별을 극복하고 선교에 성과를 내려 했기 때문이다. 그는 또한 한국에서의 선교 경험을 통해 현지인 전도자는 비용이 매우 적게 드는 장점이 있다고 했다.[199] 이처럼 펜윅은 현지인 전도자의 활용이 선교의 성공을 좌우하는 본질적 요소로 믿었다.

3. 신명균의 충청도 사역

신명균의 충청도 사역은 놀랍게 성공적이어서 짧은 기간에 12개의 교회가 개척되었다. 그는 자신이 개척한 교회들을 작은 나귀를 타고 제자들과 함께 정규적으로 순방했다. 펜윅은 신명균이 백인 선교사 5명의 일을 혼자 해내고 있다며,[200] 감독받을 필요가 거의 없을 정도로 사역을 훌륭하게 수행하고 있다고 기뻐했다.[201] 장일수는 "펜윅은 충청도를 중심으로 선교사업을 하려고 작정하여, 신명균 씨를 총책임자로 세우고, 편선교사는 원산에 가 있었으며, 1년에 1차례씩 왕래하면서 격려해 주었다. 교인들이 구원받은 것과 침례받은 것을 기

  새로 읽는 한국침례교회사

교회를 순방하려고 떠나는 신명균 목사

쁘게 여기고 열심을 내어 전도하던 중, 교회는 공주, 강경, 칠산을 중심으로 한산, 옥천, 온양, 영동, 용안, 고산 등지로 발전해 갔다"라며 신명균의 활약으로 충청도 일대에 복음이 전파되고 교회들이 세워졌다고 했다.[202] 펜윅은 1년에 한 차례 충청도에 와서 교인들의 상황을 살피며 충청도 출신 이상재, 윤치호와 친분을 쌓았다. 이상재는 충청남도 한산(현 서천) 출신으로 서재필과 독립협회를 조직하고 대한기독교청년회연맹(YMCA) 회장을 지냈으며, 윤치호는 충청남도 아산 출신으로 이상재와 함께 대한기독교청년회연맹을 설립했다.[203] 신명균은 공주침례교회의 목회가 안정될 즈음에 홀로 된 늙은 어머니를 모셔 와서 함께 살았다. 친정으로 갔던 아내와 자녀들도 공주 반죽동 초가집으로 왔다.[204]

신명균의 성공은 세 가지 이유를 들 수 있다. 첫째, 교인들을 "예의 바르고 삶에 모범이 되도록" 양육하여 주변 사람들로부터 좋은 평판을 받게 한 것이다.[205] 제자들을 바른 생활로 훈육한 것은 유교 문화가 강한 공주와 충청도에서 교회에 대한 호감도를 높였다. 둘째, 신명균의 신유 은사 때문이다. 신명균은 "판순"이라 불리는 장석천을 귀신들림에서 고쳐주었다. 장석천은 칠산의 유지 장기영의 아들이다. 장기영은 아들이 치유되자 기독교 신앙을 받아들이고 아들을 신명균에게 아예 맡겨서 제자가 되게 했다.[206] 셋째, 희생하고 헌신하는 삶이다. 하루는 펜윅이 신명균에게 집수리 비용으로 50달러를 보내주었다. 얼마 후 펜윅이 신명균의 집을 방문해 집이 초라한 상태 그대로인 것을 발견했다. 펜윅이 왜 수리하지 않았냐고 질문하자, 신명균은 "목사님 저는 그 돈을 저를 위해 쓸 수 없었습니다. 우리 주위엔 많은 사람이 그리스도를 모르고 죽어가고 있질 않습니까?"라고 대답했다. 당시에 신명균은 많은 제자를 거느리고 있었고, 그들이 복음을 전하도록 재정적으로 지원했다. 신명균 가족은 돈을 아끼기 위해 묽은 죽을 먹었다.[207] 충청도 지역의 침례교회는 신명균의 탁월한 활동으로 견실하게 성장했다. 신명균은 1906년 교단 창립총회 때 한국침례교 최초로 목사안수를 받았다.[208]

4. 공주성경학원(1903)과 원산성경학원(1907)의 설립

펜윅은 교회의 수가 급속히 증가하자, 교역자 양성을 위해 1903년 2월 10일 공주 반죽동 공주침례교회 내에 성경학원을 설립하고 신명

균을 초대 원장으로 임명했다.[209]

공주성경학원은 교단 목회자를 배출하는 요람이었다. 장일수는 공주성경학원에 "장석천, 황태봉, 고문중" 등이 초대학생이었고, 이후 30여 명의 학생이 모여들어 공부하였다. "수년 후에는 측량부까지 두어, 그 당시에 적합한 기술교육까지 겸하여 시키었다. 교회의 중직들은 대부분 이 학원을 나온 사람들이다"라고 말했다.[210] 이처럼 공주성경학원은 과수나무 기르는 법, 토목 기술 등을 가르쳐, 학생들이 수입을 올리면서 전도할 수 있도록 준비시켰다.[211] 공주침례교회 내에 성경학원이 설립된 것은 공주교회가 중심교회로 성장했음을 의미한다. 공주성경학원은 조직 편재 상 펜윅의 감독과 지도를 받는 것으로 되어 있으나, 실제로는 신명균이 독자적으로 교육하고 운영했다. 펜윅은 신명균이 먼 거리로 인해 자신의 지도 없이, 홀로 모든 사역을 추진해야 하는 상황이 오히려 그를 능력 있는 일꾼으로 만드는 계기가 되었다고 했다.[212] 신명균은 학생들을 이론만 아니라 실습 교육도 실행했다. 그는 학생들을 데리고 자신이 개척한 교회들을 순방하며, 목회자가 어떻게 교회를 살피고 돌봐야 하는지를 몸소 보여주었다. 이처럼 신명균은 모범을 보여주는 방식으로 교육했다. 그는 또한 제자들에게 항상 예의범절을 지킬 것을 강조했다.[213]

펜윅은 1907년에 원산의 자택 내에 성경학원을 세웠다.[214] 원산성경학원은 학생들이 반나절은 농장에서 일하고 반나절은 공부하는 체제로 운영됐다. 교육의 내용은 성경 읽기, 쓰기, 셈본으로 국한했다. 성경 공부의 방법은 내용을 완벽히 파악할 수 있을 때까지 20번이고 30

번이고 계속 읽는 방식이었다.[215] 공주성경학원에서 측량, 토목 기술, 과수나무 기르는 법 등을 가르친 것이나, 원산성경학원이 학생들을 농장에서 일하게 하여 학비와 생활비를 충당토록 한 것은, 당시 미국 보수 개신교단들의 신학교 운영 방식 중 한 가지였다. 이런 목적을 위해 신학교를 농장에 짓는 경우가 종종 있었다.[216] 펜윅은 미국 신학교 운영 방법을 본받은 것이다. 성경학원들은 또한 펜윅의 지시에 따라 성경을 유일한 교재로 사용했다.[217] 성경만을 유일한 교재로 사용한 것은 보스턴선교훈련학교의 방법을 그대로 본받은 것이었다. 고든은 성경 이외에 다른 신학 교재를 사용하지 못하게 했다.[218] 성경을 유일한 교재로 사용하고 성경 읽기를 중시한 것은 나이아가라 사경회의 모범을 따른 것이기도 했다. 나이아가라 사경회는 성경을 교리적으로 해석하기보다 성경 그 자체가 무엇을 말하는지가 중요하며, 그것을 알기 위해서는 성경 읽기가 중시되어야 한다고 했다.[219] 이처럼 펜윅은 보스턴선교훈련학교와 나이아가라 사경회의 방식을 그대로 한국에 적용했다.

5. 펜윅의 결혼과 에피소드들

펜윅은 미국감리교선교회(Methodist Episcopal Mission) 선교사로 1898년 12월 3일에 내한한 호수돈여학교 초대 교사 페니 하인즈(Fannie Hinds, 1866-1933)와 1903년 원산에서 결혼했다. 하인즈는 결혼 후 감리교 선교사직을 그만두고 남편의 사역을 도왔다. 그녀는 동료 선교사들 사이에서 "성자"로 불릴 만큼 헌신적이며 영성이 깊은 사람이었다.[220] 하인즈는 한국에 오기 전 보스턴선교훈련학교에서 공부하였고, 따라서 펜윅의 동문이며 침례교회와 어느 정도 관계가 있었다. 깊은 영성과 자비로운 마음을 소유한 하인즈는 한국 여성들을 가르치고 남편을 돕는 일에 평생을 헌신했다. 하인즈는 펜윅이 때때로 북미에 가서 머무르는 기간 동안 선교회를 관리했다.[221] 하인즈는 고든으로부터 배웠기 때문에 아마도 펜윅과 흡사한 신학과 영성을 가졌을 것이며, 그러한 신앙으로 한국인 성도들을 가르치고 교회를 인도했을 것이다. 펜윅 부부가 '동산'으로 불렀던 10만 평 규모의 원산 농장에 커다란 초가집을 짓고, 안대벽 가족 및 20-30명의 고아와 함께 살면서 그들에게 성경, 영어, 피아노 등을 가르쳤다. 펜윅은 집에서 예배드리다가, 얼마 후 원산 시내의 고등여학교 앞에 있던 ㄱ자 건물을 매입해 교단 본부 및 예배당으로 사용했다. 초기 교인들은 펜윅의 가솔 외에 김희서, 이정화, 황태봉, 황상필 등이 있었다.[222]

펜윅과 관련한 에피소드들이 있다. 하루는 일본의 조선총독부 관리가 펜윅에게 어느 교단에서 파송되었으며 무슨 자격으로 한국에서 선교활동을 하느냐고 따져 물으며, 본국으로 돌아가라고 종용했다. 그러자 펜윅은 사도행전 1장 8절, "오직 성령이 너희에게 임하시면 너희가 권능을 받고 예루살렘과 온 유대와 사마리아와 땅끝까지 이르러 내 증인이 되리라 하시니라"의 말씀을 제시하며, "나는 오래전에 벌써 허가를 받았고 명령도 받아 선교하고 있는 것"이라 답변했다.[223] 펜윅은 일본이 한국을 침략하고 우상을 숭배하는 국가라며 싫어했다. 펜

페니 하인즈와 부녀자 특별 성경학습반

윅은 초가집에서 감자와 옥수수를 먹으며 검소한 삶을 살았다. 특히 재정에 대해서는 스스로 엄격한 기준을 세우고 지켰다. 하루는 미국에서 꽤 많은 선교헌금이 들어와, 그것을 전국에서 활동하는 전도인들에게 지급하기 위해 각각 봉투에 담았다. 돈을 분배하는 작업이 끝나자, 식모가 와서 펜윅에게 밀가루가 떨어졌다고 말했다. 펜윅은 이미 돈의 분배가 끝났고, 하나님의 돈이니 자신이 함부로 할 수 없다고 했다. 그러자 옆에 있던 펜윅의 양아들 안대벽이 아직 발송 전이니 조금만 떼어 놓자고 했다. 이에 펜윅은 "안대벽! 하나님께 한번 드린 돈을 날 보고 도적질하란 말이냐?"라고 호통치며, 요한복음 7장 마지막 절과 8장 1절을 읽어보라 했다. 안대벽이 성경 구절을 읽자, 펜윅은 거처할 집이 없는 예수님보다 내가 더 불쌍하게 보이는가 하고 눈물을 흘렸다 한다.[224]

새로 읽는 한국침례교회사

스테드맨의 재방한과 충청도 상황

스테드맨은 한국을 떠나 미국으로 돌아간 후에도 충청도 교인들과 연락을 취하였다. 그는 한국인 신자들로부터 각 지역에 흩어져 있는 23개의 성경공부반이 잘 유지 운영되고 있다는 소식을 들었다. 그리고 엘라씽선교사들이 속히 다시 와서 침례 베풀어 주기를 원한다는 보고도 받았다. 스테드맨은 이러한 계속된 요청에도 불구하고 돌아갈 길이 열리지 않아 마음 아파했다.[225] 스테드맨은 한국에서의 선교 경험을 통해 목사안수의 필요를 절감하여 서둘러 미국침례교회(북침례교)에서 목사안수를 받았다. 그리고 미국침례교선교연맹에 한국 선교사로 파송해 달라고 요청했다. 선교연맹은 한국선교에 대해 검토하였으나 포기하고 대신 스테드맨을 기존의 선교지 일본으로 파송했다.[226] 당시 미국침례교회는 한국선교를 계획하지 않아 예산도 편성해놓지 않았으므로 스테드맨의 요청을 들어줄 수 없었다. 대신 일본으로 파송해 한국 방문의 기회를 주려 했다. 스테드맨은 1902년에 미국침례교회 선교사 자격으로 일본에 왔다. 그는 도쿄에 도착한 직후 곧바로 1902년 3월 한국으로 가서 충청도 성도들과 재회했다. 당시 한국은 1901년에 있었던 심한 흉년으로 백성들의 생활이 극히 어려운 상태였다. 스테드맨은 춘궁기인 3월에 내한하여 "백미와 소고기로 교인들을 도웁고 성경을 가르치며 심방하면서 위로"하였다.[227] 그리고 장기영, 김한나, 장석천, 홍봉춘, 이화춘, 이화실에게 침례를 주었다. 특히 홍봉춘은 1900년에 장로교 선교사 부위렴에게 금강에서 침례받았으나, 침례교 목사에게 정식으로 받겠다고 하여 다시 침례받았다.[228]

스테드맨은 1903년 11월에 2차로 한국을 방문하였고, 공주를 비롯한 충청도 교인들이 정기적으로 예배드리며 신실하게 신앙생활하고 있는 것을 보며 매우 기뻐했다.[229] 1903-1904년의 한국침례교 교세는 「침례교선교잡지」(The Baptist Missionary Magazine) 1904년 4월호를 통해 어느 정도 살펴볼 수 있다. 본 잡지는 당시 재한 선교사 수와 신자 수에 대해, 가톨릭 48명과 52,539명, 미북장로교 60명과 5,481명, 미북감리교 31명과 3,296명, 엘라씽침례교 1명과 50명, 성공회 24명과 117명, 호주 장로교 9명과 122명, 미남장로교 17명과 205명, 미남감리교 19명과 474명, 캐나다 장로교 10명과 160명, 러시아 정교회 2명과 50명, 플리머스 형제회와 YMCA는 교인의 수 없이 선교사만 각각 2명과 1명으로 집계했다.[230] 그런데 「침례교선교잡지」의 통계는 부정확한 것으로 보인다. 당시 침례교인의 수를 50명으로 잡은 것은 너무 적게 잡았다고 볼 수 있는데, 스테드맨이 1905년에 한국을 방문했을 때, 충청도에만 200명의 교인이 있었다고 보고했기 때문이다. 「침례교선교잡지」는 또한 펜윅을 엘라씽선교사로 잘못 기술했다.

스테드맨은 1905년에 3차로 한국을 방문했다. 그때는 서울과 부산 사이에 철도가 준설되어 있었으며 부산에서 공주까지 하루 정도 걸렸다. 스테드맨은 5명의 일본인 침례교 신자들과 함께 공주를 가장 먼저 방문했다. 그들은 숙소로 갈 때 옛 친구들과 지인들에 둘러싸여 제대로 걸어갈 수 없을 정도로 환영을 받았다. 스테드맨은 이들 중 많

   새로 읽는 한국침례교회사

은 사람이 예수를 구주로 영접
하고 신앙생활을 하고 있음을
보고 매우 기뻐했다.[231] 스테드
맨 일행은 공주 일정을 마친
후 30마일(48킬로미터)을 걸어
서 강경에 도착했다. 강경에서
교인들과 교제한 후 배편으로
칠산에 갔다. 스테드맨은 당시
세 지역에서 정규적으로 모이
고 있는 교회는 8개가 있었으
며, 자신은 그 교회들을 볼 때

스테드맨 선교사 가족

글로 표현할 수 없을 만큼 큰 기쁨을 느낀다고 했다. 스테드맨은 1905
년 기준으로 공주, 강경, 칠산 등지에 200명 이상의 기독교 신자가 있
으며, 원산과 서울의 작은 교회를 포함하면 한국에 약 300명의 침례
교인이 있다고 했다.[232]

스테드맨은 1905년 한국침례교 사역은 원산에 있는 펜윅의 관할
하에 있으며, 펜윅의 사역지가 너무 광대하여 충청도 지역은 방치되
어 있다고 했다. 스테드맨은 일본 사람들이 한국으로 대거 유입되는
바람에 한국인 선각자들이 서방 선교사들의 가르침과 도움이 필요하
다고 인식하게 되었으며, 따라서 선교사들은 기독교인을 위한 사역
뿐만 아니라, 그 이상의 일도 할 수 있다며 한국선교의 중요성과 시급
성을 강조했다.[233] 스테드맨은 미국교회는 한국에 예배당 건축을 위

해 돈을 보낼 필요가 없는데, 한국 교인들은 스스로 그 일을 해내며 교회 운영을 책임질 수 있기 때문이라고 하며, 그런 점에서 한국에 강력한 침례교단이 형성되지 못할 이유가 없다고 했다. 그리고 언젠가는 학교와 병원도 세워야 하겠으나 현재는 단 한 명의 선교사가 필요하다고 했다. 스태드맨은 상상 이상으로 발전할 수 있는 한국이 방치되고 있는 현실을 매우 안타깝게 여겼다.[234] 스태드맨은 1902년부터 31년간 일본 선교사로 봉직한 후, 62세가 되던 1933년 12월에 은퇴했다. 그는 미국으로 돌아가 말년을 보내다가, 1948년에 77세의 나이로 부인과 세 명의 아들, 그리고 딸 한 명을 남기고 주님의 품으로 돌아갔다.[235] 엘라씽선교사들은 한국에 침례교 신앙을 뿌리내리게 했다. 그들은 모두 보스턴선교사훈련학교 출신들로 아도니람 고든의 가르침에 따라 보수·복음주의와 전천년주의, 오지선교와 순회선교를 믿었다. 엘라씽선교사들은 한국침례교회의 모판 교회들을 세웠다.

사진 논쟁

아래의 사진에 관해 한국침례교회 내에서 적지 않은 논쟁이 발생했다. 논쟁은 규모가 컸으며 꽤 격렬했고 여전히 해소되지 않고 있으므로 교단 역사에서 다룰 필요가 있다. 사진에 관해 강경침례교회와 공주꿈의교회는 서로 자기 옛 교회의 사진이라 주장하고 있다. 이와 관련하여 한국침례교 역사학자와 목회자 간에 의견이 갈렸으며, 심지어 서로를 오해하는 지경까지 이르렀다. 본 논쟁은 한국침례교 제1호 교회가 어느 교회인가에 관한 논쟁이 되어서는 안 된다. 우리 교단의 최초 교회는 강경교회이다. 그것은 폴링이 강경에 정착하여 교회를 시작했기 때문이다. 본 논쟁은 어느 교회의 사진인지에 국한된 논쟁이 되어야 한다.

1. 논쟁의 발단과 전개 과정

위의 사진은 펜윅의 자서전 『The Church of Christ in Corea』(1911, reprint, 1967)의 90면에 "신 목사 교회 중 하나"(One of Pastor Sen's Churches)라는 제목으로 처음 알려졌다. 허긴 박사가 이 사진을 『한국침례교회사』(1999)의 72면에 "초창기 강경침례교회(1902-1905)"라는 제목으로 게재했고, 그것에 대해 오랜 기간 이견(異見)이 없었다. 따라서 자연스럽게 옛 강경교회의 사진이라는 주장이 정설이며 확립된 역사가 되었다. 그런데 꿈의교회가 2016년에 120년사 출간을 계획하고 2015년부터 교회의 옛 자료를 수집하던 중에, 이 사진이 옛 공주침례교회의 사진이라는 신빙성 있는 증언들이 나왔다. 따라서 사진이 어느 교회의 사진인지를 재검토해야 할 필요가 생겼다. 사진의 교회는 1911년 이전에 신명균 목사의 주도로 세워진 교회이므로 한국침례교 역사를 볼 때, 강경 아니면 공주의 교회일 가능성이 매우 높다. 유일하

펜윅, 신명균, 대한기독교인들

게 이 정도 규모의 교회로는 원산교회를 상정할 수 있으나, 원산교회
는 신명균이 아닌 펜윅이 세운 교회이므로 해당하지 않는다.

허긴 박사는 김용해 목사의 『대한기독교회사』 내용을 참조하고,
강경교회가 공주교회보다 교세가 컸다는 두 가지에 근거하여 강경교
회로 추정했다. 역사적 추정은 명백한 근거가 없을 때, 당시의 역사와
정황을 기반으로 역사를 추정하는 것으로 역사 기술에서 통용되는 방
식이다. 따라서 허긴의 역사적 추정은 정당하다. 그럼에도 명백한 근
거가 없다는 한계가 있다. 꿈의교회는 증언들과 이봉래 전도사가 반
죽동 예배당을 '영민사'라는 직조공장으로 사용했을 때의 1953년 12
월 16일자 '영민사' 사진을 근거로, "옛 반죽동 예배당"으로 주장했다.
이에 강경교회는 사진의 교회는 폴링이 1897-1898년에 옥녀봉에 건
축해 사용했으며, 그 건물은 1943년 5월 일제에 의해 방화소실되었다
고 주장했다. 양측의 주장은 다음과 같다.

새로 읽는 한국침례교회사

2. 강경교회의 주장[236]

강경교회는 본 사진의 교회가 폴링 선교사가 1897-1898년에 세웠고, 1943년 5월 일제에 의해 불타 없어진 옛 강경교회라 주장한다. 이 주장은 남주희 장로(1936년생)가 전한 증언에 기초한다. 남주희 장로는 강경에서 태어나 이제까지 강경에서 쭉 살아왔으며 강경침례교회를 지켜낸 산증인이다.

1) 남주희의 4번째 동서 송인환의 부친 송은영(1917년생)은 강경읍 북옥리 125번지 'ㄱ'자 교회 남쪽 아래 [현 주차장 옆 대가식당 자리]에 거주했다. 송은영은 남주희에게 1943년 저녁에 교회가 화재로 소실된 것을 목격했다고 증언했다.

2) 차정규(1933년생쯤)는 남주희의 연상 친구로 해방 전에 옥녀봉 불탄 예배당 자리에서 불에 탄 못들을 발견하여 그것을 가지고 남주희와 함께 못치기를 하며 놀았다고 남주희에게 증언했다. 그렇지만 남주희는 당시 6-8세 정도여서 그런지 못치기를 하며 놀았던 기억이 나지 않는다고 했다. 남주희는 또한 옥녀봉에서 최초 강경교회 건물과 신사를 본 기억은 있으나, 위 사진의 'ㄱ'자 교회를 본 기억은 없다고 했다.

3) 이종덕 목사 외아들 이신호의 증언: 아버지 이종덕 목사가 해방 후에 강경에 왔을 때, 예배당이 없고 교인들은 흩어져 있었다. 강경교회 예배당을 일제가 방화소실한 사실은 강경에 다 알려진 일이어서 비어 있던 일본인 절간을 차지하여 예배당으로 삼았다.

4) 전달순(1934년생쯤) 강경교회 권사의 증언: 자신이 아가씨 시절 이모를 따라 옥녀봉 첫 교회를 여러 번 가보았는데, 'ㄱ'자 건물 앞에 행랑채 건물이 있었다. 즉 건물은 'ㄱ'자로 보이나 실제는 떨어져 있는 'ㄷ'자 건물이었다. 건물 밖은 채소밭이었는데 위 사진의 예배당과 똑같다.

5) 이미심 집사 증언: 이미심은 강경교회 최초 성도 지병석의 차남 지복남의 부인이다. 그는 시아버지 지병석에게 들은 말을 기초로 다음과 같이 증언했다. 최초 강경교회로 사용한 집은 방이 두 칸밖에 없어서 안방은 폴링 선교사 가족이, 'ㄱ'자 끝 작은방은 가델라인 여자 선교사가 사용했다. 손님을 접대하거나 선교 차원으로 사용할 공간이 없어서 1897-1898년경 'ㄱ'자 교회를 신축했다. 이후 'ㄱ'자 교회는 예배와 대외적인 공무, 그리고 손님의 숙식 장소로 사용되었다. 첫 예배지의 건물은 지병석 집사가 폴링 선교사에게 주고[기증하고], 지병석은 산 아래 서창동으로 이사했다.

3. 꿈의교회의 주장 [237]

1) 1960-1967년 공주침례교회(현 공주꿈의교회)를 담임한 노영식 목사의 증언: 허긴 박사의 『한국침례교회사』(1999) 72면에 나오는 사진은 공주침례교회 반죽동 교회당 사진이다. 자신이 목회할 때 반죽동 예배당을 하숙집으로 리모델링하여 세를 주었고, 예배당 주변은 밭으로 세를 주어 모자란 사례비를 충당했다.

새로 읽는 한국침례교회사

2) 고용남 목사(57대 총회장, 신촌중앙교회 담임)와 그의 형제 고양순, 고정남의 증언: 어렸을 적 집이 반죽동 교회 바로 옆에 있었기 때문에 사진의 교회가 옛 공주교회라는 것을 한눈에 알 수 있다.

3) 이은순 사모(1936년생, 서문침례교회 정인도 목사 부인)의 증언: 자신이 28세까지 공주에서 살았기 때문에 확실히 공주교회라는 것을 기억한다.

4) 조혜숙(1938년생) 공주교회 권사의 증언: 공주교회는 기단 위에 집을 세웠다. 사진의 교회가 기단이 있다면 반죽동 교회가 맞다. [사진의 예배당은 기단 위에 세워진 건물이며, 당시에 초가집은 일반적으로 기단 위에 건물을 세우지 않았다].

5) 최복순(1946년생) 공주교회 권사의 증언: 다른 집은 굴뚝이 다 뒤에 있는데, 반죽동 예배당은 굴뚝이 앞에 있었다. [당시 초가집의 연통은 보통 옆이나 뒤에 있었다]. 예배당 오른쪽 옆에 작은 창고가 있었고, 어머님의 장례를 치를 때에 이곳에 있는 상여를 가져다 사용했다.

6) 이봉래 전도사가 1953-1954년 공주교회를 담임할 때 반죽동 예배당을 '영민사'라는 직조공장으로 사용했으며, 1953년 12월 16일에 찍힌 '영민사' 사진이 보관되어 있다. 이 '영민사' 사진에 나오는 문의 형태, 빗살 개수, 기단 등은 위의 사진과 일치한다.

양측의 주장에 대해, (1) 양측 주장의 타당성 검토, (2) 신명균 목사의 사역, (3) 최근 미국 대학교 도서관에서 발견된 감리교 선교사들이 강경교회를 매입하기 위해, 1900년경 옥녀봉을 방문해서 찍은 사진들, (4) 기존의 한국침례교 역사책들과 학술 논문들, (5) 새로운 자료의 발굴 등을 통해 객관적 사실을 규명할 필요가 있다. 사진에 나오는 인물들이 갓을 쓰고 한복을 곱게 차려입은 것으로 볼 때, 특별한 날을 기념하여 찍은 사진이었을 것이다. 신명균이 1906년에 목사 안수받았고, 펜윅의 책이 1911년에 출판되었으므로, 1907-1910년 사이 대화회(총회) 혹은 당회(지방회)를 끝내고 기념으로 찍은 사진으로 추정된다.

아래 표는 공주, 강경, 칠산 지역에 8개 교회와 서울과 원산에 교회가 존재했다는 1905년 스테드맨의 기록 및 다른 자료들을 종합해 작성했다. 1906년 10월 6일에 31개 교회를 기초로 대한기독교회가 설립된 사실을 고려해 볼 때, 표에 포함되지 않은 교회들이 있었을 가능성도 있다.

1889년에서 1905년까지 침례교회 명단[238]

연번	교회명	소재지	설립연도	설립자
1	강경교회	충남 논산	1896년	폴링(지병석)
2	공주교회	충남 공주	1896년	폴링(윤자학, 김의문)
3	원산교회	함경도 원산	1896년	펜윅
4	석포교회	울릉군 북면	1896년	최인회, 이종우
5	칠산교회	충남 부여	1900년	스테드맨(장기영)
6	용안교회	전북 익산	1900년	스테드맨(한찬필)
7	신영교회	충남 공주	1903년	윤자학
8	태성교회	충남 공주	1905년	황상필(최종영)
9	임천교회	충남 부여	1905년	황태봉
10	원당교회	충남 부여	1905년	정성교, 최원여, 최미리암
11	서울교회	서울	1905년경	미상

CHAPTER

2

일제강점기 한국침례교회

1906-1944

한국침례교회는 일제강점기에 4개의 교단 명칭을 사용했다. 1906
년 "대한기독교회," 1921년 "동아기독교회," 1933년 "동아기독대,"
1940년 "동아기독교"라는 명칭을 각각 사용했다. 비록 명칭은 다양했
으나 본질적으로 하나의 교회였다. 일제가 신사참배를 강요하며 신앙
의 자유를 억압하는 엄혹한 시절에 한국침례교회는 한국 개신교단 중
유일하게 끝까지 신사참배를 반대하고 성경적 순수 신앙을 지켰다.

대한기독교회 시대(1906-1920)

한국순회선교회에는 1905년에 충남과 전북에 총 8개 교회에 200
명, 원산과 서울의 두 교회에 100명, 울릉도에 몇 명의 교인, 총 300여
명의 교인이 있었다. 펜윅은 복음이 전해지지 않은 산골이나 어촌으
로 교인들을 보내어 전도하고 교회를 세우게 했다. 펜윅이 오지 선교
에 매진한 이유는 두 가지이다. 첫째는 온 세상에 복음이 전파되면 그

리스도가 재림할 것이라는 전천년주의 신앙 때문이다. 펜윅은 세계 복음화는 세계를 개종시키는 것이 아니라, 세상에 복음을 전파하는 것이라는 전천년주의 선교관을 믿었으며, 이에 따라 복음이 전해지지 않은 곳들을 중점적으로 전도하려 했다.[1] 펜윅은 "현세대 내에 전 세계 복음화"라는 전천년주의 선교 목표[2]에 따라, 한반도, 만주, 시베리아를 자신의 책임 구역으로 삼았다. 그는 동북아 지역의 오지에 복음을 전파하여 세계 복음화의 일익을 담당하려 했으며, 그런 목적으로 오지 선교를 독려했다.

펜윅이 오지 선교를 추진한 두 번째 이유는 예양협정(선교지 분할협정) 때문이다. 그것은 장로교와 감리교 선교사들이 임의로 세운 협정이지만, 선교사들 간에 관례적 기준으로 작용했다. 펜윅은 다음과 같이 예양협정으로 인해 곤란을 경험했음을 말했다: 저기도 안되고, 그쪽도 안 된다. 왜냐하면, 그 장소들은 이미 연고가 있는 곳들이다'라는 말을 들어왔다. 그러나 나는 그러한 장소에서 선교사나 현지인 전도인, 심지어 기독교인이 한 명도 없는 것을 종종 발견했다."[3] 이처럼 펜윅은 예양협정에 대해 불만이 있었으나, 타 교단 선교회가 활동하지 않은 지역에서 전도하려 했다. 그가 1891년 가을에 원산에 선교본부를 설립한 것도 그때까지 타 교단 선교부가 그곳에 정주하여 활동하지 않았기 때문이다. 두 가지 이유로 대한기독교회는 오지 선교를 했다. 그 결과 교단의 대다수 교회가 농어촌과 산골에 있는 작은 가정교회들이었다.

1. 대한기독교회의 설립

한국순회선교회는 활발한 복음 전파와 교회 개척으로 1906년까지 31개의 교회를 확보했다. 펜윅은 교회들의 관리와 효과적인 복음 전도를 위해 1906년 10월 6일 충남 강경교회에서 14장 46개조 교규를 기초로 제1차 대화회(총회)를 열고 '대한기독교회'(Church of Christ in Corea)를 창립했다. 펜윅은 교단을 창설하려는 의도는 없었고 효율적인 복음 전파를 위해 모임을 만들었으나 결국 교단으로 발전하게 되었다. 연차 총회의 명칭은 인간과 하나님을 화목하게 하신 그리스도의 사역을 기리고, 그리스도의 화목을 본받아 성도 간에 화목해야 한다는 의미로 '대화회'(大和會)로 정했다. 대화회는 일주일 동안 열렸는데, 처음 5일은 사경회로, 나머지 2일은 사무처리회로 운영되었다. 사무처리회는 각 구역의 제반 사항 보고, 안건의 처리, 권징, 침례와 혼례, 당원선발 등을 다루었다.[4]

대한기독교회의 교규는 총 14장으로 구성되었으며, 제1장 총칙에서는 속죄, 중생, 부활, 재림, 심판의 교리를 선포했다. 제2장은 교역과 직무를 다루었는데, 교역자들로는 감목(총회장), 목사, 감로, 교사, 전도, 당원이 있었다. 후에 총찰과 예비전도라는 직급이 생겼는데, 예비전도는 전도가 되기 전, 총찰은 교사가 되기 전에 받는 직위였다. 당원도 각각 100명, 50명, 10명의 교인을 통솔하는 통장, 총장, 반장의 3개 직급이 있었다. 그리고 각 지역의 총책임자로 안사가 있었다.[5] 제3장과 4장은 교역원의 임기와 선정 방법을 다루었고, 제5장은 침례법을 다루었는데, 침례 대상자를 "중생의 경험을 받은 자"로 한정했다. 제6장은 연 1회 대화회의 소집 및 임원회의 수시 개최에 관해 설명했다. 제7장과 8장은 대화회와 임원회에서 다룰 사무를 규정하였고, 제9장은 당회(지방회)의 조직과 운영, 제10장과 11장은 당원의 임기와 당회의 모임과 사무, 제13장은 교회 권징의 원리와 종류, 제14장은 침례와 혼인을 각각 다루었다.[6] 대한기독교회의 교규 전문은 기독교한국침례회 총회 역사편찬위원회(이정수),『한국침례교회사』, 57-63에 나와 있고, 25개조 침례문답 전문은 허긴,『한국침례교회사』, 108-109에 나와 있다. 다음은 장일수가 대한기독교회의 직분, 모임, 행습에 관해 간략하게 기술한 내용이다.[7]

5) 목사: 4-5년간 교사의 경험이 있고, 성경을 잘 가르치며, 무흠하고 지도력이 있는 자로 구역이 추천하여 대화회에서 안수하고 목사로 삼는다. 성례와 교회의 모든 예식을 주례하며, 당회장이 되고 교회와 구역을 지도하며 대화회(총회) 회원이 된다.

6) 감목: 목사이어야 하며 지도력이 있어 전국 교회를 통할하는 역할을 한다. 펜윅의 생존 시에는 펜윅이 임명하였으나 사후에는 임원회에서 선정했다. 감목은 전국 교회를 통할 지도하며, 모든 교역자와 직원을 임명하고, 대화회의 의장이 되며 임기는 10년이다.

2. 모임

1) 대화회: 1년에 1번 대게 9월에 모였다. 장소는 수시로 정하였음. 회원은 목사, 감로, 구역 대표 1인으로 구성되었다.

2) 당회(구역회): 1년에 3-4차례 7일 일정으로 모였으며 5일은 성경공부로 2일은 사무처리했다.

3) 비용: 당회(구역회)의 비용은 각자 부담이 원칙이나, 주최한 교회가 임원의 식비와 비용 대부분을 부담하고, 강사 비용은 현장에서 연보로 보충했다. 대화회의 비용과 임원회비는 총회비로 충당했다.

3. 행습

1) 책벌: 직원과 교인들은 당회에서, 교사, 감로, 목사는 대화회에서 책벌했다. 당시에 교회에서 받는 책벌은 하나님께 받는 것인 줄 알았으며, 범죄자를 책벌하는 것은 성경적이요 사랑하는 일로 믿었다.

2) 혼인: 남자는 18세, 여자는 17세 이상이 되어야 결혼이 가능하
며, 불신자와 결혼하면 부모까지 책벌 받았다. 결혼식은 성경에
의하고 한국 실정에 맞게 시행하였다.

3) 침례: 침례를 받으려면 1년 이상 이치와 중생의 도리를 확실히
알고 체험한 증거가 있어야 하며, 25개조로 구성된 규례 문답을
모두 외워야 한다.

4) 연보(헌금): 십일조, 감사헌금, 전도비, 주일헌금, 특별헌금 등이
있었다. 이 연보들은 모두 당회에 바치고, 당회는 대화회에 상납
하였다. 이로써 대한기독교회는 유지하게 되었다.

제1차 대화회는 다음의 안건들을 결의했다. 한반도와 남북 만주, 시베리아를 선교구역으로 정하고, 펜윅을 초대 감목으로 선임했다. 신명균을 목사로, 칠산교회의 장기영과 입포의 홍봉춘을 감로로 안수하며, 이종덕, 손필환, 이영구를 교사로 임명했다. 총회 본부는 원산에 두며, 원산, 강경, 공주, 영동 등 4개 구역을 지정했다. 구역의 전도 책임자로 원산 이종덕, 공주와 강경 장석천, 경남 밀양 박노기, 경북 울진과 통천 손필환을 각각 임명했다. 강경구역 용안교회 출신 한태형, 유내천, 이자삼, 이장운, 장봉이 등 5명을 만주 선교사로 파송했다.[8] 대한기독교회는 작은 교세에도 불구하고 초대 총회에서 5명을 만주 선교사로 파송하는 선교적 교단이었다.

2. 대한기독교회의 신앙과 체제의 특징

1) 개신교 정통주의

대한기독교회는 개신교 정통 교리를 믿는 교단이었다. 펜윅의 주도로 작성된 교규에 따르면, 대한기독교회는 그리스도의 속죄, 성령에 의한 중생, 그리스도 부활의 역사적 사실, 성도의 부활, 그리스도의 재림과 심판을 믿었다.[9] 펜윅은 교인들에게 그리스도의 성육신과 대속의 죽음을 가르쳤고,[10] 이신칭의와 하나님의 은혜 구원을 강조했다.[11] 펜윅은 전도인을 파송할 때, "이신칭의, 은혜에 의한 구원, 전가된 의" 같은 개신교 정통 교리를 알고 있는지를 확인한 후 파송했다.[12] 대한기독교회의 전도 책자는 그리스도의 재림, 은혜에 의한 구원, 이신칭의를 강조했다.[13]

2) 초교파주의

대한기독교회는 펜윅의 세대주의 교회관에 따라 초교파주의를 추구했다. 세대주의가 지배적 신학이었던 나이아가라 사경회의 신앙고백서 제10항은, 교회가 "모든 분파적인 편견과 교파적 편협성을 극복해야 한다"라며 초교파주의를 강조했다.[14] 펜윅 역시 대한기독교회를 효과적인 선교를 위한 초교파적 모임으로 설립했다. 그는 이에 관해 다음과 같이 말했다:

어떠한 교단으로부터도 자유로운 상태로 나를 소명하신 하나님의 사역과 한국의 여러 다른 지역에서 많은 영혼을 주님에게로 돌아오게 하고, 감독들을 임명하는 일이 절대적으로 필요하게 되어 우리는 가장 간단한 교회 이름을 선택했는데, 한국어로 "대한기독교회"라 했다. 그 말은 "한국에 있는 그리스도의 교회"라는 뜻이다.[15]

펜윅은 "건물도 신조도 없고 오직 성경만이 선포되고, 오직 성경만을 믿는 사람들의 모임"을 이상적인 교회라 믿고 그런 교회를 만들려 했다.[16] 펜윅은 순수한 교회는 신조나 기관이 아니라 성경을 믿는 신자의 모임이라 믿었다. 그는 "에클레시아"(ecclesia)라는 헬라어 원어의 뜻은 구별된 사람들의 모임으로 원래 교단의 의미가 없다고 했다.[17] 펜윅은 이러한 신앙 정신으로 대한기독교회를 어떠한 교단의 체제도 따르지 않고 오직 성경만을 기초하여 설립했다. 그는 이와 관련해 다음과 같이 설명했다:

회중들이 함께 모였으며, 각각의 모든 교회에 십 부장, 오십 부장, 백 부장을 두는 안건에 대해서 모든 사람이 찬성하고 한 사람의 반대 없이 통과되었다. 그들의 사역은 집사들을 돕는 것이다. 집사들은 그들보다 높은 자리에 위치하며, 교인들을 영적으로 지도함과 동시에 교회의 재정 사역을 담당한다. 목사들은 집사들보다 더 높은 위치에 있으며, 부사역자를 둘 수 있고, 부사역자는 목사의 감독 아래 책임 맡고 있는 교회들을 심방하는 일을 한다. 목사들 위에는 감목 즉, 통할하는 목사가 있다. … 목사와 부교역자의 임명은 감목이 한다. 그러나 실제적으로 감목, 목사, 성도는 모두 성령께서 교회를 운영하는 데 있어 어떠한 능력도 상실하지 않는 다는 믿음으로 임명이 이루어졌다.[18]

이처럼 대한기독교회는 웨슬리의 순회선교단 체제와 유사하며 개 교회 자치의 개념은 없었으며,[19] 구약의 10부장, 50부장, 100부장 체 제를 도입했다.[20]

3) 만장일치 제도

대한기독교회는 펜윅의 주장에 따라 만장일치 제도를 채택했다. 그것은 펜윅의 독특한 교회론에서 비롯되었다. 그는 순수한 교회는 성령의 주권에 절대적으로 복종하는 교회이므로 신자들은 성령의 인도하심에 순종해야 한다고 했다. 성령의 뜻은 하나이므로 로마가 톨릭과 같은 인간적인 계급 체제는 인정될 수 없고, "기독교 민주주 의"라는 사상도 옳지 않다고 했다.[21] 펜윅은 교회는 다수결에 의해 결 정하는 단체가 아니라, 성령의 통치에 순종하는 단체이므로 만장일 치 제도가 타당하다고 믿었다. 이와 관련하여 펜윅은 다음과 같이 설 명했다:

우리 교회의 행정 체제를 예로 들면, 목사들은 매년 모이는 대화 회에서 감목에 의해 임명된다. 후보자들의 명단이 제시되고, 전교회가 진심으로 그들을 원하고, 아무도 반대하지 않을 경우, 감목은 그들을 따로 세워 안수한다. 감로들은 1년에 4번 모이는 당회에서 추천되며, 이러한 추천들은 대화회에서 제시되는데, 전 교회가 어떠한 반대 없이 진심으로 그들을 인정하지 않는 한 안수받지 못한다.[22]

대한기독교회의 월보인 「달편지」를 보면, 각 교회가 모든 일을 결정할 때 성령의 인도함에 따라 결정하려 노력했음을 알 수 있다. 이처럼 대한기독교회는 성령의 주권을 절대적으로 인정하는 믿음으로 만장일치 제도를 채택했다. 그러나 실제적으로는 펜윅의 생각대로 모든 사안이 통과되어 사실상 독재적 운영으로 변질되었다.

4) 회중주의

대한기독교회는 계급적인 교단 체제였으나 만인제사장 교리에 근거한 회중주의가 부재하지 않았다. 펜윅은 교회의 유일한 목자는 그리스도이며, 목사와 감로는 목자들이 아니며 참된 목자를 돕는 충실한 개들이라 가르쳤다.[23] 양과 개는 동물이며 사람이 아니라는 측면에서 펜윅은 목사와 교인은 직분과 기능이 다르지만 본질적으로 하나님 앞에서 같은 성도라는 점을 설명한 것이라 볼 수 있다. 목사와 감로는 영적 지도자로 목자는 아니며 목자를 돕는 임무가 부여된 점을 강조한 것이다. 이처럼 펜윅은 계급적 의미의 사제주의를 반대했고, 만인제사장 교리와 회중주의를 믿었다. 대한기독교회의 「달편

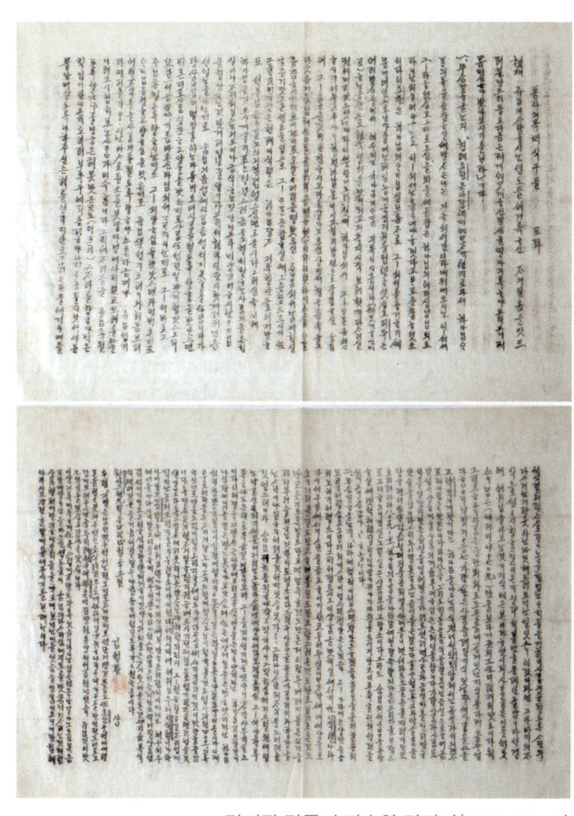

김영관 감목이 발송한 달편지(1934.10.14.)

지」를 보면 심지어 권위적인 체제 안에서도 회중주의가 가능함을 보여준다. 이종덕 감목이 발송한 1919년 8월 7일자 「달편지」는 전체 교단을 하나의 교회로 보고, 지역교회들을 구역으로 간주했다.[24] 즉 개교회로 치면 총회가 교회이고 개교회는 구역인 것이다. 대한기독교회는 개교회 자치와 민주주의를 실행하지 않았으나, 회중주의 개념은 보존하고 있었다.

5) 신자의 침례와 엄격한 교회 치리

대한기독교회는 신자의 침례와 엄격한 교회 치리를 시행했다. 침례는 성령에 의해 중생을 체험한 사람만 받을 수 있었고, 유아세례는 인정하지 않았다.[25] 침례를 받고자 하는 사람은 25개 항목으로 된 침례문답을 모두 외어야 했다. 침례 문답은 그리스도인의 경건한 삶을 위한 필수 규칙들을 나열했다. 제1항은 그리스도인의 서로 사랑에 관한 것, 제5항은 십일조 준수, 제7항은 성경 공부의 중요성, 제9항은 전도에 힘쓸 것, 제13항은 술장사와 술 취함의 금지 등을 규정했다.[26] 침례 문답 시험을 통과한 사람에게 다음과 같은 몇 가지 질의응답을 했다:

문: 왜 침례를 받고자 하는가?

답: 주님의 명령이기 때문이다(마 28:19).

문: 어떤 사람이 침례를 받을 수 있나?

답: 물과 성령으로 거듭난 사람이 받는다.

문: 물은 무엇을 뜻하는가?

답: 하나님의 말씀을 뜻한다.

문: 침례에는 몇 가지 뜻이 있는가?

답: 두 가지의 뜻이 있으니 장사와 부활이다.[27]

질의응답은 침례를 죽음과 부활을 상징하는 의식으로 믿었음을 보여준다. 대한기독교회는 또한 중생한 신자만을 주의 만찬에 참여케

했다.[28]

김장배 목사는 침례에 관해 한 가지 에피소드를 소개했다. 대한기독교회는 교단 내 결혼하는 경우가 상당히 많았으며, 결혼은 교회가 허락해야 가능했다. 교회는 수침자만 결혼을 허락했고, 이에 따라 결혼 대상자들은 1년에 한 번밖에 없는 시험에 합격하려 열심히 침례문답을 암기했다. 한 번은 한 청년이 침례문답 시험에 떨어져 매우 실망하고 있었다. 그때 한 나이 많은 성도가 "젊은이 걱정하지 말게. 나는 올해까지 3번이나 떨어졌다네. 비록 나 같은 늙은이에게는 기회가 많지 못하겠지만 나는 내년의 시험을 기다린다네!"라고 위로했다. 이 대화를 우연히 들은 목사는 나이 많은 성도에게 "노부인 같은 분은 참으로 중생한 그리스도인입니다. 목사도 사람이기 때문에 중생한 신자를 몰라본 것입니다. … 본인은 금번 침례식에 당신이 동참할 수 있다는 허락을 이 자리에서 선언하는 바입니다"라고 선포했다는 것이다.[29] 이 에피소드는 대한기독교회가 중생한 사람에게만 침례를 베풀었던 행습을 잘 보여준다.

대한기독교회는 교회치리를 엄격하게 시행했다. 치리는 마태복음 18:15-17의 교훈을 따라 진행하고 출교, 정권, 권책의 3가지 벌칙을 사용했다.[30] 치리는 대화회와 당회(현재 지방회)에서 주요 사무 중 하나였다.[31] 김장배의 어머니가 치리 받은 사건은 당시의 치리 행습을 잘 보여준다. 김장배의 둘째 형은 불신자였고 불신자 여인과 결혼했다. 이에 강경구역 당회는 어머니가 불신자 처녀와 결혼하는 것을 허락한 행위는 성서적 교훈에 위배된다며 고발했다. 당회 의장은 비록 어머니가 성년 자녀의 결혼에 관해 절대적 권한이 없다 하더라도 책임을 면할 수 없는데, 불신자와의 결혼은 성경의 가르침에 위반되기 때문이라 했다. 더욱이 교단의 명예로운 순교자의 아내로서 도의상 책임도 면할 수 없다면서, 의장은 정권의 심판을 내려 곧바로 침례 증서를 회수하고 성찬식 참여를 금했다. 당시 김장배의 어머니는 회개의 눈물을 흘리며 심판에 승복했다.[32] 김장배는 어떤 어머니가 성찬식에 사용하고 남은 떡을 어린 딸에게 먹여서 치리 받은 사건도 소개했다. 권징의 이유는 비록 성찬식에서 남은 떡이라 하더라도 중생하지 못한 어린이가 먹으면 신령한 측면에서 잘못된 일이기 때문이라는 것이다.[33] 당시 심판관은 엄숙한 목소리로 치리를 진행했다. 그리고 회개를 촉구하며 이른 시일 내에 회복하기를 기원했다. 치리 받는 교인은 거의 예외 없이 승복했다. 교회는 회개하고 벌칙을 수행한 교인은 다시 받아들였다.[34]

6) 세대주의 신앙

대한기독교회는 펜윅의 영향으로 세대주의 신앙을 믿었다. 펜윅은 예수님의 산상수훈은 현세대에 기독교인들에게 주어진 법칙이 아니라, "마지막 날들"에 유대인이 지켜야 할 율법으로 주신 것이라 했다. 그리고 교인들에게 그리스도가 재림할 때 지구상에 이루어질 천년왕국, 3세대를 위한 3가지 복음과 5가지 심판 등을 가르쳤다.[35] 펜윅은 세대주의 교회관을 가르쳤는데, 진정한 교회는 세상뿐만 아니라 기존의 교단들과도 분리해야 한다고 했다.[36] 대한기독교회의 「달편지」는 그리스도인은 세속화된 세상에서 분리되어 하늘 왕국을 바라보아야 한다는 것, 그리고 주님이 곧 다시 오시기 때문에 성결한 삶을 살아야 한다는 내용을 많이 담았다.[37] 「달편지」는 또한 세상은 마귀와 연합되어서 갈수록 악해질 것이므로 성도는 세상과 분리하며 성령에 따라 살아야 한다고 했다.[38] 대한기독교회는 전천년주의와 세대주의를 믿는 교단이었다.

3. 활발한 전도와 교세의 성장

대한기독교회는 펜윅의 가르침에 따라 전도를 최우선 사역으로 삼았다. 펜윅은 전도는 영적인 소화작용과 같은 것이다. 성경공부는 영적인 음식을 먹는 것인데, 음식을 먹고 소화를 시키지 못하면 병이 생긴다. 따라서 전도는 영적 건강에 필수적이라며 전도를 독려했다.[39] 펜윅은 예수의 재림 때까지 충실히 복음을 전파해야 한다고 강조하고, 자신도 적극 전도하여 모범을 보였다.[40] 대한기독교회의 전도 방법은 하나님의 말씀을 그대로 전하는 것이었다. 이에 대해 펜윅은 "회의와 기도 후에 우리는 하나님의 말씀을 전파하는 것이 사람들을 하나님에게로 곧장 인도하는 데 가장 효과적인 방법이라고 결론지었다"라고 증언했다.[41] 대한기독교회는 펜윅의 뜻에 따라서 오지로 나아갔다. 당시 전도 표어는 "산골에나 빈들에나"였는데, 그것은 복음이 전파되지 않은 지역에 전도하겠다는 뜻이었다.[42] 펜윅은 전도자들이 오직 성경과 쪽복음만을 가지고 가도록 했다.[43] 그리고 "영국과 해외 성경협회"의 정책에 따라, 그것들을 거저 주지 말고 반드시 팔도록 했다.[44] 펜윅은 이에 관해 다음과 같이 기술했다:

이제 평균 82명의 토착 전도인을 확보했고 전도인들은 각 가정을 방문 전도하며 성경을 판매했다. 작년에 그들은 거의 35,000개의 마을과 동네를 방문했고, 그 지역의 각 가정을 다니며 복음을 전파했다. 70,000권 이상의 성경과 쪽복음(창세기, 출애굽기, 잠언, 요한복음, 사도행전)을 팔았다.[45]

권서 전도인들은 정해진 월급이 없었고 최소한의 교통비만 받았다. 펜윅은 아들이 아버지의 심부름을 할 때 월급을 받지 않는다. 그러나 아버지가 여비는 줄 수 있다고 하면서, 전도인은 하나님의 아들로서 여비 외에 고정된 월급은 받을 수 없다고 했다. 펜윅은 전도인에게 여행경비의 절반만을 주었고 나머지 절반은 성경이나 쪽복음을 팔아서 해결하게 했다.[46] 펜윅은 종종 경비를 지급하지 못하는 경우가 있었다. 그럴 때면 마태복음 6:8의 말씀, 즉 "그러므로 저희를 본받지 말라. 구하기 전에 너희에게 있어야 할 것을 하나님 너희 아버지께서 아시느니라"라는 구절을 쓴 종이를 봉투에 담아 보냈다.[47]

전도인들의 가족은 극단적 빈곤으로 고생했다. 전도인이 전도 여행을 떠나면 수개월 혹은 때로 수년간 집에 돌아오지 못하는 경우가 있었다. 그럴 때, 부인이 가족의 생계를 책임져야 했다. 부인은 바느질과 같은 온갖 잡다한 일을 하며 생활비를 마련했다. 예를 들면, 박기양 목사가 전도하기 위해 집을 떠나 3년 간이나 돌아오지 못한 때가 있었다. 그의 아내는 자식들을 데리고 친정에서 1년간 머물렀다. 1년을 버틴 후 친정집에서 나와 아이들을 데리고 온갖 일을 했으나 거지와 다름없는 생활을 했다.[48] 전도인 역시 전도 여행 중에 배고픔과 추위로 고생했다. 하나님은 그들에게 한 가지 보상을 예비하셨다. 그것은 교인들이 전도인들을 깊이 사랑하고 존경한 것인데, 전도인들은 보통 선교지로 가는 도중에 대한기독교회 교회들을 방문했다. 교회들은 전도인들을 진심으로 환영하며 깊은 사랑과 신뢰를 보여주었다. 이러한 교회의 환대는 그들에게 더 없는 위로가 되었다. 전도인들은 방문한 교회에서 설교하며 사경회를 인도하고 다시 임지로 향하곤 했다.[49]

전도 보고는 대화회의 일정 중 가장 중요한 순서였다. 1907년 공주교회에서 개최된 제2차 대화회의 보고는 전부 전도에 관한 것이었다. 즉 영동지방 울진에서 활동하던 손필환이 전치주, 전치규, 남규연 등 8명을 전도하였음을 보고했고, 영동구역 각계교회의 김재형과 칠산교회의 김경춘이 함경북도 경흥에서 박성도, 한봉관, 박성은을 신자로 얻게 된 사실을 보고했다. 김재형과 김경춘은 만주로 가서 전도하여 김영진과 김규면을 얻은 것도 보고했다. 전도와 직접 관련이 없는 보고는 원산성경학원의 개원뿐이었다.[50] 원산성경학원이 세워진 것은 만주와 시베리아에 교회 개척이 활발하게 진행되어 목회자 충원이 필요했기 때문이다. 만주는 일제의 탄압과 경제적 이유로 한인들이 대거 이주한 지역으로, 대한기독교회는 일찍이 그곳을 선교지로 삼아 1906년에 한태형 외 4명을 선교사로 파송했다. 펜윅 자신도 1908년 2월에 연변으로 가서 약 2개월 동안 전도하여 최성업, 이종근, 이종만, 장진규 등을 얻었다.[51] 최성업은 시베리아 전도자로 활약했다. 그는 부모를 따라 러시아로 이민가서 러시아어에 능통했다. 최성업은 회심한 지 1년 만에 아버지 최응선을 전도했으며, 이들 부자는 박노기, 김재형 교사와 함께 시베리아의 수청, 청재동, 도빙허에 홍치미교회, 새재헌교회, 시영구교회, 남흥교회, 그분에쓰교회 등 30여 교회를 개척했다.[52]

제3차 대화회는 1908년 칠산교회에서 개최되었다. 본 대화회에서는 경북 예천의 장진욱, 노재천, 김재덕이 입교하였으며, 복음전도가 활발하게 이루어지고 있는 예천을 독립 구역으로 설정했다. 또한 이영구, 장데부라, 김재형을 교사로 임명했고, 최성업, 이종근, 이종만, 장진규가 새 신자로 가입했다. 복음은 경북의 헌평, 산점, 점촌, 용궁, 용담, 마성으로 퍼져나갔다.[53] 제4차 대화회는 1909년 용안교회에서 개최되었다. 본 대화회에서 장석천과 손필환을 목사 안수하여 신명균과 함께 한국인 목사가 총 3명이 되었다. 또한 경북 영일군 송라의 해변촌 조사리에서 이명숙의 전도를 받은 이명서, 박병식, 허담이 1909년에 예수를 믿었다.[54] 대한기독교회는 전도에 역량을 집중하기 위해 담임목사 제도를 채택하지 않고 목사가 구역의 교회들을 순회 목회하게 했다. 감로, 교사, 당원(통장, 총장, 반장)들도 전도가 주된 사역이었다. 이처럼 교단은 복음 전파에 모든 역량을 총동원하였다. 그 결과 1906년 4개 구역의 31개의 교회에서 1911년에 이르러서는 14개 구역

                                                  새로 읽는 한국침례교회사

162개 교회로 급증했다.[55] 교회 수만 보면 5년 만에 5.5배 성장한 것이다. 이러한 급성장은 여러 전도인의 헌신으로 이루어졌는데, 그중 장석천과 손필환의 활약이 두드러졌다.

1) 장석천과 충청도 지역의 부흥

장석천은 칠산교회 감로 장기영의 아들로 1885년 11월 19일 충남 부여군 칠산리에서 태어났다. 스테드맨이 1902년에 한국을 재방문했을 때 그에게 금강에서 침례받았다.[56] 장석천은 1902년 초에 신명균의 기도로 병이 낫게 되면서 신명균의 제자가 되어 성경공부를 했다. 그는 학자적 성향이 강해 가끔 원산의 펜윅을 방문하여 성경에 대해 평소에 궁금한 것을 질문했는데, 그때 펜윅은 장석천이 꽤 풍부한 성경 지식이 있음을 알았다. 특히 4복음서와 사도행전의 중요한 구절들을 암송하고 있는 것을 발견하고 장석천을 "걸어 다니는 성구 색인"이라 불렀다.[57] 장석천은 1903년에 개교한 공주성경학원에 고문중, 황태봉 등과 함께 초대 학생으로 입학했다. 학생 신분이던 1906년에 교사 직분을 받아 공주와 강경의 전도 책임을 맡았다. 1909년 9월에 목사안수를 받고 공주성경학원과 부설 측량학교에서 가르치는 사역을 했다.[58]

장석천은 대한기독교회에서 최초로 서양식 결혼을 했다. 양가 모두 그리스도인이어서 기독교 방식으로 결혼식이 진행됐고, 그것은 칠산 마을 전체에 비상한 관심사가 되었다. 동네 사람들 거의 모두 결혼식에 참석해 새로운 형태의 결혼예식을 지켜보았다. 주례를 맡은 펜윅은 시부모가 될 장기영 부부에게 며느리를 하인처럼 대하지 말고 딸로 대할 것을 약속하라 했고 장기영 부부는 그렇게 하겠다고 했다. 결혼예식을 도왔던 감리교 선교사 윌리엄 맥길은 후일 펜윅에게 "당신이 그녀를 위해 그 약속을 받았을 때 그녀가 당신에게 얼마나 감사했는지 그 표정을 보았어야 했는데"라고 말했다. 장석천은 장판순으로 불렸는데, 결혼식과 함께 이름을 석천으로 바꾸었다.[59] 장판순이 장석천이 된 것이다.

장석천은 교사 직분을 받은 1906년부터 전도인과 부흥강사로 활약하기 시작했다. 그의 아들 장일수는 "신명균 목사의 문하에서 공부하던 장석천이 1906년에 교사가 되어 부흥전도회를 하는 데 성령에 큰 능력을 힘입게 되어, 말씀의 능력이 나타나서 가는데 마다 인산인해를 이루고, 회개하며 결신자가 많아 교회가 우후죽순같이 일어나게 되었다"라고 증언했다.[60] 장석천은 전국을 순회하며 낮에는 복음을 전하고 밤에는 집회를 인도했다. 대게 집회 장소가 마련되어 있지 않아 천막을 치거나, 마을 광장 끝 노상에서 설교했다. 그러나 그의 설교는 성령의 능력과 은혜가 충만하여 많은 사람이 모였고, 심지어 이웃 마을 교인들은 집회가 끝나기 무섭게 그를 자기 마을로 데려가곤 했다. 장석천의 설교를 들었던 이종덕, 박노기, 손필환, 노재천이 회심하여 교단의 일꾼이 되었다.[61]

하루는 펜윅이 캐나다 장로교 선교사의 부탁으로 한 도시에 부흥회를 인도하러 갔는데, 장석천도 동행했다. 부흥회를 시작한 지 4일이 지나자, 청중들 가운데서 회개의 물결이 일어나기 시작했다. 펜윅은 밝히기 어려운 죄는 예수님께만 아뢰고, 다른 죄는 잘못을 범한 당사자를 찾아가 용서를 구하라 했다. 다음 날 동네는 잘못을 빌려고 서로 방문하는 사람들로 떠들썩했다.[62] 펜윅은 집회가 성공하자 둘씩 짝을 지어 도시의 각 구역으로 보내, 복음을 전파하고 저녁 집회에 초청하도록 했다. 그것은 예상외로 성공적이어서 그날 밤 예배당 안과 바깥 넓은 마당이 많은 인파로 가득 찼다. 그때 펜윅은 장석천이 설교하도록 했다. 항상 점잖고 잘 웃던 장석천은 "우레의 아들"로 변했다. 그의 설교는 강력한 감동을 일으켜 약 8일 만에 도시의 대부분 지역이 복음화되었다.[63] 장석천은 다른 여섯 마을에서도 집회를 인도했는데 같은 결과가 나타났다. 그는 야고보서와 베드로후서를 기초로 각 집회 때마다 똑같은 내용으로 설교했다. "주님 오실 날이 가까웠느니라. 너희가 어떠한 사람이 되어야 마땅한가. 거룩한 행실과 경건함으로 하나님의 날이 임할 것을 바라보고 간절히 사모해라"라는 설교는 양심을 자극하고 죄를 고백하게 했다. 장석천은 둘씩 짝지어 복음을 전하고 저녁 집회에 사람들을 초청할 것을 요청했다. 여섯 마을 집회는 대성공을 거두어 각 집회 때마다 수백 명이 교회당과 교회 마당에 가득 찼다.[64]

장석천은 일곱 번째 집회에 가기 전 충남 칠산의 부친 집에서 이틀을 머물렀다. 바로 그때 비단옷을 입은 두 명의 양반이 4명의 포졸과 함께 들이닥쳤다. 그리고 대뜸 "무슨 놈의 양반이 서양 예수교회를 가지고 이곳에 왔는가?" 하고 포졸들에게 장석천을 매질하라 명령했다. 포졸들은 장석천을 눕혀서 매질하고 차가운 겨울 개천에 던졌다. 겨울 개울에 처박힌 장석천은 그때 고질병을 얻었다.[65] 장석천은 봉변당한 이틀 후 만류에도 불구하고, 병든 몸을 가지고 계획된 일곱 번째 집회를 인도하러 갔다. 그 마지막 집회가 가장 성공적이었다. 수 킬로미터 떨어진 곳에서 사람들이 몰려와 장석천의 설교를 듣고 예수를 믿었다.[66] 집회가 끝난 후 전킨기념병원(Junkin Memorial Hospital) 의료선교사 어빈(C. H. Irvin)이 장석천을 병원으로 데려가 회복될 때까지 치료해 주었다.[67] 장석천은 어느 정도 회복되자 새로운 성경반 설립을 위해 지역으로 파송되었다. 장석천은 1909년 11월 4일, 미국성서공회가 보내준 성경과 전도 책자를 12명의 전도인에게 나누어주며 1개 군(群)에 한 명씩 가도록 했다. 전도인들의 활약은 대단해서 1910년 2월 28일에 펜윅에게 제출한 보고서에 의하면 36개의 새로운 교회들이 개척되었다.[68]

2) 황상필과 태성교회의 설립

황상필은 공주 태성에 최초로 복음을 전한 사람이다. 그는 원산교회의 초대 신자였다. 펜윅은 원산 시내의 여자고등학교 근처에 있는 건물을 매입하여 교단 본부 및 예배당으로 사용했다. 원산교회에는 펜윅의 보조교사, 안대벽, 안대벽의 어머니, 안덕가, 4명의 한국인 학생, 이정화, 황태봉, 황상필 등이 교인으로 있었다.[69] 펜윅은 1902년 9월에 황상필을 데리고 공주에 와서 신명균을 대신하여 공주교회의 사역을 맡겼다.[70] 펜윅은 두 가지 목적이 있었던 것 같다. 첫째, 신명균의 1903년에 공주성경학원 설립 업무를 감안해 사전에 업무를 조정

새로 읽는 한국침례교회사

하고, 둘째, 복음 전파와 교회 개척에 탁월한 능력을 보인 신명균이 그 일에 전념하도록 하기 위함이었다. 황상필도 교단 정책에 따라 공주교회에서 목회함과 동시에 주변 마을을 다니며 복음을 전했다. 그러던 중 그는 공주읍 정안면 태성리에서 그 고을의 진사 최종영을 전도했다. 1905년에 시작된 태성교회는 최종영이 1910년에 그의 집을 예배당으로 사용하며 정기적으로 예배드리므로 조직교회로 발전했다.[71] 최종영은 현 꿈의교회 안희묵 목사의 외고조 할아버지로 안희묵의 모친 최영숙 사모의 증조할아버지이다. 최종영의 후손들은 대를 이어 태성교회를 섬겼다.[72]

한편 신명균은 1910년까지 공주에 머물며 사역했다. 그는 공주성경학원의 운영과 인근 교회들을 순회 목회하고, 펜윅이 충청도 방문 시 보좌했다. 예를 들면, 펜윅이 1910년 6월 충북 옥천의 구룡촌교회에서 며칠 동안 사경회를 인도했는데, 그때 노재천을 포함해 50여 명이 전도인으로 지원했다. 신명균은 이들 50명에게 침례를 베풀었다.[73] 이처럼 충청 지역의 교회들이 안정적으로 발전하자 신명균은 1910년 제5차 강경교회 대화회에서 영동구역으로 파송 받아 그곳으로 갔다.[74]

3) 손필환과 경북지역의 부흥

손필환은 전국을 다니며 순회 전도하여 많은 영혼을 얻은 대표적인 복음전도자였다. 손필환은 신명균을 통해 예수를 믿었고 1904년 펜윅에게 침례받았다. 펜윅이 충청도에서 사경회를 할 때, 신명균에게 서기 한 명을 추천해달라 했고 신명균은 손필환을 소개했다. 펜윅은 총명하고 예의 바르며 영성을 갖춘 손필환을 전도유망한 사람으로 보았다. 펜윅은 그에게 중국어 성경을 읽어보라 했고, 손필환은 중국어 성경을 쉽게 읽어나갔다.[75] 손필환은 원래 도(道)에 하나씩 있었던 관립 측량학교 출신으로 출세가 보장되었으나, 예수 복음을 들은 후 세상 욕망을 버리고 복음 사역자가 되었다.[76] 손필환은 펜윅에게 침례받고 1년이 지난 1905년에 신명균을 찾아가 성경을 가르쳐 달라고 했다. 그때 신명균은 다음과 같이 말했다:

인간의 가르침은 아주 불충분한 것이다. 네가 필요로 하는 것은 성령님께서 네게 직접 가르치도록 하는 것이다. 그분의 가르침은 말할 수 없이 훌륭하시다. 게다가 자네도 알다시피 나는 교회들을 방문 하기에 바쁘고 자네에게 많은 시간을 내어줄 수 없지 않은가? 하지만 성령님은 너와 항상 밤과 낮을 함께 거하셔서 하나님의 자녀들에게 성경 가르치기를 좋아하신다. 하나님 아버지께서 성령을 통하여 너에게 성경을 가르쳐 주시도록 예수님의 이름으로 구하라. 그러면 그렇게 해주실 거다.[77]

손필환은 신명균의 뜻에 따라 성령께서 가르쳐 주기를 기도하며 성경을 읽고 또 읽었다. 한학자 출신의 손필환은 얼마 후 성경의 핵심 내용을 명확히 이해하게 되었다. 그것은 그가 대화회 때 했던 간증에서 잘 드러난다: "저의 구원이 저 자신에게 달려 있지 않음을 저는 기쁘게 생각합니다. 나의 사랑하는 목자께서 능력의 어깨 위에 나를 얹으시고 또한 나를 인도해 주십니다." 손필환의 30초 정도의 짧은 간증은 듣는 사람들로 하여금 마치 전기에 감전된 듯 전율을 느끼게 했다.[78]

손필환은 공주성경학원에서 성경을 배우는 학생이자 측량학을 가르치는 교사의 역할을 했다. 그렇지만 손필환은 복음 전도가 그의 주된 사역이었다. 펜윅은 손필환이 성경 판매 실적은 부족했으나, 영혼 구원과 교회 개척에는 탁월했다고 했다.[79] 하루는 손필환이 바닷가 마을의 교회를 살피고 그 지역에 복음 전하는 임무를 받았다. 그는 2주 후에 펜윅에게 다음과 같이 보고했다: "찬양받으시기에 합당하신 우리 주님의 무한하신 은혜로 보잘것없는 제가 사람들에게 복음을 전하는 일에 하나님의 도구가 됨은 말로 할 수 없는 특권입니다. 또한 8명의 사람이 주님의 복음을 전하기 위해 자신들을 주님께 바쳤습니다."[80] 손필환은 8명의 사람을 전도인으로 만든 큰 성과를 올렸다. 이러한 실적으로 손필환은 1909년 제4차 대화회에서 목사로 안수받게 되었다. 침례받은 지 5년밖에 되지 않았으나 목사로 인정받은 것이다. 손필환은 1910년에 포항과 울진 지역으로 파송되었다. 그때 손필환은 지난번 전도인으로 헌신했던 8명 중 한 사람을 데리고 가고 싶어했다. 당시 펜윅은 전도인에게 매달 5달러의 경비를 지급했는데, 새로운 사람을 추가할 수 있는 형편이 아니어서 요청을 받아들일 수 없다고 했다. 그러자 손필환은 자신에게 할당된 경비 5달러를 나누어 쓰기로 하고 그 사람을 데리고 갔다. 6주 후에 손필환은 두 사람이 각각 교회 하나를 개척했다고 펜윅에게 보고했다.[81] 손필환의 열정적인 전도로 침례교회는 경북과 영동 지역에서 발전했다. 경북 예천에 성경책사를 개설했으며 노재천, 윤종두, 김재덕, 이만기, 이종배가 전도했다. 포항과 울진 구역은 손필환 목사, 영동구역은 신명균 목사가 복음 전파와 교회 개척의 책임을 맡았다. 진주지방은 장기덕 총찰, 강경구역은 김희서 총찰이 전도인들을 지휘했다.[82]

4) 울릉도 전도와 교회의 설립

울릉도에서 최초로 기독교 복음이 전파된 것은 경북 영천 출신의 최인회가 입도하면서부터였다. 그는 1896년에 울릉도 최초 교회인 석포교회를 세웠다. 1867년 10월 5일 출생한 최인회는 젊은 시절 다리에 병이 생겨 일어서지 못했다. 그는 예수 믿으면 병이 낫는다는 말을 듣고 교회에 갔는데, 실제로 병이 나았다. 이후 최인회는 복음 전도자의 삶을 살다가, 1896년에 울릉도 북면 석포동으로 이사하여 자택에서 석포교회를 시작했다.[83] 최인회는 석포동 서당 선생 이종우를 개종시켰다. 펜윅은 1910년 최인회를 울릉도 전도인으로 임명하고, 1913년 공주 신리교회 대화회에서 울릉도 제1대 감로로 안수했다. 울릉도는 1915년에 독립 구역이 되었다.[84] 울릉도의 두 번째 교회는 저동침례교회이다. 저동교회는 "1906년 5월 1일 김두건씨의 가정 울릉군 저동 417번지에서 첫 예배를 드림으로" 시작되었다. 창립 회원은 김두건과 그의 가족 백임옥, 김창규, 김석규, 펜윅의 제자 김종희 등 5명이었다.[85] 김두건은 교회 설립 수년 전에 가족을 이끌고 울릉도에 입도해 태하동에서 살다가 저동 417번지로 이사했다. 김두건은 일본인들의 횡포에 분노하는 장남 김창규에게 종교를 가져야 한다며, 육지에 가서 도사(道士)를 데려오라 했다. 이에 김창규는 울진에 갔고, 그곳에서 펜윅의 제자 김종희를 만났다. 두 사람은 함께 울릉도에 들어와서 김두건의 집에서 저동교회를 시작했다.[86]

울릉도의 세 번째 교회는 서달교회이다. 서달교회는 오용천과 김찬규를 중심으로 1910년 4월 5일 시작되었다. 1년 후 "오요한, 정치경, 정진신, 김우준, 박두화, 박원준, 박방대" 등이 합류하여, 오지의 작은 촌락이 예수를 믿는 마을이 되었다.[87] 서달교회는 1928년 3월 2일 10평 정도의 목조 예배당을 건축했는데, 그것은 울릉도에서 최초의 예배당 건물이었다.[88] 울릉도의 네 번째 교회는 평리교회이다. 평리교회는 최인회의 전도로 예수를 믿게 된 강덕삼이 그의 집에서 1910년 10월 20일 허정식, 장동댁, 임부춘 등과 함께 예배드리므로 시작되었다.[89] 이처럼 울릉도는 석포교회, 저동교회, 서달교회, 평리교회 순으로 설립되었다. 울릉도는 "손필환, 박노기, 노재천, 한봉관, 전병무, 백남조, 신성균" 등 탁월한 순회 목회자들의 사역으로 유능한 목회자들이 많이 배출되었다.[90]

5. 전도인의 삶과 교회 운영 모습

대한기독교회는 전도인들의 활동으로 교세가 급성장했다. 당시

대한기독교회 초기 전도인들
(최응선 감로, 이종덕 목사, 전치규 목사, 한봉관 목사)

전도 방식은 다음과 같다: (1) 전도인들은 총찰의 감독 아래 있었고, 매월 일회씩 총찰에게 보고하며 경비를 지급받았다. (2) 전도인들은 경비로 매월 현금 5원과 쪽복음 5원어치를 받았는데, 쪽복음을 팔아 경비를 마련했다. (3) 총찰들은 전도인들의 활동을 매월 감목에게 보고했다. (4) 목사와 교사들은 총찰과 전도인들을 점검하고 격려했다.[91] 전도인들은 쪽복음과 전도지를 실은 궤짝을 등에 지고 마을들을 방문하며 판매했다. 그러나 자금이 턱없이 부족하여 주막이나 여관에서 잠을 자지 못하고 마을의 행랑이나 교인의 집에서 잠을 자거나 자주 노숙했다. 당시에는 전도비를 봉투에 담아 전보로 보냈는데, 펜윅은 현금을 보낼 수 없을때는 성경 구절을 봉투에 넣어 보냈다. 그러면 전도인들은 "초근목피로 주린 배를 채우며 송화가루로 허기를 달래며 또 내일을 기다려야 했다."[92] 전도인들 가운데는 송화가루로 자주

식사를 대신하여 영양실조로 생명의 위협을 받는 경우도 있었다.[93]

펜윅은 전도인들의 급속한 증가로 인한 재정적 문제로 늘 고심했다. 한국순회선교회의 후원이나 원산 농장을 통한 수입은 전도인 후원과 교단 운영에 턱없이 부족했다. 펜윅은 1910년 클라렌돈 스트리트 침례교회에 후원을 요청하는 편지를 보냈다. 그 교회는 펜윅의 요청에 대해 1910년 9월 6일에 토론하고 투표한 결과, "개인 차원에서 한국 선교사역을 지원하는 것에는 반대가 없으나, 교회 차원에서 지원하는 것은 바람직하지 않음을 담임목사가 통보하도록 결정하였다."[94] 이처럼 펜윅은 수시로 북미의 교회, 단체, 개인에게 후원금을 요청했던 것 같다. 재정적 어려움의 구조적 원인은 대한기독교회를 선교단체 형식으로 운영하고, 담임 목회자 제도를 시행하지 않았기 때문이다. 따라서 펜윅이 교단 운영의 책임을 오롯이 져야 했다. 펜윅은 그럼에도 "현세대 내에 전 세계 복음화"라는 비전을 가슴에 품고, 전도와 선교에 모든 역량을 투입하는 체제를 고집스럽게 밀고 나갔다. 이에 따라 대한기독교회 목회자들은 구역의 교회들을 순회 목회하며, 때로 먼 지역으로 선교여행을 가야 했다. 목회자는 자신이 맡은 교회들을 가끔 방문하여 말씀을 전하고 성도들과 교제하는 수준이었다. 목회자가 먼 지역으로 전도하러 가서 오랜 기간 교회를 비우게 되면 다른 목회자가 와서 예배를 인도했다.

펜윅도 교회들을 순방했으나, 한 교회에 오래 머물지 않고 떠났다. 그는 한국말을 잘했으며 갓을 쓰고 다니기도 했다. 펜윅은 때때로 외국인 서너 명과 함께 올 때도 있었는데, 그들은 카메라를 들고 와서 교인들과 함께 사진을 찍고 대화하곤 했다.[95] 개교회에서 오늘날 집사에 해당하는 직분인 반장이 목회자 역할을 했다.[96] 당시 대한기독교회는 가정교회 수준이고 교인들이 가난하여 순회 목회자 대접은 교회 차원의 큰 일이었다. 보통 반장이나 상대적으로 여유가 있는 교인이 목회자와 교회 손님 접대를 도맡아 했다. 펜윅 역시 교회를 방문하면 교회 지도자나 유력한 교인의 집에 머무르며,[97] 교회 지도자들과 함께 전도하러 다녔다. 전도하고 난 다음 자신은 양복을, 전도인은 갓과 한복을 입고 함께 기념사진을 찍기도 했다.[98] 대한기독교회는 오늘날 지방회에 해당하는 당회를 자주 개최했다. 지역의 대표 교회에서 당회가 개최되면 인근 지역의 교인들이 와서 참석했다. 당시 당회는 사경회를 겸하여 진행되었으며, 교인들은 쌀을 짊어지고 와서 당회를 개최한 교회 교인들의 집에 흩어져 함께 밥해서 먹고 잠도 자면서 당회에 참석했다.[99] 당회가 마치고 난 후 종종 기념사진을 찍었다.[100]

교권 파동과 「포교계」 사건

대한기독교회는 일취월장 발전하던 때에 교권 파동으로 불리는 내부 갈등으로, 그리고 「포교계」 제출이라는 외부의 종교 박해로 커다란 어려움을 겪었다. 이 두 사건은 교단을 역성장하게 했다.

1. 1914년 교권파동과 신명균의 교단 탈퇴

펜윅은 1914년 제2대 감목으로 이종덕 목사를 세웠다. 이종덕은 1884년 5월 2일 충남 공주군 탄천면 신영리(백암골)에서 이세영의 2대 독자로 태어났다. 19세에 독립운동에 가담해 일제에 의해 불령선인(不令鮮人, 항일주의자)으로 지목되어 일본 경찰에 쫓기며 살았다. 그러던 중 23세가 되던 1907년 어느 날 장석천을 통해 복음을 듣고 회심했다. 이후 펜윅의 도움으로 일경의 수배에서 해제되어 공주성경학원에 입학해 신명균의 제자로 3년간 수학했다.[101] 이종덕은 공주성경학원을 졸업한 후, 1910년 4월 함경도 원산으로 가서 펜윅에게 성경을 배우며, 펜윅에게 철저히 순종하여 총애를 얻었다. 이종덕은 1911년 10월 27일 고향으로 돌아와, 1911년 11월 칠산교회에서 개최된 제6차 대화회에서 전도로 임명받고 경상남도 밀양으로 갔다. 1912년 10월 경북 산점교회에서 개최된 제7차 대화회에서 김규면, 이영구와 함께 목사 안수를 받았다.[102] 이종덕은 일제에 의해 강점당한 나라와 민족을 구하는 일은 오직 복음으로만 가능하다고 믿고, 전국을 돌며 복음을 전하고 교회를 개척했다.[103]

펜윅은 1914년 12월 원산의 총부교회에서 개최된 제9차 대화회에서 제2대 감목으로 30세의 젊은 목사 이종덕을 지명하여 세웠고, 그것은 대한기독교회에 교권파동(敎權波動)이라는 파란을 몰고 왔다. 다들 13년간 펜윅을 도와 교단 발전에 지대한 공을 세운 신명균이 2대 감목이 될 것으로 예상했으나 의외의 결과가 나온 것이다. 이에 교단의 제2인자로 자타공인 인정받던 신명균은 교단을 탈퇴하고 기호지역의 대한기독교회들을 모아 조합교회(組合敎會)를 조직했다.[104] 이 사건과 관련해 허긴 박사는 신명균은 토착 선교사업을 위해 하나님이 공급한 인재(人才)였는데, 펜윅이 그를 옳게 대접하지 않았다고 비판했다. 그리고 교권파동을 "펜윅의 인재육성부재(人才育成不在)의 교단 풍토와 그의 용인정책(用人政策) 및 반문화·반역사의 교단 운영에 대한 누적된 목회자들의 불만과 반발의 표출"이라 했다.[105]

펜윅은 커다란 반발이 예상됐음에도 왜 신명균을 감목으로 세우지 않았을까? 그는 신명균의 신앙적 진실성을 의심한 것 같다. 펜윅은 신명균을 관찰하고 지켜보면서 교단을 맡길 수 없다는 결론에 도달했다. 펜윅은 신명균의 세속적 야망을 간파하고 비록 젊으나 신실한 이종덕을 선택했다. 펜윅의 판단이 틀리지 않은 것은 신명균의 생애를 보면 알 수 있다. 먼저 신명균이 신사참배와 내선일체를 주도한 조합교회로 넘어간 것은 신앙적 진실성을 의심하게 하는 대목이다. 조선 조합교회는 일본조합교회가 1903년 교단 창립 25주년을 기념하여 조선 선교를 결의하므로 시작되었다. 일본조합교회는 조선 거주 일본인을 대상으로 1904년 서울, 1907년 평양에 교회를 세웠다. 한국인을 대상으로 1911년 7월부터 본격적으로 전도하기 시작하여 1913년에 40개 조선인 교회와 3,500명의 회원을 확보했다. 1913년 8월 1일부터 5일간 제1회 일본조합교회 조선대회를 서울에서 개최했다.[106] 일본 조합교회 지도자 와타세 쓰네기치 목사는 1913년 10월에 「조선 교화의 급무」라는 소책자에서 일본의 조선 병합은 단순히 땅을 차지하거나 정치·경제적 측면만 아니라, 마음과 영혼에서도 이루어져야 하는데, 일본조합교회가 그 일에 앞장서야 한다고 주장했다.[107] 즉 내선일체(內鮮一體)가 일본조합교회의 한국 진출의 목적이라는 것이다. 일본조합교회가 조선총독부의 직·간접적 지원으로 급속히 성장하는 것을 목도하고 있던 신명균이 교단을 탈퇴하자마자 곧바로 조합교회로 이적한 것은 친일적 행위라 할 수 있다.

신명균은 또한 충남 부여군 임천면 칠산리 821번지 금강의 한복판에 있는 63,705평의 갈밭을 자기의 재산으로 만들려 했다. 이 밭은 펜윅이 전도자들을 위해 교단에 기증했으나, 땅의 등기는 신명균의 이름으로 했다. 교단을 탈퇴한 신명균은 그 밭을 자신의 소유로 삼으려 소송을 냈다. 김경춘, 장기영, 홍봉춘, 이종덕이 교단을 대신하여 응소하며 많은 어려움 속에서도 결국 1917년 5월 15일에 승소하여 갈밭을 교단 재산으로 유지할 수 있었다. 총회는 갈밭을 이종덕, 전치규, 장기영의 명의로 등기했다.[108] 신명균은 본인이 시무하던 조합교회에서 배척당해 교회를 나오게 된 일도 있었다. 조합교회는 1921년에 조선총독부의 지원이 끊기면서 조선회중교회로 교단 명칭을 바꾸었다. 신명균은 평양의 조선회중교회에서 목회하다가 교인들과 큰 갈등을 일으켰다. 1923년 12월 4일자 「每日申報社」 기사에 의하면, 신명균은 교회 부흥에 관심이 없고 교인들에 대한 언사도 좋지 않아 1922년 가을부터 불신임받기 시작했다. 교인들은 조선회중기독교 경성본부에 중재를 요청하고 새로운 목사를 파송 받는 것을 조건으로 불신임을 중지하였는데, 신명균은 반성은 고사하고 교회의 부속건물을 사사로이 임대하고, 심지어 교회당 전체를 팔려 하여 교인들을 격분시켰다. 이에 교인들은 목사 배척 선언문을 발표했고 신명균은 교회를 나올 수밖에 없었다.[109] 이상에서 볼 수 있는 바와 같이, 신명균은 친일적이고 현세적인 야망을 소유한 사람이었다. 펜윅은 이를 간파하고 교단의 최고 지도자로 세우지 않았다.

2. 1916년 「포교계」 제출 거부와 수난

일제 조선총독부는 1915년 8월 16일에 전문 19조로 된 「포교규칙」을 발표하고 동년 10월 1일부터 실시하도록 명령했다. 「포교규칙」은 교파의 명칭, 포교자 명단, 교회당의 위치, 신도 숫자 등 보고 사항을 자세히 적시했고, 새로운 교회당 설립 시 총독부의 허가를 받도록 했다. 이처럼 「포교규칙」은 교회의 제반 사항을 파악하여 통제와 감시의 수단으로 삼으려는 목적으로 발표한 것이다.[110] 그 무렵 펜윅은 선교후원금 문제로 1915년 5월에 미국으로 갔다가 돌아왔다. 그러나 부인의 지병과 선교후원금 문제로 1917년 5월에 다시 건너가 1923년 5월에 한국으로 돌아왔다. 그런 상황에서 「포교계」 문제는 한국 교인들이 주도적으로 결정해야 했다. 1916년 11월 18일 경북 예천 구역 신원교회에 열린 11차 대화회에서, 손필환, 김규면 목사는 「포교계」를 제출하지 않으면 교회의 폐교로 이어질 것이므로, 다른 교단들처럼 「포교계」를 제출하자고 주장했다. 그러나 이종덕 감목은 단호

                                        새로 읽는 한국침례교회사

히 반대했다. 대화회는 감목의 뜻대로「포교계」를 제출하지 않는 것으로 결정했다.[111] 이종덕은「포교계」제출 거부로 수 개월간 투옥되었고 교회들은 집회를 금지당했다. 김용해는 이와 관련해 "본 교단에서는 하나님의 교회를 일정(日政)에 제출할 것 없다는 이유로 거부하니 핍박이 가중하고 집회 금지 또는 총책임자인 이종덕 감목을 구금하여 수난을 당하게 되어 교회는 자연 침체 되었으나 신앙의 독실한 성도들끼리 지속해 왔다"라고 했다.[112]

대화회의 결정에 반대한 손필환은 교단을 탈퇴하여 일부 교회들과 함께 1916년 12월에 대동교회(大同敎會)를 조직하였고, 김규면도 교단을 탈퇴하고 함경도, 간도, 시베리아 일대의 교회들과 더불어 대한성리회(大韓聖理會)를 설립했다.[113] 당시 상황에 대해 장일수는 다음과 같이 기록했다: "예산구역, 공주구역은 대부분 교회가 구세군과 조합기독교로 넘어가고, 교인들은 타락되어 교회가 끊어지며, 전국 각 교회가 탄압을 견디지 못하여 분산되니, 손 씨는 후회하고 홀로 집에 있었다. 수년 후에 이종덕 씨 주선으로 만주에 들어갔으나, 교회 일도 하지 못하고 몇 해 후에 별세했다."[114] 대한기독교회는 포교계 문제로 교회가 어렵게 되자, 일제의 박해가 미치기 어려운 평안도의 강경, 자성, 후창 지역과 함북의 국경 접경지역, 만주와 시베리아 등지로 진출했다.[115]

이처럼「포교계」문제는 대한기독교회에 큰 타격이었다. 그러나 1919년 3·1 독립만세운동에 놀란 일본은 1920년부터 문화정책을 채택하여「포교규칙」을 완화하고, 종교단체에 법인 자격을 부여하며,

언론과 집회의 자유를 확대하는 등 유연한 정책을 펼쳤다.[116] 총독부는 종교 행정과 사무를 위해 학무국에 종교과를 따로 신설하여 영어에 능통한 기독교 신자를 직원으로 뽑아 외국인 선교사들과의 관계 개선을 도모하고, 외국인 선교사 연합대회에 학무국장이 찾아가 선교사들의 고충 사항을 청취했다. 그리고 기독교 지도자들과 관료들 간에 여러 단계의 모임들을 개최했다. 이러한 노력은 효과를 발휘하여, 선교사들의 일본에 대한 시각이 긍정적으로 바뀌기 시작했다.[117] 이처럼 일제는 기독교에 유화정책을 펼쳤다. 대한기독교회는 교회에 대한 일본의 정책이 확연히 변경된 이후, 전국의 교회들에게 「포교계」를 제출하여 닫힌 교회 문이 열리고 다시 예배를 드릴 수 있게 하라고 지시했다.[118] 이와 관련해 1922년 4월 20일자 「달편지 광고란」에 자세한 안내가 나오는데, 요약하면 다음과 같다:

1. 펜윅은 포교규칙이 발표되기 전에 이 사실을 미리 알고 감목에게 언질을 주었던 것 같다.

2. 포교규칙 위반으로 교회의 수난이 극심하자 다시 신중히 검토한 것을 말해주고 있다.

3. 포교규칙 불응으로 관청의 보호를 거의 받지 못하여 교회 재산 유지에 어려움이 있음을 실제적으로 말해주고 있다.

4. 포교규칙이 1915년에 시작되어 8년이 지나는 사이 교단 전체의 어려움과 개 교회의 수난을 구체적으로 설명해 주고 있다.[119]

대한기독교회가 고난을 감수하면서 「포교계」 제출을 거부한 것, 그리고 「포교규칙」이 충분히 완화되어 정교분리와 신앙 양심에 어긋나지 않을 때, 제출을 결정한 것은 대한기독교회의 의연한 항일운동의 모습을 보여준다. 그런데 놀랍게도 대한기독교회는 1939년까지 「포교계」를 제출하지 않았고 1940년에 가서야 제출했다.[120] 동아기독교는 1940년 8월 20일에 「포교계」 제출을 승인받았고, 그해 9월 9일 「조선총독부관보」에 게재되었다. 1940년 「포교계」에 따르면 당시 동아기독교 교세는 "임원(포교 담임자)이 200명, 교회(포교소)가 150개, 신자(포교자)가 1만 명에 이른다고 보고했다." 이 통계는 한반도와 만주를 포함했으나 시베리아는 포함하지 않았다. 동아기독교는 당시 러시아에 47개, 몽골에 3개의 교회가 있었다. 이를 합치면, 전체 교세는 200개 교회가 된다.[121]

한편, 독립운동가였던 김규면이 「포교계」 제출을 주장한 것은 의외의 일이었다. 김규면은 1881년 3월 12일 함경북도 경흥군 상면 농경동 오송골에서 빈농의 아들로 태어났다. 그는 한성사범학교 속성과를 졸업한 후, 육군무관학교 속성과를 다니다가 1904년 9월 중도에 그만두었다.[122] 학교를 그만둔 얼마 후에 원산에서 펜윅을 만나 개종했고, 훈춘과 연해주 지역에서 권서전도인으로 활동하면서 독립운동가들과 교분을 쌓았다. 그는 1914년에 이동휘 등과 함께 황청현 나자구에 동림무관학교를 설립했다.[123] 김규면을 전문적으로 연구한 한국교회사가 오세호는 우리 교단의 역사와 정반대로, 김규면은 「포교계」 제출을 반대했으나, 이종덕의 주도로 대한기독교회가 「포교계」를 제출하기로 결정하여 교단을 탈퇴했다고 했다. 그는 김규면이 일제와 타협한 외국인 선교사가 주도하는 교단에 한계를 느끼고, 대한성리교회를 세워 독립운동을 이어갔다고 주장했다.[124] 오세호는 대한성리교회의 신앙과 교규, 교단 운영 방식은 대한기독교회의 그것과 상당히 유사하였고, 간도와 연해주 지역에 300여 교회와 3만 명의 교인을 확보했으며, 훈춘의 대한성리교회를 중심으로 무장 독립군단체 대한신민단을 조직했다고 했다.[125] 오세호는 합당한 근거를 제시하지 않고 김규면이 「포교계」 제출 반대가 관철되지 않아 교단을 탈퇴했다고 했다. 그것은 역사 왜곡이 될 수 있으며, 반드시 수정되어야 한다. 오세호가 왜 합당한 근거도 제시하지 않고 기존 역사에 반대되는 주장을 펼쳤는지 알 수 없으나, 아마도 김규면의 독립운동가 면모를 확고히 하려는 목적에서 그랬던 것으로 여겨진다. 그러나 김규면이 대한성리교회를 대한신민단의 기반으로 사용한 것에서 볼 수 있듯이, 그는 대한기독교회를 독립운동의 기반으로 삼으려 했을 것이다. 그러기 위해서는 교회가 일단 유지되어야 했고, 그런 목적으로 「포교계」 제출을 주장했을 것으로 여겨진다. 반면에 이종덕과 대한기독교회는 복음주의 신앙에 기초한 정교분리 사상으로 「포교계」 제출을 거부하였고, 그런 방식으로 항일활동을 했다.

전도인과 순교자들

대한기독교회는 전도인들의 영웅적인 활동과 희생으로 교회가 유지되고 성장했다. 이들은 "불고가사"(不顧家事)와 "불고처자"(不顧妻子)의 순회 전도자들로 만주와 시베리아의 태산준령과 설원 동토를 횡단하며 복음을 전하였다. 전도하는 동안 강도, 한국 독립군, 공산당, 일본 경찰 등으로부터 위협을 받았다. 그러나 가장 고통스러운 것은 배고픔과 추위였다.[126] 이들 중 박기양, 신성균, 노재천은 대표적인 전도인이었다.

1. 박기양 목사

박기양은 1894년 11월 20일 경북 예천군 예천읍 청북동에서 박규섭의 장남으로 태어났다. 그는 어린 시절 큰 시련을 겪었는데, 9세 때 어머니가 병으로 소천했고, 설상가상 아버지마저 아내를 잃은 슬픔을 견디지 못하고 집을 나가버렸다. 1년 후인 1904년에는 동생 한 명이 세상을 떠났다. 박기양은 다른 동생과 함께 외가에 얹혀살다가 17세에 결혼하여 분가했다.[127] 그는 결혼한 해인 1911년에 박영호라는 전도인에게 복음을 듣게 되었는데, 복음을 듣는 순간 성령이 온몸을 감싸는 것 같은 느낌을 받았다. 1915년 이종덕 감목에게 침례받고 반장 직분을 받았으며, 1916년에 전도로 임명되었다. 박기양은 1917년 2

월 4일에 태어난 첫째 아이와 부인을 처가에 맡긴 채, 신성균, 신용균, 주상득과 함께 만주의 임강현으로 가서 2년 동안 무보수 전도인으로 복음을 전했다.[128] 박기양은 만주 사역이 어느 정도 안정되자 다른 전도인들과 함께 시베리아를 향해 떠났다. 그들은 얼음으로 덮인 해상 30리 길을 통과해야 했는데, 추위로 몸이 얼어 더 이상 나아갈 수 없는 상태였다. 동사(凍死)의 위기에서 얼음 벌판 위에 있는 쿠두나교회를 발견하고, 그 교회로 피신하여 목숨을 건질 수 있었다.[129] 만주와 시베리아에서 복음을 전하고 3년 만에 고향 집에 돌아와 보니, 아내는 아이들을 데리고 친정살이로 일 년을 버틴 후, 나와서 온갖 잡일을 하며 아이들과 겨우 생명을 부지하고 있었다.[130]

박기양은 1920년 8월 대화회에서 전도로 임명받고, 1921년 만주 종성동교회 내에 있는 성경학원에서 1년간 수학했다. 1922년에는 연추로 파송되어 김영진 목사와 함께 전도하다 일본 경찰에 체포되어 심한 고문을 받았다. 1923년 대화회에서 교사 직분을 받았고, 1924년 10월 경북 울진 행곡교회 대화회에서 김용세, 신성균, 김영관과 함께 목사안수를 받았다.[131] 이후 만주 구역을 담당하면서 1929년부터 3년간 양명길과 함께 평안북도 운산, 초산, 자성에 10여 개 교회를 개척했다. 이처럼 그는 파송 받은 지역마다 교회를 세웠다.[132] 박기양은 원산 사건으로 투옥된 32인에 포함되었다. 그는 1942년 8월 3일 경북 예천 경찰서 상주 검사국에서 조사받고 고문당하다가 원산 헌병대로 넘겨졌으며, 1943년 4월에 함흥 재판소에서 판결받고 옥중생활을 했다. 2년이 지난 1944년 2월 15일 보석으로 일시 출옥했으며, 1944

년 8월 8일 함흥 재판소에서 2년 실형 3년 집행유예 판결을 받았다.[133] 해방 후에는 교단 재건에 힘쓰면서 충남의 원당교회, 입포교회, 공주교회, 경북의 상주교회와 용담교회, 울릉도 평리교회, 인천의 숭의교회 등에서 시무했다.[134] 신실한 주님의 종 박기양은 1979년 4월 11일, 86세의 일기로 예수님의 품에 안겼다. 그의 후손 중에 침례교 목사로는 차남 박은호를 비롯하여 손자 박정의, 박정응, 박정복, 박정근이 있다.[135]

2. 신성균 목사

신성균은 1897년 10월 12일 경북 점촌읍 점촌리에서 신학희의 차남으로 태어났다. 1914년 1월 5일 대한기독교회에 입교하고, 같은 해 9월 25일 이종덕에게 침례받았다. 신성균은 1917년 종성동 대화회에서 전도 직분을 받고 만주와 시베리아 지역에 복음을 전하기 위해 도보로 단양, 서울, 원산을 지나 길림성 임강현으로 갔다. 여비를 절약하기 위해 쌀과 소금을 짊어지고 노숙하며 천신만고 끝에 임강현에 도착하여 순회 전도하고 시베리아의 수청, 연추까지 복음을 전했다.[136] 신성균은 1924년 10월 울진의 행곡교회 대화회에서 목사안수 받고, 한반도 전역과 만주를 횡단하며 전도했다. 1942년 9월에 원산사건으로 일제에 의해 함흥 형무소에 투옥되었고, 1944년 2월 15일 병보석으로 풀려났다.[137] 해방 후 신성균은 공주와 경상북도에서 목회했다.

평생 복음 전도자의 외길을 걸었던 신성균은 1985년 12월 2일 89세의 일기로 주님의 품에 안겼다.[138]

3. 노재천 목사

노재천은 경북 예천군 용궁에서 한학자 노성수의 차남으로 1888년 1월 21일 출생했다. 20세 되던 1908년 10월 20일 박영호의 전도로 교회 예배에 참석했는데, 바로 그날 첫째 자녀 노한성을 얻었다.[139] 노재천은 곧 전도로 임명되어 순회 전도를 다녔고, 1915년 포항 조사리교회 대화회에서 교사로 임명되었으며, 1917년 만주 종성동교회 대화회에서 목사안수를 받았다.[140] 노재천은 요한복음 3장 16절을 들려주며 복음을 전했는데, 신기하게도 그에게 복음을 들은 사람들은 예수를 믿었다. 노재천은 목사안수를 받은 후 만주를 선교지로 배당받아 가족을 고향에 남겨두고 1918년에 봉천성, 임강현, 통화현, 집안현을 향해 떠났다.[141] 그는 엄동설한에 만주로 떠났는데, 얼굴이 눈살에 타서 마치 인디언같이 검게 되었다. 그는 동사(凍死)의 고비를 여러 번 넘기고, 마침내 압록강을 건너 대목송교회에 도착했다. 교우들의 뜨거운 환대와 사랑은 모든 고초를 잊게 했다.[142]

노재천은 대목송교회에서 임지인 통화현으로 가던 때의 기억을 다음과 같이 회고했:

그곳에서 대목송교회의 환영을 받으며 집회를 인도하고 다시 임지인 통화현, 집안현을 가기 위해 눈 덮인 험로를 가다가 그곳에서 약모초안을 간다는 두 전도인을 만나 동행했다. 4백여 리를 앞두고 며칠을 걸어서 삼도구에 당도했고, 다시 노일령을 넘어 홍의적이 많다는 산길을 피해 훌루항자라는 준령을 세 개씩이나 넘는 동안 배고픔과 피로로 기진맥진하였다. 세 사람은 험한 산속에서 생의 여망을 잃고 마지막 제단을 쌓기로 했다. "구주님께 찬송하옴, 절 붓드신 고으신 신랑. 보혈아래 유하올 때 저는 넉넉 평안하올 종. 상전님 상전님 매일 위로합시요. 절 간청하심, 또 순복케 하시옵소서." 마지막 예배를 드리기 위해 성경, 찬송을 꺼내려 봇짐을 푸는데 생각지도 못했던 한덩이의 떡이 나왔다. 이 떡은 세 사람에게 한줄기 생명의 소망이었다. 이 떡은 한 달 전 임강현에서 만난 고향 친구 김주일이 떡 대접하고 나서 여행 떠나는 노재천의 봇짐에 은밀히 넣어둔 것이었다. … 죽음을 각오한 마지막 예배에서 얻은 용기와 힘으로 남은 마지막 산을 넘어 목적지인 약모초안 교회까지 도착하였다.[143]

노재천의 부인은 남편이 전도하러 다니는 동안 가족의 생계를 책임졌다. 삯바느질이나 이웃집 빨래하는 등 닥치는 대로 일하였으나 자녀들을 먹이고 입히기에는 턱없이 부족했다. 때로는 먹을 것을 위해 구걸까지 했으며, 추운 겨울에는 땔감을 구하기 위해 눈으로 덮인 산속을 헤매야 했다.[144] 노재천은 동아기독교 대표 32인과 함께 1942

년 9월 5일 일본 헌병에 체포되어 감금되었고, 정식 재판을 받기 전 극심한 고문을 받았다. 하루는 경상북도 점촌 고향에 살고 있던 아들 노한성이 아버지를 면회하기 위해 함흥까지 왔는데, 일본 경관은 아무 이유 없이 그를 구타했다. 노한성이 아버지를 만나고자 하는 마음으로 아픔을 참고 견디자 3분간의 면회 시간이 주어졌다. 3분 동안 두 사람은 아무 말도 하지 못하고 눈물만 흘렸다. 1944년 2월 15일 병보석으로 풀려난 노재천은 너무도 쇠약해져 해골처럼 보였다.[145] 해방 이후 노재천은 교단 재건에 힘썼고 점촌교회, 원당교회, 부산교회, 대명교회, 울릉도 평리교회 등에서 목회하며 죽을 때까지 충성스러운 종으로 살았다. 한국침례신학대학교의 교수 노윤백은 그의 장손자이며, 교수 노은석은 그의 증손자이다.[146]

4. 러시아 선교와 순교

원산에서 1918년에 소집된 제13차 대화회에서 박노기 목사, 김희서 교사, 최응선 감로, 전영태 총찰 등 네 명은 만주와 시베리아 선교사로 임명받았다. 그들은 복음을 전하러 시베리아 수청, 연추로 가기 위해 배편을 이용하다가 포세트해의 모커우라는 곳에서 갑작스러운 돌풍을 만나 파선돼 1918년 10월 20일 모두 순교했다. 최성업은 천신만고 끝에 아버지 최응선과 전도인들의 시신을 인양해 시베리아 연추에 안장했다. 이들 4인 선교사들의 순교는 지역 교포 사회에 순식간 퍼지면서 많은 교회가 개척되는 결과를 가져왔다.[147] 박노기(1882-1918) 목사는 1882년에 충청남도 공주군 신영리에서 출생했고, 1903년에 기독교 신자가 되었다. 그는 복음을 전하는 일에 헌신하여 1906년에 전도로, 1909년에 교사로 임명되었고, 1911년 제6차 공주교회 대화회에서 목사안수를 받았다.[148] 겸손하며 고상한 인품을 지닌 박노기는 한학에 능통한 선비였다. 그는 서당 선생으로 살던 중, 21세 때 기독교 신앙을 받아들였다. 교인들은 박노기에게 목회자가 될 것을 권고했다. 서당 선생으로 가정을 부양했던 그가 세상 직업을 포기하고 전도인이 되는 것은 어려운 일이었다. 그러나 결국 전도인이 되기로 결심했다.[149] 박노기는 공주를 떠나 경북 상주, 포항, 울진, 울릉도를 순회하며 수많은 사람들에게 복음을 전했다. 어느 날 그의 조카가 갑자기 죽자 박노기는 조카며느리 김노득을 전도했다. 김노득은 우리 교단 최초의 전도부인이 되어 전국을 다니며 복음을 전했다. 박노기가 부재 하는 동안 가족 부양의 책임은 오롯이 부인이 맡았다. 그녀는 고난 가운데서도 남편을 자랑스럽게 여기고 묵묵히 혼자 힘으로 어린 자녀들을 키웠다.[150] 박노기 목사는 평생 복음만 전하다가 순교로 주님께 돌아갔다.

김희서(1873-1918) 교사는 충남 부여군 양화면 원당리에서 1873년 10월 20일 김광석의 다섯째 아들로 태어났다. 22세 되던 1895년 어떤 전도인에게서 복음을 듣고 예수를 믿게 되었다. 그는 한학자여서 한문 성경을 읽으며 진리를 깨달았다. 이후 충북 단양과 제천을 두루 다니며 자비량으로 노방전도를 했다.[151] 김희서는 1908년에 충남 부여군 임천면 주곡리로 이사하여 칠산침례교회에 출석하며 순회 전도했다. 1915년에 교사 직분을 받아 함경도와 만주 일대를 다니며 복음을 전했다. 김희서가 순교한 1918년 10월 20일은 그의 만 45세 생일날이었다. 생일과 순교가 같은 날짜였다.[152] 김희서의 부인 강성재는 "이번 전도 여행을 떠날 때 왠지 세 살 난 막내아들(김장배 목사)을 꼬옥 안고 한참이나 애석해하더니 이것이 영원한 이별이 될 줄 몰랐다"라고 말하며 눈물을 흘렸다.[153] 김희서 교사는 욕심 없이 순결한 신앙으로 일생을 살다가 순교로 주님 품에 안겼다. 김희서는 윤석전 목사 부인 김종선 사모의 할아버지이다.

최응선 감로는 아들 최성업의 전도로 예수를 믿게 되었다. 그는 최성업이 12세 되던 1900년에 가족을 데리고 러시아로 이주했다. 최성업은 학업을 마치고 포세트 무역회사에 취직하여 꽤 수입을 올리며 살던 중, 1908년 3월 경흥읍 양천여관에서 펜윅을 만나 복음을 듣고 전도인이 되었다. 그때 최응선은 좋은 회사를 그만두고 예수에 미쳐 전도하러 다니는 아들을 이해할 수 없었고, 서양 귀신에 빠졌다고 생각해 예수교에서 빼내려 온갖 애를 썼다.[154] 그러나 최성업의 기도는 1909년 최응선과 전 가족을 예수교 신자가 되게 했다. 최응선은 회심 이후 아들과 함께 시베리아 지역에서 복음을 전했다. 최응선 가족은 시베리아 연추의 달미교회를 필두로 수청교회, 청재동교회, 도빙허교회 등 30여 개 교회를 개척했다.[155] 최응선 감로는 인생 후반기를 온전히 복음 전파와 교회 개척을 위해 살다가 순교로 주님께 돌아갔다.

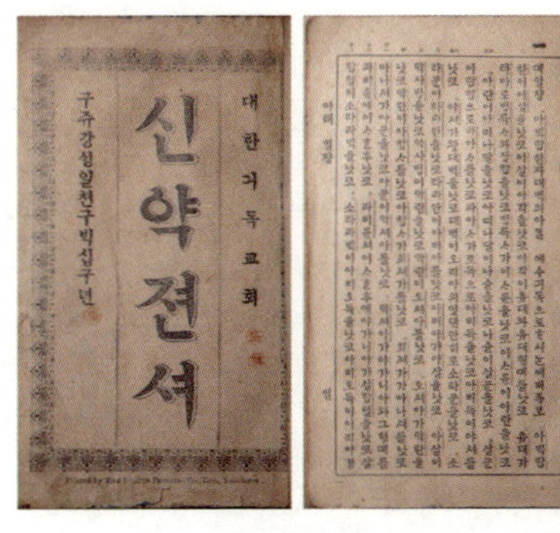

펜윅의 『신약젼셔』(1919년)[156]

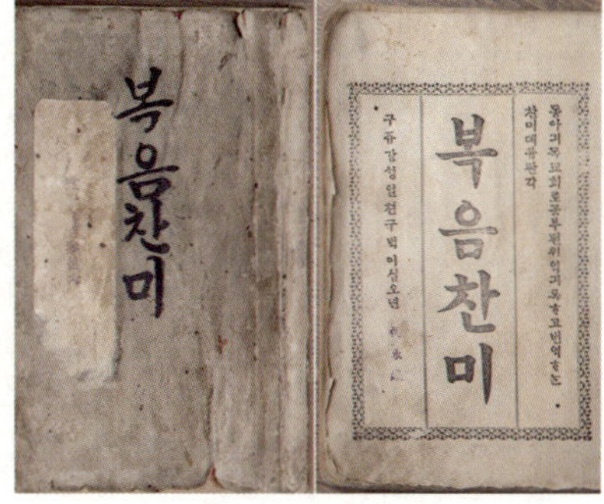

복음찬미(1925년)

펜윅의 성경 번역과 복음 찬미

펜윅은 성경 번역을 매우 중요하게 생각했다. 그가 한국에 온 1889 년 말 한국예수교문서회가 설립되었고 펜윅은 재무로 참여했다. 그리고 1887년 2월에 설립된 한국성서번역위원회에도 1890년부터 참여했으나, 침례 단어에 대한 번역 문제로 동 위원회를 탈퇴하고 독자적으로 성경을 번역했다.[157] 펜윅은 1890년 중반부터 2년간 서경조에게 한글을 배울 때, 영어 성경을 한글로 번역하는 방식으로 한글을 공부했다. 그 결과 펜윅은 영어 성경과 더불어 중국어 문리역(文理譯) 성경을 저본으로 1891년에 『요한복음전』을 출판했다.[158] 1893년에는 『요한복음전』의 수정판 『약한의 긔록혼대로 복음』을, 1898년에는 『요한복음·빌립보서 합본』을 각각 출간했다. 1891년 『요한복음전』에는 "세례”를 “밥테례”로 표기하고, 신(上帝)의 명칭을 “하ᄂᆞ님”으로 표기하였다. 그러나 원산에서 출판한 1893년 『약한의 긔록흔대로 복음』에는 “하ᄂᆞ님”이 다시 “샹데”로, “밥테례”를 다시 “세례”로 번역했다.[159] 펜윅은 1898년에는 『요한복음·빌립보서 합본』을 출간했으며, 마침내 1919년 10월 18일 일본의 요코하마 인쇄소에서 『신약젼셔』를 출판했다. 펜윅은 1915년에 이미 신약성경 번역을 완료했으나 비용 문제로 출판을 4년 미루었다. 자금을 마련하여 국내에서 출판하려 했으나, 3·1운동으로 국내 상황이 어렵게 되어 요코하마에서 출판하게 되었다. 1915년 신약성서 완역본은 세례를 침례로, 성령을 성슴님으로, 예수를 예수씨로 표기하였다. 성슴님과 예수씨는 토착적인 한국어로서 다른 한국어 성경에서는 찾아볼 수 없는 매우 독창적인 표현이다. 펜윅의 『신약젼셔』는 한국에서 개인이 번역한 최초의 신약성경이었다.[160]

펜윅은 1899년에 14장으로 된 『복음찬미』라는 대한기독교회의 전용 찬송가집을 최초로 발간했다. 『복음찬미』는 미국 찬송가를 번역한 것이었는데, 펜윅이 직접 작사·작곡한 것도 일부 있었다. 『복음찬미』는 1911년에 25장, 1921년에 78장, 1926년에는 150장, 1933년에 256장, 1938년에 274장으로 증보 발간되었다. 1947년 제37차 공주교회 총회에서 『복음찬미』 제7판의 곡들 가운데 107곡을 선별한 『복음찬미』 1,000권을 출판하기로 결의하고, 1948년 7월 15일 출간했다. 1958년 4월 6일 부활주일에 출판된 323장으로 된 『복음찬미』는 처음이자 마지막으로 곡조(악보)가 있는 『복음찬미』로 발행됐다.[161] 펜윅

　　　　　　　　　　　　　　　　　　　새로 읽는 한국침례교회사

은 1899년에 「만민됴흔긔별」이라는 5-6쪽의 전도용 소책자를 발간했으며, 1911년에는 『대한기독교회』(The Church of Christ in Corea)를, 1915년에는 『잔속의 생명』(Life in the Cup)을 출판했다.[162]

동아기독교회 시대(1921-1932)

일본은 한일강제병합 이후 "대한"이라는 단어에 대해 상당한 불만을 드러냈다. 이에 따라 대한기독교회는 1921년 제16차 대화회에서 교단 명칭을 "동아기독교회"(The Church of Christ in East Asia)로 변경하기로 결의했다.[163]

1. 순교자들

동아기독교회는 순교자를 많이 배출했다. 그것은 순회 전도와 밀접하게 연관되었으며 한반도 주변의 정세와도 관련이 있었다. 동아기독교회는 목사가 개교회를 담임하는 것이 아니라, 넓은 지역의 교회들을 순회 목회하게 했다. 손상열 목사는 교단의 방침에 따라 만주 임강현 교회를 중심으로 압록강 주변의 교회들을 돌보며 전도했다. 이러한 순회 목회를 한국독립단 밀정의 활동으로 오인한 일본 경찰은 1921년 자성군 오수덕에 있는 오봉산교회에서 주일예배를 인도하는 손상열을 체포해 오수덕 골짜기에서 총살했다.[164] 당시 각 교단의 권서전도인들이 쪽복음서와 전도 책자를 팔며 복음을 전하는 과정에서 국권 회복을 주장하는 경우가 종종 있었는데, 일경은 손상열을 그들 중 한 사람으로 오해한 것이다.[165] 한편 김상준, 안성찬, 이창희, 박문기, 김이주, 윤학영 등 6명의 전도는 1925년부터 만주 길림성에서 순회전도 하던 중 한국 독립당원들에 의해 일제의 밀정으로 오해받아 죽임당했다.[166]

종성동교회 김영진 목사와 김영국 감로는 1932년 10월 14일 밤 교회에 난입한 만주 지역 자위단(自衛團)에게 심하게 구타당하고 살가죽이 벗겨져 죽임당했다. 이러한 만행을 제지했던 정춘보는 총에 맞아 순교했고 이덕춘 총장은 납치당했다.[167] 안희열은 김영진과 김영국이 1928년 9월 14일 공산당에 의해 순교 당했다는 기존 역사는 재검토가 필요하다고 하며, 다음의 3가지 근거를 통해 1932년 자위단 살해가 옳다고 주장했다. (1) 1930년대 공산당은 항일과 기독교 모두를 반대했으나, 항일이 우선적이고 중요한 목표였다. 따라서 항일민족통일전선 차원에서 종교의 자유를 허용했다. (2) 1930년대 중국 공산당의 통일 전선은 반제반봉건투쟁으로 일차 표적은 일본이며 교회가 아니었다. 더욱이 김영진 형제는 항일투쟁가였기 때문에 공산당이 살해할 이유가 없다. (3) 김영진 형제가 "탈피"(脫皮)로 죽임당한 것은 자위단의 살해 방식과 유사하다. 당시 공산당은 총살을 시행했으나 살가

죽을 벗기는 잔혹한 살해는 하지 않았다.[168] 안희열의 종성동교회 순교 역사 분석은 타당성이 있다고 판단된다. 한편 이현태 교사는 몽골에서 선교하다 1939년에 순교했다. 그는 1924년에 몽골 선교사로 파송 받아 교포 방용범과 중국인 이달고탁과 함께 전도하여 몽골에서 400여 명의 신자를 얻고 45개의 예배 처소를 개척했다. 실로 엄청난 업적이었다. 이현태는 1939년에 평소와 같이 전도하던 중 몽골 토족의 습격으로 죽임당했다. 그가 순교한 후에도 그의 부인이 계속 몽골에 남아 복음 사역을 감당했다.[169] 동아기독교회 순교자들은 한결같이 예수 복음 전하는 일을 생명보다 소중히 여긴 세상이 감당할 수 없는 사람들이었다.

2. 허긴의 오지선교와 순회전도에 대한 평가

허긴 박사는 대한기독교회의 오지선교와 불고가사·불고처자 순회전도에 관해 기존의 교단 인식과 다르게 평가했다. 지금까지 한국침례교회의 일반적 정서는 불고가사·불고처자의 신앙으로 오지로 나아가, 온갖 위험을 감수하고 복음을 전한 전도인들의 삶을 숭고한 신앙의 전형이요 자랑스러운 역사로 인식했다. 이에 반해, 허긴은 오지선교와 순회전도가 대한기독교회의 급속한 발전을 이룬 원동력은 맞으나, 1920년 이후 일본의 제국주의와 러시아 공산당이 충돌하는 정세에서 오지선교는 매우 위험한 일이 되었다. 이에 따라 펜윅과 총회는 정책을 변경하여 오지선교를 중단해야 함에도 계속 밀어붙여 권서순회전도자들이 "굶주림, 헐벗음, 아사(餓死)와 순교"를 겪게 되었다고 했다. 그러면서 불고가사·불고처자 순회전도는 "역사와 문화와 무지(無知) 앞에 깊이 자성해야 할 역사의 교훈이며, 우리의 자랑이 아닌 우리의 너무나 가난하고 무력하고 무지하였던 믿음의 선진들의 순수무구한 신앙이 남기는 메아리 없는 믿음의 허상"(虛像)에 불과했다고 평가했다.[170]

허긴은 펜윅의 불고가사·불고처자 순회전도는 마태복음 19:29-30, 마가복음 10:29-30에서 수난을 목전에 둔 예수가 12제자에게 명한 불고가사·불고처자와는 본질적으로 다르다. 왜냐하면 예수는 12제자가 아닌 다른 사람들에게는 그것을 요구하지 않았기 때문이라 했다. 따라서 불고가사·불고처자의 전도 활동을 숭고한 신앙으로 미화해서는 안 된다고 했다.[171] 허긴의 평가는 한국침례교회에서 공유된 칭송 일변도의 단편적 시각을 보완해 준다. 교단의 잘못된 정책과 구조적 모순을 지적하는 것은 결코 숭고한 신앙을 폄훼하는 것이 아니다. 교단 운영이라는 공적 행위가 개인 경건과 무관할 수 없으나, 조직의 운영은 수많은 파급 영향을 가져오므로 좀 더 넓고 깊은 통찰이 필요하다. 허긴은 이점을 타당하게 지적했다.

3. 종성동교회와 종성동성경학원의 설립

동아기독교회는 1921년에 종성동교회 내에 종성동성경학원을 개

 새로 읽는 한국침례교회사

제12차 종성동교회 대화회(1917년)

원했다. 종성동교회는 만주 동아기독교회에서 가장 큰 교회로 1913년 조정립에 의해 세워졌다.[172] 종성동교회가 크게 부흥한 것은 김영진 목사와 김영국 감로가 교회 사역을 맡으면서부터였다. 그들의 부친 김치정은 1906년에 함경북도에서 북간도 용정현의 잠복골로 가족과 함께 이사했다. 1907년 김영진은 김규면과 함께 대한기독교회의 김재형과 김경춘에게서 전도받았다. 그의 형제들도 거의 같은 시기에 개종했는데, 나이순으로 나열하면 김영국(1884-1932), 김영진(1887-1932), 김영익(1890-1970), 김영관(1896-1991)이다.[173] 김영진 형제들의 헌신에 의해 종성동 전체 60가구 중 45가구가 예수를 믿었고, 종성동교회는 교인이 130여 명으로 증가했다. 이러한 성장에 힘입어 종성동교회는 1917년 제12차 대화회를 열 수 있었다.[174] 1919년에 제14차 대화회도 종성동교회에서 열렸고, 그때 김영진이 목사로 김영국이 감로로 안수받았다.[175] 1922년 3월 조선총독부 종교조사 보고에 따르면 만주에는 동아기독교회가 6개 있었고, 종성동교회는 남자 80명, 여자 25명 총 105명의 신자가 있었다.[176]

1921년에 개원된 종성동 성경학원의 원장은 이종덕이고 교사는 김재형, 백남조, 정빈, 최천국, 최병학 등이었다. 정빈은 김상준과 더불어 1907년에 한국성결교회를 창설했는데, 김상준과의 갈등으로 1914년 9월 북간도로 갔고, 그곳에서 대한기독교회의 일원이 되었다. 정빈은 1915년 왕청구역의 하남교회를 설립하고 감로로 안수받았다. 그는 1917년에 성결교회로 복귀했으나, 1921년에 종성동성경학원의 교사로 다시 합류한 것이다. 종성동성경학원은 20여 명의 학생으로 순조롭게 시작했다. 그런데 울릉도 서달교회 정진신 총장의 딸 정차화가 학교에 입학한 지 1년 6개월 만에 불미스러운 일에 연루되었고, 그 영향으로 학교는 3년 만에 폐교되었다.[177]

4. 독경 운동

동아기독교회는 성경 읽기가 일상화되어 있었다. 그것은 펜윅의 교단 정책에 기인했다. 펜윅은 성경 읽기를 성경학원의 수업 방식으로 채택했고, 대화회나 당회에서도 틈틈이 성경을 읽도록 했다. 예를 들면 대화회 기간 중 한 방을 여러 명이 공동으로 사용했는데, 그때 쉬거나 잠을 잘 수 있었지만, 잡담은 금지되었고 대신 조용히 성경을 읽어야 했다.[178] 펜윅은 1919년 10월에 『신약젼셔』를 출판한 이후 성경

읽기를 더욱 독려했다. 그래서 1920년대에는 독경 운동이 활발하게 일어나, 동아기독교회의 젊은 교인들은 신구약 30번 통독을 보통으로 했고, 연로한 신자들은 200-500번 통독했다. 간혹 잠언이나 전도서 전체를 외우는 사람들도 있었다.[179] 펜윅은 교인들에게 성경을 많이 볼 것, 성령께 순복할 것, 마귀를 대적할 것 등 세 가지 교의를 늘 강조했다. 펜윅은 복음찬미 40장 1절, "세 가지 볼일 있답에. 두 번 난 자에게 성경보고, 숨(성령)께 순복, 마귀를 대적하오"라는 구절을 작사하여 성경 읽기를 북돋웠다.[180] 동아기독교회는 성경은 그 자체가 진리이므로 열심히 읽으면 성령께서 참뜻을 깨닫게 해주실 것이라는 믿음으로 성경 읽기에 열심을 냈다.

5. 펜윅의 1926년 세속교육 금지

동아기독교회는 펜윅의 강력한 요청으로 1926년 제21차 점촌교회 대화회에서 교인 자녀들의 세속교육 금지를 결의하고, 위반자는 직분 박탈과 성찬 참여를 금지키로 했다. 이와 관련해 교단의 핵심 간부 장석천은 1930년 7월 25일 「중외일보」 기자와 인터뷰했다. 기자의 학교 교육 금지 이유를 묻는 질문에, "학교에서 공부만 하고 나면 쓸데없는 허영심만 가득하여 하나님 말씀에 거역하고 반대로 행동을 취함으로, 일체 위험한 과학 사상을 배척한다"라고 답변했다.[181] 그러나 세속교육 금지에 대한 교인들의 반발은 시간이 갈수록 커졌다. 심지어 장석천 자신도 외동아들 장일수가 학교 교육을 계속 받도록 목사 사표서를 제출했고,[182] 총회는 목사직 박탈이라는 중징계를 내렸다.[183] 펜윅은 "한국의 농사법"(Korean Farming)이라는 글에서 한국에 농과대학과 시범농장의 설립 필요를 주장했는데,[184] 왜 세속교육 금지라는 파격적인 결정을 내렸을까? 이에 대해 장일수는 다음과 같이 설명했다: "성경 외 지식을 가지려는 것은 선악과를 따먹는 정신이라 하여 강력히 금지되었다. 이는 펜위익 씨에게 말세 정신이 강력할뿐더러, 배일사상이 농후하였던 점과 다윈의 진화론이 한국에 전파되어 공부한 교인들이 하나님이 없다 하고 타락했기 때문이었다. 그러므로 전국 교인들이 자녀교육을 중단하지 않으면 안 되게 되었다. 반면에 주께서 쉬 오시는데, 공부가 필요치 않다고 강조했다."[185] 장일수는 펜윅의 세속교육 금지 이유를 4가지로 보았는데, 그것은 정확한 분석이었다.

첫째, 지성주의에 대한 경계이다. 펜윅은 이성을 의지하는 것은 사탄의 간계에 빠져 선악과를 먹은 아담과 하와의 실수를 반복하는 것이라며 지성주의를 배격했다.[186] 그는 "아는 바 열매는 교만케 하는 것이요(창 3:22), 의심은 죽게 하는 것"(고후 3:6)이라며 세상 지식은 하나님께서 미워하는 것이라 했다.[187] 펜윅은 1926년에 발행된 「달편지」에서 "우리 놉흔 사룸 곳 대학교 졸업쟝 밧은 사룸이 리치 잘 설명치 안이ᄒ면 다른 사룸 알아듯지 못ᄒ겠다오. 아ᄂᆞᆫ 바는 교만케 ᄒ고…"[188]라며 지성이 주는 교만을 경계해야 한다고 했다. 펜윅은 「사경공부」에서도 세상 지식을 추구하는 것은 마귀의 전략이라 했다:

"이 개화하기를 좋아하는 것은 마귀로 나는 줄 압니다. 마귀를 제일 영화롭게 하려고 매우 힘쓰니 지금 여러 가지 일이 많이 나타납니다."[189] 그리고 그가 작사한 1926년도 제6판 『복음찬미』 227장의 3절 가사에 "주 사랑하심 세우되 아는바 교만케하옴 틀린 신 열매 악하되 참 숨님 열매 귀하옴"[190]이라며 지성주의를 경계했다. 펜윅의 반지성주의는 자유주의 신학을 반대하는 미국 근본주의의 영향에서 비롯됐다.[191]

둘째, 진화론을 반대하기 위함이다. 펜윅은 아내의 지병 치료와 선교후원금의 문제를 해결하기 위해 1917년 5월부터 1923년 5월까지 6년간 북미에 머물렀다.[192] 당시 미국 기독교계에서는 진화론 논쟁이 가장 뜨거운 주제였다. 보수주의자들은 공립학교에서 진화론 교육을 금지시키려 했다.[193] 예를 들면 미남침례교회는 총회에서 진화론 교육 금지법 안건을 다룰 정도였다. 결국 안건은 부결됐으나 진화론 반대를 공개적으로 표명할 목적으로 1925년에 「침례교 신앙과 메시지」를 발표했다. 「침례교 신앙과 메시지」에 하나님의 창조, 그리스도의 동정녀 탄생, 부활, 재림을 강조하며 진화론을 배격했다.[194] 남침례교회는 1926년 총회에서 창세기를 문자적 역사로 확정했고 진화론을 재차 거부했으며, 1927년 총회에서는 교단 산하 학교들에서 진화론 교육 금지를 결정했다.[195] 펜윅은 이러한 흐름을 잘 알고 있었고, 일본 학교들의 진화론 교육을 우려해 학교 교육 금지를 실행했다.[196] 펜윅은 진화론은 인간의 양심, 도덕, 학문, 영성, 이성 등을 설명할 수 없는 거짓 이론이라 했다.[197]

셋째, 극단적 종말 신앙 때문이다. 펜윅은 주님의 재림이 가까운 데, 세상일에 시간 들일 필요가 없다고 했다.[198] 넷째, 신사참배를 반대 하기 위함이다. 김갑수 목사는 펜윅이 신사참배를 반대해 학교 교육 을 금지했으며, 그것은 동아기독교회가 끝까지 신사참배를 거부할 수 있었던 이유라 했다.[199] 김갑수의 분석은 정확했다. 일본은 근대 천황 제 이후 국가주의 교육을 채택하여, 학교 교육을 천황제를 뒷받침하 는 주축으로 삼았다.[200] 일본은 학생들에게 천황을 일본의 최고신 천조 대신(天照大神)의 후손으로 가르치고, 신사참배를 국가에 대한 충성행 위로 가르쳤다. 이를 위해 신도를 신사신도(神社神道)와 교파신도(敎派 神道)로 구분하여, 전자는 종교가 아닌 국민의례이고 후자는 종교라 했 다. 이러한 정책에 따라 신사신도는 내무성 신사국이 관할하고, 교파 신도는 문무성 종교국이 관할했다.[201] 일본 학교들은 신사참배는 천황 과 국가에 충성하는 국민의 기본 도리라 가르쳤고, 그러한 교육 정책 은 식민지 조선에서도 똑같이 적용되었다. 신사참배는 충성스러운 일 본 국민의 양성과 내선일체의 핵심 수단이었다. 조선총독부 초대 학 무과장 쓰미모토는 1910년 9월 8일자 "교화 의견서"에서, 조선 민족의 일본화를 이룩하려면 일본의 언어, 풍속, 습관을 체득하게 하거나, 경 제적 번영만으로는 안 되며, 충군애국 정신을 심어줄 때 가능해질 것 이라 했다.[202] 즉 교육을 통해 천황 숭배 사상을 심지 않으면 내선일체 는 실패할 것이라 주장했다. 당시 일본의 유명한 법학자 호즈미 야쓰 카 역시 조선에서의 교육은 "황실을 숭경하는 정신을 부식하고… 일 상생활에 필수적인 지식과 기예를 가르치면" 족하다고 했다.[203]

 새로 읽는 한국침례교회사

조선총독부는 기독교 학교들이 신사참배를 반대할 것으로 예상하고, 1915년 3월 24일 "개정사립학교규칙"을 발표하여, 정교분리 원칙을 강조하며, 학교에서 성경 교육이나 예배드리는 행위를 금지했다.[204] 조선총독부 초대 학무국장 세키야는 교육과 종교의 분리는 신교의 자유와 교육 발전에 필수라 했다.[205] 조선 총독부 외사국장 고마쓰 역시 국민교육을 종교와 분리하지 않으면 신교의 자유를 제한하는 결과를 가져오게 될 것이라며,[206] "교육의 목적은 제국의 존립과 발달에 공헌하기에 충분한 국민적 정신을 함양하는 데 있다"라고 했다.[207] 일제는 그러나 신사참배는 종교 행위가 아닌 국민교육의 요체라 주장했다. 조선총독부 시학관 다카하시는 1927년에 전국 각 도지사에게 보낸 "신사참배와 학교교육"에 관한 통첩에서 이를 재확인했다:

> 신사에 관한 관념을 일반에게 철저히 하기 위해 근래 학교에서 행하는 생도 아동의 신사 참배자에 관하여 신사와 종교의 관계 등에 이런 의심의 뜻이 있다고 하는 바, 알고 있는 대로 신사는 우리 황실의 선조 및 국가에 공로 있는 국민의 선조들을 봉사하고 국민으로서 숭경의 정성을 바치며 오래 그 공적을 공경하여 받들기 위한 공공의 설비이다. 따라서 국법상 신사와 종교는 그 관념을 달리할 뿐만 아니라 신사에 참배하고 신기를 공경하는 것은 존조 숭배의 뜻에 불과하다. 그러므로 생도 아동을 신사에 참배시키는 것도 본디 종교를 강요하는 것이 아니므로 이 때문에 국민의 신교의 자유를 침해하는 것은 물론 없다.[208]

이처럼 일제는 학교에서 신사참배는 종교 행위가 아니라 했다. 그러나 펜윅과 동아기독교회는 신사참배가 종교 행위이자 내선일체의 핵심 방책으로 보았고, 그런 이유로 세속교육을 금지했다.

펜윅의 세속교육 폐지는 오랜 기간 교단의 정서가 되었고 크게 영향을 끼친 문제이기 때문에, 그의 4가지 이유에 관해 분석하고 평가해야 한다. (1) 반지성주의 문제이다. 영성의 중요성을 인식하고 지키려는 노력은 바람직했으나, 반지성주의까지 발전케 한 것은 잘못이었다. 믿음은 지성을 통해 하나님의 말씀을 이해하고, 감성을 통해 성령의 임재를 체험하며, 의지를 통해 삶의 현장에서 하나님의 뜻을 이루어나가는 것이다. 믿음은 지·정·의가 모두 관여된 것으로 지성과 영성은 서로 보완적인 관계에 있다. 영성은 교회를 존재케 하는 근원적 원동력이다. 교회는 영적인 몸이어서 영성이 없으면 교회는 사라지기 때문이다. 그러나 이성적 생각을 영성이 없거나 부족한 것으로 오해하면 안 된다. 지성과 영성은 온전한 믿음을 위해 필수적이다. (2) 극단적 종말 신앙으로 교육을 금지한 것은 잘못된 판단이다. (3) 진화론과 신사참배를 반대하기 위해 세속 교육을 폐지한 것은 타당한 측면이 있다. 그렇지만 학교교육 폐지라는 극단적 처방 대신 다른 차원으로 해결해야 했다. 예를 들면, 성경공부, 설교, 주일학교, 교회 모임 등을 통해 진화론의 허구성을 가르치고, 신사참배가 우상숭배라는 것을 심어주는 편이 낳았을 것이다. 무차별적으로 학교교육 폐지라는 강수를 사용하면 교회는 교육받지 못한 사람들로 채워지게 된다. 그러면 균형 잡힌 신앙을 소유할 수 없고, 개인과 교단 발전을 가로막는 결과를 초래하게 된다. 전체적으로 볼 때, 세속교육 폐지는 잘못된 결정이었다. 펜윅 자신도 오랜 시간이 지난 후 세속교육 폐지를 후회했다고 한다.[209] 그러나 아무리 후회한들 잘못된 결정으로 인재가 없는 교단을 만든 결과를 되돌릴 수는 없는 것이다.

동아기독대 시대(1933-1939)

1. 교단 명칭 변경

동아기독교회는 1933년 제28차 원산 대화회에서 교단 명칭을 동아기독대로 바꾸기로 결의했다. 교단의 명칭을 양 무리를 뜻하는 '대'(隊)로 바꾼 것은 펜윅의 강력한 요청 때문이었다.[210] 총회는 펜윅의 뜻에 따라 교단 명칭을 변경했다.

2. 신사참배 반대와 박해

동아기독대는 한국 개신교단 중 유일하게 신사참배를 반대하여 큰 고난을 겪었다. 일제는 1931년 9월 만주사변 이후 국가적 단결을 위해 신사참배를 한층 강요하기 시작했다. 장일수는 "조선 사람들에게 동방요배와 신사참배를 강요하고, 가가호호에 천조대신의 신패를 배부하여 섬기게 하였다. 서울에서는 남산 밑을 지나가는 사람이나 전차나 자동차 속에서까지 남산 밑을 지나갈 때에는 남산 신궁에 경례를 하지 않으면, 비국민이라 비난하였다. 교회에서는 예배 전에 국민의례를 먼저하고 예배를 드리게 하였다"라고 증언했다.[211] 이처럼 신사참배 강요에는 교회도 예외가 될 수 없었다. 기독교계 학교는 신사참배와 전몰자 위령제에 참석할 것을 요구받았으며, 이에 불응한 학교들은 1937년부터 1939년 사이에 폐교되거나 관·공립학교로 흡수되었다.[212] 신사참배 수용과 관련해 장로교 선교사들 간에 의견의 차이가 있었다. 평양 숭실학교 교장 조지 맥큔은 신사참배는 우상숭배에 해당한다고 보았다. 그는 1935년 12월 13일 야스타케 평남지사에게 보낸 편지에서, "기독교인으로서 나는 양심적으로 전능하신 하나님 이외에 다른 신을 경배한다고 해석될지도 모르는 행위인 신사참배를 할 수 없습니다"라고 말했다. 매큔과 달리 대구의 계성학교 교장 해럴드 헨더슨은 신사참배가 종교적 성격이 없이 국가에 대한 충성 표시 행위라면 신사에 절할 수 있다고 했다.[213] 다수의 북장로교 선교사들은 신사참배를 우상숭배로 간주하여, 1936년 선교사 연회에서 69대 16으로 교육사업 철수를 결의했다.[214]

일본의 신사참배 강요가 심해지는 환경에서 동아기독대는 굳건히 신사참배와 황궁요배를 반대했다. 김영관 감목의 명의로 전국 교회에 배달된 1935년 10월 5일자 「달편지」에는 이러한 입장을 잘 보여준다:

어떤 구역에는 관청 당국에서 황제에게 요배를 하라고 시켰사오나 그것에 대하여 결코 응할 수 없는 것은 가령 황제님 앞에서 절한다는 것은 옳지만, 멀리서 보이지 않는 데서 절하는 것은 헛된 절이며, 곧 절반은 우상의 의미를 가졌으니 이것은 성경에 위배되는 것으로 우리 믿는 사람은 못할 일입니다. 이것을 하지 않는다고 황제께 불경한 죄라고 할 수 없는 것은 믿는 사람이 복음을 어기고 황제께 공경한다면 진정한 복음이라 할 수 없고, 따라서 복음을 어기고 자기를 공경하라고 명하실 황제님이라고 저희는 생각할 수 없습니다. 그래도 불경죄라고 책임을 지운다면 그 은혜 베푸시는 대로 핑계 없이 감당하기를 원하며….[215]

이처럼 동아기독대는 신사참배와 황궁요배는 우상숭배이므로 행할 수 없고, 만일 그로 인해 박해가 온다면 감수할 것이라 했다. 위의 「달편지」를 입수한 일본 경찰은 김영관 감목, 백남조 총부서기, 이종덕 안사, 전치규 안사, 노재천 목사 5인을 원산경찰서에 구금했다. 이들은 3개월간 원산경찰서에 구금되고, 5개월 동안 원산형무소에서 옥살이했다.[216] 재판 결과 김영관과 백남조는 3년 집행유예, 나머지 세 사람은 기소유예로 석방되었다. 펜윅의 부인 하인즈는 1933년 1월 19일에 세상을 떠난 상태였고, 펜윅도 죽음이 임박한 상황이라 박해를 면할 수 있었다.

신사참배에 대한 각 교단의 입장을 보면, 감리교회는 처음부터 신사참배를 국민의례로 인정하여 받아들였고, 안식교는 1935년 12월에 신사참배를 실행했다. 천주교회는 반대하다가 1936년 이탈리아와 일본의 군사적 연맹을 고려하여 신사참배를 인정하게 되었다. 장로교회는 계속 불응하다가 1938년 9월 총회 때 찬성으로 돌아섰다. 안식교회는 신사참배를 받아들였으나 일제에 의해 1943년 12월 28일 폐쇄되었고, 성결교회 역시 1943년 12월 29일에 폐쇄되었다.[217] 일본이 1937년 중일전쟁에서 승리한 후, 기독교 지도자와 교인들 가운데 친일로 돌아서는 경우가 급증했다.[218] 조선총독부 경무국 보안과 사무관 모리의 보고에 의하면, 1938년 5월 말 현재 한국 기독교도들은 국기에 대한 경례 93%, 동방요배 94%, 신사참배 53%의 참가율을 보였다.[219] 조선신궁의 참배자 연인원은 1931년 403,550명, 1937년 2,022,292명, 1940년 2,158,861명, 1942년 2,648,365명이었는데,[220] 1937년에 그 수가 급증한 것을 볼 수 있다.

동아기독대에서도 이탈자가 나오기 시작했다. 조선총독부 고등법원검사국사상부의 보고서에는 다음의 보고문이 기록되었다:

함북 경흥군 경흥면 동아기독교대 통장(統長) 박석홍은 작년 (1937) 11월 6일 관할서에 출두하여 '우리들은 일본제국 신민이라는 것을 망각하고 있는 감은 없지(않지)만, 좌담회 등에 의하여 황군이 우리들 때문에 싸우고 있다는 것을 알았다'고 하면서 제국 신민이기 때문에 안심하고 기도를 계속하게 된 것을 깨달아 예하 신자 일동으로부터 국방헌금을 갹출하였다.[221]

조선총독부는 중일전쟁 전후 시기에 동아기독대에 관해 관심을 기울이고 조선 기독교단의 통계에 포함하여 관리하기 시작했다. 1938년 경무국 사무관 모리는 동아기독대를 2,263명의 교세를 가진 조선인 포교의 교파 중 가장 큰 교단으로 보고했다.[222] 총독부가 동아기독대를 요주의 교단으로 관리하는 상황은 박석홍(혹은 박성홍)과 경흥교회에 큰 압박이 되었을 것이다.

그런데 일제는 일찍이 1920년부터 만주의 반일주의 세력을 감시하면서 대한기독교회를 의심하며 예의주시하고 있었다. 1920년 외무성 기밀문서는 대한기독교회를 불령단(不逞團, 항일단체)으로 펜윅은 불령선인(不逞鮮人, 항일주의자)으로 분류했다. 1920년 3월 29일자 일본 외무성 기록은 다음과 같다:

동교[대한기독교]는 지금으로부터 십수 년 전 영국령 캐나다에서 건너온 편위익(片爲益, 펜윅)이라는 외국인이 원산에 와서 오로지 북선지방(북한)에 포교하여… 캐나다에서 건너온 동교도 [대한기독교]는 배일사상에 극치를 다하며, 치열하고 과격한 언동을 휘두르기를 늘 사용했고, 이들은 왕년 왕청현 수분대순자(조선명 나자강)에 무관학교를 설치해 조선인의 청년 자제를 교육하여 조국의 회복을 도모하는 일파의 불령도배로 모두 동교[대한기독교]의 신자로서 지금 동 지방에 근거지를 갖고, [왕청현은 관동군 총사령부]와 토지가 멀리 떨어져 있어 우리 관헌의 감시가 불충분함을 이용하여 독립사건에 관련된 불령선인의 잠복지

가 되었다.[223]

위의 외무성 보고서는 김규면이 1916년에 대한기독교회를 탈퇴하고, 훈춘의 대한성리교회를 중심으로 1919년에 세운 무장 독립군 단체인 대한신민단을 의식하여 작성한 것으로 보인다. 일제는 대한성리교회와 대한기독교회를 혼동했던 것 같다.

경흥교회의 예에서 볼 수 있듯이 시간이 갈수록 동아기독대에서도 신사참배를 찬성하는 사람들이 늘어났고 찬반 논란은 점점 더 격화되었다. 이에 곤란을 느낀 김영관은 감목직을 사임하게 되었는데, 이는 동아기독대 내에서 신사참배 찬성파가 결코 무시할 숫자가 아니라는 것을 보여준다. 결국 이종덕 안사가 임시의장을 맡아 1939년에 제34차 대화회를 원산에서 진행했다. 본 대화회에서는 "숨님(성령)의 권능이 행하시는 대로 따른다"라는 신앙으로 신사참배와 황궁요배를 반대하기로 결의했다.[224] 대다수 교단이 신사참배를 받아들인 때에도 동아기독대는 끝까지 신사참배를 거부하며 항일을 고수했다.

3. 펜윅 부부의 별세

펜윅의 부인 패니 하인즈는 원산 앞바다가 훤히 내려다보이는 동산 자택에서 1933년 1월 19일 67세의 일기로 주님께 돌아갔다. 뜰에서 실족하여 골절상을 입은 것이 화근이 되어 세상을 떠난 것이다. 하

인즈는 한국어에 능통하여 어린이와 부인들에게 성경을 가르쳤고, 동료 선교사들로부터 "성자"로 불릴 만큼 인정받았다. 하인즈는 남편과 함께 종종 순회 전도를 다녔으며, 시간이 있을 때마다 뜨개질하여 전도인들에게 옷과 모자를 만들어 주었다. 충분한 재정적 지원을 하지 못함을 보충하려고 그렇게 했다. 그래서 그런지 그의 손끝은 항상 피멍이 맺혀 있었다고 한다. 하인즈의 헌신은 많은 사람에게 감화를 끼쳤다.[225]

펜윅은 1889년 12월 11일 26세의 총각 선교사로 한국에 와서 만 46년간 사역을 성공적으로 마치고, 1935년 12월 6일, 72세의 일기로 원산 동산의 자택에서 영면했다. 그는 한 통의 유서와 두 마디의 유언을 남겼다. 펜윅은 죽기 6년 전에 이미 유서를 작성해 놓았다. 자신이 갑자기 사망하면 교단 재산과 관련하여 혼란이 발생할 것을 염려

해 미리 유서를 작성해 놓은 것이다. 유서의 내용을 요약하면 다음과
같다:

(1) 원산, 공주, 강경의 재산과 칠산의 갈밭은 모두 동아기독대
의 전도와 복음찬미 출판에 사용되도록 이미 기증했다. (2) 나의
딸 안덕가에게 음악기(유성기)와 곡조판을 준다. 그리고 원산 집
땅이 팔릴 경우, 안덕가가 논을 사도록 천 원을 주어라. 또한 원
산 집과 동산을 찬미 공부하는 남녀 학생의 의식 비용으로 사용
하고, 피아노를 찬송 음악 가르치는 용도로 사용하도록 안덕가에
게 맡긴다. (3) 원산 집 땅이 팔릴 경우, 나의 딸 이양희에게 천 원
을 주어 논을 사서 먹고 살게 하라. (4) 안덕가에게 이전에 지출한
부분을 보충해 주고, 제일 큰 시계도 주어라. 그리고 땅이 팔리면
2백 원을 주어라. (5) 전치규에게 작은 금시계와 옷궤를 주고, 땅
이 팔리면 논을 사도록 천 원을 주어라. (6) 김재형에게 땅이 팔리
면 논을 사도록 천 원을 주고, 광택에게도 5백 원을 주어 논을 사
게 해라. 이 모든 권한을 안대벽, 김재형, 전치규에게 담당케 한
다. 1929년 8월 29일. 차에 증거인은 편위익, 김종호, 최성권, 백
남조.[226]

유언은 다음과 같다: "먼저 내가 세상을 떠난 뒤에도 우리 교회는
세상에 있는 교회들과 갈라 놓으라. 그들에게 물들지 말라. 그리고 내
무덤은 봉분하지 말고 평장으로 하라."[227] 유언에 따라 펜윅은 부인 하

제31차 원산대화회기념(1936.9.14.)[228]　　　　　　　　　펜윅 선교사의 묘지 앞

인즈의 무덤 옆에 평장으로 묻혔다. 장례식은 인산인해의 물결을 이룰 정도로 펜윅은 한국인들에게 추앙받았다.[229] 펜윅은 확고한 세대주의자였다. 그의 유언 "우리 교회는 세상에 있는 교회들과 갈라 놓으라. 그들에게 물들지 말라"라는 문구는 참된 교회는 세상뿐만 아니라 기존 교회와도 분리해야 한다는 세대주의 교회관을 표명한 것이다. 펜윅은 초기 한국침례교인들에게 전천년주의 사상을 깊이 심어놓았다. 「달편지」들은 그리스도인들이 세속화된 세상에서 분리되어 하늘 왕국을 바라보아야 한다는 것, 그리고 주님이 곧 다시 오시므로 성결하게 살아야 한다는 내용을 많이 담고 있었다.[230] 「달편지」들은 또한 세상은 마귀와 연합되어 있어, 갈수록 악해질 것이므로 성도는 이 세상과 세상의 정욕을 좇지 말고 성령에 따라 살아야 함을 강조했다.[231]

펜윅은 경건주의적 근본주의자로 정치적 관심보다 전도와 교회 개척에 매진했다.[232] 그러나 펜윅은 성경적 진리를 고수하는 일에 있어서는 공격적인 태도를 보였다. 역사가들과 재한 외국 선교사들은 펜윅을 조급하고 고집이 센 사람으로 평가했다.[233] 영재형(L. L. Young)

선교사는 펜윅을 엘리야나 침례 요한 같은 사람이라며 "그는 그리스도 예수 안에서 진리를 전파하는 데 있어 매우 강하고 두려움이 없었던 사람이었다"라고 평가했다.[234] 그의 평가는 정확했는데, 펜윅은 진리를 전파하는 데 있어 남자다움과 용기는 매우 중요한 덕목이라 했기 때문이다.[235] 펜윅의 이러한 성품은 기질적인 것뿐만 아니라 미국 근본주의로부터 받은 영향과도 관련이 있다. 근본주의자들은 자유주의 신학에 대항하여 성경적 진리를 지키기 위해 용기와 남자다움을 필수 덕목으로 보았다.[236] 펜윅의 불같은 성격과 강한 고집은 근본주의 신념과 무관하지 않았다. 펜윅은 용기를 가져야 할 세 가지 이유를 다음과 같이 말했다: (1) 성령의 능력을 믿으면 용기를 가질 수 있다.[237] (2) 두려움과 불안은 하나님으로부터 온 것이 아니다.[238] (3) 근본적 진리를 의심하는 것은 사탄의 계략이므로, 신자는 성경의 신적 권위, 그리스도의 신성, 동정녀 탄생, 성경의 기적, 그리스도의 대속과 부활 등 근본 교리를 수호하기 위해 용기를 가져야 한다.[239] 펜윅은 이와 같이 근본주의 교리를 고수하기 위한 용기를 강조했다. 미국 보수 기독교인들은 "성경 무오성, 그리스도의 동정녀 탄생, 대속, 부활, 기적을 일으키는 능력" 등을 양보할 수 없는 근본 교리라 했다.[240] 펜윅은 자-의식적 근본주의자로서,[241] 한국침례교회에 보수 신앙과 신앙 선교 정신을 심었다. 그는 성령을 의지하는 믿음과 강인한 정신력으로 한반도, 만주, 시베리아에 걸친 광대한 지역에 복음을 전하고 교회를 세웠다. 펜윅은 교단이나 기관의 도움 없이 교단을 창설·운영하며 성과를 이룬 보기 드문 큰 인물이었다.

4. 펜윅의 반율법주의(율법폐기론) 논쟁

한국침례교 역사가들은 대한기독교회가 펜윅의 영향으로 율법폐기론의 성향을 띠게 되었다고 했다. 조효훈 박사는 두 가지를 제시하며 펜윅이 반율법주의를 가르쳤다고 했다. 첫째, 하나님의 은혜에 의한 구원을 극단적으로 가르쳐 교인들로 하여금 이신칭의 교리를 잘못 이해하게 했다. 둘째, 신자는 하나님의 자녀이며 거지가 아니므로 간구하는 기도를 해서는 안 되고 오직 감사기도만 가능하다고 가르쳤고, 그에 따라 대한기독교회는 기도를 등한히 하는 교회가 되었다고 했다.[242] 김장배 목사도 펜윅이 하나님은 자녀들의 필요를 다 알고 계시므로, 간구 기도는 안 되고 오직 감사기도만 하라고 했다고 했다. 펜윅은 "예수님의 이름으로 기도합니다"라는 구절 대신 "예수님의 이름으로 감사드립니다"로 바꾸도록 지시했다고 하며, 그런 가르침으로 대한기독교회는 기도 생활을 등한히 했다고 하였다.[243] 허긴 박사는 펜윅이 율법폐기론자는 아니나 이신칭의 교리를 극단적으로 강조하여 대한기독교회가 반율법주의적 신앙을 갖도록 했다고 했다. 그리고 그러한 가르침으로 교인들은 기도 생활에 열심을 내지 않았고, 경건 훈련도 부족했다고 했다.[244] 총회 역사편찬위원회의 공식 역사도 펜윅의 추종자들은 그의 영향으로 율법폐기론적인 신앙을 가지게 되었다고 적시했다.[245] 이러한 주장에 반대하여 침신대 조직신학 교수 김용복은 펜윅은 결코 율법폐기론자가 아니라고 했다. 그는 펜윅의 일차 자료인 「사경공부」에서 펜윅이 율법폐기론을 명시적으로 반대했음

을 증거로 제시했다.[246]

이처럼 펜윅의 반율법주의에 관한 상반된 주장이 존재한다. 그렇다면 반율법주의 논쟁의 진실은 무엇일까? 역사적으로 볼 때, 펜윅과 대한기독교회는 율법폐기론을 믿지 않았다. 첫째, 대한기독교회는 엄격한 교회 치리를 실행했다. 엄격한 교회 치리는 율법폐기론을 배격한 명확한 증거이다. 또한 펜윅은 명시적으로 율법폐기론을 거부했다. 그는 고든과 스코필드에게서 율법폐기론의 위험성을 배웠다고 언급했다.[247] 스코필드의 책 「진리의 말씀을 올바로 등분하는 법」(Rightly Dividing the Word of Truth)을 번역하여 한국 교인들에게 가르쳤는데, 그의 「사경공부」에는 그 책의 내용이 그대로 나온다. 펜윅은 스코필드처럼 은혜와 율법을 날카롭게 구분했다. 그는 성경은 창세기부터 계시록까지 은혜와 율법을 구분했으며 서로 혼합시킨 적이 없다고 하며,[248] 다음과 같이 말했다:

율법은 구약의 주의요, 은혜는 신약의 주의다. 율법은 모세로부터 오고, 은혜는 긔독으로 주신 것. 율법으로 이스라엘을 가르치시고, 은혜로 교회를 가르치심… 율법은 죽게 하는 것, 은혜는 살게 하는 것. 율법은 죄를 깨닫게 하는 것, 은혜는 죄에서 벗어나게 하는 것… 율법은 행함으로 살고, 은혜는 믿음으로 산다. 율법은 전도인 없으려니와 은혜는 세상 끝까지 전할 것이다. 율법은 그 중 제일 좋은 사람을 정죄하고, 은혜는 제일 악한 사람을 의롭게 하신다.[249]

위에서와 같이 펜윅은 구원은 율법이 아닌 하나님의 은혜로 되므로 신자는 율법에 좌우되어서는 안 된다고 했다.[250] 펜윅은 그러나 반율법주의로 발전시키지는 않았다. 그는 스코필드의 글을 인용하여 은혜와 율법의 관계에 대해 세 가지 잘못된 견해를 설명했다:

잘못된 3가지 이해: 처음부터 교회 가운데 율법과 은혜로 세 가지 잘못된 이해가 있습니다. 곧 안틔놈 도, 례 도, 가랍태인(갈라디아인)도. (1) 안틔놈 도가 틀림은 믿는 사람 아무 다사리는 례도 없다 합니다. (2)례 도가 잘못된 것은 두 가지입니다. 첫째, 믿는 사람 예를 지키라 명하는 것(행 15:1). 두 번째, 지금 그 틀인 그 예로 죄면함을 받겠다는 것(마 23:25). 가령 희랍교 신부 이야기를 생각할 것. (3) 갈라디아인의 도가 잘못된 것은 은혜와 율법을 섞었기 때문입니다. 첫째, 몸 고생함으로 공뢰 모이겠다는 것. 둘째, 자기 옳은 행실함으로 공로 모이겠다 하는 말… 그 자기 행실로 공로 세우는 것은 제일 흔히 하는 것이 혹 하나님 크신 복을 가지고 나가 이 복 받으니 옳은 사람 되었다. 너는 이런 복 받지 못하니 옳지 아니하다 하는 것입니다.[251]

이처럼 펜윅은 "안틔놈 도"(antinomianism) 즉, 율법폐기론은 잘못된 사상이라 했다. 그는 스코필드의 글을 인용하며 율법폐기론은 잘못된 이론이라고 명확하게 주장했다:

로마서 6장 말씀은 신자가 긔독과 같이 십자가로 돌아가신다는 말씀하신 후(이 이치 뜻은 침례 1-11), 11절부터 시작하기는 신자 다스리는 이치 곧 그 생명 길 다니는 행실 가르침입니다. 남은 12절은 다 이 이치요 14절 말씀은 사람의 죄 값 벗어나는 것 아니라 죄가 다스리는 것 벗어나는 이치입니다. 종노릇할 것 없단 말입니다. 기록하기를 대개 죄가 너희로 다스리지 못하게 하셨음은 너희는 율법 아래 있지 않고 은혜 아래 있는 연고로, 이 도는 혹 어떠한 사람을 괴악한 안틔놈의 틀린 도로 하지 못하도록 성신님께서 즉시 말씀하시기를 그러면 어떠하냐 우리는 율법 아래 있지 않고 은혜 아래 있으니 죄 지으면 옳으냐 결코 아니라. 로마서 6장 15절. 각각 새 마음을 받은 사람 감사하다고 할 수밖에 없습니다.[252]

이처럼 펜윅은 율법폐기론의 문제점에 대해 잘 알고 있었다. 「사경공부」 외에도 여러 면에서 펜윅은 율법폐기론자가 아님을 드러냈다. 예를 들면, 펜윅은 성령 충만하여 변화를 경험한 사업가가 정직하게 사업하여 하나님께 영광을 돌렸다는 이야기를 교인들에게 들려주었다.[253] 또한 신명균이 개척한 교회들이 "예의 바른 것에 모범이 되어" 좋은 평판을 받은 것에 기뻐했다.[254] 이처럼 신앙과 도덕적 삶이 서로 연결되어 있음을 믿고, 방종한 삶을 용인하지 않는 것은 펜윅이 율법폐기론자가 아니라는 것을 말해준다. 펜윅은 또한 부모에게 순종하고, 사회도덕과 질서를 지키며 국가를 사랑하라고 가르쳤다.[255] 애

국주의와 긍정적 국가관은 율법폐기론을 반대했다는 증거가 된다.[256]

이와 같이 펜윅은 분명히 율법폐기론자가 아니었음에도 왜 그러한 논쟁이 일어났을까? 그것은 세대주의 신학이 완결성이 부족해 율법폐기론을 용인할 가능성이 있기 때문이다. 펜윅은 의식하지 못하는 사이에 반율법주의로 흐를 가능성이 있는 신학을 받아들인 것이다. 먼저 간구하는 기도를 금한 것은 반율법주의 신학의 특성이다. 간구 기도를 불완전한 기도 혹은 잘못된 기도라는 견해는 율법폐기론적 주장이다.[257] 펜윅이 간구 기도를 금지한 것은 나이아가라 사경회의 영향 때문이다. 사경회는 기도를 간구가 아닌 감사하는 행위로 해석하여, 의도치 않게 기도 생활에 열심을 내지 않아도 되는 신학을 펼쳤다.[258]

펜윅은 또한 세대주의 영향으로 불완전한 성화론을 믿었다. 그는 성령을 체험하면 그리스도와 하나가 될 수 있다고 믿었는데,[259] 성령을 통한 그리스도와의 연합을 성화의 출발로 보는 것은 성경적이다. 그러나 성화에 있어 성령의 주도성을 지나치게 강조하여 인간의 참여를 약화시킨 점에 문제가 있었다. 펜윅은 "하나님의 모든 공급은… 내가 나의 바구니에 담으려 해서 얻게 되는 것이 아니며, 성령께서 나를 높이도록 하고 나의 모든 짐들을 가볍게 하도록 할 때 얻을 수 있는 것이다"라고 했다.[260] 이처럼 성령께서 역사하도록 인간은 가만히 있어야 한다는 생각은 잠재적 반율법주의 신학이 된다. 왜냐하면 성화는 성령의 인도에 성도가 적극 순종해서 이루어야 하는 쌍방적 사역이기 때문이다. 펜윅은 다음과 같이 성화에 있어 인간의 수동성을 강조했다:

부드러운 비둘기[성령]가 그의 안에 자리 잡고 알을 품게 되면, 그는 조용히 해야 할 필요가 있다. 우리는 성령님을 시끄러운 소리나 잔소리하여 괴롭혀서는 안 된다. 우리는 매우 조용히 해서 그분이 우리 안에 자리를 잡으시도록 해야 한다. 그러면 그분은 우리에게 충만히 임하셔서 다른 사람들이 알지 못하는 놀라운 평화와 고요 그리고 확신을 주신다. 이것이 열매를 맺는 비밀이다. 가지들이 노력해서 열매를 맺는 것이 아니라, 나무에 붙어 있을 때 열매를 맺게 된다. 이것은 성령의 열매이지, 우리의 열매가 아니라는 사실을 잊어서는 안 된다. 그것은 흐르는 강물의 비밀과도 같다. 강물은 성령의 것이지 우리의 것이 아니다. 우리는 오직 강둑이며, 성령께서 강둑에 그분의 열매를 자라게 하실 때, 성령의 강이 지나가는 통로에 불과하다. 우리 스스로는 결코 열매를 맺거나 혹은 강물을 흐르게 할 수 없다. 오직 '그분이 하시도록' 하는 것밖에 할 수 있는 것이 없다.[261]

이처럼 펜윅은 성령의 열매를 맺는 일에 있어 인간이 할 수 있는 것은 아무것도 없으며 오직 성령이 하신다고 했다. 즉 성화를 성령의 일방 사역으로 해석한 것이다. 그것은 율법폐기론적 요소를 어느 정도 도입한 것이 된다.[262] 펜윅은 성화가 성령과 성도의 협력 사역이라는 개념을 가지고 있지 않았다.[263] 그리고 성령의 역사는 성도가 성령의 활동을 허락할 때 가능한 것처럼 생각했다. 그것은 자칫 인간이 성령의 활동을 허락하지 않으면 성령은 아무것도 할 수 없는 것이 되

 새로 읽는 한국침례교회사

어 버린다.[264] 이러한 성령과 성도의 관계는 인격적이기보다 기계적인 관계가 된다.[265] 종합하면, 펜윅은 율법폐기론자는 분명 아니었다. 그러나 세대주의의 영향으로 반율법주의 요소가 내포된 기도론과 성화론을 소유하고 있었다. 이러한 신학은 때로 교회에 부정적 영향을 끼쳤다. 예를 들면, 오관석 전도사가 신학교를 졸업하고 1960년 봄에 공주 정안의 태성교회에 담임목회자로 부임했을 때, 당시 60년 된 태성교회 교인들은 성령이 이미 오셨기 때문에 성령 강림을 요청해서는 안 된다고 하며, "성령이여 강림하사 나를 감화합소서"라는 찬송을 부르지 않았다. 그리고 사람의 노력으로 구원받지 못하므로 전도에 열심을 낼 필요가 없다고 했다.[266] 건전한 신학의 중요성을 잘 보여주는 사례이다.

동아기독교 시대(1940-1944)

1. 교단 명칭 변경과 교세 현황

일제는 '동아기독대'라는 교단 명칭이 군대조직을 연상시킨다며 바꿀 것을 종용했다. 이에 따라 총회는 1940년 제35차 원산 대화회에서 '동아기독교'로 교단 명칭을 바꾸기로 결의했다. 당시 동아기독교

교세는 "한국 전역 24개 구역에 100여 교회, 만주에는 6개 구역에 100여 교회, 시베리아 2개 구역에 47개 교회, 몽골에 수 개 처 교회"가 있었다.[267] 그런데 당시 만주에 있는 동아기독교 교회들은 일제의 강제적인 개신교 통폐합 정책으로 본국 교회와 분리되어 타교단 소속의 교회가 되어버렸다. 일제는 기독교 세력을 일목요연하게 관리하기 위해 만주에 있는 장로교, 감리교, 성결교, 동아기독교, 안식교, 조선기독교 등 6개 교파를 1941년 11월 28일에 만주국조선기독교연맹으로 통합시켰다.[268]

2. 재림신앙과 교단 폐쇄(원산사건)

동아기독교는 신사참배 거부를 계속 견지하여 일제의 주목을 받는 교단이 되었다. 거기에 덧붙여 펜윅의 가르침으로 예수 재림과 천년왕국 신앙을 철저히 믿고 있었다. 그런데 이 신앙으로 인해 교단이 폐쇄되는 사건이 발생했다. 소위 '원산사건'으로 불리는 교단 폐쇄 사건은 우태호에 의해 시작되었다. 평안남도 거부이자 장로교 목사 우기모의 아들로 1903년 2월 19일에 출생한 우태호는 1920년 미국 유학길에 올라 미국에서 고등학교를 마친 후, 1930년 캘리포니아 파사데나 대학교를 졸업하고, 1932년 8월 20일 애틀랜타의 오글레도르프 대학교에서 석사학위를 받았다.[269] 그리고 1937년 밴더빌트대학교(Vanderbilt University)의 신학부에 입학했다.[270] 우태호는 밴더빌트 학생 시절 침례교로 전향하여, 테네시주 내슈빌에 있는 벨몬트하이츠침례교회(Belmont Heights Baptist Church)에서 침례받고,[271] 설교 자격증을 취득하였으며,[272] 목사안수를 받았다.[273] 우태호는 1940년 5월 20일 캔터키주 루이빌에 있는 서든침례신학교를 졸업하고, 벨몬트하이츠교회의 후원으로 한국 선교사로 파송 받아 왔다.[274]

우태호는 1941년 9월에 원산의 동아기독교 총부에 와서 자신을 소개하며 함께 일하고 싶다는 의사를 밝혔다. 그러나 교단 지도자들은 그의 제안을 거절했다. 그러나 우태호는 포기하지 않고 계속 동아기독교에 합류하려 노력했다. 펜윅의 양아들인 안대벽은 그러한 행위를 교단의 재산을 노려 합류하려는 것으로 의심하고 일본 형사에게 우태호에 대한 조사를 부탁했다. 이 사실을 알게 된 우태호는 격분하여 일본 헌병대에 동아기독교를 불순한 단체로 고발하고, 당시 성서공회 총무 오문환 장로교 목사에게 동아기독교의 『복음찬미』와 성경을 건네주었다.[275] 오문환은 대표적인 친일파 인사였다. 그는 20명의 한국인 목사로 구성된 일본 시찰단을 데리고 1938년 10월 7일부터 27일까지 20일간 일본의 여러 지역을 방문하고, 도쿄에서 개최된 일본기독교 대회에 참석하여 기독교도의 내선일체화를 역설했다. 그 자리에서 오문환은 조선 장로교회들이 모금한 오사카, 고베 지역의 수해 구제금 670원을 증정하기도 했다.[276]

오문환은 『복음찬미』에 재림과 천년왕국에 관한 내용이 있다며 총독부 경무국에 고발했다. 당시에 예수 재림과 천년왕국 신학을 담은 문서는 천황 숭배에 위반되어 출판이 금지된 때였다.[277] 『복음찬미』에는 천년왕국 신앙을 고취하는 내용이 많이 있었다. 1926년도 제 6판 『복음찬미』에 나오는 펜윅이 작사한 찬송가 가운데 다음과 같은 구절들이 있다. 17장 5절, "예수씨 강림하실 날을 이제 매우 고대하되 주님 대궐 가울 때부터 넉넉 되오리다." 79장 7절, "통일하옴 통일하옴 황제들 주재와 함께 통일 보좌에 함께 통일 하올세 제일 기뻐 올 것. 그 낯을 뵈옴." 89장 5절, "영광서 오시다가 약조하신 곳으로 여태 원하신 신부 공중에 만날 날 새로운 때 위 새로운 때 위에 함께 통일하시고 복 나눠주실 신랑 길게 진실 토다." 95장 4절, "나라들 심판하러 오사 재판소에서 올 때에 신랑을 위하사 증거인으로 되겠사옵나니까." 150장 4절, "그 후부터 대벽 장자 보좌에 앉으사 통일 천년 동안 하실 후에 새해 새 땅을 지실 주." 222장 후렴구, "가신대로 두 번째 공중에 강림하사 자기께 어린아이 다 부르실 주" 등이 있었다.[278]

그런데 일제는 이미 1940년부터 예수 재림과 천년왕국 신앙을 반국가적 사상으로 간주하여 관련자들을 검속 체포하고 있었다. 조선총독부 경무국 보안과는 1940년 9월에 동아기독교인이 아닌 다른 기독교인 193명을 치안유지법 위반으로 검거한 보고문을 발표했다:

[이들은] 현재 사회는 악마가 조직한 사회라고 하여 저주·부인함과 동시에 수년 후에는 예수의 재림에 의하여 지상천국의 신사회가 초래될 것이라고 몽상 요망하고, … 우리 국체의 변혁을 목적으로 하는 비밀결사를 조직하고, 이를 모체로 하여 전 조선적

으로 동지를 획득하여 지상천국을 건설할 기도를 하고 있을 뿐만
아니라, 천황 및 황대신궁에 대하야 불경스러운 언동, 혹은 황군
에 관한 조언비어(造言蜚語), 총후 국민에 대한 반관(反官) 내지 반국
가적 기운 양성 등의 악질적인 범죄를 감행하고 있는 것으로 대
략 판명되었는데….[279]

이처럼 일제는 예수 재림과 천년왕국 신앙을 국체의 변혁을 획책
하는 악질적인 범죄로 보았는데, 동아기독교를 그런 단체로 판단했
다. 일경은 동아기독교 총부에 있던 성경과 「복음찬미」 6,500권과 그
외 서류들을 압수하고, 교단 대표 이종근 감목을 1942년 6월 10일 체
포하여 원산 헌병대에 구금했다. 다음날 6월 11일 전치규 안사와 김영
관 목사도 구속했다. 일본 검사는 이종근에게 다음과 같이 취조했다:

1문: 예수가 재림한다는데 어떤 지위로 재림하는가?

답: 성경말씀대로 만왕의 왕으로 오셔서 왕국을 건설하신다.

2문: 천년왕국을 건설하면 일본도 그 통치에 들어가는가?

답: 그렇다.

3문: 일본의 천황폐하도 불신시는 멸망하시는가?

답: 성경에 그렇게 기록되어 있다.

4문: 찬미가 7장에 '대왕님 예수'라 했는데 예수는 천황폐하보다
더 높은 대왕인가? (그때는 일본도 망하고 천황폐하도 예수 통치
하에 들어가는가?)

답: 전 세계가 통일되는 동시에 예수님 아래 있을 수밖에 없다.

5문: 국체명징(國體明徵)에 위반이면 불경죄에 해당되는 것을 모르
는가?

답: 신앙양심에서 답하는 바이다.

6문: 단체 대표인 감목이 그렇게 답변할 때 간부는 물론이고 전
교단의 지도자들도 동일한 신조를 지도하고 있는 것이 아
닌가?

답: 동일한 성경으로, 동일한 신앙을 소유하는 것이 합치되는 이
론일 것이다.[280]

이종근의 답변에 일경은 격분했다. 일제는 「포교계」를 가장 늦게
제출하고, 신사참배와 동방요배를 거부하던 동아기독교를 아예 말살
하려 획책했다. 일경은 치안유지법 위반이라는 죄명으로 이종근, 전
치규, 김영관을 포함해 전국의 동아기독교 지도자 32인을 체포했다.
맡은 지역에서 일상의 삶을 살며 사역하던 교단 지도자들은 어느 날
갑자기 일본 경찰에 체포되어 원산구치소로 압송되었다. 일경은 그들
을 물고문과 몽둥이로 때리고, 겨우 생명을 유지할 정도의 음식만 주
었다.[281] 29명의 구체적인 구속 일자는 다음과 같다:

9월 4일: 김용해 목사(전북 익산)

9월 5일: 노재천 목사(경북 상주)

9월 6일: 박기양 목사(경북 예천), 신성균 목사(경북 점촌), 이덕상

교사(경북 점촌), 김주언 감로(경북 점촌), 이덕여 감로
(충남 예산)

9월 7일: 이상필 감로(전북 용안), 장석천 목사(충남 임천), 김만근
감로(충남 임천)

9월 8일: 백남조 목사(경북 광천), 증효준 감로(경북 영일), 박병식
감로(경북 조사리), 박두하 감로(경북 영양)

9월 10일: 김해용 감로(경북 울도), 문규석 목사(강원 울진), 전병무
감로(강원 울진), 문재무 감로(강원 울진), 안영태 감로
(강원 구산), 남규백 감로(강원 울진)

9월 11일: 방사현 목사(평북 자성), 한기훈 감로(평북 자성), 위춘혁
교사(평북 자성), 박성은 감로(함북 경흥), 박성도 목사
(함북 경흥), 한병학 감로(함북 나진), 박성흥 감로(혹은
박석홍, 함북 경흥), 김재형 목사(함남 원산), 강주수 선생
(함남 원산).[282]

동아기독교 대표 32인은 원산구치소에서 함흥형무소로 이감되어
감옥에서 구타와 고문을 당하는 등 말로 표현하기 어려운 고초를 겪
었다. 조선총독부 고등법원검사국은 1943년 5월 24일(소하 18년) 32
인 중 23인은 기소유예하고, 이종근, 노재천, 전치규, 김영관, 백남조,
장석천, 박기양, 신성균, 박성도 등 9명은 정식 재판에 회부했다. 고등
법원검사국은 다음과 같이 범죄 요지를 밝혔다:

함남 원산부에 그리스도를 절대무이의 권위자라고 숭배하고 소위 말세론에 기초하여 그리스도의 재림에 의한 천년왕국 실현을 기다리고, 궁극적으로 우리나라를 부정하며 나아가 황실 존중, 숭배를 모독하는 사항을 유포할 것을 목적으로 하는 동아기독교 결사에 가입하고, 이 결사에 핵심 신도(임원 신도)로서 그 목적 수행을 위하여 각종 활약을 했다.[283]

조선총독부 고등법원검사국은 동아기독교 사건을 조선중대사상 사건으로 취급했다. 기소유예로 23인이 석방된 것은 강경 땅과 연관 있는 것으로 보인다. 일본은 강경 옥녀봉에 있는 강경 신사를 확장하기 위해 1939년 9월에 동아기독교의 옥녀봉 부지 581평을 강제 매입했다. 그리고 나머지 4,151평은 23명이 기소유예로 풀려나오는 조건으로 강경 신사에 증여를 요구한 것으로 보인다. 4,151평은 1943년 5월 14일에 강경 신사에 증여되었고, 다음날 1943년 5월 15일 김용해 목사를 비롯한 23명이 기소유예로 석방되었다.[284] 나머지 9명은 감옥에 갇혔다. 전치규 목사는 1944년 2월 13일, 57세의 일기로 옥중에서 순교했다. 전치규의 순교 때문인지 이틀 후 1944년 2월 15일에 이종근 감목을 제외한 나머지 사람들은 병보석으로 석방되었다. 그러나 같은 해 8월 8일에 재수감되어 공판을 받았다. 결국 9월 7일에 7명은 5년 집행유예로 석방되었고, 이종근 감목은 6개월 징역형을 언도받고 재수감되었다. 이종근은 1945년 2월 말에 석방된 후 가족을 데리고 간도로 이사했다.[285]

함흥재판소는 예수의 재림과 천년왕국 신앙이 국체명징에 위배된다는 죄목으로 1944년 5월 10일에 동아기독교 폐쇄를 판결하였다. 교단 재산은 강제로 압수당했고, 전국 교회들은 폐쇄되었다.[286] 이후 동아기독교로 모이는 것 자체가 불법이 되었으며, 교회의 모든 재산은 강제로 압수당했다. 예배당의 종이나 놋쇠 같은 것들도 모두 빼앗겨 폭탄을 만드는 재료로 사용되었다. 많은 교인은 낙심하여 신앙을 포기하거나 타 교단으로 넘어갔다. 김병수 목사의 부친 김영호처럼 자신의 집에서 교인들과 함께 몰래 예배드리는 사람들도 있었다. 어떤 사람은 집에서 은거했다.[287] 교인 수는 급속히 감소했고 교회들은 사라져갔다.

대한기독교회와 항일운동

한국침례교회는 일제강점기 민족의 아픔에 동참하지 않았다는 비판을 받아왔다. 허긴은 대한기독교회가 펜윅의 영향으로 1905년 11월 을사늑약과 1910년 8월 한일강제병합이라는 민족적 비극을 외면하고, 재림신앙에 파묻혀 복음 전도에만 몰두하며 3·1 독립만세운동에도 동참하지 않았다고 하면서, 이러한 역사는 "두고두고 길이 새기면서 자성하고 반성해야 될 우리의 믿음의 자세"라고 일갈했다.[288] 허긴은 대한기독교회가 민족주의의 의식이 없었고, 그에 기초한 항일운동도 전개하지 않았다는 점을 지적했다.[289] 그런데 허긴과 달리, 교단의 대다수 목회자는 한국침례교회는 일제에 부역하거나 친일을 한 적이 없고, 박해 속에서도 한국에서 유일하게 신사참배를 거부한 항일교단으로 인식하고 있었다. 예를 들면, 8·15해방 후 교단 재건을 위해, 1946년 2월 9일 충남 칠산교회에서 개최된 임시위원회 회의에서, 이덕여 감로는 교단이 "민족운동에서도 완전히 떠나서는 안 된다고 생각한다"라는 의견을 제시했다.[290] 이덕여는 교단이 일제의 명령을 거부한 역사를 민족운동으로 여긴 것이다.

이러한 견해의 차이는 항일운동을 어떻게 정의하느냐와 관련이 있다. 허긴은 민족주의 의식에 기초한 의도적 항거를 항일운동으로 보았고, 대다수 목회자는 신앙생활 속에서 일제에 항거한 행위를 항일운동으로 해석했다. 허긴은 학문적 차원에서, 대다수 목회자는 일반적 의미로 항일운동을 이해한 것이다. 허긴의 주장처럼 대한기독교회는 펜윅의 영향으로 비정치적 신앙을 가졌고,[291] 그로 인해 초교파적 민족운동에 소극적 자세를 보였으며,[292] 민족주의에 기초한 의도적 항일운동을 전개하지 않았다. 그럼에도 일제의 통치에 항거하는 행동을 했다. 교단은 어떤 때는 항일을 하고, 다른 때는 민족운동에 동참하지 않는 다소 모순된 입장을 취했다. 그것은 대한기독교회가 민족주의에 기초한 항일이 아니라, 성경과 복음주의 신앙을 기준으로 항거했기 때문이다.

1. 대한기독교회가 불참한 항일운동

펜윅은 철저한 세대주의 신앙에 기초하여 대한기독교인들로 하여금 사회적 참여보다 영혼 구원에 집중하게 했다.[293] 그러면서도 애국을 강조했고, 성경적 신앙과 신앙의 자유 및 정교분리를 가르쳤다.[294] 이에 따라 대한기독교회는 애국주의, 영혼구원의 우선성, 성경주의 신앙, 신앙의 자유와 정교분리 등을 일본의 통치에 반응하는 기준으로 삼았다. 교단은 일제가 신앙 원리에 배치되는 것을 강요할 경우, 결연하게 반대했으나, 그렇지 않을 때는 가급적 정치·사회 문제에 관여하지 않고 복음 전파에 집중했다. 대한기독교회는 이러한 기준에 따라 몇 가지 중요한 민족운동에 참여하지 않았다. 첫째, 1906년부터 1907년까지 한국교회가 참여한 대한자강회와 국채보상운동에 함께하지 않았다. 대한자강회는 국권 회복의 발판을 마련하기 위해 교육과 산업을 발전시키려는 의식적인 애국계몽운동이었다.[295] 둘째, 1907년 안창호, 윤치호, 양기탁 등 기독교인이 중심이 되어 조직한 신민회에도 참여하지 않았다. 신민회는 교육진흥과 상공업 중흥을 통한 독립 기반을 마련하고, 만주에 무관학교를 설립하여 무력 독립을 이루려 한 의도적인 독립운동이었다.[296] 셋째, 신민회와 관련된 1911년의 105인 사건에도 대한기독교회는 관여하지 않았다. 일제는 테라우치 총독이 1910년 12월 27일 압록강 철교 개통식에 참석할 때, 신민회 회원들을 비롯한 민족주의자들이 총독 암살을 모의했고 외국인 선교사들이 배후에서 사주했다는 날조된 사건을 근거로, 관서 지방의 목사, 장로, 집사 등 교회 지도자 500여 명을 검거 투옥하고, 이들 중 123명을 기소하여 105인에게 유죄 판결을 내렸다.[297] 투옥된 123명 중 기독교인이 91명으로 전체의 74%를 차지했다.[298] 투옥된 91명의 기독교인 중 대한기독교인은 한 명도 없었다.

넷째, 1919년 3·1 만세운동과 임시정부에 참여하지 않았다. 3·1운동은 미국 대통령 우드로 윌슨의 민족자결주의의 영향으로 시작되었다. 윌슨은 제1차 세계대전을 승리로 이끈 후, 기독교 정신과 민주주의에 입각해 각 민족의 자결권을 보장하려 했다. 미국의 한인 교포 기독교인들은 크게 호응하여 1918년 11월 한국의 독립 청원서를 윌슨에게 보냈다.[299] 중국 상해의 한국 기독 청년들은 1918년 11월 신한청년단을 조직한 후, 윌슨에게 독립청원서를 보냈으며, 일본의 한국 유학생들은 2·8 독립선언서를 선포했다.[300] 국외의 노력은 국내에 영향을 끼쳤고 곧 3·1운동이 일어났다. "3·1독립선언서"는 인도주의, 자유민주주의에 기초한 독립국을 표방하고, 비폭력 무저항 원칙을 채택했다.[301] 3·1운동 관련 "피검자 19,525명 가운데 기독교인이 3,426명으로 전체의 17.6%"에 해당하는데, 당시 기독교인 수는 전체 인구의 2%에도 못 미쳤던 점을 감안하면, 한국교회가 얼마나 열정적으로 3·1운동에 참여했는지 알 수 있다.[302] 그러나 대한기독교회는 3·1운동에 참여하지 않았다.

2. 대한기독교회가 실행한 항일운동

대한기독교회는 의도적인 항일운동에는 참여하지 않았다. 그럼에도 애국주의와 더불어 복음주의 신앙을 지키기 위해 일제의 통치에 항거했다. 대한기독교회 항일운동의 구체적인 예로는, (1) 을사늑약 체결 직후인 1905년 11월 19일 장로교, 감리교와 더불어 교단 연합구국기도회를 개최했고, (2) 1906년 펜윅 작사의 애국가를 교인들에게 보급했으며, (3) 1914년 총회 때, 친일적 인물인 신명균을 감목으로 선택하지 않았다. (4) 1916년 「포교계」 제출을 거부하여 수난을 받았고, (5) 1921년 손상열 목사가 독립운동 혐의로 일제에 의해 죽임을 당했으며, (6) 1926년 일본 학교들이 신사참배를 강요하는 것에 반발하여 세속교육을 금지했다. (7) 1930년대 신사참배를 지속적으로 반대하여 박해받았으며, (8) 1940년대 천년왕국 신앙과 천황 숭배 반대로 교단이 폐쇄되었다. 대한기독교회는 이처럼 성경적 진리와 복음주의 신앙은 어떤 경우에도 포기되거나 타협될 수 없다는 믿음으로 일제의 반기독교 정책에 항거했다. 대한기독교회는 신사참배가 종교가 아니라는 일본의 거짓에 회유되지 않았고 탄압에 굴복하지 않았다.

일제강점기 대한기독교회가 실행한 항일운동과 관련하여 다음과 같은 몇 가지 결론을 도출할 수 있다. 첫째, 교단은 펜윅의 비정치적 신앙의 영향으로 영혼 구원에 주력하고, 조직적인 항일운동이나 독립운동을 펼치지 않았고, 초교파적인 민족운동에도 소극적이었다. 둘째, 그럼에도 대한기독교회는 일제의 통치에 항거하는 활동을 한 사실이 분명히 존재한다. 셋째, 그들이 일제에 항거한 기준은 애국주의와 더불어 성경주의, 신앙의 자유와 정교분리 등 복음주의 신앙 원리였다. 일제 강점기에 우리 교단 소속 교인은 아니었으나, 해방 이후 침례교 목사 김동명의 부인이 된 안이숙 여사는 1939년 3월 일본 제국의회 의사당에 들어가, 일제의 신사참배 강요의 부당성과 기독교 탄압을 알린 일로 사형 선고를 받았다. 그러나 극적으로 8·15해방으로 사형을 면했다. 이처럼 한국침례교회는 성경적 진리와 복음 신앙을 고수하기 위해 많은 고난을 겪어낸 자랑스러운 역사를 간직하고 있는 교단이다.

1889-1944년 북한, 재만, 재러 침례교회 명단[303]

■북한지역 교회 현황

구역	교회명
회령구역 (15개)	회령교회, 산성동교회, 용북동교회, 임천교회, 행영교회, 이설포교회, 중봉동교회, 북지동교회, 동간진교회, 고무산교회, 유지동교회, 서촌교회, 부개리교회, 삼봉교회, 청진교회
경흥구역 (15개)	고읍교회, 증산교회, 짐지창교회, 솔봉교회, 웅기교회, 나산동교회, 응산교회, 풍인교회, 약삼교회, 용북동교회, 사회교회, 홍의동교회, 나진교회, 남흥동교회, 온성교회
원산구역 (9개)	원산교회, 통천교회, 송방교회, 유동교회, 염성교회, 장진교회, 신상교회, 속후교회, 장의교회
자성구역(여러 개)	부흥동교회
삼수구역(여러 개)	삼수영성교회
후창구역(여러 개)	
초산구역(여러 개)	

■ 재만지역 교회 현황(1889-1949)

구역	교회명
왕청구역 (10개)	하남교회, 나재구교회, 머스구교회, 시와재교회, 역전교회, 왕청교회, 시대표교회, 소왕청교회, 황거우교회, 남흥동교회
북만구역(5개)	이란촌교회, 남가재교회, 가목사교회, 가스구교회, 목단강교회
훈춘구역 (12개)	모세평교회, 히정제교회, 신흥동교회, 육도포교회, 갯굽교회, 방천항교회, 훈춘교회, 칠호동교회, 서문동교회, 소완재교회, 양수천교회, 미전교회
간도구역 (28개)	관도구교회, 송언시교회, 종성동교회, 모록구교회, 화룡현교회, 남구교회, 새물동교회, 수침동교회, 사지동교회, 리란구교회, 만진기교회, 치도구교회, 명월구교회, 신흥동교회, 동양교회, 마팩교회, 시건평교회, 흥선동교회, 용정교회, 연길교회, 북흥동교회, 등불사교회, 강밀봉교회, 사평가교회, 길림교회, 삼가지교회, 로토구교회, 봉황성교회

■ 재러지역 교회 현황(1889-1949)

구역	교회명
도비허구역(5개)	도비허교회, 신한동교회, 북동교회, 대한동교회, 동흥동교회
수청구역 (18개)	흥미지교회, 새재렌교회, 시영구교회, 남흥동교회, 노분예수교회, 금전동교회, 상서현교회, 북상서현교회, 다리목교회, 허가동교회, 발누애교회, 우지미교회, 황거주재교회, 대진교회, 치머우교회, 청재동교회, 한흥동교회, 으르싯쓰교회
연추구역 (16개)	달미교회, 장서교회, 연다우재교회, 태이성교회, 지이재교회, 외마무정교회, 포시에트교회, 신흥동교회, 남석골교회, 시지미교회, 아지미교회, 톨래미교회, 연추교회, 강으재교회, 느불미교회, 녹동교회
해삼위구역(5개)	해삼위교회, 새치재교회, 친거우재교회, 시다이가교회, 우글로교회

3

교단의 재건과
남침례교회 한국선교 시대

1945-1958

8·15해방과 교단 재건

대한민국이 1945년 8월 15일 일제의 지배에서 해방되자 동아기독교는 재건의 기회를 얻었다. 그러나 막상 교단은 피폐한 상태였다. 일제의 교단 폐쇄 기간 중 남한의 교인들은 대거 타 교단으로 넘어갔거나 아예 신앙생활을 포기해 남아 있는 교인이 거의 없었다. 장일수는 당시 남한 교회의 실상을 다음과 같이 증언했다: "1946년 교단 재건 시 교회 수는 30여 개, 침례교인 수는 350명 정도였다. 예배당을 건축하지 못한 교회가 태반이어서 가정에 모여서 예배드렸다."[1] 만주와 북한 지역의 교회들은 공산당의 탄압으로 연락이 되지 않았다. 김용해와 노재천은 일제의 고문 후유증으로 거동이 어려웠던 칠산의 장석천 목사를 방문했다. 그는 겨울에는 활동하지 못하고 방 안에서 누워 지냈고 여름에 겨우 거동할 정도였다. 장석천의 손녀 장정숙은 "해방되고 할아버지가 감옥에서 오셔서 늘 아프셨어요. 새벽예배는 할아버지가 예배드리자고 하면 집에서 예배드렸어요"라고 증언했다.[2] 이들은 1946년 2월 9일 충남 칠산교회에서 교단 재건 회의를 개최하기로 합

의했다. 재건 회의에는 다음의 22명이 참석했다:

> 노재천(점촌), 김용해(익산), 장석천, 이상필, 김순오, 최종석(부여), 오경환, 이헌구(공주), 박기양(예천), 신성균, 이종만, 김주언, 이덕상(점촌), 이종학(영일), 윤상순(강경), 김만근(부여), 이덕여(예산) 등 8개 구역 대표 17명과 그 외 방청 회원 5인(박봉석, 홍갑덕, 이건창, 장순길, 강석오), 총 22인이었다.[3]

재건 회의의 참석자 중 일부는 교단을 해체하고 장로교회로 귀속하자는 의견을 개진했으나, 대다수는 "60년간 순교의 피로 지켜온 교단을 포기할 수 없다는 데 뜻을 모아 결국 교단 재건을 결의하였다."[4]

동아기독교는 재건 회의의 결정에 따라, 남부 제1회 총회(제36차 대화회)를 1946년 9월 14일부터 20일까지 강경교회에서 개최하여 교단 재건을 정식 결의했다.[5] 기존의 역사책들은 교단 재건을 1946년 9월 9일 제36차 대화회에서 결의한 것이라 했는데,[6] 일차자료가 아닌 기억에 의존해 날짜를 오기한 것으로 보인다. 제36차 대화회는 교단 명칭을 "동아기독교"로 유지하기로 했으며, 정치체제를 권위적인 감목 체제에서 회중체제로 변경하기로 결의했다. 대화회를 총회로, 감목을 총회장으로, 안사를 목사로, 감로를 장로로, 통장(100부장)을 권사로, 총장(50부장)과 반장(10부장)을 집사로 개칭하기로 했다. 임원으로는 총회장 이종덕 목사, 부총회장 노재천 목사, 서기에 김용해 목사가 각

새로 읽는 한국침례교회사

각 당선되었다. 목회자는 파송제에서 청빙제로 변경하고 전도비는 개교회의 책임으로 하였다.[7] 그리고 오랜 기간 운영했던 순회 목회 제도를 폐지하고 개교회 담임 목회자 제도를 채택했다. 그러나 순회 목회 제도는 1950년대 후반까지 유지되었다.

이즈음 두 명의 교단 지도자들이 함흥형무소의 고문 후유증으로 순교적 죽음을 맞이했다. 울릉도의 김해용(金海用) 감로는 동아기독교 32인 지도자 중, 한 명으로 함흥형무소에 투옥되어 옥고를 치렀다. 김해용 감로는 1943년 5월 15일 기소유예로 석방되었으나, 영양실조, 모진 구타와 심문으로 심신이 쇠약해졌다. 그는 옥고의 후유증으로 1947년 8월 13일 주님의 품에 안겼다.

교단 창립의 주역 장석천 목사도 순교적 죽음으로 생을 마감했다. 부친 장기영 감로를 본받아 철저히 십일조를 구분하여 헌금했던 장석천은 노년에 고향 칠산교회에서 재정 관리를 했다. 그는 헌금을 아무도 꺼낼 수 없는 헌금함에 넣어 놓고, 교회 사역에 관련된 일이 아니면 결코 헌금을 사용하지 못하게 했다. 그는 거룩하고 정결한 삶에 있어서 항상 모범을 보였다.[8] 동아기독교인들은 장석천을 자주 찾아갔다. 그의 칠산 집은 동아기독교인들의 사랑방 역할을 했다. 사경회가 끝나면 장석천의 집에 모여 성경 토론을 하곤 했다.[9] 장석천은 일생을 주님과 교회를 위해 살다가 1942년 9월 7일 체포되어, 1944년 2월 15일까지 함흥형무소에 수감되었다. 석방 후 감옥에서의 혹독한 고문 후유증으로 거의 외출하지 못하고 방안에서 기거하다가, 1949년 9월 2일 64세의 일기로 주님의 품으로 돌아갔다.[10] 칠산교회는 그의 순교적 삶을 기리기 위해 교회 앞마당에 기념비를 세웠다.

미국 남침례교회와의 제휴

　동아기독교는 재건했으나 극도로 약한 상태였다. 교세는 남한 전역에 40개 미만의 교회와 수백 명의 교인에 불과했다. 대다수 교회는 시골에 있었으며 경제적으로 궁핍하여 외국 교회의 도움을 기대할 수밖에 없는 형편이었다.[11] 동아기독교는 1948년 9월 경북 점촌교회에서 제38차 총회를 열어 성경학원 설립을 결의하고, 신혁균, 장일수에게 목사안수를 주었다. 본 총회에서 핵심 안건은 외국 교단의 도움받는 방안을 추진하는 것이었다. 그 일을 위해 상의위원회를 조직했다. 상의위원회는 미국 남침례교회와 교섭하자는 한기춘의 제안을 받아들여, 한기춘, 김용해, 안대벽 3명에게 실무를 위임했다. 그런데 한기춘은 다른 두 명과 상의하지 않고, 독단적으로 우태호를 만나 남침례교회와 연결하는 일을 부탁했다.[12] 한기춘은 우태호가 과거 남침례교회와 밀접한 관계가 있었다는 점을 활용하려 했던 것이다. 우태호는 일을 잘 감당하면 교단에서 함께 일할 수 있을 것이라는 한기춘의 말을 믿고 1949년 초에 미국으로 갔다. 과거 원산 사건의 주역인 우태호가 주도적 역할을 한다는 사실을 뒤늦게 알게 된 총회는 당황했고, 결국 남침례교회와의 관계는 계속 이어가되 한기춘을 그 일에서 제외하기로 했다. 이에 낙담한 한기춘은 장로교회로 넘어갔다.[13] 동아기독교와 남침례교회와의 관계는 제휴로 보아야 한다. 그것은 동아기독교가 주체적으로 남침례교회와의 연결을 주도했고, 남침례교회는 이에 응하여 선교사를 파송했기 때문이다. 남침례교회가 선구적으로 선교사를 파송하여 한국침례교회를 세운 것이 아니며, 기존의 동아기독교가 남침례교회와 대등한 위치에서 선교적 관계를 체결했으므로 제휴인 것이다. 제휴를 추진한 인물들의 활동은 다음과 같다.

1. 우태호의 활동

우태호는 원산 사건으로 동아기독교와 절연된 상태였다. 그는 1945년 8월 15일 해방된지 얼마 되지 않아 남한으로 내려와 미군에서 일자리를 얻었다. 1946년 8월 인천항에 정박하였던 어네스틴 코랜더 미육군병원선박(USAHS ERNESTINE KORANDA)에서 근무했던, 얼 햄린 미군 군목의 1946년 8월 1일자 편지에는, 우태호 가족이 1946년 3월에 남한으로 내려온 것과 우태호가 "가족들이 남쪽으로 와서 자신과 함께 있게 된 것을 매우 기뻐하고 있다"라고 기록되어 있다.[14] 즉 우태호는 1946년 3월 이전에 남한으로 먼저 와서 자리 잡고 가족들을 오게 한 것이다. 햄린은 같은 편지에서 우태호는 "지금 인천에서 군 정부의 산업시설 관리인으로 일하고 있다. 공장들이 군 정부 지시를 잘 따르는지 감시하는 일로 책임이 막중한 자리다. 미군은 우태호 목사를 높이 평가하고 있다"라고 했다.[15] 이처럼 우태호는 한기춘의 제안을 받은 1948년에 경제적으로나 사회적으로 안정된 위치에 있었다.

우태호는 한기춘의 제안에 따라 1949년 초에 자비량으로 미국으로 건너갔다. 우태호는 남침례교 해외선교부장 M. 테론 랜킨(Teron Rankin)을 만나 한국에 침례교인들이 있으며, 그들은 선교사와 구호물자가 긴급히 필요하다고 말했다. 랜킨은 중국 상해에 있는 해외선교부 동양본부 책임자 베이커 제임스 코든에게 이 사실을 알렸고, 코든은 조사해 보겠다고 했다.[16] 랜킨은 1949년 5월 24일에 코든에게 편지를 보냈는데, 상해 본부와 홍콩 지부 두 곳으로 보냈다. 편지에서 랜킨은 우태호가 "잘 훈련된 신뢰할 만한 사람으로 한국에서 선교사업을 시작할 때 도와줄 사람을 찾는다면 그가 탁월한 연락책이 될 것"[17]이라며 우태호를 추천했다. 랜킨은 한국침례교인들을 위한 구호자금도 마련했다. 이에 관해 코든은 랜킨에게 "이 자금은 앞으로 어떤 단계로 전개되느냐와 관계없이 도움이 될 것입니다"[18]라고 했다. 즉 코든은 선교 관계의 체결과 관계없이 구호자금을 사용하겠다는 의지를 밝힌 것이다. 우태호는 랜킨에게 신임받았으며 남침례교회가 한국선교를 시작하는 촉진제 역할을 했다.

우태호는 미국에 머무는 동안 남침례교회 잡지 「사명」(The Commission)의 1949년 7월호에 "무궁화의 나라"(The Land of Hibiscus)라는 제목의 기고문을 통해 다음과 같이 한국침례교회에 관해 소개했다:

　　　　　　　　　　　　　　　　새로 읽는 한국침례교회사

최초의 침례교 선교사들이 1895년에 내한하여 공주를 본부로 충청도에서 선교활동을 했다. 한국침례교회는 오랜 기간 외국 선교사의 도움을 받지 못하고 있으나, 현재 140개 교회와 1만 7천 명의 교인이 있다. 북한은 러시아가 장악하여 선교하는 것이 불가능하고 남한만 가능하다. 미군은 한국 사람을 친절히 대하며 전쟁고아들을 위해 고아원을 건립했다. 미군 군목들은 영어를 가르치며 성경공부반을 운영하고 있다. 개화기에 있는 한국침례교회를 도와 달라.[19] 우태호는 미국에 있는 동안 코든에게 한국 방문을 요청하는 편지를 보냈다. 이에 코든은 인천시 창동 17번지의 우태호의 집 주소로 보낸 답신을 통해 자신은 1949년 8월 일본침례교총회에 참석 후 한국을 방문할 계획이라 했다.[20] 우태호는 성공적으로 임무를 마치고 1949년 6월 15일에 한국을 향해 떠났다. 코든이 랜킨에게 보낸 1949년 6월 22일자 편지에는, "우태호 목사가 6월 15일에 미국을 떠날 것이라고 나에게 말하였다"라는 문구가 있다.[21] 코든은 랜킨에게 한국침례교회가 어떤 경로로 발전하였으며, 침례교회인지 아닌지를 파악해 보겠다고 했다.[22]

코든은 1949년 8월에 한국을 방문했다. 그때 코든은 우태호를 처음 만났고, "그를 알게 되어 매우 기뻤다."[23] 그러나 동아기독교의 원산사건을 듣고 난 후에는, 우태호를 한국선교에 동참시키기 어렵다고 판단했다. 코든은 랜킨에게 해외선교부가 구호물자와 관련한 일로 우태호에게 이미 지급한 3개월 치 급여 외에 더 이상의 급여를 약속하지 말라고 했다. 다른 사람들과 갈등이 심각한 상황에서 우태호를 계속 고용하면 서로 간의 골이 더 깊어질 수 있기 때문이라는 이유에서였다.[24] 그런 정황을 모르고 있던 우태호는 코든에게 남침례교회가 한국에 "대학이나 다른 형식의 학교를 세우면" 자신이 관리할 수 있게 해달라고 요청했다. 코든은 우태호에게 지금 상황에서 불가능하다고 말하고, 먼저 인천에서 침례교회를 개척하라고 권고했다.[25] 코든은 우태호가 교단과의 관계 개선을 우선적으로 해야 할 일로 보았다. 우태호는 코든의 제안을 흔쾌히 받아들였으나 6·25 전쟁으로 실행에 옮길 수 없었다. 그는 부산으로 피난 가서 유엔군 관련 일자리를 얻었다. 한국 최초 남침례교 선교사 존 애버네티가 코든에게 보낸 1951년 5월 15일자 편지에서, 자신은 우태호를 만나지 못했고, 그의 가족은 부산의 한 장로교회를 다니고 있다고 했다.[26] 이 편지는 1951년 5월에 우태호가 이미 교단에서 배제된 상태임을 보여준다. 우태호가 동아기독교의 해체를 촉발한 원산사건을 일으킨 행위는 변명의 여지 없이 비난받을 일이지만, 남침례교회와 연결한 공로를 인정하여 품었어도 좋았을 것이다. 그러나 그의 과오가 너무 커서 교단이 배척할 수밖에 없었던 점 역시 이해하고 남을 만하다.

2. 베이커 코든의 활동

코든은 한국선교의 검토를 위해 방한을 추진했다. 그는 1949년 6월 22일 우태호에게 편지를 보내 한국에서 접촉해야 할 사람과 머물 곳, 한국 침례교회의 약사(略史)를 포함한 답신을 남침례교 해외선교

　　　　　　　　　　　　　　　　　　새로 읽는 한국침례교회사

부 홍콩 사무실, 415 Castle Peak Road, Kowloon, Hongkong으로 보내 달라고 했다.[27] 이 편지는 남침례교 해외선교부가 중국의 공산화로 동양 지역 본부를 1949년 5월과 6월 사이 중국 상해에서 홍콩으로 이전한 사실을 보여준다. 코든은 일본 후쿠오카의 세이난학교에서 사역하고 있는 맥스필드 개럿(Dr. Maxfield Garrot) 박사에게 편지를 보내, 1949년 8월에 개최되는 일본 침례교총회와 선교대회에 참석한 후 한국으로 갈 것이라 했다. 그리고 한국에 140개의 침례교회와 1만 7천 명의 교인이 있다는 정보를 들었는데, 그들이 진짜로 침례교인지 알고 싶다고 했다.[28] 코든은 랜킨에게 "나는 한국의 우태호 목사로부터 그가 서울에서 나를 만나게 될 것이라는 편지를 받았습니다. 나는 노스웨스트 항공을 이용해 도쿄에서 서울로 갈 것입니다"라고 보고했다.[29] 이에 랜킨은 코든에게 남침례교 주총회 선교부들이 CROP으로 알려진 단체를 통해 한국에 구호물자를 보낼 것이며, "우태호 목사가 최소 50에서 60개 가마니의 밀을 소화할 수 있다고 했는데, 만약 밀을 가공할 준비가 되어 있다면 더 많은 양의 밀도 보내줄 수 있다"는 것을 말해 달라고 했다.[30]

코든은 1949년 8월 27일(토요일) 일본 후쿠오카의 세이난학교에서 사역하는 에드윈 도져(Edwin Dozier) 선교사와 함께 노스웨스트 항공기 편으로 서울에 왔다. 공항에는 우태호, 이종덕 총회장, 안대벽과 다른 몇 사람이 마중을 나왔다. 코든 일행은 조선호텔에서 여장을 푼 뒤, 안대벽의 집에서 저녁을 대접받았다.[31] 코든은 다음날(8월 28일) 주일 오전에 70-80명 정도 모이는 필동교회(현 서울침례교회)에서 설교

했다. 주일 오후에는 한국인 목사들과 함께 대화를 나누며 한국침례
교회에 관한 여러 정보를 습득했다. 코든 일행은 서울에서 며칠 머문
후, 인천의 우태호 집을 방문했고 거기서 7시간 기차를 타고 연차총회
가 열리는 강경으로 갔다.[32] 코든은 강경총회 오전 회무 시간에 연설
했다. 그는 해외선교부는 남침례교인들이 침례교 사업을 위해 헌금한
뜻에 맞게 일해야 한다는 점을 강조했다. 이와 관련해 다음과 같이 말
했다:

> 나는 그들이 본질적으로는 침례교적이었으나, 오랜 기간 정
> 체성이 불분명한 교단 명칭을 사용한 점을 지적했다. "기독교
> 회"(Church of Christ)라는 명칭은 미국에서는 "그리스도 교
> 회"(The Church of Christ)로 인식되고, 중국, 태국, 인도, 필리핀
> 을 비롯한 다른 나라들에서는 일반적인 연합운동으로 인식된다
> 는 점을 설명했다. 내가 본국 선교부에 "동아기독교"를 돕기 위
> 해 선교사를 파송하자고 제안하면, 남침례교인들은 즉각 "그건
> 무슨 교단인가?"라고 되묻게 될 것이라 했다. 나는 그들이나 다
> 른 단체에 침례교회가 될 것을 요청하기 위해 한국에 온 것이 아
> 니라는 점은 분명히 했지만, 그들의 사역이 원래 침례교였고, 신
> 앙도 본질적으로 침례교적이었으며, 세계 침례교 단체와 동일하
> 게 여겨지기를 원하니, 자신들을 침례교회로 선포하고, 침례교의
> 보편적인 행습과 부합되게 조정해야 할 행습은 조정하라고 조언
> 했다.[33]

새로 읽는 한국침례교회사

코든은 이처럼 교단 명칭 변경과 행습의 조정을 조언했다. 그는 연설 마지막에 남침례교회에 동아기독교를 도와주자고 제안하려면 동아기독교의 신앙과 행습에 관해 명확히 알아야 할 필요가 있다고 했다. 그러자 한 동아기독교인이 그에게 침례교에 관해 물었고, 코든은 간략하게 설명했다. 코든은 당시 상황을 다음과 같이 말했다: "내가 설명하는 동안, 그들의 눈은 빛나기 시작했고 얼굴에는 미소가 생기기 시작했다. 내가 설명을 끝내자, 그들은 즉각 말하기를 '그것은 우리들이 믿었던 것과 똑같습니다'라고 했다."[34] 이 일과 관련해 애버네티 선교사 부인 주얼은 "당시에 코든은 한국인 신자들이 신앙에 있어서 남침례교인들과 같다고 확신했다"라고 했다.[35]

코든은 자기가 떠난 후에 교단 명칭을 침례교회로 개명할 것인지, 남침례교회에 선교사 파송을 요청할 것인지를 자유롭게 토론하고, 결과를 홍콩에 있는 자신에게 알려달라고 했다.[36] 코든이 이러한 제안을 한 것은 그가 동아기독교를 본질적으로 침례교회로 보았기 때문이었다. 그는 동아기독교의 역사, 신앙, 행습을 자세히 조사한 후 다음과 같이 결론 내렸다:

비록 교회 체제는 비침례교적으로 발전되었으나, 근본적 교리는 본질상 침례교적이었다. 은혜에 의한 구원 교리는 변함없이 유지되었고, 분명히 침례중생론이나 혹은 교회 가입을 통한 구원을 인정하지 않았다. 침수만이 침례 행습의 유일한 형식이었고, 신자의 침례를 엄격히 실행했다. 그러나 이러한 행습을 고수하면서도 비-침수주의 사람이 침수 침례를 행하지 않고 교단 가입을 원할 경우, 허락해 주었다. 결정은 개인에게 맡겼다. 침수를 택하면, 그렇게 할 수 있고, 만일 이전의 비-침수 방식의 세례를 근거로 회원으로 받아들여지기를 원하면, 그것도 인정되었다.[37]

코든은 동아기독교가 교회 체제에서 침례교와 다른 면이 있으나 본질적으로는 침례교회로 볼 수 있다고 판단했다. 그는 랜킨에게 다음과 같이 말했다: "만일 그들이 침례교 사업을 선포하고 도움을 줄 선교사를 요청하면 충분히 고려할 필요가 있다고 생각합니다. … 만일 일이 잘 진행되어 한국에 선교사를 보내야 한다면, 나는 존 애버네티와 그의 부인이 가장 적합하다고 생각합니다."[38] 코든은 한국선교에 긍정적이었고 애버네티 부부를 최초 선교사로 제안한 것이다. 코든은 그러나 "선교사들로부터 한국 사역이 확실히 침례교적이라는 보고서가 오기 전까지는 항구적인 헌신이나 기관 차원의 사역은 고려하지 않아야 합니다"[39]라며, 정식 제휴는 동아기독교가 침례교로 인정될 때까지 보류해야 한다고 했다. 이처럼 남침례교회는 동아기독교의 침례교 정체성을 확인한 후 선교 관계를 맺으려 했다.

랜킨은 코든의 제안을 받아들였다. 그러자 코든은 애버네티에게 한국에서의 임무와 주의 사항에 관해 설명했다. 즉 남침례교회는 아직 한국에 항구적으로 선교할 것인지 결정하지 않은 상태이며, 그것은 애버네티의 조사 결과에 따라 정해질 것이다. 따라서 조사 결과에 따라 일시적인 도움으로 그쳐야 할 수도 있으므로 한국인들에게 섣부른 약속을 하지 말라고 했다.⁴⁰ 코든은 그러나 구제 사업은 시급히 실행하라고 했다. 그는 "이 소박한 기독교 단체의 간절한 요청은 너무나 절박하여, 랜킨 박사뿐만 아니라 리치몬드에 있는 다른 사람들의 심금을 울렸습니다. 한국을 방문한 나도 같은 생각입니다. 장기적으로 그들과 함께 일할 것인지와 관계없이 당장 그들을 돕는 것이 옳다고 생각합니다"⁴¹라고 했다. 코든은 구호사업의 방향도 정해주었다. 그는 랜킨에게 구호사업을 위해 한국에 입국하려는 사람은 유엔의 허가를 받아야 하는데, 애버네티의 대규모 구호사업은 남침례교 선교사업이기 때문에 가능하다. 만일 애버네티가 순수 구호사업 차 한국에 왔으면, 미군 당국과 마찰이 일어날 것이라 했다.⁴² 코든은 구호사업은 철저히 선교사업으로 실행해야 할 것을 강조했다.

코든은 애버네티가 한국에 가면 기존 교회들을 방문하고, 부흥회나 단기 성경학교, 세미나 등을 개최할 것을 권했다. 교회 지도자들에 대한 교육과 훈련도 매우 필요하다고 했다. 코든은 한국선교를 어느 수준으로 할 것인지를 정하기 전까지는 주택을 구매하지 말고 조선호텔을 임시 거처로 삼으라 했다.⁴³ 남침례교회가 한국선교의 실행을 결정한 이후, 코든은 한국선교에 관한 과정을 남침례교회 잡지「사명」(The Commission)의 1952년 3월호에 자세히 설명했다. 그는 "1만 명의 침례교인을 발견했다!"(Found: 10,000 Baptists!)라는 제목의 글에서, 랜킨의 요청으로 도져 선교사와 함께 서울에 간 것, 펜윅과 엘라씽선교사들의 활동, 동아기독교의 교단 폐쇄 사건, 해방 후 한국교회 실상 등을 기술했다. 그리고 "그런 감동적인 설명을 듣는 동안 내 마음에 유별난 동정심이 생겼습니다. 이 영웅적인 그룹을 좀 더 알아보려는 간절함이 생겼습니다"라고 고백했다.[44] 코든은 또한 강경총회에서 행한 그의 연설과 동아기독교로부터 "한국침례교회가 조직되었습니다. 우리에게 선교사를 보내주십시오"라는 전보를 받은 사실, 그리고 동아기독교가 해외의 어떤 교단과도 연결되어 있지 않은 것을 발견하고, 한국선교를 추진하게 되었다는 사실을 설명했다.[45] 이처럼 코든은 우태호로부터 한국침례교회를 소개받고, 직접 답사하여 동아기독교가 침례교회임을 확신했다. 그는 1949년 9월 강경총회에 참석해 교단 명칭 변경의 필요성을 말했다. 그리고 남침례교회에 동아기독교를 침례교로 소개하고 선교를 실행하자고 촉구했다. 여러모로 코든은 남침례교회가 한국에 선교를 시작하는 일에 긍정적인 영향을 끼쳤다.

3. '대한기독교침례회'(1949-1951)로 교단 명칭 변경

동아기독교는 코든이 떠난 후, 논의 끝에 코든의 제안을 받아들이기로 하고, 교단 명칭을 '대한기독교침례회'로 바꾸기로 결의했다. 1949년 9월 강경총회의 결의에 따라, 이종덕 총회장 명의로 홍콩에 있는 코든에게 다음과 같은 공식서한을 보냈다: "제39회 총회에서 우리는 동아기독교란 명칭을 대한기독교침례회로 개칭했습니다. … 우리는 미국남침례교 외국선교부에게 선교사 파송을 요청하기로 결의하였습니다."[46] 동아기독교가 '침례회'라는 이름을 사용하기로 한 것

은 첫째, 남침례교회로부터 선교적 도움받기를 원함이고, 둘째, 교단
이 원래부터 침례교 신앙을 소유하고 있었으며, 셋째, 오랜 기간 타 교
단으로부터 침례교회로 불렸던 점을 감안한 것이다. 이처럼 동아기독
교는 교단 명칭을 바꾸며 남침례교회와의 제휴를 추진했다.

4. 안대벽과 이순도의 활동

남침례교 해외선교부는 중국에서 오랜 기간 선교사로 활동한 존
애버네티 부부(John and Jewell Abernathy)를 "약 1년간 한국을 조사한
후 선교부에 제안 사항을 보고케할 목적으로" 1950년 초 한국으로 파
송했다.[47] 애버네티 부부는 1950년 2월 27일 한국에 도착하여 동아기
독교회가 침례교회가 맞는지 파악하기 시작했다. 남침례교회는 그들
의 보고에 따라 한국선교의 추진 여부를 결정하려 했다.[48] 따라서 애
버네티의 판단은 남침례교회뿐만 아니
라 한국침례교회에도 매우 중요했다.
그때 안대벽 부부가 애버네티 부부에게
호감과 신뢰를 얻어 남침례교회의 한국
선교가 시작되게 하는 공로를 세웠다.
그들은 코든과도 좋은 관계를 맺은 것
으로 보인다. 코든이 안대벽의 부인 이
순도를 "이화여대 출신의 상냥한 여성"

안대벽 목사

으로 호평했기 때문이다.[49]

안대벽은 일본에 있는 애버네티에게 한국에 오는 것을 환영한다는 편지를 보냈는데,[50] 환영 서신은 애버네티 부부에게 한국 방문에 대한 기대감을 불러일으켰을 것이다. 안대벽은 또한 애버네티 부부가 돈암장이라는 멋진 저택에서 살 수 있도록 하였다. 그가 그렇게 할 수 있었던 배경은 원산에 살았을 때, 그곳을 방문한 구황실 친족 이기용(혹은 이해성)을 도와주며 친분을 쌓았기 때문이다. 1894년 1월 16일 황해도 장연군 대구면 송천리(소래)의 양반 가문에서 태어난 안대벽은 14세가 되던 1908년부터 펜윅의 양자가 되어 원산에서 살았다. 그는 펜윅 사후 재산을 물려받아 원산의 유지로 살다가 해방 후 가족을 데리고 1946년 초에 서울로 왔으며, 이기용(혹은 이해성)의 도움으로 구황실의 별장 돈암장의 관리인이 되었다.[51] 부인 이순도는 낙선재(樂善齋)에 거처하고 있던 조선왕조 마지막 황제인 순종의 황후 윤씨의 비상근 영어 비서로 일했다. 이러한 배경으로 안대벽 가족은 "서울 중구 필동 2가 101-1번지"의 돈암장에서 살 수 있었다. 안대벽 부부는 돈암장을 예배당으로도 활용했다. "만주 용정 등에서 월남한 동아기독교인 김은섭, 김은택 형제와 김은섭의 부인 김혜경, 고봉진, 양한나" 등과 함께 돈암장에서 1946년 9월 25일 수요일에 예배드림으로 필동교회(현 서울침례교회)를 시작했다.[52]

애버네티의 아내 주얼에 따르면, 이순도는 황후의 비공식 직원으로 매주 한 번씩 황후의 집을 방문했다. 애버네티 부부는 1950년 2월에 한국에 온 후, 주로 돈암장교회(필동교회)에서 예배드렸다. 당시 돈암장교회의 예배는 100여 명의 학생이 주일학교를 먼저 하고, 그 이후 어른들이 11시에 예배드렸다. 노래를 인도할 악기가 없어서 셔우드 군목(Chaplain Sherwood)에게 오르간을 기증받았다.[53] 안대벽은 애버네티 부부에게 돈암장의 2층을 내주었다. 2층은 두 개의 방과 독립적으로 식사할 수 있는 공간이 갖추어져 있었다. 애버네티는 조선호텔에서 돈암장으로 옮기는 것을 주저했다. 당시는 가장 추운 시기였으며, 석탄은 매우 비쌌고 물량도 부족해 확보하기 어려웠다. 애버네티는 안대벽에게 큰 부담을 끼치는 것이 아닌지 고민했다. 그러나 안대벽의 강권으로 결국 조선호텔에서 2주간 머문 뒤 3월 11일 오후에 돈암장으로 갔다. 주얼은 그날이 그해에 가장 추운 날이었으나, 안대벽 부부의 따뜻한 환영은 추위를 잊게 하였다고 했다.[54] 애버네티 부부는 황실의 별장을 거주 공간으로 사용하는 예상치 못한 환대, 그리고 그곳이 예배당으로 사용되는 모습을 보며 한국선교에 관해 긍정적으로 생각하게 되었을 것이다.

안대벽은 돈암장으로 온 애버네티 부부에게 "우리는 선교사님 부부가 평안하게 여기며, 우리 집에서 다른 곳으로 떠나가지 않으시기 원합니다"라며 유쾌하게 맞이했다. 필동교회의 김용해 목사는 창문 닦는 일을 도왔는데, 주얼은 창문들이 "너무나 깨끗하고 투명해져 유리가 보이지 않을 정도였다"라고 했다. 주얼은 이순도가 이승만 대통령 부인의 통역관인 사실도 특별하게 여겼다.[55] 주얼은 "안대벽 목사 부부는 햄을 훈제하는 법, 잼과 버터를 만드는 법, 빵을 발효시키는 법 등을 펜윅 선교사로부터 배워서 알고 있었다"라며 만족감을 표시했다.[56] 애버네티 부부는 황실의 별장에서 살게 해주고, 영어를 잘 구사하며, 미국 문화도 친숙하고, 대통령 부인과 관계할 정도로 높은 사회적 위치에 있는 안대벽 부부를 점점 더 신뢰하게 되었다. 애버네티 부부는 안대벽이 펜윅의 양자라는 사실도 매우 중시했던 것 같다. 그들은 안대벽의 외동아들(안여석)이 태어난 지 1개월이 되었을 때, 펜윅이 헌아기도를 해주었던 것과, 안대벽의 누이 안덕가(Dorcas Ahn)를 펜윅이 매우 신임한 사실을 주의 깊게 들었다.[57] 안대벽과 펜윅의 특별한 관계는 애버네티 부부가 안대벽을 신뢰하며 사역 파트너로 삼는 데 영향을 끼쳤다.

애버네티 부부는 선교 초기에 안대벽을 절대적으로 신임했다. 주얼은 "우리의 전국적인 침례교 지도자 안대벽 목사는 한국에서 침례교 사역을 가능케 하고 있다"라고 하여, 그들이 한국선교를 결정하는 데 안대벽이 공헌했음을 밝혔다.[58] 애버네티 부부는 남침례교회에 보낸 한국선교에 관한 초기 보고서에 안대벽에 관해 다음의 일화를 보고했다. 애버네티가 1952년 12월에 방한한 빌리 그래함 목사 일행에게 한국 음식을 대접하는 저녁 만찬을 주최할 때 안대벽 부부를 동참시켰다. 식사 시간에 미국 사람들은 안대벽에게 펜윅의 원산 농장에 관해 물었고, 안대벽은 열심히 대답했다. 그때 그래함은 "와! 당신의 영어 실력은 훌륭합니다"라고 안대벽을 칭찬한 사실을 보고했다.[59] 주얼은 안대벽이 늘 교회를 우선했다고 하며, 다음의 일화도 소개했다. 안대벽의 친구들이 그에게 정부 요직에서 함께 일하자고 제안했을 때, "아니요, 나는 목사입니다. 나는 나의 시간과 힘을 그리스도의 일에 사용하고 싶습니다"라며 거절한 사실, 그리고 예배당 건축 시 안대벽 목사가 건축업자들과 함께 살다시피 하며 비용을 절감한 것 등을 보고했다.[60] 애버네티는 남침례교 해외선교부에 "하나님께서 우리에게 좋은 성별된 두 사람, 안대벽 목사 부부를 돕는 자로 주셨다"라고 보고했다.[61] 안대벽 부부는 유창한 영어 구사, 미국 문화에 대한 이해, 돈암장을 제공한 것, 펜윅과의 특별한 관계, 최선을 다한 조력 등을 통해 애버네티 부부가 한국선교를 결심하도록 했다.

5. 애버네티 부부의 활동

한국 최초 남침례교 선교사 존 애버네티 부부는 1950년 2월 27일 한국에 왔다. 존은 미국 침례교단들이 오랜 기간 한국선교를 하지 않았던 이유는 북침례교회

존 애버네티 부부

와 다른 미국 개신교단 사이의 신사협정 때문이라 했다. 즉 북침례교회가 한국에 선교사를 보내지 않는 대신 다른 교단들은 미얀마에 선교사를 보내지 않는다는 협정을 맺었다는 것이다.[62] 존 애버네티(John Arch Abernathy, 1896-1973, 나요한)는 1896년 1월 3일 노스캐롤라이나

주 스테이츠빌(Statesville) 근교의 한 농부 가정에서 11명의 자녀 중 6번째 자녀로 태어났다. 13세에 예수를 영접하고 사우스리버침례교회에 출석했다. 존은 회심 후 하나님의 소명에 대해 고민하던 중, 한 설교가로부터 중국 선교의 필요성을 듣고 중국 선교사가 되기로 결심했다.[63] 그는 노스캐롤라이나대학교, 시카고대학교, 사우스웨스턴침례신학교, 뉴올리언스상과대학, 침례교성경학교 등에서 수학한 후,[64] 1920년 8월 14일 중국 상해로 가는 배를 타기 위해 샌프란시스코행 기차를 탔다. 기차는 캔자스시티에 잠시 정차했고, 그때 한 젊은 여성이 승차했다. 그도 중국 선교를 위해 상해로 가는 길이었다. 애버네티는 이렇게 만난 제노비아 주얼 레너드(Zenobia Jewell Leonard)와 1925년 6월 20일에 결혼하였고, 선교지인 산둥성(山東省)의 성도(省都)로 신혼여행을 갔다. 그들은 성도에서 24년을 살며 선교했다.[65]

주얼 애버네티(1895-1977)는 아칸소주 헌팅턴(Huntington) 출신으로 이스트센트럴 오클라호마사범대학, 무디성경학교, 침례교성경학교 등에서 수학했다. 주얼은 1920년부터 1925년까지 중국직접선교회(China Direct Mission) 소속으로 활동하다가, 존과 결혼 후 남침례교 해외선교부로 옮겼고 성도에서 침례교소녀중등학교의 교장으로 사역했다. 존 역시 성도에서도 1925년부터 1948년까지 침례교소년중등학교의 교장으로 봉직했다. 이들 부부는 1961년에 은퇴했으며, 존은 1973년에 주얼은 1977년 2월 17일에 영면했다.[66] 존은 북중국선교회(North China Mission) 회장, 북중국침례신학교(North China Baptist Seminary) 이사, 산둥성 정부 고문, 산둥성 명예 국회의원 등을 역임했다.

그러나 중국의 정치적 상황으로 1942년 9월 미국으로 송환됐으며, 1944년에 선교사가 아닌 연락관이라는 정부 관료로 중국에 다시 왔다. 존은 그동안의 공로를 인정받아 1948년 4월에 중국 중앙정부로부터 훈장을 받았다. 애버네티 부부는 1948년 5월 미국으로 휴가 간 후, 다시는 중국으로 돌아가지 못했다. 공산주의자들이 중국을 점령했기 때문이다. 그들은 미국에 머물고 있던 중 코든에게서 연락받고 1950년 1월에 한국을 향해 출발했다.[67]

애버네티 부부의 방한 목적은 동아기독교를 1년 정도 조사하고 그 결과를 선교부에 보고하는 것이었다.[68] 남침례교회는 침례교회를 돕기 원했으므로 동아기독교가 침례교회인지 파악하는 것이 선결과제였다. 애버네티 부부는 한국에서 대대적인 환영을 받았다. 서울과 인천에 있는 한국 침례교인들과 중국 기독교인들이 몇 차례 환영 모임을 열었다. 환영 모임에는 한국침례교 목사 거의 모두가 참석했다.[69] 존은 1950년 4월에 개최된 제40차 총회 기간에 매일 설교했다. 애버네티 부부는 북한의 교회들은 방문할 수 없어 남한의 40여 교회만 방문했으며,[70] 서울에 머물러 있을 때는 필동침례교회에서 설교했고 이순도가 통역했다.[71]

애버네티 부부는 한국에 머문 4개월 동안 동아기독교의 출발, 신앙 행습, 선교와 순교의 역사를 알게 되었다. 또한 다수의 동아기독교 교회가 북한에 있으며, 그곳의 몇몇 침례교 목사들이 공산주의자들에 의해 죽임당했다는 말도 들었다.[72] 신사참배를 거부했으며 예수 재림과 천년왕국 신앙으로 교단 지도자들이 투옥되고 교단이 폐쇄당한 사실도 알게 되었다. 애버네티는 동아기독교인들의 영웅적인 선교사역과 고난에 관한 이야기를 들었을 때 깊이 감동했다.[73] 애버네티 부부가 동아기독교를 파악하는 임무를 열심히 행하던 중 갑자기 6·25 사변이 터졌다. "용산구 후암동에 거주하던 나요한 선교사 부부는 주성범, 김용해 목사, 김광훈" 등의 도움으로 김포공항을 통해 1950년 6월 27일(혹은 28일) 피난을 떠났다.[74] 공산군이 서울 바로 외곽까지 이른 매우 급박한 상황이어서 주얼이 먼저 떠났고, 존은 가방 하나만 들고 다음 비행기를 탔다.[75] 일본 후쿠오카에 도착한 애버네티 부부는 전쟁이 금방 끝날 것으로 예측하여 곧 한국으로 돌아갈 것으로 생각했다.[76] 그러나 전쟁은 길어졌고, 그들은 필리핀 마닐라로 가서 중국인을 상대로 사역하게 되었다. 존은 1951년 4월에 한국에 재입국하였고, 주얼은 1952년 9월이 되어서야 입국이 허락되었다.[77]

한국 부산에 돌아온 애버네티는 절박한 상황을 목격했다. 부산은 전국에서 몰려온 피난민들로 가득했고 노숙자들이 넘쳐났으며, 골목골목에는 전쟁고아들이 "마치 강아지들처럼 서로 부둥켜안고" 자고 있었다. 애버네티는 "온통 파괴된 참혹한 광경을 볼 때 거의 아플 것 같았다." 모든 도시, 읍, 마을들이 포탄과 화염으로 거의 파괴되었고 많은 병든 사람들이 약을 사거나 의사의 진료를 받을 돈이 없어 죽어가고 있었다.[78] 이처럼 극한의 고통 속에 있는 사람들에게 애버네티는 수천 달러치의 식품, 옷, 약품 등을 나누어주었다.[79] 애버네티는 병원에 갈 형편이 안되는 사람들에게 치료비를 주고, 남침례교 해외선교부에 의사와 간호사를 급히 보내 달라고 요청했다.[80] 애버네티는 1951년 6월 남침례교회

　　　　　　　　　　　　　　　　　　　새로 읽는 한국침례교회사

총회에 동아기독교에 대한 조사 결과를 다음과 같이 보고했다:

> 침례교 사역이 시작된 지 55년이 지난 후, 한국에는 약 150개 교
> 회와 1만 명의 교인이 있었다. 우리는 그들이 정상적으로 조직된
> 침례교총회를 소유하고 있었고, 사도 바울의 교회들에 가장 근접
> 한 방식으로 사역하였던 사실을 발견했다. 그들은 가장 신약성경
> 적인 교회를 지향했고, 목사와 집사뿐만 아니라 감로와 전도인이
> 있었다. 감로는 집사보다 높은 위치였다. … 십일조를 바쳐야 하
> 는 것을 잘 알고 있었으며, 모든 교회는 자립적인 체제를 가지고
> 있었다. 우리는 또한 그들이 오래전에 복음을 전파하기 위해 시
> 베리아로 선교사들을 파송했다는 사실을 알 수 있었다. … 한국
> 신자들은 성경을 많이 읽는 사람들이었다. 4월의 총회에서 나는
> 신약성경 전체를 다 암송할 수 있는 한 노인을 만날 수 있었다. 내
> 가 그분과 대화하는 동안 어떤 형제가 말하기를, "그분은 구약성
> 경도 대부분 인용할 수 있어요"라고 했다. 그들은 참으로 사도행
> 전에 나오는 베뢰아 사람들 같았다.[81]

애버네티는 1952년 5월 남침례교 총회 회의록에 올라갈 동아기
독교의 침례교 정체성을 인정하는 보고서를 1951년 후반에 제출했
다: "한국에는 지난 50년간 침례교회가 있었다. 침례교회라는 명칭을
항상 사용한 것은 아니지만, 신앙과 행습으로는 진실로 침례교회였
다."[82] 이처럼 애버네티는 동아기독교를 침례교회로 보고했으며, 이에

따라 남침례교회는 한국에 장기적으로 선교하기로 결정했다. 두 명의 남침례교 선교사 렉스 레이(Rex Ray)와 넬슨 브라이언(Nelson A. Bryan)이 한국에 왔다. 그들은 코든에게서 남침례교 해외선교부는 한국에서 장기적으로 사역하기를 원하며, 따라서 남침례교 한국선교부의 설립이 필요하다는 의견을 들었다. 이에 따라 세 명은 1952년 1월에 한국침례교선교부(Korea Baptist Mission)를 조직했다.[83] 그 후 남침례교 선교사들이 한국으로 대거 오기 시작했다.

6. 전병무 목사, 남석천 성도 순교

교단이 남침례교회와 제휴를 추진하며 발전을 모색하는 동안 두 명의 한국인 목사와 한 명의 성도가 공산군에 의해 죽임당했다. 행곡교회 전병무 목사는 1949년 10월 초 어느 날 저녁에 공산군 파르티잔의 습격으로 순교했다. 그는 1888년 4월 21일 경상북도 울진군 금남면 행곡리에서 태어나 21세가 되던 1909년에 예수를 믿고 신자의 구별된 삶을 살았다. 1916년 원산으로 가서 펜윅 수하에서 성경공부했으며, 1926년 감로로 임명되어 고향 행곡교회에서 사역했다. 전병무는 1942년 교단 대표 32인에 포함되어 고초를 겪었으며, 1944년 5월 출옥 후 고향으로 돌아와 면장과 군민회 회장직을 잠시 맡기도 했다. 그러나 목사로서 교회를 섬기는 일을 항상 우선으로 했다. 1949년 강경총회에서 목사 안수받았으며, 울릉도와 울진 구역의 순회 목사로 임명받아 1개월씩 양 지역을 번갈아 가며 목회했다.[84] 6·25 전쟁 전후 공산군 파르티잔은 산악지대에 거주하며 마을을 습격했는데, 울진에 서도 같은 일이 발생했다. 울진의 파르티잔은 행곡리를 습격해 남규백 감로의 아들 남석천과 전병무를 체포해 총살했다. 파르티잔은 교인들도 모두 색출해 처형하려 했으나, 그것을 눈치챈 전병무가 고의로 항거하는 바람에 총을 발포했고, 그 소리를 들은 교인들은 급히 피신하여 화를 면할 수 있었다.[85]

7. 이종덕 목사 순교

이종덕 목사는 6·25 전쟁이 한창이던 1950년 9월 28일 밤에 공산군에 의해 순교했다. 이종덕은 1945년 8·15해방 이후 만주에서 한국으로 이사 왔다. 그즈음 강경교회의 윤석훈, 나상순 집사와 성도들은 강경읍 홍교리 114번지에 있던 일본인 사찰을 매입하여 예배당으로 삼고, 1946년에 이종덕을 담임목사로 모셨다.[86] 부임한 지 4년 후 6·25 전쟁이 발발했고, 강경의 유명 인사들과 기독교 지도자들은 모두 피난길에 올랐다. 그러나 이종덕은 순교할 각오로 교회를 지켰다. 그는 일제의 박해가 혹심하던 1940년부터 1945년 사이 '만주국조선기독교연맹'에 소속된 상태여서 32명의 교단 지도자에 포함되지 않아 함흥형무소의 고초를 겪지 않았다. 이종덕은 그 일로 평소 죄책감을 느꼈으며, 내심 순교의 열망을 지니고 있었다.[87] 이종덕은 공산당이 강경을 점령하였을 때, 인민위원회와 내무서를 찾아가 부목사 김장배가 만들어준 "강경침례교회 목사 이종덕"이라고 쓴 커다란 명함을 전달하며 복음을 전했다. 당시 김장배는 가능하면 목사의 신분을 숨겨야 하는 데 왜 위험을 자초하느냐고 물었다. 그러자 이종덕은 "70이 다 된 늙은 목사가 무엇이 두려워 영광된 목사직을 그들에게 숨길 필요가 있겠는가"라고 답변했다.[88] 공산당원들은 몹시 불쾌했으나 청년 시절부터 항일운동에 투신했으며 강경에서 존경받는 이종덕을 함부로 다룰 수 없었다. 결국 공산군은 퇴각하던 9월 28일 밤에 금강교 주변 갈대밭에서 그를 총살했다. 이종덕은 야음을 틈타 탈주할 수 있었으나 함께 잡혀간 김요한 집사만 도피시켰다.[89] 이종덕은 공산군에 끌려가기 전 손목시계를 부인에게 주며, "하늘나라에서 만납시다"라며 이별을 고했다.[90] 그는 부인과 1남 3녀를 남겨두고 66세의 생애를 순교로 마감했다. 장녀의 사위가 9대, 10대, 13대, 19대에 걸쳐 침례교 총회장을 역임한 신혁균 목사였다. 아들 이신우는 장로가 되었고, 이신우의 아들 이상국과 이상철은 목사가 되었다.[91]

이종덕은 30세의 젊은 나이에 대한기독교회 제2대 감목으로 선임되어 일제강점기 교단을 이끌었다. 그는 일제가 1915년 8월 포교규칙을 발표하고 포교계 제출을 강요했을 때, 이를 단호히 거부하여 수개월간 투옥되는 고초를 겪었다.[92] 1921년에는 만주 종성동교회 내에 성경학원을 설립했다.[93] 1935년 신사참배 반대를 촉구하는 「달편지」 사건으로 3개월간 원산경찰서에 구금되고, 5개월 동안 원산형무소에 투옥되었다.[94] 교단 내 신사참배 찬반 논쟁이 격화되어 김영관이 감목직을 사임했을 때, 그가 임시의장이 되어 교단이 신사참배를 끝까지 반대하게 했다.[95] 이종덕은 1946년 9월 제36차 대화회에서 총회장으로 선출되었고,[96] 강경교회에 고등성경학교를 설립하여 원장으로 봉직했다.[97] 1949년 9월 제39차 강경총회에서 '대한기독교침례회'로 교단 명칭을 바꾸고 남침례교회와 제휴하는 일을 주도했다.[98] 이종덕은 일생을 큰 잘못이나 실수 없이 살았으며 신앙적으로나 교단 정치적으로 모범을 보였다. 이종덕 목사는 일관되게 하나님과 교단의 충성스러운 종으로 살다가, 1950년 9월 28일 순교로 주님 품에 안겼다.

남침례교 선교사들의 입국과 한국 적응 모습

오늘날 한국침례교회를 주류 교단이 될 수 있게 한 결정적 계기는 남침례교회의 한국선교이다. 구호와 의료선교로 시작된 남침례교 선교는 멸절 상태의 한국침례교회를 기사회생시키는 기적을 일으켰다. 6·25전쟁 때 남침례교회 군목으로 참전한 윌리엄 펠프리는 "이곳에 침례교를 세우는 일은 마치 한 편의 소설 같다"라고 말했다.[99] 1951년 40개 교회 수백 명의 교인밖에 없어, 사라지기 직전의 침례교회가 기적적으로 회생하고 성장한 것은 마치 한 편의 소설처럼 믿기 힘든 일이었다. 따라서 1950년대 한국침례교 역사는 남침례교 선교사들의 초기 사역을 중심으로 조명해야 한다. 이 시기는 대한기독교침례회연맹총회(1952-1958) 시대와 겹친다.

1. 대한기독교침례회연맹총회(1952-1958)

교단은 1952년 제42차 칠산 총회에서 새로운 규약을 제정하고 총회 명칭을 대한기독교침례회연맹총회(1952-1958)로 바꾸기로 결의했다. 개교회들이 상호 연맹 정신으로 결속하자는 의미로 교단 명칭을 변경했다.[100] 교단 명칭 변경은 남침례교 선교로 교단이 급성장하는 것을 목격하면서 더욱 단결해 교단 발전을 가속화하려는 목적, 그리고 교단에 대한 자긍심을 높이려는 의도가 내포된 것이었다.

2. 존 애버네티의 재입국

1950년 6·25 전쟁으로 사역지를 필리핀 마닐라로 옮긴 애버네티는 1951년 4월 14일 다시 한국으로 왔다. 애버네티는 1950년 2월 27일 내한하여 남침례교회 해외선교부가 보내준 포드자동차를 타고 다니며 전국을 순회했다. 그 자동차는 1948년 9월 테네시주 멤피스 공장에서 출고되어 1950년 4월 7일 서울에 도착했다. 전쟁이 발발했을 때, 애버네티 부부는 주일학교 부장 마이크 추(Mike Chu)가 운전하는 포드자동차를 타고 6월 27일 일본행 비행기를 타러 김포공항으로 갔다.[101] 애버네티는 전쟁이 금방 끝날 것으로 예측하여 남침례교회에 다음과 같이 보고했다: "우리는 전쟁이 일시적이라고 생각하며, 전쟁이 끝나면 곧장 돌아가려 합니다. 여러분이 이 보고서를 읽기 전에 우리는 돌아와 사역하고 있기를 희망합니다."[102] 하지만 전쟁은 예상외로 길어졌고, 애버네티는 안대벽과 연락을 취하며 한국 상황을 점검했다. 안대벽은 애버네티에게 서울이 수복되어 부산으로 가져간 포드자동차를 1950년 12월에 서울에 가져다 놓았다고 하며, 한국으로의 귀환을 촉구했다. 그리고 포드자동차는 순종의 황후 윤씨가 부산의 새집으로 이사 갈 때 사용했다고 말해주었다.[103]

안대벽의 편지를 받고 애버네티는 즉시 한국으로 가려 했으나, 주한 미국 공사가 중국 공산군이 참전하여 서울을 향해 진격하고 있어 필리핀에 좀 더 머물러 있어야 한다고 했다.[104] 존은 1951년 봄에 재입국을 허가받았으나, 아내 주얼은 허락받지 못해 마닐라에 남아 중국인을 상대로 계속 사역했다. 애버네티는 1951년 4월 14일(토요일) 오후 부산에 도착했다. 안대벽 부부가 마중을 나왔으며 그들은 마치 친형제와 자매가 만난 것처럼 재회의 기쁨에 눈물을 흘렸다. 애버네티는 치숌(Chisholm) 의사 부부와 한집에서 살도록 지정되어 있었다. 당시 치숌 부인은 간호사가 아닌 일반인 외국 여성으로는 유일하게 한국에 있던 사람이었다. 외국인 선교사로는 부산에 6-7명과 대구에 몇 명이 있었다.[105] 애버네티는 1951년 4월 22일(주일) 오전에 부산 집의 두 방에 꽤 많은 한국침례교인을 모아 놓고 설교했다. 그들 가운데는 남한 교인들뿐만 아니라 원산에서 온 교인들도 있었다. 다다미 마루에 좁게 앉아 있던 교인들은 창백한 얼굴에 낡은 옷을 입고 있었다. 애버네티는 남침례교 해외선교부 동양 총무 베이커 코든에게 편지를 보내 구호사업의 착수를 요청했다.[106] 남침례교 해외선교부는 허락했고, 애버네티는 구호와 의료사업을 추진했다.

3. 선교사의 인적 변화와 한국 적응 모습

1950-1954년 사이 한국에 온 남침례교 선교사들은 중국에서 오랜 기간 활동했던 선교사들이었다. 그런데 1955년부터 젊은 선교사들이 미국에서 곧바로 한국에 왔다. 이러한 인적 변화는 선교부 내 분위기와 한국 총회와의 관계에 변화를 가져왔다.

1) 선교사의 인적 변화

존 애버네티 부부가 1950년 2월 27일 내한했고, 1951년 11월에 렉스 레이(Rex Ray)와 넬슨 브라이언(Nelson A. Bryan)이 한국에 왔다. 이들 3명은 1952년 1월에 잠정적으로 한국선교부(Korea Baptist Mission)를 조직했다.[107] 1953년 2월 간호선교사 아이렌 브래넘(Irene Branum)과 루비 휫(Ruby Wheat)이 왔고, 얼마 후 의사 요컴(A. W. Yocum) 박사도 왔다. 같은 해에 대전의 성경학원 사역을 위해 테드 다월(Ted Dowell) 부부와 다니엘 레이 부부(Daniel and Frances Ray)가 왔으며, 렉스 레이의 부인도 합류했다. 애버네티 부부는 서울 수복 후, 피난민이 대거 서울로 올라간 상황을 감안하여 서울에 선교 스테이션을 개설했다.[108] 잠정적 조직이었던 한국선교부는 1954년 7월 13일 서울 애버네티 자택에서 규정, 임원, 위원회를 갖추고 정식조직으로 발족했다. 레이가 회장, 횟이 총무 및 재무에 선출되었다.[109]

1955년에는 호주 선교사 빈스 채터웨이(Vince Chattaway) 부부가 내한하여 구호사업을 도왔으며, 남침례교 선교사 얼 파커(Earl Parker) 부부가 한국에 거주하는 중국인(화교)을 상대로 사역했다. 루시 와그너(Lucy Wagner)는 여전도회 사역을 맡았고, 의료선교사 로버트 라잇(Robert and Paula Wright) 부부가 왔으며, 브라이언은 휴가를 끝내고 복귀했다.[110] 1956년에는 파크스 말러(Parkes Marler) 부부, 굿윈(J. G. Goodwin) 부부, 맥스 윌락스(Max Willocks) 부부, 의료선교사 로버트 도라(Robert Lee and Mary Dorrough) 부부가 왔다. 랙스 레이와 브라이언은 1956년에 은퇴했다.[111] 1957년부터 선교사들은 한국에 오기 전에 미국 예일대학교에서 한국어 공부 과정을 거쳐야 했다. 돈 존스(Don C. Jones) 부부, 루이스 오코너(Louis O'Conner) 부부, 알버트 게미지(Al Gammage) 부부, 찰스 테버(Charles Tabor) 의사 부부, 레베카 렘버트(Rebecca Lambert) 처녀 선교사 등이 예일에서 공부를 마치고 한국에 왔다. 베티 헌트(Betty Jane Hunt) 선교사는 교육 사역 및 침례신학교 다월 교장의 비서 직분을 맡았다.[112] 애버네티 부부는 1년간의 휴가를 마치고 1957년 1월에 다시 한국으로 돌아와 한국선교부 회계 업무, 선교부 사무실 이전 업무, 선교사 주택 부지 매입 업무 등을 했다.[113]

다월이 1958년 휴가를 떠났고, 윌락스가 침례신학교 교장 대리 임무를 맡았다. 존스는 신학교 교수로 배치되었고, 굿윈은 침례병원 사무국장을 맡았으며, 말러는 서울 지역 선교사로 배정되었다. 1958년에 새로 들어온 선교사는 보즈맨(O. K. Bozeman Jr.) 부부, 가이 핸더슨(Guy Henderson) 부부, 케네스 톰슨(Kenneth Thompson) 부부였다. 얼 파커 부부는 은퇴했고 요컴 의사는 미국으로 돌아갔다.[114] 1958년에 말러 가족이 서울로 이사했고, 휴가에서 돌아온 루시 와그너는 서울에 거주하며 부인전도회의 일을 하였다. 1958년에 36명의 선교사가 서울, 부산, 대전에서 흩어져 사역하고 있었다.[115]

2) 선교사의 한국 적응 모습

남침례교 선교사들은 한국에 대한 인식과 적응에 관해 산발적 기록을 남겼다. 침례병원 원장 로버트 라잇은 남침례교 해외선교부 동양지역 총무 크로리에게 1957년 3월 7일에 보낸 편지에서, 가족이 문화적 차이로 힘들어하고 있음을 호소했다. 라잇은 한국에 온 지 2년 정도 지났으나 어린 두 딸이 여전히 힘들어한다며, 문화적 차이가 너무 커서 환경에 적응하려 노력하는 것이나 한국말을 익히는 것으로는 극복하기 어려울 것 같다고 했다.[116] 그러나 라잇과 그의 부인 폴라는 한국 생활 적응의 어려움을 부흥회와 선교사 간의 교제를 통해 극복했다. 라잇 부부는 1958년도 사업계획의 수립을 위해 모든 재한 선교사들이 1957년 7월에 대전에서 한 주간 모였는데, 그때 부흥을 경험했다. 그들은 하나님의 임재를 느끼며 하루 오전 내내 무릎 꿇고 기

　　　　　　　　　　　　　　　　　　　　　　새로 읽는 한국침례교회사

도했다. 그날에 극복할 수 없을 것처럼 느낀 문화적 차이가 성령께서 이전에 생각지 못한 통찰력과 사랑의 마음을 주셔서 극복하게 되었다.[117] 1957년 8월에 무창포 여름 피서지에서의 선교사 가족 모임도 한국 적응에 큰 도움이 되었다. 아이들은 테니스, 수영 강습, 보트 타기, 하이킹, 조개잡이, 파티, 소풍 등으로 즐겁게 지냈고, 부모와 자녀들이 함께 어울려 하는 게임도 무척 즐거웠다.[118] 라잇 부부의 예에서 보듯, 선교사들은 성령 충만과 선교사들 간의 교제로 적응의 어려움을 극복했다.

처음부터 한국 문화를 긍정적으로 보고 빠른 속도로 적응하는 선교사들도 있었다. 예를 들면 1957년에 내한한 돈 존스는 한국이 피난민 문제, 청소년 범죄, 가난 등으로 어려운 상황이지만, 푸른 산과 눈부시게 맑은 시내와 강이 아름다워서 한국을 두 번째 고향으로 여기게 되었다고 했다.[119] 존스는 또한 한국은 서양인을 깊이 배려한다며, 자신의 몇 가지 경험을 들려주었다. 첫째, 추운 어느 겨울 시골에서 저녁 예배를 마치고 집으로 돌아가려는데, 자동차 시동이 걸리지 않았다. 그래서 부인에게 전화하기 위해 인근의 경찰서로 갔다. 경찰관은 한 시간 동안이나 전화기를 돌려 대전 존스의 집 근처 경찰서에 연락했다. 대전 경찰서는 두 명의 경찰관을 존스의 집으로 보내 메시지를 전달하고 밤새 집을 경계해 주었다. 둘째, 존스는 공휴일에 기차를 타야 했는데, 공휴일은 혼잡하여 기차를 타려면 오래 기다려야 했다. 그때 차장이 외국인을 위한 좌석으로 안내해서 몇 분 만에 탈 수 있었다. 셋째, 도벽이 있는 소년들이 자신의 만년필이나 시계를 훔치려 할 때, 옆에서 지켜본 어른들은 거의 항상 다가와 대신 사과했는데, 이는 미국에서는 찾기 힘든 일이라 했다. 존스는 한국인들은 힘든 노역을 하지만 대체로 발랄하고, 자식 교육에 헌신적이어서 밝은 미래가 열릴 것이라 했다.[120] 동양지역 총무 크로리도 한국을 긍정적으로 보았다.[121] 그는 한국에서 기독교가 성공하는 이유는 강력한 국가 종교가 없고, 무속신앙, 불교, 유교 등이 조직화 되지 않아 복음 전파에 장애가 되지 않기 때문이라 했다. 또한 한국인이 선교사를 존중하고 높은 도덕적 수준의 삶을 사는 것도 기독교 성공의 원인이라 했다.[122] 남침례교 선교사들은 한국 생활에 적응하며 긍정적인 마음으로 사역하려 노력했다.

구호사업

남침례교회의 구호사업은 전쟁으로 인해 기아, 추위, 질병으로 절망 가운데 있던 한국인들에게 살아갈 희망과 용기를 주었다. 그리고 거의 사라지기 직전인 한국침례교회를 기사회생시켰다.

1. 1951년도 구호사업

남침례교회의 구호사업은 코든을 통해 이전에 어느 정도 시행했으나, 애버네티가 1951년 4월 부산의 "온통 파괴된 참혹한 광경을" 목격하고 남침례교 해외선교부의 승인을 받아 본격적으로 실시되었다.[123] 당시 부산에는 전국의 모든 피난민이 몰려와 학교, 교회, 극장, 창고 등에 집단 수용되거나, 언덕과 산비탈에 가마니와 판자로 움막을 짓고 살았다. 그들은 추위와 빈곤으로 고통당하며 질병에 노출되어 있었다.[124] 교회들은 파괴되었고, 고아들은 떼를 지어 몰려다니며 구걸하거나 물건을 훔치며, 골목골목에서 마치 강아지들처럼 서로 안고 포개어 자다가 겨울에 동사(凍死)하기도 했다.[125] 애버네티는 1951년 5월 15일 구호위원회(Central Relief Committee)를 조직하여 본인이 위원장이 되고, 김용해, 장일수, 안대벽, 신혁균, 최성업, 김주언을 위원으로 세웠다.[126] 구호위원회는 미화 1만 달러로 구호사업을 시작했는데, 그 자금은 "목회자들의 생활비, 교회 개축비, 침례교인 자녀들의 고등학교와 대학교 학자금, 교인들 집수리, 그리고 고아, 과부, 노인 보조를 비롯하여 그 외 많은 일을 위해 쓰였다."[127] 애버네티는 1951년 5월 충남 부여의 원당교회에서 개최된 총회에서 총회장 이종덕을 비롯해 61명의 순교자를 기념하는 예배를 드린 후, 구호자금으로 총회에 참석한 목사 한 명당 100만 원(150달러)을 주었는데, 이에 감격한 목사들은 감사의 눈물을 흘렸다.[128] 당시 총회 대의원들은 걸어서 총회 장소에 와야 했는데, 유엔군이 기차를 군사적 용도로만 운영하여 일반인들은 기차를 이용할 수 없었기 때문이다. 이에 애버네티는 구호자금으로 일본에서 자전거를 수입하여 목회자들에게 나누어 주었다.[129]

이전에 중국에서 선교사로 활동했던 렉스 레이(Rex Ray) 선교사가 1951년 12월 21일 한국에 왔고 옷을 나누어주는 사역을 담당했다.[130] 남침례교회는 구호금과 더불어 수천 달러어치의 식품, 옷, 약품 등을 한국에 보냈다. 구호자금은 200명 이상의 침례교인 자녀의 중고등학교와 대학 학비로, 55가구의 침례교인 집들을 수리하거나 새로 짓는 데 사용되었다. 고아와 노숙자를 포함하여 1951년 말까지 3만 명 이상이 혜택을 받았다.[131] 구호사업은 한국침례교회와 남침례교회가 영구적으로 결속하는 계기가 되었다. 애버네티는 "지난 8개월 동안 구호사업보다 한국과 미국 기독교인들을 서로 결속하게 한 것은 없었다. 영혼과 육체의 도움이 절실한 한국인들은 가장 어려운 시기에 도와준 남침례교회에 영구적인 감사의 마음을 가질 것"이라고 남침례교회에 보고했다.[132] 코든도 많은 한국침례교 목회자가 구호에 깊이 감사했다고 보고했다.[133]

2. 1952년도 구호사업

렉스 레이는 전국 방방곡곡을 다니며 옷을 나누어주고 복음을 전했다. 그는 지프차와 트레일러에 옷을 한가득 싣고 산골이나 외진

마을들을 찾아다니며 나누어주고 복음을 전했다. 레이는 1951년과 1952년 사이 어느 겨울밤에 공주 태성에 도착했다. 온통 하얀 눈으로 덮여 있던 태성교회는 겨울성경학교를 진행하고 있었다. 레이가 도착하자 성경학교에 참석한 청소년들은 주변 마을을 방문하여 미국 선교사가 특별 집회를 인도한다고 알렸다. 레이는 집회에 참석한 사람들에게 옷을 나누어주고 4일간 설교하여 93명의 회심자를 얻었다.[134] 한국의 중부 지역 어느 마을에서는 217명의 회심자를 얻기도 했다.[135] 이처럼 옷을 나누어 주며 복음을 전하는 것은 효과가 있었다. 레이가 한국에 온지 4개월 만에 1,955명이 예수를 믿기로 했다. 1951년 4월 40개 교회가 1952년 중반 112개의 교회 및 예배 처소로 증가했다.[136] 그는 1952년 내내 남침례교회가 보내준 옷을 나누어주며 복음을 전했다. "나는 여름, 가을, 겨울 동안 한국 전역을 돌아다니며 옷을 나누어 주었다. 최근에는 5일 동안 1,000마일(1,600킬로미터)을 여행하며, 3톤의 옷을 나누어주었다"라고 남침례교회에 보고했다.[137]

레이는 남침례교 교단 잡지에 다음의 주소, P. O. Box, Special No. 1, Pusan, Korea로 옷을 보내달라고 광고했다.[138] 그리고 다음의 에피소드를 남침례교회에 알리며 후원을 유도했다. 하루는 마이크(Mike)라 불리는 한국인 보조자와 함께 옷을 나누어주기 위해 가는 도중 여관에서 하룻밤 머물게 되었다. 그들은 여관에서 잡일을 하는 작은 소녀와 대화하며 그와 어린 남동생이 전쟁으로 고아가 된 아픈 사연을 듣게 되었다. 레이가 소녀에게 적은 돈을 주자 소녀는 남동생에게 셔츠를 사 줄 수 있게 되었다며 기뻐했다. 다음날 이른 아침 마이크와 레이는 구호물자 트럭 깊숙한 곳에서 옷 상자를 꺼내 추위에 떠는 두 고아에게 주었다. 레이는 그때 소녀의 행복한 미소는 금이나 은으로 살 수 없으며 주님도 기뻐하셨을 것이라 했다.[139] 애버네티는 1952년 구호사업에 관해 남침례교회에 다음과 같이 총괄 보고했다. 선교부는 1952년 한 해 동안 59,174달러를 사용했다. 사용처는 첫째, 침례교 가정의 대학생과 고등학생 500명의 학비로 사용했고, 둘째, 목사들, 사역자들, 과부와 고아들, 다친 군인들과 그들 가정에 구호기금을 주었다. 셋째, 50개 교회당을 신축하거나 복구하는 데 사용했다.[140] 한국침례교 역사학자 조효훈 박사는 1951년 4월부터 1952년 9월 24일까지 약 1년 6개월 동안 10만 달러에 해당하는 식량과 의류, 현금이 투입되었고, 그 외에도 남침례교인들로부터 수천 달러의 구호물자가 한국에 들어왔다고 했다.[141]

3. 1953-1954년도 구호사업

구호사업은 1953년과 1954년에도 계속 이어졌다. 1953년 한 해 동안 20톤이 넘는 구호 의류가 전국의 최고 가난한 지역들에 배포되었다.[142] 이 일은 연초에 들여온 지프차와 트레일러, 그리고 1953년 6월에 들여온 트럭에 의해 실행됐으며, 수많은 사람이 구호 의류를 통해 추운 겨울을 무사히 지냈다. 구호위원회는 1953년도 구호자금 55,000달러의 절반을 25개 예배당의 건축과 수리에 사용했고, 나머지 절반은 한국침례교회와 연결된 4개의 고아원과 2개의 양로원 지원, 기독교 가정들의 곡식 지원과 집수리, 다친 군인과 그들의 가족 지원 등에 사용했다.[143] 렉스 레이는 1953년에 미국으로 돌아가 1954년 5월에 다시 한국으로 왔다. 공백 기간에 그의 아들 대니얼 레이(Daniel Ray)가 옷과 음식을 나누어주는 사역을 담당했다. 1954년 5월부터 렉스가 다시 책임을 맡았다. 1954년 9월에는 호주 침례교인 빈스 채터웨이(Vince and Ellen Chattaway) 부부가 내한하여 구호물자를 나누어주는 일에 동참했다. 그들은 호주침례교회가 보내준 식료품, 옷, 의료품을 나누어주었다. 1954년 12월에 렉스 레이의 부인이 내한하여 구호사업에 합류했다.[144] 이처럼 1951년 4월부터 시작된 구호사업은 1954년 말까지 계속되었다.

4. 교단의 기적적 회생과 급성장

남침례교회의 구호사업은 멸절의 위기에 있던 한국침례교회를 생환시키고 기적적인 성장을 가져왔다. 애버네티에 따르면 한국침례교회의 교회 수는 1951년 50개, 1952년 134개, 1954년에 144개로 증가했다.[145] 장일수 목사는 다음과 같은 자세한 통계를 제시했다. 1951년도 교세는 교회 수 25개, 기도 처소 22개, 청장년 교인 수 950명, 주일학교 18개, 주일학교 학생 수 950명, 청년회 5처, 부인회 20개, 목사 7인, 전도사 4인, 안수집사 29인이었다. 1952년도 교세는 교회 수 94개,

신설 교회 40개, 목사 17인, 전도사 49인, 원입 교인 8,396명, 침례 신자 2,911명, 새로 침례받은 사람 1,128명, 주일학교 학생 수 10,608명이었다.[146] 이처럼 남침례교회의 구제사업은 1950년대 초반 한국침례교회에 기적적인 성장을 가져다주었다.

의료선교

의료선교는 구호사업과 함께 한국침례교회를 살린 대표적 사역이었다. 전쟁으로 의료적 도움이 절실했던 시절, 남침례교 선교사들은 서둘러 의료선교를 추진했다. 의료선교는 한국침례교인뿐만 아니라 일반인에게도 커다란 도움을 주었다. 남침례교 의료선교사들은 전쟁 시기에 환자를 무상으로 치료해 주는 대신 환자가 반드시 복음을 듣도록 했다. 이것은 의료행위를 선교와 밀접히 연계하여 시행했음을 보여준다. 이처럼 남침례교회는 의료사업이 아니라 의료선교를 했다.

1. 1951년도 의료선교

남침례교회 의료선교는 부산충무로교회(현 부산침례교회)에서 시작되었다. 부산충무로교회는 안대벽 목사 가족과 필동침례교회 교인 7명이 부산으로 피난 가서 세운 교회였다. 애버네티는 1951년 4월에 필리핀에서 귀국하여 부산충무로교회에 합류한 얼마 후 남포동 2가 22번지에 있는 2층짜리 적산 건물을 매입했다. 그는 건물을 수리하는 동안 군인 천막 2개를 설치하여 하나는 교회로, 하나는 교인들의 거주 용도로 사용하게 했다. 건물의 수리가 끝난 후 1층은 예배당으로, 2층은 애버네티와 안대벽의 사택 및 부산 선교본부로, 지하는 구호품을 쌓아놓는 창고로 사용했다. 주일 낮 예배는 애버네티가 설교하고 이순도가 통역했으며, 저녁 예배는 안대벽이 설교했다.[147] 애버네티는 코든에게 부산에 부동산을 확보하여 그곳에서 의료 사역을 할 수 있으니, 의료선교사를 보내 달라고 했다. 이에 코든은 중국에서 활동했던 의료선교사 넬슨 브라이언을 보냈고, 브라이언은 1951년 11월 22일 부산충무로교회 앞뜰에서 텐트를 치고 진료하므로 침례병원의 역사를 시작했다.[148] 당시 부산충무로교회는 일본식으로 지어진 건물이었다.[149] 브라이언은 오자마자 환자들을 돌보았다. 얼마 후 렉스 레이가 병원 물품들, 지프차, 그리고 다른 여러 장비를 가지고 배편으로 한국에 왔다.[150] 남침례교회 해외선교부는 1951년 12월에 한 명의 한국인 의사와 두 명의 간호사를 고용하여 브라이언을 돕도록 했다.[151] 의료선교는 처음부터 선교적 목적으로 실행되었으며 병원에 갈 형편이 안 되는 사람들을 무료로 치료해 주었다.

2. 1952년도 의료선교

무료 진료의 혜택으로 환자들이 급증함에 따라 의료진을 보충했다. 1952년에 브라이언과 4명의 한국인 의사와 3명의 간호사가 매일 200-300명의 환자를 진료했다. 환자 대부분은 무료로 진료와 약을 제공받았다. 그들은 또한 의사를 만나기 전에 복음을 듣는 시간을 가졌는데, 이에 관해 애버네티는 "환자들이 의사의 진찰을 받기 전에 그들은 병원전도를 위하여 사역하고 있는 두 명의 전도사로부터 복음을 들을 기회를 얻게 된다. 그들에게 많은 양의 복음서와 전도 책자를 제공하여 읽게 하고 집으로 가져가도록 했다"라고 증언했다.[152] 이처럼 의료진은 환자들의 신체뿐만 아니라 영적인 질병도 함께 치료했고, 환자의 가족들에게도 복음을 전하려 했다. 브라이언과 의료진이 매일 돌보는 환자의 수는 매우 많아서 유엔민간원조단(United Nations Civil Assistance Corps)과 연계된 의사들이나 다른 선교 기관 의사들은 어떻게 매일 엄청난 수의 환자를 돌볼 수 있는지 의아해할 정도였다.[153] 한편 레이는 부지런히 남침례교인들에게서 비타민과 약품, 그리고 붕대와 약솜을 후원받아 병원에 전달하며 의료선교를 도왔다.[154]

3. 1953년도 의료선교

중국에서 다년간 의료선교 사역을 했던 두 명의 남침례교 간호선

                                   새로 읽는 한국침례교회사

교사 아이렌 브래넘과 루비 횟이 1953년 2월 한국에 와서 의료선교에 동참했다. 브라이언은 아내의 병으로 휴가를 얻어 미국으로 갔고, 중국에서 선교했던 요컴 박사가 한국에 와서 브라이언의 일을 떠맡았다. 1953년 6월에 존 헤이워드 의사(Dr. John Hayward)가 한국에 왔다. 브래넘과 횟 간호사는 6월에 한국 정부의 간호사 국가고시(National Nurses Examination)에 합격하여 한국에서 간호사의 일을 할 수 있게 되었다. 또 다른 간호선교사 루시 라잇(Lucy Wright)이 같은 해 8월에 한국에 오는 등 남침례교 의료선교사들이 쏟아져 들어왔다.[155] 요컴은 정년의 나이에 한국에 왔으나 그의 합류는 병원에 안정감을 주었다.[156] 1953년 8월에 침례병원에는 3명의 한국인 의사와 2명의 미국인 의사, 4명의 한국인 간호사와 3명의 미국인 간호사들이 사역하고 있었다.[157] 침례병원은 훌륭한 의료진과 좋은 약품으로 급속히 유명해져서 환자들이 새벽 4시부터 병원에 오곤 했다. 의료진은 하루에 보통 200-500명의 환자를 보았으며, 때로 1,000명 넘게 진료할 때도 있었다. 당시 환자 대부분은 영양실조와 결핵 환자여서 고단위 종합비타민, 우유, 결핵약 등이 처방되었다. 1953년에도 무료 진료는 계속되었고, 그런 이유로 경상도와 전라도 전역에서 환자들이 찾아왔다.[158] 이들은 남침례교인들이 보내준 약품, 비타민, 붕대, 우유 등을 받았다. 남침례교회는 커다란 병원용 자동차를 1953년 12월 24일 성탄절 전날(크리스마스 이브)에 받을 수 있도록 보내주었다.[159] 침례병원은 1953년에 보건부와 협력하여 폐결핵 퇴치 운동의 일환으로 두 개의 공립학교를 일주일에 두 번씩 방문하며 진료했다. 그로 인해 경남 도지사

로부터 표창을 받았다.[160]

침례병원은 1953년 한 해 동안 137,000명 이상의 환자를 돌보았으며, 여러 개의 상과 감사패를 받았다. 브라이언은 1953년에 경남 도지사로부터 표창을 받았고, 요컴도 도지사의 표창과 보건부 장관의 감사패, 경상도 교육부의 감사패, 부산 공립학교부의 감사패를 받았다.[161] 침례병원의 하루 내원자 수는 8월에 최고로 달하여 평균 716명이 왔으며, 겨울에는 평균 464명이 왔다. 하루에 엄청난 수의 환자를 볼 수 있었던 것은 내원자들 가운데는 검진이 아니라, 단지 우유를 받거나 상처에 붕대를 감기 위해 오는 사람도 있었기 때문이다. 환자들은 여전히 병원을 떠나기 전에 찬양, 간증, 설교를 통해 복음을 들어야 했다.[162] 1953년에 부산 영도 영선동의 부동산을 병원 건물로 사용할 목적으로 매입하였다. 그런데 그 건물은 곧장 병원으로 사용할 수 없어서 구호 물자와 병원 물품들을 보관하는 창고로 활용되었다.[163] 건물을 50병상 규모의 병원으로 개조하는 일은 렉스 레이 선교사가 맡았다.[164]

4. 1954-1955년도 의료선교

영선동 병원 건물이 완공되기 전까지 요컴은 기존의 남포동 병원을 멋지게 개조하여 사용했다.[165] 남포동 병원은 1955년에 하루 평균 400명의 환자를 돌보았다. 간호선교사 브래넘과 휫은 병원 일을 하면서, 훈련과 전도 프로그램 책자의 출판도 맡고 있었다.[166] 침례병원은

1954년에 총 130,648명의 환자를 치료하고 전도했으며, 매주 화, 금요일에는 특별 병동에서 연간 23,000명의 폐결핵 환자를 치료했다. 3명의 간호선교사는 교대로 근무하며 틈틈이 한국어를 배웠다.[167] 렉스레이의 책임하에 1953년부터 진행된 영도구 영선동의 병원 공사는 2년 6개월여 만인 1955년 11월 15일 50개 병상의 현대식 병원 건물로 완공되었다.[168] 병원명은 중국에서 15년간 선교하다 중국 공산당에 의해 1950년 12월 19일 간첩으로 몰려 투옥되어 1951년 1월에 순교한 남침례교 의료선교사 윌리암 왈레스(William L. Wallace, 1909-1951)를 기념하여 "왈레스 기념 침례병원"(Wallace Memorial Baptist Hospital)으로 하였다.[169] 왈레스의 무덤 앞 기념주(記念柱)에는 "내게 사는 것이 그리스도니"라는 짧은 성구가 새겨져 있다.[170] 병원의 머릿돌에는 "이 건물은 육체적 및 정신적 질병으로 고통당하는 모든 생명들에게 헌납된 것으로써 하나님의 영광을 위해 중국의 선교사로 일생을 살며 봉사하다가 죽은 윌리암 엘 왈레스 의사님을 기념하기 위해 세워졌습니다"라는 글귀가 새겨져 있었다. 그리고 병원 설립 목적을 환자치료, 복음전도, 의료요원 교육으로 표명했다.[171] 부산시 영도구는 피난민이 모여 사는 가난한 지역으로, 그곳에 병원을 세운 것은 가난한 사람들을 치료하기 위한 목적 때문이었다. 540평 대지 위에 세워진 침례병원은 당시 부산에서 가장 좋은 시설을 갖춘 병원이었다. 3층짜리 병원 건물의 지하실은 세탁실, 각종 기계실, 예배실, 상점, 교실, 놀이방 등이 있었고, 1-2층은 진료소, 수술실, 입원실이 있었으며, 3층은 간호사 기숙사로 사용되었다.[172] 1955년 11월 29일에 봉헌 예배(헌당식)가

드려졌는데, 250-300명의 사람이 참석하여 성황을 이루었다. 병원장 브라이언이 사회를 보았고, 루시 라잇과 존 애버네티가 연설했다.[173]

5. 1956년도 의료선교

왈레스 기념 침례병원은 1956년 1월 1일부터 외래진료를 시작했다. 당시 병원 행정 체제는 브라이언 원장, 루시 라잇 간호 부장, 아이렌 브래넘 수간호사, 루비 휫 입원실 책임자로 구성되었다. 그리고 5명의 한국인 의사, 27명의 한국인 간호사, 30명의 직원이 있었다.[174] 병원은 복음 전파를 항상 우선순위에 놓았는데, 특히 예방주사 놓는 날을 주요 전도일로 삼았다. 예방주사를 맞기 위해 병원에 몰려온 사람들에게 목회자가 하루에 4-6번 설교하며 복음을 전했다. 1956년 3월 초에 병원 채플을 오픈하여 입원환자들을 대상으로 주일예배를 실시하였다.[175] 브라이언은 정년을 채우고 1956년 4월에 미국으로 귀국했고, 로버트 라잇이 내한하여 병원장을 승계했다.[176] 브라이언은 1967년 5월 21일 77세를 일기로 텍사스 샌 앤젤로(San Angelo)에 있는 침례교기념요양병원(Baptist Memorials Geriatric Hospital)에서 사망했다. 장례예배는 브라이언과 함께 중국에서 사역했던 명예선교사 찰스 L. 컬페퍼(Charles L. Culpepper)의 사회로 텍사스 댈러스의 레이크사이드 침례교회(Lakeside Baptist Church)에서 거행되었다. 유족으로는 부인 프랜세스 앨리슨(Frances Allison)과, 두 명의 딸과 아들 존 N. 브라이언

(John N. Bryan), 그리고 10명의 손자가 있었다.

로버트 라잇 의사 부부(Dr. Robert and Paula Wright)는 1955년 9월에 내한했으나, 8개월간 서울에 머물며 한국어를 공부했다. 1956년 5월에 침례병원에 와서 브라이언을 대신하여 원장이 되었다.[177] 라잇은 1923년 11월 24일 텍사스 중부의 한 시골 마을에서 의사의 아들로 태어났다. 부모님은 기독교 신자였으나 신앙생활에 적극적이지 않았다. 11살 때 누이 아이다의 영향으로 회심하고 침례받았다.[178] 라잇은 텍사스 A&M 대학 1학년 때 하나님의 소명을 느꼈고, 텍사스 침례교대학생연맹(B.S.U.)의 총무 빌 마셜로부터 중국과 일본 선교에 관해 듣고 도전받았다. 1945년 필리핀을 여행하는 중 폴라 퍼킨스를 만나 1945년 10월 2일 결혼했다. 라잇은 1946년 11월에 의료선교사가 되겠다고 결심하고, 1947년 가을 휴스턴의 베일러의과대학에 입학했다. 1951년 졸업 후 휴스턴과 샌안토니오에서 인턴과 레지던트 과정을 마쳤다. 부부는 세 명의 자녀를 두었는데, 장남 로버트 2세가 1948년 2월 26일에, 첫째 딸 주디스가 1949년 8월 2일에, 막내딸 질이 1951년 9월 3일에 각각 태어났다.[179]

라잇 부부는 해외선교부에 제출하는 선교사 지원서에 자신들의 신앙적 입장에 관해 다음과 같이 밝혔다. 로버트는 선교의 최고 목적은 예수 그리스도를 구세주로 알리는 것이며, 다른 사역은 부수적이어야 한다고 했다. 그리고 사회정의와 세계질서는 개인의 심령 변화에서 비롯된 결과이어야 하며, 다른 종교는 거짓이며 사탄에게서 나온 것이므로 타협점이 없다고 했다. 또한 성경은 영감받은 하나님의 말씀으로 유일한 권위라 했다. 그리고 삼위일체, 인간의 전적타락, 이 신칭의, 성경의 영감과 무오, 중생자 교회 회원의 교리를 믿었으며, 종교 다원주의를 거부하고 그리스도만이 하나님에게로 나아가는 유일한 길이라 했다.[180] 당시 다른 남침례교 선교사들 역시 라잇 부부와 유사한 보수적 신앙관을 가졌다. 남침례교 해외선교부는 자유주의 신학을 추구하는 사람은 선교사로 임명하지 않았다.[181] 남침례교 선교사들은 수많은 한국인에게 보수·복음주의 신앙을 전파했다.

1956년 6월에 도라 의사 부부가 병원 사역에 합류했으며, 1956년 7월에 브래넘은 호주 간호선교사 빈스 채터웨이(Vince Chattaway)와 함께 소아진료소를 개설했다. 그들은 매주 평균 150명의 아기에게 우유를 제공하고 예방접종을 실시했다.[182] 도라는 1925년 10월 10일 신실한 기독교 가정에서 태어나 10살에 회심했고, 어렸을 적부터 십일조를 드렸다. 공부도 탁월하게 잘해 고등학교 때 전국명예협회(National Honor Society)의 회원으로 뽑힐 정도였다.[183] 도라는 공과대학에 다니던 중 군인으로 전쟁에 참여했다. 프랑스, 벨기에, 독일 등지에서의 경험으로 선교사 소명을 갖게 되었다. 미주리주 세인트루이스에 있는 워싱턴대학교 의과대학에서 수학하고, 애틀랜타와 세인트루이스에서 인턴과 레지던트 과정을 거쳤다.[184] 도라는 소아과 분야 의료선교를 지망하는 메리 길리랜드(Mary Gilliland)와 1951년 1월 16일 결혼하여, 세 아들 프레드, 데이비드, 칼을 두었다.[185]

침례병원의 복음전도 사역은 갈수록 활성화되었다. 1956년 3월 초에 마련된 병원 채플에서 드려지는 예배에 연간 "평균 80명이 참석했고, 주일에는 약 150명이 참석했다."[186] 병원은 1956년 12월에 조이전 목사와 여자 전도사 한 명을 채용하여 아침에는 직원 예배를 인도하고, 오전과 오후는 대기 환자들에게 복음을 전하며 병실 전도를 하게 했다. 그들은 또한 문맹자를 위해 매주 두 번 야간 수업을 진행했다.[187] 병원 목회자들은 병원에서 회심한 사람들을 위해 계속-연결 프로그램(follow-up program)을 만들어, 퇴원 후에는 지역교회나 목사들과 연결되게 했다.[188] 여자 전도사, 폴라 라잇, 브래넘은 일주일에 한 번씩 퇴원한 환자들을 방문하여 상태를 살피며 전도하고, 특히 빈민 환자들에게는 약, 분유, 식용유, 옷 등을 나누어주며 전도했다.[189] 병원 채플을 통해 새로운 교회가 개척되었다. 병원을 통해 예수를 믿게 된 사람들은 당시 영도에 침례교회가 없어서 교회를 세우기로 했다. 1956년 12월 16일에 12명의 창립 회원과 15명의 침례 지원자가 영선 침례교회를 세웠다.[190] 당시 부산에는 9개의 침례교회가 있었는데, 그 중 4개 교회가 침례병원 사역으로 세워졌고, 2-3개 교회도 병원의 간접적 도움으로 세워졌다.[191]

6. 1957년도 의료선교

1957년도 침례병원 현황은 로버트 라잇이 병원장으로, 도라가 의료실장으로 봉직하고 있었다. 특이한 일은 루시 라잇이 간호사자격 국가고시 한국어 시험에 합격한 것이다. 라잇은 한국어로 시험을 보아서 간호사 자격증을 받은 최초의 미국인이었다.[192] 그러나 의사 선교사들은 해외선교부의 정책에 대한 불만으로 한국에서 계속 사역할지를 고민했다. 동양총무 크로리가 1957년 2월 21일에 라잇에게 보낸 편지에는 다음과 같은 내용이 있다: 도라가 두 번째 회기 사역을 위해 한국으로 돌아갈지 고민하고 있고, 라잇 역시 비슷한 입장인 것으로 안다. 당신들이 언어와 생활환경, 동료와의 관계에서 오는 곤란을 충분히 이해한다. 언어를 좀 더 이해하고 병원이 안정되면 완화될 수 있으니 좌절하지 말고 견뎌 달라.[193] 이처럼 크로리는 선교사들의 불만을 한국 생활 적응의 어려움으로 이해하고 다독이는 편지를 발송했다.

라잇은 크로리에게 다음과 같이 답장했다. 도라가 당신에게 보낸 편지에는 사태를 일으킨 근본 문제에 관해 언급되어 있지 않다. 내가 알고자 하는 것은 해외선교부가 램브라이트 부부(Lambrights)와 테버 부부(Tabors)에 대해 어떤 계획이 있는가이다. 두 가정은 한국으로 파송되도록 예정된 것으로 안다. 테버는 색소암을 진단받고 혼란스러워하고 있는데, 한국이 아닌 다른 지역으로 파송될 것이라는 소문을 듣고 더 힘들어하고 있다. 선교부가 테버를 한국으로 보내지 않으면, 나와 선교부의 관계는 매우 심각하게 될 것이다. 한국에는 3명의 의사 선교사가 필요한데, 현재 두 명밖에 없다. 한국인 의사는 큰 도움이 안 된다. 유일한 대안은 한국인 의사를 미국으로 보내 몇 년간 훈련받고 돌아오게 하는 것이다.[194] 침례병원을 1등급 병원이 되게 하려면 최소 4명의 의사가 필요하다. 우리가 1등급 병원을 지향하지 않으면 선교와 그리스도를

새로 읽는 한국침례교회사

증거하는 일도 같은 수준에 머물게 될 것이다. 일본은 4명의 의료선교
사와 행정 담당 선교사가 있는데, 한국은 단지 두 명뿐이다. 세 명이 있
는 인도네시아보다 적다.[195] 라잇 병원장의 이와 같은 강력한 항의 편지
는 효과를 발휘하여, 찰스 테버 부부가 1957년에 침례병원으로 왔다.

한편 라잇의 아내 폴라는 침례병원 사역을 위한 물자를 후원받기
위해 애썼다. 그는 미국의 후원자들에게 한국 어린이들에게 성탄절
선물로 배포할 비누, 치약, 칫솔, 손수건, 사탕 등을 보내달라고 하고,
병원 수술실에서 사용할 무명실과 실 감는 통(실패)도 함께 보내달라
고 요청했다. 그리고 물자를 보낼 때 미군 군사 우체국으로 보내면 반
송되므로 반드시 한국 우편 체제를 통해 보내야 하며, 세관 통과를 위
해 포장되지 않은 상태로 보내야 한다고 했다. 한국 주소 PO Box 76,
Pusan, Korea로, '한국 어린이들을 위한 구호물자'라는 문구를 표기하
지 않고 보내면 관세를 물게 된다는 점도 강조했다.[196]

7. 1958년도 의료선교

찰스 테버 부부가 1957년부터 서울에서 1년간의 어학연수를 마
치고 1958년 4월 10일 침례병원에 왔다. 이후 의사 로버트 도라(Dr.
Robert Dorrough)와 임상 병리사 레베카 램버트(Miss Rebekah Lambert)도
부임했다.[197] 1958년도 침례병원은 라잇이 병원장이었다. 수간호사
루시 라잇이 휴가를 떠나 브래넘이 대신 수간호사를 맡고 있었다. 그

리고 횟 간호선교사와 5명의 한국인 의사, 27명의 한국인 간호사, 1명의 병원 목사, 30명의 직원이 있었다.[198] 도라가 휴가를 떠났기 때문에 1958년 내내 병원에 상주한 의사 선교사는 라잇 원장이 유일했다.[199] 당시 부산에는 부산대학교병원과 몇몇 개인 병원이 있었으나 열악한 수준의 기본 시설만 갖춘 상태였다. 가톨릭 재단에서 운영하는 메리놀병원은 외래환자만 취급했고, 호주 장로교회가 운영하는 일신부인병원은 영아와 산부인과 진료만 담당하는 50병상 정도 규모의 병원이었다. 이들 병원에서 급한 수술 환자가 발생하면 침례병원으로 보내는 경우가 종종 있었고, 그럴 때면 병원 직원들이 가서 환자를 업고 오곤 했다. 침례병원은 수준 높은 외국인 의사들과 좋은 약품, 직원들의 헌신적인 봉사로 크게 인기를 누렸다.[200] 1958년까지 침례병원은 대체로 안정적으로 발전했으며, 환자들의 육체적, 영적 질병을 고쳐주는 일과 복음 전파 사역을 잘 감당했다.

전도와 교회개척

남침례교회는 구호사업과 의료선교로 한국선교를 시작했고, 1954년까지 두 분야에 많은 역량을 투입했다. 그러나 두 사업을 복음 전도와 교회개척이라는 남침례교 선교의 본래 목적과 항상 연계하여 실행

했다. 남침례교 해외선교부는 다음과 같은 선교 철학을 표명했다:

> 해외선교부의 목적은 다른 나라에 살고 있는 (우리의 경우는 한국) 모든 사람을 예수 그리스도에 대한 구원의 지식으로 가급적 속히 인도하기 위해 가능한 모든 일을 행하는 것이며, 그들이 기독교인으로 성장하고 토착교회의 회원으로 봉사하게 하는 데 있다. 앞서 언급한 목적에 관한 일반적 선언은 다음과 같은 몇 가지 구체적인 목표를 제시한다: (1) 예수 그리스도의 복음을 (한국의) 모든 사람의 마음을 끌 수 있을 정도로 효과적으로 전파하며; (2) 모든 기독교인의 교제와 사역의 기초 단위인 신약교회를 세우고; (3) 전도와 교회의 성장을 위해 증명된 원리와 방법들, 불가피한 적용을 유용하게 사용하고; (4) 침례교회들이 교단 기관들을 구성하는 일에 서로 협력하게 하며, 기관들을 통해 자체적으로 하나님 왕국의 사역을 감당하게 한다.[201]

이처럼 복음의 직접적인 전파를 통해 자립·자치적 교회를 세우며, 교단 체제를 설립하는 것이 남침례교회 해외선교의 근본 목적이었다.

1. 1951년도 전도와 교회개척

남침례교회 선교부는 구호사업을 통해 전도하며 새로운 교회를 세웠다. 애버네티는 1951년 여름에 600명 이상에게 침례를 주었고, 그 외에 많은 사람이 복음에 관심이 있음을 발견했다고 남침례교회에 보고했다. 부산에서는 한국인뿐만 아니라 미군과 미국인 선원들도 복음을 듣고 부산 앞바다에서 침례받았다.[202] 애버네티와 안대벽 목사가 설교할 때 수백 명의 전쟁포로, 다친 한국 군인들, 부산 시민들이 예수를 영접했다. 당시는 전시여서 집회 중에 미군의 제트 비행기가 천둥소리를 내며 머리 위로 날아가곤 했다.[203] 애버네티는 부산에서 매주 금요일 저녁에 "침례교 시간"(Baptist Hour)이라는 프로그램을 마련하여 예배와 친교의 시간을 만들었다. 그 모임에는 부산과 인근의 미군들도 참석했다. 은혜를 받은 미군들은 부산범일동교회를 세우는 일에 도움을 주었다.[204] 한편 남침례교 군목인 데이비드 위버(David E. Weaver)는 1951년 원주에 한 예배당을 매입하여 피난민들의 예배당과 학교로 사용하도록 했다. 그는 한국을 떠나기 전에 그것을 침례교 재산으로 남겼다. 미공군의 군목으로 1951년에 수원에서 근무하였던 데이비드 쉘톤(David K. Shelton)은 구호사업과 복음 전파를 실행했는데, 그것은 수원중앙침례교회의 모태가 되었다.[205] 쉘톤은 코든에게 한 젊은 한국 목사를 추천하며 미국에서 공부할 수 있는 길을 열어줄 것을 부탁하기도 했다.[206]

구호사업, 의료선교, 직접 전도 등으로 많은 사람이 교회로 모이자, 교회당 건축이 시급한 일이 되었다. 당시에는 선교사들뿐만 아니라 미군도 예배당 건축에 도움을 주었다. 남침례교 군목 루이스 프루위트(Louis L. Prewitt)가 1951년 부산에 있던 침례교 피난민들에게 군대 텐트를 제공한 적이 있는데, 그것이 씨앗이 되어 부산충무로교회가 세워졌다.[207] 부산충무로교회는 부산의 요충지에 건축되어서, 대지가 교회에 등록된 이후에도 세 그룹이 경쟁적으로 그 땅을 차지하려 했다. 그런 과정에서 예배당 건축을 금지하는 법원의 고지서가 날라오기도 했다. 그럼에도 예배당 건축은 지속되었다.[208] 부산충무로교회는 1952년 4월에 완공되었다. 건축에 필요한 재정은 남침례교회의 '로티 문 크리스마스 헌금'(Lottie Moon Christmas Offering)으로 충당됐다.[209] 선교 초창기에는 교회 건축에 필요한 자금 대부분을 선교부가 제공했다. 그러나 한국침례교인들도 교회 건축에 힘을 보탰다. 예를 들면, 칠산교회는 예배당 대지를 매입하기 위해 성미를 모았고, 그 교회의 담임목사는 가장 좋은 논을 팔아 헌금했다. 그들은 2년 만에 금강이 내려다보이는 7개의 높은 언덕 중 하나를 대지로 매입하고 건축을 시작했다. 그러나 예배당을 완공할 만큼의 자금을 확보하지 못하여 부족분을 선교부가 구호기금으로 메꾸어 주었다.[210]

2. 1952년도 전도와 교회개척

한국침례교회는 1952년에도 부산을 중심으로 성장을 이어갔다. 부산충무로교회에는 한국인뿐만 아니라 미군 병사도 예배에 참석했다. 애버네티는 주중에 교회에서 4개의 성경공부반을 운영했는데, 어떤 반은 참석자가 150명 정도가 될 만큼 눈부시게 성장했다.[211] 남침례교회의 지원으로 한국에서 거의 알려지지 않던 침례교회가 급속히 알려지기 시작했다. 1950년대 초 한국에 있던 미국 개신교 군목 70명 중 50명이 침례교 목사였고, 미군 군목의 최고 지휘관 육군 소장 로이 파커(Roy H. Parker)는 남침례교인이었다. 이들 군목은 수시로 부산충무로교회의 한국선교부를 방문하였고, 그들의 방문은 침례교회가 널리 알려지는 결과를 가져왔다.[212] 안대벽 부부의 폭넓은 대인관계 역시 침례교 발전과 인지도 상승에 기여했다. 안대벽은 이승만 대통령과 친구로 지냈으며, 이순도는 이승만의 부인 프란체스카의 한글 선생 겸 통역으로 일하였다. 이런 배경으로 남침례교 선교사들은 한국 정부 기관들에 자유롭게 접근할 수 있었다. 가끔 함태영 부통령이 경찰과 경호원들의 삼엄한 경비를 받으며 부산충무로교회의 주일예배에 참석하곤 했다.[213]

한국침례교회가 급성장하던 때에 빌리 그래함이 한국을 방문했다. 그래함은 재한 미군 군목들의 요청에 따라, 6·25전쟁에 참전하는 미군들을 위로하기 위한 목적으로 1952년 12월 15일 한국에 왔다. 그의 한국 방문과 집회는 군소 교단인 한국침례교회를 한국 사회에 알리고 호감도를 높이는 계기가 되었다. 주한 남침례교 선교사들이 그래함의 내한과 집회 전반을 기획하고 도왔다.[214] 그래함은 월드비전 창설자 밥 피어스(Bob Pierce)를 비롯한 여러 명의 목사와 함께 육군 이동병원을 방문하며 부상 장병들을 위로했다.[215] 그리고 부산 충무로 광장에서 "맘문을 활짝 열고 그리스도를 영접하라"라는 제목으로 설교하며 집회를 인도했다.[216] 애버네티가 남침례교회에 제출한 그래함

의 부산 집회에 대한 보고서는 당시의 모습을 생생히 보여준다:

집회에 참석하러 온 많은 군중을 다 수용할 수 있는 강당이나 큰 텐트가 없어서 야외 공원에서 집회할 수밖에 없었다. 찬 북풍과 눈 덮인 산에서 불어오는 차가운 바람이 먼지가 자욱한 공원을 통과했다. 그러나 수천 명의 한국인과 미국 군인 및 선원들은 집회 장소로 발걸음을 옮겼다. 집회의 마지막 밤에는 약 1만 명의 군중이 모였다. 사람들은 짚으로 된 멍석을 깔고 앉았으며, 집회 장소의 모서리에 있는 사람들은 서서 설교를 들었다. 미군 군복을 입은 빌리는 십자가의 오랜 옛이야기를 마음으로부터 쏟아냈다. 초청 시간에 수백 명의 사람이 강단 앞으로 나와 그들의 죄를 고백하고 그리스도를 구주로 영접했다. 2,000명 이상이 결신 카드를 제출했는데, 그중 많은 수가 미군이었다.[217]

이처럼 부산에서 개최된 그래함의 집회는 2,000명 이상이 예수 영접 카드를 제출하는 등 성황을 이루었다. 부산 집회는 그래함에게도 깊은 인상을 남겼다. 그는 미국으로 돌아가 다음과 같은 글을 남겼다:

만일 오늘날 사도행전에 기록된 오순절 성령의 역사를 믿을 수 없다면 지금 한국으로 가보라. 많은 피난민이 부산 바닷가 산언덕에 천막을 치고 난로도 피우지 않은 채 새벽 4시에 열심히 기도하며 거리에서 전도하는 모습을 볼 수 있다. 수백 명의 목사, 전도사가 공산당에 의해 죽임당하고 끌려가서 생사를 모르는 상태에 있다. 그런 가운데서도 신학교마다 수백 명이 모여 순교자의 뒤를 따르기로 결심하며 열심히 공부하고 있는 모습을 이 눈으로 똑똑히 보았다.[218]

그래함은 부산에서 집회를 마친 후 서울로 올라가 20일부터 23일까지 영락교회에서 기독교연합회 주최 부흥회에서 설교했다. 매일 밤 1,000여 명이 참석했고 100명의 결신자가 나왔다.[219] 남침례교 선교사들은 그래함의 서울 집회를 위해서도 긴밀히 협력했다. 집회 후 애버네티는 그래함 목사 일행에게 한국 음식으로 저녁을 대접하며 한국침례교회의 역사와 현황에 관해 설명했다. 만찬 때 안대벽 부부가 동참했는데, 그는 그래함 일행에게 펜윅의 10만 평 규모의 원산 농장과 선교활동에 관해 말해주었다.[220] 그래함의 방한은 재기를 위해 몸부림치는 한국침례교회에 적지 않은 위로가 되었을 것이다. 한국침례교회는 1952년에 거의 매주 새로운 교회가 개척되는 기적을 경험했다. 1951년 5월에 40개 교회가 1952년 말 134개의 교회로 증가했다. 1952년 한 해 동안 1,128명이 예수를 영접하여 침례받았고, 8,396명이 침례 예비자로 있었다. 이 숫자는 빌리 그래함의 부산 집회 때 영접 카드를 제출한 사람을 포함하지 않은 수였다.[221] 1952년은 한국침례교회가 회생하는 해였다.

3. 1953년-1954년도 전도와 교회개척

1953년과 1954년에는 구호사업이 축소된 것과, 부산을 떠나 고향으로 돌아간 교인들이 원래 교단으로 돌아간 이유 등으로 교인 수가 1952년에 비해 큰 폭으로 감소했다. 침례교인의 총수는 1952년 11,318명, 1953년 4,844명, 1954년에는 6,436명의 분포를 보였다.[222] 유엔군과 국군의 1950년 9월 28일 서울 수복 후, 많은 사람이 서울로 돌아갔으며 한국침례교 총회와 선교부 본부도 1953년 후반에 부산에서 서울로 옮겨 갔다.[223] 한국침례교회는 소위 구호물자 교인이 빠져나가 교인 수가 줄었으나, 목회의 질적 향상과 예배당 신축, 개교회와 교단 기관들의 설립 등 장기적 발전의 기틀을 놓고 있었다. 목회의 질적 향상을 위해 선교부는 목사와 교인과의 만남을 늘리는 정책을 펼쳤다. 당시 침례교회는 동아기독교 시대의 순회 목회 전통을 유지하고 있었는데, 예를 들면, 1953년 당시 56세였던 신성균 목사는 17개 교회를 담임하면서 3,200명의 교인을 돌보았다. 그는 매주 3개 교회를 방문하고, 2개월에 한 번씩 각 교회에서 성찬을 집례했다.[224] 이런 상황에서 선교부는 10대의 자전거를 배포하여 목사들의 교회 방문에 도움을 주었다.[225] 1953년 5월 총회 때, 124개의 교회 및 예배 처소 모임이 있었다. 1952년부터 1953년 5월까지 3,800명이 침례받았고, 15,000명의 침례 문답자와 18,000명의 주일학교 학생이 있었다.[226] 구호물자 교인들이 대거 이탈해 나간 자리에는 침례교 신앙을 이해하고 믿는 사람들로 채워지기 시작했다.

4. 1955년도 전도와 교회개척

남침례교 한국선교부는 1955년에도 구호사업을 지속했다. 애버네티는 총회 구호위원회의 위원장으로 여전히 활동했고, 렉스 레이 부부는 호주침례교총회 파송 선교사 빈스 채터웨이 부부와 함께 구호물자를 나누어주었다.[227] 그러나 선교사들은 지역을 방문하여 전도하고 교회를 개척하는 일에 더 많은 시간을 썼다. 애버네티는 1955년에 38선 지역의 한 마을을 방문하여 복음을 전하였고, 레이의 아들 대니얼 레이는 시골 마을들을 방문하여 복음을 전하고 침례를 베풀었다. 파커 부부는 부산에 있는 중국인 거주자들(화교)에게 복음을 전하였는데, 그들은 당시 남한에 있던 20,000명의 화교를 상대로 사역하는 초교파적으로 유일한 선교사였다.[228] 애버네티는 다음과 같은 전도와 관련된 일화를 소개했다. 그는 1955년에 자신의 운전기사 김씨를 전도했는데, 그는 15년간 순종의 황후 윤씨의 운전기사로 일했던 사람이었다. 김씨는 애버네티 부부를 왕궁으로 데려가 왕실 전용 차고에 전시된 서리형(surrey) 마차, 프랑스 자동차, 캐딜락 등을 보여주었다. 애버네티는 종종 차를 타고 나가야 했으며 자동차 관리도 필요했기 때문에, 자신의 저택에 김씨가 거처할 작은 방을 마련해 주었다. 김씨는 애버네티 부부와 함께 살면서 성경과 신앙 잡지를 읽는 데 많은 시간을 보냈다. 그는 마침내 개종했고 금붕어들이 살고 있던 애버네티 집 정원의 연못에서 침례받았다. 그 정원의 연못은 서울침례교회 예배당이 완공되기 전까지 침례 장소로 사용되었다. 김씨는 얼마 후 자

기 가족을 전도했다.[229]

　선교사들은 예배당 건축에도 관심을 기울였다. 애버네티는 1955년 가을경 비무장 지역에 인접한 강원도 양구에 있는 3개의 침례교 모임이 예배당이 없어 어려운 상황이라는 소식을 듣고 양구를 방문했다. 그곳에는 100여 명의 침례교인이 낡은 군대 천막에 모여있었다. 애버네티는 교인들이 마을의 요지에 예배당 부지를 확보해 놓았으나, 그들의 재정 형편으로는 추운 겨울이 오기 전에 예배당 건축을 완공할 수 없음을 알고 지원했다.[230] 애버네티 일행은 양구에서 약 24킬로미터 떨어진 옥산포로 갔다. 그곳의 침례교회는 이미 예배당을 짓고 있었으나 물자가 소진되어 예배당을 완공할 수 없었다. 애버네티는 침례교 군목협회(Baptist Chaplains' Association)에 이들 교회의 상황을 알렸고, 군목들은 교회들을 돕기로 했다. 그 결과 군사 접경지역에 3개의 침례교 예배당이 완공되었다.[231] 한편 말러는 북구리라는 산골 마을에 있는 30여 명의 침례교인들이 3년 동안 낡은 천막에서 예배드리는 것을 보고 예배당을 지어주었다.[232]

　서울침례교회의 건축은 특별한 과정을 통해 이루어졌다. 서울 수복 이후 서울로 돌아간 부산충무로교회 교인들은 비어 있던 절간을 임대하여 예배 장소로 사용했다. 비록 절에서 모였으나 교회는 계속 성장했다.[233] 그런데 어느 날 국방부 장관이 절과 그 옆에 있는 고아원을 수용하여, 절은 한국전 참전 군인들의 유해를 안치하는 건물로, 고아원은 사무실로 사용할 것이라는 포고문을 발표했다. 얼마 후 건물을 비우기 위해 일단의 무리가 고아원으로 들이닥쳤고 123명의 고아는 저항했다. 그 과정에서 고아 10명은 폭행당하여 얼굴에 상처를 입기도 했다.[234] 애버네티는 이 문제를 상의하기 위해 그날 오후 경무대에 이승만 대통령 면담을 청원했다. 경무대는 다음 날 오전 11시에 대통령을 만날 수 있다고 했다. 다음 날 애버네티 부부와 최 목사, 안대벽 부부 5명이 경무대로 갔다. 그들은 어떤 방에서 대기하도록 조치되었다. 얼마 후 비서가 "선교사님들이 조금 일찍 오셨으나, 대통령이 들어오시도록 했다"라는 말과 함께 집무실로 안내했다. 한국인 동행자들은 면담 허가 명단에 포함되지 않아서 그 방에 머물러 있어야 했다. 이승만 대통령은 일어나 앞으로 다가와 악수를 청했다. 애버네티 부부와 이승만 세 명은 향기로운 중국차가 놓여 있는 작은 탁자에 앉았다. 애버네티는 에덴고아원의 사정을 대통령에게 설명하고 이순도가 고아원 원장이라는 것도 알려주었다. 이승만은 그 사건에 관해 전혀 듣지 못했다며 경무대 경찰서장에게 즉각 자세한 조사를 명령했다. 이승만은 "한국 정부가 그 건물이 꼭 필요해서 수용하려 했을 것이나, 그런 방식으로 해서는 안 된다"라고 했다.[235] 주얼 애버네티는 이승만에게 "작년 부산에서 신년 교례회 때 만났을 때보다 건강해 보이십니다"라고 말하며, "한국에 평화가 가능할 것 같습니까?"라고 질문했다. 이승만은 "백만 명의 중국군이 북한을 헤집고 다니는데 어떻게 평화를 기대할 수 있겠는가?"라며 굳은 얼굴로 대답했다. 면담은 20분 정도 걸렸다. 다른 방에서 기다리던 사람들은 대통령과의 면담은 보통 5분을 넘지 않는데 어떻게 20분이나 대통령과 대화할 수 있었는지 놀라워했다.[236]

대통령과의 면담으로 어느 정도 시간을 벌었으나, 예배당 건축은 꼭 필요한 상황이었다. 애버네티는 자신의 저택에서 모이던 주한미군 침례교 군목들의 정기 모임에서 예배당 건축을 논의했고, 군목들은 15,000달러를 모금해 주며, 주한미군의 물자, 트럭, 불도저, 기술자들을 동원해 주겠다고 약속했다. 미국 정부는 전쟁이 끝난 후 남은 미군 물자를 특별한 목적에 사용되도록 하였는데, 예배당, 학교, 병원, 고아원이 그 대상이었다.[237] 남침례교 해외선교부는 라티문 성탄 헌금에서 50,000달러를 지원했다. 1954년 7월 27일 정초식 예배가 드려졌고, 그때 영어와 한국어로 기록된 두 개의 머릿돌을 놓았다. 머릿돌에는 "침례교 군목들과 한국에서 싸우다 목숨을 바친 사람들을 기억하며. 요한복음 15장 13절. 1954년 7월 27일"(In memory of Baptist chaplains and men who fought and laid down their lives in Korea. John 15:13. July 27, 1954)이라는 문구가 새겨졌다. 정초식 예배는 1부와 2부로 나뉘어 드려졌는데, 1부 영어예배는 중령 군목 애드워드 어네스(Edward Eanes)가 사회를 보았고, 애버네티와 미군 8연대 연대장 J. W. 보웬(Bowen) 대령이 순서를 맡았다. 2부 예배는 강성주 목사가 사회를 보았고, 최성업 목사가 헌당 기도를 했다. 강성주와 애버네티가 머릿돌을 놓았고 찬양대가 노래를 불렀다. 교회명은 서울기념침례교회(Seoul Memorial Baptist Church)로 하였다. 교회명이 필동교회에서 서울침례교회로 바뀐 것이다.[238] 서울침례교회는 본당 1,200석 규모의 당시 한국에서 가장 아름다운 건물 중 하나로 1954년 12월 28일에 헌당되었다. 1954년 말 서울에는 아현동교회(서울제일침례교회), 영등포교회, 서울침례교회 등 3개가 있었다.[239] 서울침례교회를 비롯한 한국의 초기 교회당들은 남침례교회의 라티문 성탄 헌금으로 세워졌다. 최초의 라티문 예배당은 1952년에 완공한 부산충무로교회였다. 다음은 대전 대흥침례교회였고, 세 번째는 1953년 12월에 완공한 서울 영등포침례교회였다. 1954년에는 마산과 대구에 예배당을 건축했다. 이후 아현동교회와 서울침례교회가 라티문 헌금으로 지어졌다.[240]

5. 1956년-1958년도 전도와 교회개척

이 시기 남침례교 선교사들의 전도와 교회개척 활동은 다음과 같다. 파커 부부는 서울과 부산에 있는 중국인들을 상대로 목회했고, 1956년은 부산에, 1957년은 서울에 각각 중국인 예배당을 헌당했다.[241] 말러는 창리라는 마을을 방문했는데, 그들 일행이 도착하자 마을의 종이 울렸고, 마을 사람들은 말러의 설교를 듣기 위해 모두 방앗간 마당에 모여 앉았다. 말러는 예수를 모셔 드리라는 단순한 설교를 했음에도 100명이 넘는 사람들이 그리스도를 영접했다. 이에 말러는 오래된 집을 사서 예배당으로 사용하도록 기증했다. 말러는 또한 대전의 여성들이 일하는 공장 내에 있는 예배 처소에서 설교했다. 44명의 여성이 예배에 참석했고 그중 21명이 회심했다. 그는 또한 공주에서 3일간 부흥회를 인도했는데, 27명의 남자 고등학생과 4명의 성인이 예수를 영접했다.[242] 다니엘 레이는 1957년에 남침례교 선교사 중 최초로 울릉도를 방문하여 설교했다. 그것이 계기가 되어 남침례교 선교사들은 1959년에 울릉도에서 지도자 강습회를 개최했다. 존스 부부, 루시 와그너, 6명의 신학생, 통역관 등이 10일간 강습회를 인도 했다.[243]

월락스와 레이는 1958년에 청주 문의마을에 있는 천막 교회를 방 문했다. 교인들은 낡은 천막의 차디찬 바닥에 앉았으나 설교에 열정 적으로 반응했다. 문의교회 교인들은 인근 노양마을에 복음의 씨앗을 뿌려놓은 상태였다. 월락스는 노양마을에 가서 수개월 동안 머물며 사역했다. 결국 노양마을의 어른들은 마을회관을 예배 장소로 사용하 도록 허락해 주었다. 보리와 쌀을 탈곡하고, 고추를 말리며, 민요를 부 르며 춤을 추는 장소로 사용되던 마을회관은 약간의 수리를 거친 후 예배당으로 사용되었다.[244] 노양교회 교인들은 자신들이 산 너머 마동 마을에 복음을 전했으니, 월락스가 그곳을 방문해 달라고 했다. 월락 스 일행은 "참새, 메뚜기, 산에서 나는 뿌리 식물로 구성된 점심을 먹 고 산 너머에 있는 마을을 향해 갔다." 적막한 산길을 수 킬로미터를 걸어서 도착한 마동마을은 백인이 한 번도 온 적이 없는 곳이었다. 선 교사 일행은 마을 어른들과 눈이 휘둥그레진 아이들의 환영을 받았 다. 사람들은 단순한 말씀에 반응했고, 마을 전체가 기독교를 믿는 쪽 으로 결정했다. 마을 사람들은 모든 소유를 그리스도께 드리려 하였 고, 선교사들은 그 모습을 보며 전율을 느꼈다.[245] 말러 부부는 1958년 봄에 한 천막교회에서 집회를 열었다. 집회는 그러나 성공적이지 못 했다. 마을 사람들은 외국인에 대한 호기심에 집회 장소로 왔으나, 예배당 안으로 들어오지 않고 밖에서 계속 떠들기만 했다. 아이들은 천막을 향해 돌을 던지며 큰 소리로 웃어댔다. 선교사들이 돌아가기 위해 지프차로 걸어갈 때, 동네 아이들이 쫓아왔다. 말러는 아이들에게 이집트로 팔려간 요셉의 이야기를 들려주고, 요한복음 3장 16절을 따라 읽게 했다.[246]

남침례교 해외선교부는 군인 전도도 일찍이 염두에 두고 있었다. 횟 선교사에 의하면, 1956년에 내한한 말러 부부는 원래 군인 전도를 위한 목적으로 파송되었다.[247] 그러나 군인 전도는 가이 핸더슨이 시작했는데, 그가 1958년 여름 미시시피주 키슬러 공군본부에서 훈련받던 이희호라는 한국 공군 하사를 만난 일이 계기가 되었다. 이희호는 미국에 있는 동안 핸더슨이 담임하는 빌록시(Biloxi)의 임마누엘침례교회를 다녔다. 핸더슨 부부는 한국 선교사로 임명받고 1958년 9월에 예일대학교 극동언어연구소(Institute of Far Eastern Languages)에서 한국어를 공부한 후 내한했다. 핸더슨은 오클라호마 제일침례교회 담임목사 허셀 홉스가 강사로 설교한 1959년 대전 대흥침례교회 부흥회에서 이희호를 만나게 되었다. 이희호는 부흥회 기간에 예수를 영접했고, 그 장면을 본 핸더슨은 50만 한국 군인의 복음화를 꿈꾸게 되었다.[248] 남침례교회는 복음 전파와 교회 개척을 선교의 궁극적 목적으로 믿고 그것을 위해 시간과 자원을 사용했다.

침례교 정체성의 주입

선교 초창기부터 남침례교 선교사들은 침례교 전통을 한국침례교회에 심으려 애썼다. 한국침례교인들은 이미 대한기독교회 시절부터 유아세례를 반대하고 신자의 침례를 실행해 왔다. 애버네티는 자기의 집 앞뜰 연못에서 침례식을 행하며 신자의 침례가 침례교 정체성의 핵심임을 재차 인식시켰다.[249] 선교사들은 개교회를 방문해 침례식을 거행하며 침례는 그리스도와 함께 죄에 죽고 의(義)의 몸으로 다시 살아나는 것을 상징하는 의식이라 가르쳤다.[250] 선교사들은 침례식 거행 외에도 침례교 저서들을 번역 출판하거나, 침례교 전통에 관한 글을 기고하여 침례교 정체성을 한국침례교회에 주입했다. 예를 들면 애버네티는 동아기독교회의 「달편지」 이후, 한국침례교회의 두 번째 공식적인 교단 월간잡지로 1953년 9월에 출판된 「뱁티스트」지의 제1집에 침례교 교회론을 설명했다. 그는 "침례교회는 어떠한 교회인가?"라는 제목의 글에서, 성경중심주의, 중생자 교회회원, 상징으로서의 침례와 성찬, 신자의 침례, 목사와 집사의 두 직분, 전도와 봉사의 강조 등을 침례교 정체성을 구성하는 교리로 설명했다.[251]

남침례교 선교사들은 또한 계승설을 침례교 기원설로 소개했다. 1953년 9월의 「뱁티스트」 초판에, "거룩한 혈통"이라는 제목의 글에서, 제이 엠 케롤(J. M. Carroll)의 『피흘린 발자취』(The Trail of Blood)의 요약본을 게재하며 계승설을 침례교의 기원으로 이해하게 했다. 캐롤의 주장은 다음과 같다: 오직 침례교회만이 신약교회를 참되게 계승했다. 왜냐하면 신약교회의 특성은 개교회 자치, 민주적 교회 정체, 상징적 의식으로서의 침례와 주의 만찬, 중생자 교회 회원, 믿음의 자발성, 교회와 정부의 엄격한 분리, 신자의 침례 등인데 침례교회만 그런 특성을 보존하고 있기 때문이다.[252] 캐롤의 『피흘린 발자취』는 1957년 6월에 단행본으로 출판되었다. 이 책은 가톨릭교회가 침례교인 5천만 명 이상을 죽였다고 했다. 책 표지는 침례교인들의 순교를 상징하기 위해 빨간색으로 처리했다.[253] 그 책은 마가렛 부루스의 『소녀회 입문』과 함께 미국 남침례교 선교사들이 한국어로 출판한 최초의 책으로서 한국침례교인들로 하여금 계승설을 참된 침례교회의 기원으로 인식하게 했다.[254] 그때부터 한국침례교인들은 계승설을 진정한 역사요 유일한 침례교 기원으로 믿었다.

한국침례교회에서 계승설이 유행한 것은 두 가지 이유에서였다. 첫째, 남침례교 선교사들의 영향이다. 애버네티를 비롯해서 1950년-1960년대에 한국에 온 남침례교 선교사들은 남침례교회에서 계승설이 인정되던 1855년부터 1940년 사이 신학교에서 수학했다. 당시 한국에 온 남침례교 선교사들은 모두 사우스웨스턴침례신학교 출신인데, 이 학교가 소재한 텍사스는 계승설의 본산지로 사우스웨스턴은 계승설을 앞장서 주장한 학교였다. 애버네티와 초기 선교사들은 1920년-1940년대에 신학교를 다니며 계승설을 배웠다. 따라서 적어도 1970년 이전까지 한국에 온 남침례교 선교사들은 모두 계승설을 믿었다고 볼 수 있다. 당시 선교사들의 영향은 절대적이었으므로 한국침례교인들은 남침례교 선교사들이 가르친 계승설을 참된 침례교 기원으로 믿었다.

둘째, 말콤 펜윅의 영향이다. 계승설은 세대주의 역사관을 침례교 기원에 적용하여 만들어진 이론이었다. 남침례교회에서 계승설 주창자는 제임스 그레이브스였는데, 그는 세대주의자였으며 계승설을 미국에 퍼뜨린 장본인이었다.[255] 그런데 한국침례교인들은 이미 펜윅의 영향으로 세대주의 사상을 믿고 있었으므로 계승설이 낯설지 않았고 쉽게 받아들일 수 있었다.[256] 한국침례교인들은 남침례교 선교사들이 계승설을 전해주기 이전에 J. M. 캐롤의 교회관과 매우 흡사한 교회관을 소유하고 있었다. 더욱이 타 교단으로부터 이단이라는 소리를 들을 정도로 무시당하는 현실과, 많은 순교자를 배출한 교단 역사는 한국침례교인들로 하여금 계승설을 깊이 공감하게 만들었다. 이런 이유로 계승설은 오랜 기간 교단에서 독보적인 위치를 점하였다. 그러나 1980년대부터 한국침례교 교회사학자들이 계승설의 문제점을 지적하면서 점차로 약화되었다.

교회 부서와 총회 기관 설립

남침례교 선교사들은 구호사업과 의료선교를 통해 한국침례교회를 회생시킨 이후, 교회의 부서와 총회의 기관을 설립했다. 그들은 남침례교회의 체제를 한국침례교회에 이식하여 남침례교회와의 동질성 강화와 한국침례교회의 장기적 발전을 구축하려 했다.

1. 학생부와 청년부의 설립

한국침례교회의 학생부와 청년부 사역은 미군과 선교사들이 도입했다. 애버네티는 부산충무로교회에서 매주 금요일 저녁 "침례교 시간"(Baptist Hour)이라는 모임을 이끌었으며 그 모임에는 미군들도 참석했다. 은혜를 받은 미군 병사 중 프레드 버넷 2세(Fred C. Burnette, Jr)와 토마스 풀리암(Thomas A. Pulliam)은 남침례교회 남자 학생부 단체 "왕의 사신단"(Royal Ambassador; RA)을 최초로 소개하고 운영했다. 그들은 부산범일동교회를 세우는 데도 도움을 주었다.[257] 1953년에 내한한 아이렌 브래넘과 루비 휫 간호선교사들이 왕의 사신단의 행정 책임을 담당했다. 그리고 그해에 여자 학생부 "소녀회"(Girls in Auxiliary; GA), 남자 청년부 "신앙훈련회"(신훈회, Baptist Training Union; BTU), 18-25세의 미혼 여자 청년 모임인 "여자청년회"(Young Women's Association; YWA), 5세부터 9세까지 어린이들의 신앙교육 단체인 "일광회"(Sunbeam Band) 등이 조직되었다.[258] 여자청년회는 1953년에 내한한 다월의 부인 오마 다월(Oma Lee Dowell)이, 일광회는 주얼 애버네티가 각각 담당했다.[259] 선교사들은 1953년에 전국 규모로 왕의 사신단과 소녀회 여름 캠프를 개최하여 100명의 소년과 57명의 소녀에게 신앙훈련과 단합의 시간을 제공했다.[260] 부산충무로교회와 범일동교회에서 시작된 학생부와 청년부 모임은 곧장 전국으로 확산되었다. 왕의 사신단은 그리스도의 사신으로 교회출석, 성경암송, 봉사, 전도 등의 실적에 따라, "공사, 기초대사, 전권대사, 흠정대사" 등으로 진급하도록 하여 소년들의 참여를 격려했다. 소녀회는 "처녀, 시녀, 공주, 왕비, 섭정왕후, 전권왕후" 등의 등급을 두었고, 면류관과 홀을 든 왕후의 지위에 올라가면 대대적으로 축하해 주며 신앙심을 북돋웠다.[261]

1954년 8월에는 신훈회, 왕의 사신단, 소녀회가 합동으로 여름 캠프를 개최했다. 1953년에 2개의 신훈회가, 1954년에 36개로 증가했다.[262] 1954년 12월 현재 아이렌 브래넘이 신훈회를, 루시 라잇이 부인전도회를, 루비 휫이 왕의 사신단, 소녀회, 일광회를 맡고 있었다.[263] 1955년에는 주얼 애버네티가 부인전도회와 일광회를 맡았다.[264] 다월은 왕의사신단 지도자 캠프를 인도했으며, 그의 부인 오마는 여자청년회를 돕는 사역을 했다. 브레넘은 부산지역 교회들의 신앙훈련회를 돕는 일과 기독교 문서 번역 사역을 했으며, 휫은 왕의사신단과 소녀회가 사용할 교재의 번역과 1955년 소녀회 여름 캠프를 주관하는 일을 했다.[265] 선교사들은 1955년 여름 캠프를 통해 소녀회와 왕의 사신단 회원들에게 전도 훈련을 시키고 주일학교 교사가 될 수 있도록 교육했다. 캠프의 마지막 날에는 대게 그 지역을 다니며 전도했는데, 그러한 활동은 때때로 새로운 교회가 개척되는 결과를 가져오기도 했다.[266] 애버네티 부부가 1955년 12월 5일 휴가차 미국으로 떠나자, 루시 와그너가 부인전도회와 일광회 사역을 이어받았다.[267]

선교사들은 1956년 8월 학생부와 청년부 합동으로 여름 캠프를 대대적으로 개최했다. 20개 교회에서 52명의 청년부 회원, 87명의 소녀회 회원, 100명 이상의 왕의사신단 회원이 참가했다. 그중 13명이 신앙을 고백했고, 7명이 침례받았으며, 많은 사람이 재헌신했다.[268] 캠프는 사명을 발견하는 기회도 제공했다. 소녀회 대표 중 한 명은 시골 아이들에게 예수님에 대해 말해주는 사람이 없어 안타깝다며, 앞으로 간호사 의료선교사가 되어 시골 마을들을 다니며 예수를 전하고 싶다고 했다. 어떤 여자청년회 회원은 글을 몰라 성경을 읽지 못하는 사람들을 위해 크리스천 교사가 되어 문맹을 없애는 일에 헌신하겠다고 했다. 다른 청년들은 하나님이 인도하시면 어디든지 가겠다고 고백했다.[269] 청년부 캠프의 하이라이트는 주일 저녁에 실시한 전도 집회였다. 젊은이들은 주일 오후 동네로 나가 사람들을 집회로 초청했다. 집회 시간이 되자 아이들이 먼저 왔고, 얼마 후 어른들도 와서 총 200명 이상이 집회에 참석했다.[270]

1957년 학생부와 청년부 사역 중 의미 있는 사역은 루비 횟이 마가렛 부루스(Margaret Bruce)가 쓴 『소녀회 교본』(GA Manual)을 한국어로 번역 출판한 것이다. 『소녀회 교본』은 남침례교회의 서적 중에서 한국어로 번역된 최초의 책 가운데 하나이다. 이 책은 소녀회의 특성들과 회원들의 임무 즉, 거룩한 삶과 봉사, 청지기의 삶, 성경 공부, 전도, 선교, 기독교 서적, 독서 등에 관해 설명했다.[271] 1958년에는 무창

새로 읽는 한국침례교회사

포 침례교 캠프장에서 3주간 여름 캠프를 실시했다. 캠프장에는 긴 막사같이 생긴 4개의 기숙사, 채플, 샤워장 등 6개의 건물이 완공된 상태였다. 청소년부 50명, 소녀회 26명이 등록했다. 캠프 일정은 성경공부, 설교, 그룹 토론, 찬양, 레크레이션 등으로 이루어졌다. 캠프 기간에 39명의 결신자가 나왔으며, 어떤 학생은 불교 신자인 부모님을 전도할 것이라고 공언했다.[272]

청년부 사역은 주한미군의 참여로 풍성해졌다. 예를 들면 1958년에 서울침례교회에서 시작된 "영어신앙훈련회"(English-speaking Training Union)가 그것이다. 남침례교 출신 군인들은 교회를 도울 일을 찾다가 기존의 신훈회 외에 영어로 말하는 신훈회를 만들었다. 영어신훈회는 한국 여성들의 미군에 대한 부정적 시각을 개선하는 효과를 가져왔으며, 미국 청년들에게는 한국 기독교 신자의 열정에 도전받는 계기를 주었다.[273] 영어신훈회는 미국인들에게 한국 문화를 소개하는 역할도 했다. 영어신훈회 회원 프랭크 버저(Frank Burger)는 "나는 한국인 가정을 방문하는 것이 즐겁다. 뜨거운 온돌방에 방석을 깔고 앉아서 영하의 날씨에 발을 따뜻한 이불 밑에 넣는다. 나는 한국인의 생활과 문화를 이해하게 되었다"라고 했다.[274] 이처럼 학생부와 청년부의 발전은 한국침례교회의 수적 성장과 더불어 교단의 밝은 미래를 전망케 했다.

2. 부인전도회 설립

오늘날 여선교회의 전신인 "부인전도회"는 1953년 2월에 내한한 간호 선교사 브래넘과 횟에 의해 시작되었다.[275] 그렇지만 1953년 6월 8일에 내한한 간호 선교사 루시 라잇이 부인전도회의 사역을 실질적으로 출발시켰다.[276] 라잇은 다른 여성 선교사들이 부인전도회에 앞서 학생부와 청년부에서 사역한 것과 달리 처음부터 부인전도회 일만 맡았다.[277] 한국침례교 총회 차원에서는 1952년 제42차 칠산교회 총회에서 "부녀회(婦女會)를 조직하고 부녀운동을 전개하기로" 결의했으나 구체적인 후속 활동이 없었다. 따라서 여선교회의 실질적 모체는 1954년 5월 대전 대흥침례교회에서 개최된 제44차 대한기독교침례회연맹총회 기간에 창립된 부인전도회로 보는 것이 타당하다.[278] 부인전도회는 라잇이 미리 준비한 규약을 통과시키고, 임원진을 구성하여 공식적으로 설립했다. 초대 임원진으로 회장 서울교회 이순도 사모, 부회장 서울교회 문인순 집사, 총무 부산교회 방호선 집사, 재무 수원교회 김추일 집사를 선출했다.[279] 1954년 8월에 부인전도회 대회(여름 수련회)를 처음으로 개최했는데, 부산의 수영 바닷가에 천막을 치고 20여 명의 회원이 모여 교제하며 전도회의 발전 방안을 논의했다.[280]

부인전도회의 1955년도 사역으로는 4월 서울 충무로교회에서 개최된 제2차 총회에서 대의원들에게 규약과 세칙을 배포하고, 개교회에서 부인전도회의 운영 방법에 관한 강좌를 열었다. 당시 부인전도

새로 읽는 한국침례교회사

여전도연합회 하기수양회(1971년)

회는 주일학교 단체들과 출판 업무도 함께 하고 있었기 때문에, 소녀
회의 조직과 운영 방식을 다룬 『소녀회 입문』을 번역 출판하였고, 『바
울의 생애』(Life of Paul), 『어떻게 시작되었나?』(How It Begins) 등의 책
도 출판했다. 그리고 부인전도회의 항구 표어인 "우리는 하나님의 동
역자들이요"(고전 3:9)와, 부녀회 회가 "오시오 부녀들"(합동 34장 곡)을
각각 채택하였다. 부인전도회를 상징하는 색깔을 연보라색으로 정하
고, 배지는 미남침례교회 여전도회의 휘장을 그대로 사용하되 글자만
한국부인전도회로 고치도록 했다.[281] 부인전도회는 1955년 6월에 대
전에서 개최된 제1회 지도자 강습회 운영을 도왔다. 이것은 한국신훈
회연맹(Korean Training Union)의 최초 전임사역자 마이크 추(Mike Chiu)
의 제안에 따른 것이었다. 그는 교단이 새로운 사업을 시작하기 전에

기관 지도자들을 훈련하는 것이 꼭 필요하다고 주장했다. 강습회는 신훈회뿐만 아니라, 왕의 사신단과 소녀회도 포함하여 진행하기로 했다. 프로그램은 오전에는 신훈회 운영 방법, 오후에는 왕의 사신단과 소녀회 운영 방법, 밤에는 청지기 훈련으로 짜였다. 강습회에는 각 교회의 대표들과 100여 명의 대전 침례회신학교 학생이 참가했다.[282]

부인전도회는 제3차 총회를 부산충무로교회에서 1956년 4월 19-20일 양일간 개최했다. 총회에서 라잇은 100개의 부인전도회와 2,228명의 회원이 있다고 보고했다. 1956년도 부인전도회의 주요 사역으로는 부인전도회의 8가지 존재 이유에 대한 팸플릿 1,000부와 왕의 사신단과 소녀회에서 사용할 교재를 출간한 것이다.[283] 1957년 제4차 부인전도회 총회가 대표 48명이 참석한 가운데 서울침례교회에서 4월 22-23일 양일간 개최되었다. 김추일 재무는 이순도 회장이 미국에서 가져온 승용차와 두 대의 피아노로 인해, 1,779,145환의 부채가 발생했다고 보고했다. 총회는 미국의 기증자에게 한국 정부가 승용차 사용을 불허하므로, 자동차 처분 허락을 요청하는 편지를 발송키로 했다. 또한 출판을 후원한 미국 후원자들에게 감사 편지를 발송키로 했다. 부인전도회는 남침례교회의 본을 따라 1957년 12월부터 해외선교를 위한 특별 예배를 드리고 "라티문 성탄 헌금"을 거두기로 했다. 1957년에 총 112,480환의 라티문 헌금이 모아졌다.[284] 루시 와그너(Lucy Wagner, 왕은신)가 1955년 10월에 내한하여 한국어 공부를 마친 후, 1957년 6월부터 부인전도회 전담 선교사로 선임되었다.[285] 와그녀는 1957년 말에 부인전도회 월간지 제작을 준비하고, 『소녀회 입

문」을 재출간했다.[286]

부인전도회는 1958년 1월에 월간 「성광」의 모체인 「부인전도회월보」 초판을 출판했다. 이순도 회장의 창간사를 포함한 24-30쪽 분량의 제1호 월보를 인쇄소 정문사를 통해 150부 발행했다. 월보는 제9호까지 각 교회에 무상으로 배포되었다. 3월에는 이마리아를 순회 전도사로 임명하여, 각 교회를 다니며 부인전도회의 조직과 육성을 돕도록 했다. 5월 10-12일 3일 동안 경북 점촌침례교회에서 부인전도회 5차 총회를 개최했다. 1958년에는 남침례교 선교사들이 자체적으로 "부인전도회 위원회"를 구성했는데, 마르다 말러, 주얼 애버네티, 루시 와그너가 위원으로 선출되었다.[287] 이처럼 부인전도회는 여성 선교사들의 적극적인 협력으로 견실하게 성장했다.

3. 출판 사업과 청지기 운동

남침례교 선교사들은 1954년부터 문서 사역을 시작했다. 두 명의 간호 선교사 아이렌 브래넘과 루비 휫은 이 분야에서 선구적으로 활동했다. 그들은 1954년에 왕의 사신단, 소녀회, 여자 청년회, 일광회, 여선교회 등에 필요한 자료들을 출판하기 시작했다.[288] 선교부는 출판 사업을 보다 활성화하기 위해 1958년에 선교부와 총회가 공동으로 운영하는 침례교합동출판부(Baptist Joint Publication Department)를 세우고 굿윈 선교사를 부장으로 임명했다.[289] 남침례교 선교사들은 자립교회 육성을 위해 1958년부터 청지기 운동을 펼쳤다. 1958년 1월에 무어 박사(Dr. Merrill D. Moore)와 그린스텝 박사(Dr. W. E. Grindstaff)가 내한하여 청지기 강습회를 열었다. 참석한 120여 명의 목회자들은 크게 감동받아 교인들에게 청지기 운동을 소개하려는 열망으로 가득했다. 목회자들은 대다수의 교인이 가난하여 십일조를 내는 것이 어렵다고 생각해 헌금 생활을 강조하지 않았는데, 청지기 강습회를 통해 독립적이고 자립적인 교회가 되기 위해서는 청지기 훈련이 꼭 필요한 일임을 인식하게 되었다.[290]

4. 교육사업과 침례회신학교 설립

남침례교 선교사들은 선교 초기 때부터 교육사업을 시작했다. 한국전쟁이 끝나가던 1953년 6월에 선교부는 한국 총회와 함께 인천에 성애원이라는 고아원을 세웠다. 선교부는 또한 1953년에 가난한 학생들의 교육을 위해 인천에 시은고등공민학교를 세웠다. 시은고등공민학교는 1955년에 640명의 재학생이 있었다.[291] 그러나 선교부가 중점적으로 지원하며 관심을 쏟은 교육사업은 신학교 설립이었다. 새로 개척된 교회들이 많아지고 교단이 급속히 성장하면서 훈련받은 목회자 공급이 시급했다. 학교의 설립을 위해 대한기독교침례회연맹총회는 1952년 제42차 총회에서 신학교 설립을 결의하고, 그해 11월 30일 집행위원회에서 이사회를 조직했다. 이사장에 장일수 목사, 이사에 김용해, 신혁균, 안대벽, 한기춘, 최형근, 최성업 목사가 선출되었다.[292] 준비 과정을 마치고 1953년 봄에 학생을 모집했으며, 전국 각지로부터 200명 이상의 지원자 중에서 38명의 남학생과 12명의 여학생 총 50명을 선발했다.

침례회성경학원은 50명의 학생으로 1953년 6월 15일에 개교함으로 시작되었다.[293] 초대 교수진으로 원장에 애버네티, 교수에 한기춘, 최형근, 한태경이 있었다. 신학생들이 모여 공부한 최초의 건물은 대전시 동구 원동의 비어 있는 절간이었다. 여름방학이 끝난 9월에 중동의 적산 건물로 옮겼다.[294] 중동 건물은 일제강점기에 유곽으로 사용되었던 대전시 중동 21번지에 있는 국일관(國一館)이라는 건물이었다. 그 건물을 개조하여 사무실, 강당, 식당, 도서실, 교실 2개, 20여 개 방의 기숙사 등으로 만들었다.[295] 테드 다월 부부, 다니엘 레이 부부가 1953년 초 신학교 사역을 위해 내한했으며, 남침례교 해외선교부는 중동의 국일관 건물 매입을 위해 20,000달러를 후원했다.[296]

성경학원의 이사회는 1954년 2월에 신학교로 격상시키기로 결의하고 교수진을 9명으로 확대했다.[297] 이사회는 1954년 2월에 문교부에 신학교 인가를 신청했고, 동년 7월 7일 문교부로부터 각종 학교로 정식 인가를 받아 침례회신학교가 되었다.[298] 성경학원은 1954년 4월에 예과 3년, 본과 3년의 6년 정규과정(정과)과 3년 과정의 별과, 3년 과정의 특수과로 개편했다. 당시 한국에서 6년의 신학교 과정을 실시한 학교는 침례회성경학원이 유일했다.[299] 그것은 미국 신학교 학제를 본떠 만든 것이었다. 본과(seminary proper)는 학부 이후 과정으로 오늘

침례회신학교 개교

날 신학대학원에 해당하며, 예과는 신학교에 입학하기 전 3년간의 교양과정 혹은 대학(college) 과정에 해당한다.[300] 본과는 예과를 수료했거나 다른 대학에서 학사학위나 동등한 과정을 이수한 사람이 입학할 수 있고, 별과는 고등학교나 사범학교 혹은 일제 4년제 중학교를 졸업했거나 대학 입학 검정고시에 합격한 사람이 입학할 수 있었다. 특수과는 1953년에 입학한 학생들을 위한 한시적 과정이었다.[301] 1954년 4월 8일에 봄 학기를 시작한 성경학원에는 예과 48명, 별과 47명, 특수과 43명 등 총 138명의 학생이 있었다. 문교부에 신청한 학생 정원은 본과 50명(50×3=150명), 예과 50명(50×3=150명), 별과 50명(50×3=150명)이었다. 수업은 예과, 별과, 특수과 학생들이 모두 참여하는 합반 형식으로 진행됐다.[302] 신학생들의 현장 실습 활동은 침례교회

발전에 큰 활력소가 되었다. 그들은 신훈회 설립 및 운영 과정에 관한 수업을 들은 후, 여름방학 동안 교회들을 방문하여 신훈회를 조직하고 운영 방식을 가르쳐 주었다. 그리고 겨울방학 기간에는 교회가 없는 마을을 찾아다니며 복음을 전파했다.[303]

1955년도 침례회신학교의 교장은 애버네티였고, 다월은 침례회신학교에서 영어를, 충남대학교에서 영어 성경을 강의했다. 레이 부부 역시 교수 사역을 했다.[304] 1955년에 대전시 목동 산 111-7번지에 위치한 18,290평의 땅을 새로운 캠퍼스 부지로 매입했다. 대지 중 임야가 7,000평이어서 나머지 11,000평만 학교 건물과 운동장으로 사용했다.[305] 1956년 3월 8일 미래에 제46대 총회장이자 부산침례교회 담임목사가 될 김병수를 포함해 특수과 학생 18명이 졸업했다. 그들은 신학교가 배출한 최초의 졸업생들이었다. 1956년 목동 캠퍼스 본관 건축을 착공하여 10월 19일 정초식을 거행했다. 모든 공사비는 남침례교 선교부가 전액 부담했다.[306] 굿윈 부부와 윌락스 부부가 1956년 10월부터 신학교 사역에 합류했다. 다월은 신학교에 한국어 학교를 개설하여 12월부터 수업을 시작했으며, 말러 부부는 신학교와 한국어 학교 사역에 동참하고 선교사 관사 건설을 주관했다.[307]

34명의 남학생과 5명의 여학생으로 구성된 별과 제1회 39명이 1957년 3월 29일에 졸업했다. 졸업식은 완공을 앞둔 본관 앞에서 진행되었다. 1954년에 별과로 입학한 47명의 학생 중 3년 과정을 마친 사람은 29명밖에 없었으나, 특수과 학생 10명이 별과로 편입해서 39명이 졸업하게 된 것이다. 학생들의 중도 탈락률이 높은 이유는, 교사가 대전역 주변의 유흥가에 위치해 교육에 부적절했다는 것과, 신학교가 정식 대학이 아닌 각종 학교여서 병역 감면의 혜택을 받지 못했기 때문이다. 당시 정식 대학의 재학생은 1년 6개월만 군 복무하면 되는 특혜가 있었으나, 각종 학교 학생에게는 그런 혜택이 주어지지 않았다.[308] 애버네티는 1957년에 교장직을 사임하였고 데오도르 다월이 2대 교장으로 선임되었다.[309] 1957년 5월에 3층짜리 본관 건물이 완공되었다. 본관에는 각 50명의 학생을 수용할 수 있는 8개의 강의실이 있었다. 다월은 본관이 완성되자 기숙사 건축을 시작했다.[310] 다월은 기숙사가 완공된 후 기숙사 학생들이 운영하는 새벽기도회에 매일 참석하고 학생들과 함께 아침을 먹었다.[311]

신학생들은 전도하고 교회를 방문하여 가르치며, 길거리 예배를 인도하는 등 활발하게 활동했다. 어떤 학생은 여름성경학교를 잘 운영해서 선교사들과 함께 주일학교 교사 강습회의 강사로 활동했다. 학생들은 자체적으로 학생 조직을 구성해 학생들 간의 사소한 징계 사항을 다루고 학생 자치 식당을 운영하며, 운동 프로그램을 계획하고 「십자가」라는 잡지도 매년 발행했다. 또한 매달 토론회를 개최했는데, "왜 침례교회들은 남자보다 여자 성도가 많은가? 어떻게 남자들을 전도할 수 있을까?"와 같은 주제를 가지고 토론회를 열었다.[312] 1957년도 「십자가」에는 당시 교세와 신학생 수가 나와 있다. 「십자가」에 따르면, 당시 전국 교회의 총수는 178개였고 신학생 수는 118명이었다. 1957년 침신학우회 임원은 회장 김용대, 부회장 김태환, 총무 정진황, 서기 이한구, 회계 노윤백, 사교부장 신재헌, 음악부장 노창우, 지육부장 안종만, 문예부장 고봉성, 전도부장 김흥진, 체육부장 이태준, 후생부장 이덕룡이었다.[313]

1958년에는 몇몇 학생이 병으로 학교를 중퇴하고, 많은 학생이 군대에 입대하여 등록 학생 수가 1957년보다 적었다. 다월은 안식년으로 미국으로 갔고, 월락스가 교장 대리가 되었다. 선교부는 1958년에 대전시 중심가에 기독교 서점을 개설했다. 1958년에 초교파적으로 3개 선교회가 후원하여 세운 선교사 자녀를 위한 학교에 침례교 선교사 자녀들도 다녔다.[314] 1950년대 신학교는 학생 수가 감소하는 때도 있었으나 대체로 안정적으로 발전했다. 조효훈 박사는 "그 당시의 한국침례교신학교는 학생들에게 학비가 면제되었고 장학금 조로 식비까지 대 주었다. 이렇게 공부하고 나간 목회자들에게는 선교부에서 나온 목회보조금이 뒤따랐다"라고 증언했다.[315] 선교부의 재정 지원이 신학교의 안정적 발전의 원동력이었다.

5. 미남침례회 한국선교부 설립

남침례교 선교사들의 초기 사역은 남침례교회와 한국침례교회를 영구히 결속하는 계기가 되었다. 구호사업과 의료선교가 확대되면서 체계적 관리가 필요하게 되자, 코든은 1952년 1월 11일 애버네티에게 선교부 조직을 제안했다. 이에 따라 1952년 1월 하순, 렉스 레이가 회장이 되고 애버네티가 총무 겸 재무로 하여 미남침례회 한국선교부(Korea

Baptist Mission)가 발족되었다.[316] 그러나 1952년 1월에 설립된 한국선교부는 잠정적인 조직이었다. 한국선교부가 정식으로 설립된 것은 1954년 7월 13일 서울 애버네티 자택 모임에서였다. 11명의 선교사를 회원으로 회장에 레이, 총무 및 재무에 루비 휏이 선출되었다.[317] 선교부 본부는 이미 1953년 12월에 부산에서 서울로 옮겨진 상태였다.[318] 선교부의 정식 발족 이유 중 하나는 부산시 영도구 영선동의 침례병원 건축을 체계적으로 추진해야 할 필요가 있었기 때문이었다.[319]

6. 대한기독교침례회연맹총회(1952-1958)

남침례교회의 선교로 한국침례교회는 기사회생하며 급속히 성장했다. 그러자 총회는 직제와 신학에서 세계침례교회와 보조를 맞추려 했다. 1951년 5월 충남 원당교회에서 개최된 제41차 총회에서 전도사는 허용하되 교회 직분은 목사와 집사 두 직분만 인정하기로 했다. 그리고 침례교세계연맹(Baptist World Alliance)에 가입하기로 했다.[320] 1952년 제42차 칠산교회 총회에서는 일본침례회연맹 규약을 기초로 규약을 만들고, 총회 명칭을 대한기독교침례회연맹총회로 변경했다. 교단 명칭 변경은 연맹이라는 단어를 추가하여 개교회들이 상호 연맹 정신으로 더욱 결속하자는 목적이었다.[321] 이처럼 1950년대 한국침례교회는 급속한 성장과 이에 따른 긍정적 미래를 향한 희망과 용기가 충만했다.

결론 및 평가

　　1950년대 교단의 재건과 남침례교회 한국선교 시대 역사에서 몇 가지 결론을 도출할 수 있다. 첫째, 1950년부터 1954년까지 내한한 선교사들은 중국에서 오랜 기간 활동했던 나이 든 선교사들이었으나, 1955년부터 젊은 선교사들이 미국에서 직접 한국으로 왔다. 이것은 남침례교회가 한국을 선교지로 선정하고 본격적으로 선교 자원을 투입했음을 보여준다. 둘째, 1955년 이후 한국에 온 젊은 선교사들 가운데 적응에 어려움을 겪은 선교사들은 비교적 일찍 선교를 포기하고 돌아갔고, 한국에 대해 긍정적인 인식을 가진 선교사들은 빨리 적응하고 장기적으로 한국에 머물며 사역했다. 셋째, 1955년부터 구호사업이 축소되고 전도와 교회 개척, 예배당 건축, 학생부와 청년부 사역, 부인전도회, 청지기 운동 등 개교회의 발전과 내실화에 선교 자원과 역량이 투입되었다. 이것은 남침례교의 선교 목표가 영혼 구원과 교회의 설립이라는 것을 명확히 보여준다. 구호사업은 인도적 차원의 사업이었지 결코 남침례교 선교의 목적이 아니었다. 넷째, 선교부는 침례신학교와 침례병원에 인력과 자금을 대거 투입하여 교단의 장기적인 발전을 도모했다. 신학교는 건전하고 능력 있는 목회자를 배출했고, 침례병원은 침례교회의 위상을 높이고 실질적인 선교 거점의 역할을 했다. 부산의 여러 교회는 침례병원 사역을 통해 설립되었다.

남침례교 선교는 몇 가지 부정적 영향도 끼쳤다. 첫째, 원래 자립 정신이 강했던 한국침례교회가 선교부로부터 풍부한 지원금을 받으면서 급격하게 의존적인 교회가 되었다.[322] 둘째, 총회가 선교부로부터 받은 지원금을 배분할 수 있는 권한을 지니면서, 개교회에 대해 상부 기관이 되어 교단 장악을 위한 투쟁이 일어나게 되었다.[323] 셋째, 1955년 이후 입국한 젊은 남침례교 선교사들은 총회가 중앙집권화되는 현상을 우려하여, 개교회에 직접 재정을 지원하려 했으며, 그것은 총회와 선교부 간의 갈등을 촉발했다. 총회가 권한이 없는 유명무실한 기관이 되기 때문이다. 총회 실행위원회는 선교부에 총회를 존중해줄 것을 요구하는 서신을 공식적으로 발송하기도 했다.[324] 넷째, 젊은 선교사들이 여러 특권을 누리며 호화스럽게 살아가는 모습은 상처를 주었다. 선교사들은 "요리사, 가정부, 문지기, 운전수, 통역관, 비서들로 둘러싸여" 있었고, 그런 모습을 본 한국 목회자들은 분노하고 좌절감을 느꼈다.[325] 다섯째, 선교부의 물질적 지원은 침례교 신앙과 행습에 대해 전혀 알지 못하던 전입 목회자들을 양산했다. 교단에는 1950년에 10여 명의 목사가 있었는데, 1955년에 117명, 1959년에 142명으로 증가했다. 이들 대다수는 타 교단에서 전입해 온 목사들이었다. 타 교단 출신 목회자들이 대거 유입되어 교단 정체성의 혼란을 가져왔다.[326] 여섯째, 교단을 이끌어 왔던 주류파와 타 교단 전입 목사로 구성된 전입파로 파벌이 형성되었다. 선교부의 선교자금을 더 많이 지원받으려는 목적과 결부되어 파벌 간의 대립은 격화되었고, 그것은 1959년 교단 분열로 이어졌다.[327]

그러나 이러한 부정적인 측면에도 불구하고 1950년대 남침례교회의 선교는 전멸 상태의 한국침례교회를 회생시키고, 주류 교단으로 발전할 수 있는 기반을 제공해 주었다. 구호사업과 의료선교, 그리고 이와 연관된 복음 전도는 많은 사람을 침례교회로 오게 하였고, 새로운 침례교회들이 생겨나게 했다. 선교사들은 교회의 부서들과 교단의 기관들을 설립하여 교단의 장기적 발전을 위한 기틀을 놓았다. 전체적으로 볼 때, 1950년대 남침례교 선교는 시의적절했으며 긍정적 측면이 압도적으로 많았다.

교단의 분열 시대

1959-1968

한국침례교회는 1906년 10월 6일 총회 창립 이후 단일교단으로 이어오다가 1959년부터 1968년까지 9년간 두 교단으로 분열되었다. 일제강점기에 교단이 폐쇄될 정도로 박해받았으나 분열 없이 단일대오를 유지해왔고, 8·15해방 후 전국에 400명의 교인이 남아 있지 않았으나 불굴의 신앙으로 교단을 재건하는 등 온갖 고난을 함께 이겨낸 침례교인들에게 교단 분열은 한 번도 생각지 못한 충격적 사건이었다. 교단 분열은 핵심 인물들 간의 갈등, 교권을 위한 파벌 간 투쟁, 미국 선교사들의 한국 목회자에 대한 부정적 인식 등으로 발생했다.

교단 분열의 배경과 원인

1. 교단 분열의 배경

한국침례교회의 분열 배경은 교단과 선교부 내의 인적 구성의 변화였다. 인적 구성의 변화는 가치관과 문화의 차이에 기인한 갈등을 일으켰고, 교단 내 파벌 조성의 원인으로 작용했다. 한국침례교회는 남침례교회의 선교로 짧은 기간에 많은 교회들이 세워졌다. 그런데 목회자 수가 턱없이 부족하여, 타 교단의 목회자들을 대거 영입했다. 총회는 다급한 나머지 신앙과 배경을 살펴보지 않고 침례만 받으면 무조건 목사로 받아들였다. 심지어 전입 목회자 중에는 원래 교단에서 물의를 일으킨 자들도 있었는데, 총회는 그것을 검증할 장치가 없었다.[1] 타 교단에서 넘어온 목회자들은 자연스럽게 서로 협력관계를 맺게 되었다. 동아기독교 출신의 기존 목회자들과 전입 목회자들 사이에는 신앙, 가치관, 문화에서 차이가 존재했고, 그것은 교단 내 불안 요소가 되었다.

남침례교 한국선교부 역시 1950년대 중반부터 젊은 선교사들이 대거 들어오면서 변화가 일어났다. 초기 선교사들은 중국에서 수십 년간 사역했기 때문에, 동양적인 사고방식을 잘 이해하고 있었다.[2] 그러나 젊은 선교사들은 동양문화에 대한 이해가 부족했고, 남침례교회의 원리를 한국교회에 엄격하게 적용하려 했다.[3] 그들은 특히 선교자금이 다른 용도로 사용되는 것과 침례교 원리와 행습이 지켜지지 않는 것을 크게 불만스러워했다.[4] 한편 한국 목회자들은 남침례교 선교사들의 호화스러운 삶을 비판적으로 바라보았다.[5] "1970년 이전에 한국에서 가장 큰 교회의 1년 예산이 가족 수가 가장 많은 선교사 가정의 1년 수입보다 적었다."[6] 지독히 가난했던 한국 목사들은 선교사들과의 커다란 생활 격차에 깊은 상처를 받았다. 특히 불고가사(不顧家

事) 불고처자(不顧妻子)의 무보수 자비량으로 복음 전하고 살았던 목회자들은 선교자금 유용의 의심을 받게 되자, 자긍심에 상처를 입고 감정적으로 격앙되었다. 선교사들과 한국 목사들 사이의 불신은 깊어만 갔다.

2. 교단 분열의 원인

교단 분열의 원인에 관해 여러 의견이 있다. 첫째, 교단을 지켜온 주류파 목회자들은 다음과 같이 진단했다. 김용해는 "안대벽 목사를 중심으로 한 주류파와 장일수 목사를 중심으로 한 반대파의 대립적 충돌"[7]이라 했고, 김장배는 "한국교회 지도자 되는 몇 분의 목사님들과 선교부의 몇 사람 선교사들과의 불화 때문"에 발생한 것이라 했다.[8] 김갑수는 타 교단에서 넘어온 전입파 목회자들이 "치밀한 계획과 준비 중에 추진된 일"로 선교부가 전입파를 지지하면서 일어난 사건이라 했다.[9] 이처럼 주류파는 핵심 인물들 간의 갈등, 그리고 선교부와 전입파가 연합해 주류파로부터 교권을 뺏으려는 과정에서 분열이 일어났다고 했다. 둘째, 미남침례회 선교사들은 주류파 지도자 안대벽을 분열의 최고 원인으로 지목했다. 맥스 윌락스(R. Max Willocks, 우락수)는 "안대벽이 총회를 분열시킨 것이 거의 확실하다. 분열된 두 총회는 이미 완전히 계획되어 있었다"라고 했다. 그는 선교사들은 분열을 치유하기 위해 여러 시도를 했으나 항상 안대벽이 협상을 무너뜨려 이룰 수 없었다. 안대벽 그룹이 대다수 교회, 신학교, 병원 등의 재산 소유권을 보유하는 법인을 통제해 모든 재산을 소유하려 했다고 주장했다.[10] 주류파를 반대한 인천침례교회는 분열이 "경제권을 둘러싼 개인의 야욕과 파벌 그리고 교권 투쟁의 불같은 욕망"에서 비롯된 것이라 했고,[11] 허긴은 "선교자금을 둘러싼 교권 쟁패"가 분열의 원인이라 했다.[12]

이상을 종합하면 분열의 원인은 크게 4가지로 볼 수 있다. 첫째, 핵심 지도자들 간의 갈등이다. 안대벽 부부와 남침례교 최초 선교사 애버네티와의 갈등, 그리고 안대벽과 장일수와의 갈등이 분열의 직접적 원인이었다. 둘째, 경제적 이익 추구와 관련된 교단 내 파벌 간 쟁투이다. 남침례교 한국선교부는 엄청난 규모의 구호사업과 의료선교를 실행했고, 그 결과 단기간에 많은 교회가 개척되었다. 그런데 교단에는 10여 명의 목사만 있어서 목회자 충원이 시급했다. 당시에는 선교부가 목회자 생활비와 교회의 경비 일체를 부담했는데, 그런 이유로 타 교단 목회자들이 침례교회에서 목회하고 싶어 했다. 교단은 그들을 대거 영입했다. 1956년경에 이르러 교단에는 3개의 파벌이 생겼다. 타 교단에서 넘어온 목회자 그룹인 "전입파", 기존 목회자들로 구성된 "주류파", 침례회신학교를 졸업한 목회자와 신학교 교수 그룹인 "신학교파"가 그것이었다.[13] 이후 주류파 일부와 전입파가 합세하여 "대전파"가, 주류파는 "포항파"가 되었다. 지역명이 파벌의 이름이 된 것은 총회 장소로 한쪽은 대전을 다른 쪽은 포항을 주장했기 때문이다. "신학교파"는 양쪽에 분산 흡수되었다. 파벌이 생기게 된 배경은 선교

 새로 읽는 한국침례교회사

부의 보조금 지원 방식 때문이었다. 선교부는 학교, 고아원, 병원에 대해서는 보조금을 직접 주었으나, 개교회에 대해서는 총회에 보조금을 일괄 지급하고, 총회가 개교회들을 지원하게 했다. 이런 방식은 목회자들이 총회 권력을 장악해 보조금을 관장하려는 욕망을 갖게 했고, 이와 연계해 파벌이 만들어졌다.

셋째, 1955년부터 대거 입국한 젊은 남침례교 선교사들과 주류파의 갈등이다. 1956년 말 28명의 선교사 중 23명이 신진 선교사였고,[14] 선교부 내에서 이들의 발언권은 급속히 강화되었다. 1951년에 내한한 렉스 레이의 아들로서 2세대 선교사인 대니얼 레이(Dan Ray)는 1955년 선교부 실행위원회 회의 석상에서, 개교회가 자립과 자치의 노력 없이 총회에 의존하며, 소수의 총회 임원이 선교부 보조금으로 권력을 장악하고 있다고 비판했다.[15] 1956년에 내한한 윌락스 역시 선교부의 대규모 자금이 잘못 사용되고 있다고 주장했다.[16] 이들은 특히 주류파의 수장, 안대벽이 보조금을 사적으로 유용한다고 생각하여 선교자금을 통제하기 시작했고, 그것은 주류파와 갈등을 일으켰다.

넷째, 주류파가 가진 문제이다. 소수 목회자는 안대벽과 똘똘 뭉쳐 계속 교권을 장악하며 혜택을 누리려 했다. 그들은 함께 고난을 감내한 다수 목회자와 교인들의 공헌을 오랜 기간 사유화하고 독차지했다. 그들은 교단을 이끌만한 공적인 사고 체계를 갖추지 못했다. 반면 대다수 주류파 목회자는 순진하고 정(情)에 이끌린 판단을 했다. 그들은 안대벽 부부가 선교사들이 한국 민족을 업신여기고 금권으로 통치하려 한다는 선동을 비판적 시각 없이 그대로 받아들여 선교사들과 갈등하며 교단 분열을 불사했다. 그들은 비둘기처럼 순결했으나 뱀처럼 지혜롭지는 못했다.

교단 분열의 과정

1. 애버네티와 안대벽과의 갈등

남침례교 최초 선교사 애버네티와 안대벽과의 갈등은 교단 분열의 핵심 원인이었다. 애버네티는 원래 안대벽을 매우 신임했었다. 안대벽은 한국에 막 들어온 애버네티 부부에게 돈암장에 거처할 수 있게 하는 등 여러 편의를 제공했다. 안대벽은 교단 내에서는 유일하게 영어를 사용할 수 있었고, 펜윅의 양아들로 동아기독교 목회자들과 긴밀한 관계를 유지하고 있었다. 따라서 그는 총회와 선교부 간의 모든 일을 조율할 수 있는 위치에 있었다. 애버네티는 총회와 관련된 모든 일을 안대벽과 상의하고 결정할 정도로 그를 신임했다.[17] 그런데 구호사업과 관련해 문제가 발생했다. 애버네티는 자신이 위원장이 되어 김용해, 장일수, 안대벽, 신혁균, 최성업, 김주언 등을 위원으로 지명해 1951년 5월 15일 구호위원회를 조직했다.[18] 구호위원회 운영과 관련해 애버네티와 안대벽은 심각하게 갈등하기 시작했다.

새로 읽는 한국침례교회사

기존의 한국침례교 역사책들은 두 사람의 갈등이 1954년부터 시작되었다고 했으나, 1952년경에 이미 일어났다. 장일수에 따르면, 안대벽이 애버네티에게 구호위원회가 총회 소속인지 혹은 선교부 소속인지 분명하게 밝혀달라고 요청했고, 이에 애버네티는 "얼굴을 붉키더니" 구호위원회는 총회 기관이 아니라고 노발대발했다. 장일수는 애버네티가 "회의 중에 2층에 올라가 이순도 씨에게 야단을 하고 내려온다. 안대벽씨 말이면 못하는 일이 없고 안대벽을 통치 않고는 되는 일이 없는데 이것이 웬일인지 모르겠다"라며, 두 사람 사이 정(情)에도 틈이 생긴 것 같다고 했다.[19] 한국침례교회에서 절대적 권위를 가지고 영향력을 행사하던 애버네티는 안대벽의 도전을 용납하기 어려웠다. 애버네티의 불같이 급하고 독재적인 성품은 종종 총회와도 갈등을 일으켰다. 그는 총회가 본인의 뜻과 다르게 결정하면, 자신은 미국으로 돌아가겠다며 위협적인 언사를 했고, 그럴 때면 총회는 어쩔 수 없이 기존 결의를 뒤집고 애버네티의 주장을 받아들였다. 선교부의 도움 없이는 아무것도 할 수 없었기 때문이다. 1951년 11월에 내한하여 애버네티와 함께 구호사업을 펼친 렉스 레이(Rex Ray)는 애버네티의 독단적 업무 스타일을 "천주교에서나 볼 수 있는 행정"이라며 비판했다.[20] 이처럼 안대벽은 총회가 구호물자와 보조금 관리의 주체가 되어야 한다는 명분으로 본인이 관리하려 했고, 애버네티는 안대벽의 의도에 분노했다.

애버네티와 안대벽 사이의 갈등을 증폭시키는 사건이 발생했는데, 그것은 안대벽 부부가 1953년에 미국 사우스웨스턴신학교(Southwestern Seminary)에서 1년간 공부하기 위해 도미한 것과 관련되었다. 애버네티는 안대벽 부부의 유학 경비 일체를 남침례교 해외선교부가 지원하도록 조치했다.[21] 이를 허긴은 애버네티가 안대벽 부부의 노고에 보답하는 차원에서 이루어진 일로 해석했으나,[22] 장일수는 "충돌이 심하여 가니 미국에 보내었다"라며[23] 전혀 다르게 해석했다. 당시 애버네티와 안대벽의 관계를 고려해 볼 때, 그 상황을 직접 눈으로 보고 경험한 장일수의 증언에 신빙성을 부여할 수 있다. 즉 안대벽 부부의 미국 유학은 애버네티가 안대벽과 거리를 둘 시간을 만들려는 의도에서 실행한 것으로 보인다. 애버네티는 안대벽이 남침례교회의 신학과 교단운영 방식을 배워 선교사들과 우호적인 협력을 하며, 자신과의 갈등도 해소하는 기회로 삼고자 했다. 그러나 그의 의도와 정반대로 유학은 갈등을 일으키는 계기가 되었다.

유학 사건과 관련한 첫 번째 갈등은 안대벽이 신학교에서 수업은 거의 듣지 않고 미국 전역의 남침례교회들을 방문하여 피아노, 자동차, 현금 등을 후원받은 일에서 비롯되었다. 선교사들은 안대벽 부부가 1954년 귀국한 이후 미국에서 받은 후원금과 물품의 사용을 면밀히 관찰한 결과 후원자들의 뜻과 다르게 전용되고 있다고 확신했다. 윌락스에 따르면, 안대벽은 이런 문제점을 지적하는 선교사들에게 다시는 같은 잘못을 반복하지 않겠다고 약속했으나, 한국인들에게는 선교사들이 자신을 함부로 대했다며 불평하고 자신이 한 약속조차 잊어버렸다고 했다.[24] 장일수는 안대벽이 미국에서 "아베나시의 실정을 이야기하고," 선교사들이 돈을 잘못 썼다고 말했고, 이에 선교사들은 총회를 상대로 "안대벽 씨가 미국 선교부에 선교사들이 돈을 잘못 썼다고 하였으니, 이것이 총회 의사냐? 개인의 의사냐?"라고 질문했다고 했다. 장일수는 이후 총회 임원과 선교사들과의 매월 회의에서 "하나도 결코 되는 일이 없고 부결뿐이요"라고 했다.[25] 선교사들의 안대벽에 대한 불신이 총회 사역에도 영향을 끼치기 시작했다.

두 번째 갈등은 서울시 중구 필동2가 101번지 330평 대지를 품고 있는 돈암장에 대한 문제였다. 한국 정부는 안대벽 부부가 미국에 있는 기간 돈암장의 불하 처분을 통보했고 애버네티는 선교부 재정으로 2백 23만환을 지불하고 돈암장을 불하받았다. 귀국 후 안대벽은 명의 이전을 요구했고 애버네티는 2백 23만환을 주면, 명의를 이전해 주겠다고 했다.[26] 안대벽은 돈을 지불하지 않고 명의 이전만 재차 요구했고, 애버네티는 거부하며 서로 갈등했다. 세 번째 갈등은 전입파 목사 조응철과 관련된 문제였다. 조응철은 장로교 출신으로 안대벽이 미국에 있는 동안 자신을 대신하여 애버네티의 통역을 하게 한 사람이었다. 그는 영어 실력이 출중하고 외교적 활동도 능해서 애버네티에게 신임받아 신학교 부교장이 되었다. 귀국 후 안대벽은 조응철이 자신의 위치를 점하고 있고 전입파의 구심점이 되었음을 보았다. 그리고 주류파 신혁균의 고백을 통해 애버네티의 의중도 알게 되었다. 신혁균은 애버네티가 "만일에 신 목사가 안 목사를 누르고 조응철 목사를 절대 올려세우면 나는 적극적으로 신 목사를 후원하겠다"라는 말을 했다고 안대벽에게 알렸다.[27] 위기를 느낀 안대벽은 조응철의 과거를 캐내어 장로교단에서 행한 잘못을 폭로함으로 신학교 부교장직과 대전 대흥침례교회 담임목사직에서 쫓겨나게 했다.[28] 선교사들은 안대벽의 세속적 정치 행태를 우려했다. 총회와 선교부의 갈등이 고조되자 남침례교 해외선교부 동양 총무 윈스턴 크로리(Winston Crawley)는 1956년 4월 제46차 총회에 참석해, "우리는 복음 전파에 있어 동역자들입니다. 나는 처음부터 지금까지 복음 전파를 위해 여러분과 동역하는 것이 얼마나 감사한지 모르겠습니다"라고 말하며 협력을 강조했다.[29] 그러나 조응철은 제46차 총회에서 완전히 축출되었고, 얼마 후 세상을 떠났다.[30] 선교사들은 크로리의 희망과는 정반대로 사건이 전개되는 것을 목격하며, 충격을 받았고 근본적인 대응이 필요하다는 생각을 갖게 되었다.

2. 선교사들의 안대벽과 주류파에 대한 공격

선교사들은 안대벽과 주류파를 공격했다. 선교부는 신학교와 침례병원 그리고 고아원에 대해서는 재정을 직접 지원했으나, 개교회와 목회자들에 대해서는 총회를 통해 보조금을 받도록 했다. 그런데 이제 총회를 통한 재정 지원 방식을 폐지하려 했다.[31] 그러자 총회장 장일수는 1956년 10월 총회와 선교부의 한미합동실행위원회의 설립을 제안하며 문제를 해결하려 했다.[32] 그러나 공동운영체제는 안대벽이 1957년 봄 제47차 총회에서 총회장으로 선출되면서 중단되었다. 월락스는 "1957년에 이를 즈음에 젊은 선교사들은 총회에 넘겨준 선교

대한기독교침례회 제48회 점촌 총회

자금의 많은 부분이 낭비되고 있다는 분명한 확신에 이르게 되었다”라고 증언했다.[33] 선교부 실행위원회는 1957년 6월 하순에 “새로 선출된 총회장을 인정할 수 없다”라는 동의안을 가결하고 공동운영체제를 일방적으로 파기했다. 파기 이유는 안대벽이 지속적으로 선교 정책을 위반하여, “그가 총회장으로 있는 한 총회와 선교부 간의 공식적인 관계가 이루어질 수 없기” 때문이라는 것이다.[34] 같은 모임에서 선교부는 1957년 7월 홍콩에서 열리는 아시아침례교선교대회에 총회 대표로 장일수를 선임했다. 총회는 이미 신혁균을 대표로 선임한 상태였기 때문에, 총회장 안대벽과 총무 김용해의 공동명의로 장일수를 대표로 파송하는 것은 불법이라는 성명서를 전국 교회에 보냈다.[35] 김용해는 1957년 7월 27일부터 충남 무창포에서 진행된 여름 캠프에서 “감정적 대립이란 심상치 않은 것”이라고[36] 공개적으로 말할 정도로 선교사들과 총회 임원 간의 갈등은 깊었다.

총회 실행위원회는 1957년 7월에 "제안서"를 선교부에 제출하여 총회와 선교부가 합동위원회를 만들어 보조금과 총회 예산을 공동 관리할 것을 제안했다.[37] 답장이 없자 8월에 재차 "어느 한 편의 독단적인 집권이 되지 않고 협동적 사업 진행이 될 것을 희구"한다는 내용의 "建議書"를 제출했다.[38] 그러나 선교사들은 총회를 배제하고 지역, 개교회, 개인 등 다양한 차원으로 접촉하며 보조금을 지급했다. 그리고 교회들이 선교부 보조금에만 의존하면 성장할 수 없다고 판단하여 댄 레이의 주도하에 5개년 자립계획을 입안했다.[39] 선교부는 "교인마다 십일조, 교회마다 자립"이라는 표어를 걸고 자립 캠페인을 벌였다.[40] 선교사들은 총회가 5개년 자립계획을 겉으로는 받아들였으나 내심 찬성하지 않았다고 보았다. 선교사들은 한국 목회자들이 대한기독교회 시절부터 한 사람에 의해 통치되어 자립을 위한 마음가짐이나 준비가 없으며, 총회를 권력을 휘두르고 선교부로부터 돈을 받는 수단으로 인식하고 있다고 생각했다.[41] 한편 안대벽은 1958년 5월에 개최된 제48차 총회에서 전도부장, 침례회신학교 이사, 재단법인 이사 등 세 직분에 선출되었다.[42]

선교사들은 무엇보다 안대벽이 매년 목회자 보조금 30,000달러를 관장하는 전도부장으로 선출된 것에 매우 당황스러워했다. 그가 오랜 기간 총회 재정을 독단적으로 운영하며 선교부나 총회에 제대로 보고하지 않았기 때문이었다.[43] 윌락스는 안대벽의 전도부장 피선은 "선교사들을 깜짝 놀라게 하는 사건"이었다고 했다.[44] 선교부와 주류파의 갈등은 점증되었다.

3. 안대벽 부부의 불만과 주장

남침례교 선교사들의 처사와 공격에 대해 안대벽 부부는 거세게 반박했다. 안대벽은 펜윅의 양자라는 위치와 주류파 목회자들과의 오랜 관계를 활용해 총회 정치를 좌우했고, 그의 부인 이순도는 장기간 부인전도회 회장직을 맡아 여성 신도들에게 절대적 영향력을 행사하고 있었다. 영어에 능통하여 애버네티를 비롯 선교사들과의 관계를 독점하고 정계 인물들과도 교분이 있던 두 사람은 당시 교단에서 절대적이고 특별한 위치를 점하며 총회를 장악해 왔다. 그런데 선교부는 선교지원금을 관장하지 못하게 하는 방식으로 총회 권력을 빼앗으려 했다. 그러자 두 사람은 총회와 부인회, 지역교회들이 성명서를 발표하게 하는 방식으로 대항했다. 그러다가 교단이 공식적으로 분열되기 직전인 1959년 4월 22일에 이르러서는 본인들의 명의로 성명서를 발표했다.

이순도는 "재한 미남침례교 선교사들께 경고함"이라는 성명서를 발표했는데, 그 내용은 다음과 같다: 감리교 목사의 자녀로서 이화대학 학생 시절과 원산의 루씨여학교에서 3년간 교사로 있는 동안 감리회 선교사를 비롯해 많은 선교사와 신앙 경험을 나누었으며, 침례회의 신자인 안대벽 목사와 결혼한 후 신실한 편위익 선교사를 만날 수 있는 축복을 누렸다. 이제까지 만난 신실한 선교사들과 달리, 남침 례회 선교사들은 선교의 목적에 어긋나는 행동을 하고 동역자들 사이에 화평을 깨는 행위를 하고 있다. 침례교단은 순수하고 평화스럽기로 유명했는데, 남침례교 선교사들의 수가 많아질수록 혼란해지고 갈등이 심해졌다. 그들은 한국 역사와 풍속과 도덕과 언어를 배운 후에 사역해야 하는데, 그런 준비 없이 총회 일에 뛰어들어 간섭하는 잘못을 범했다. 일부 선교사들이 미국에 보낸 1957년 6월 15일자 우리 부부를 참소하는 내용의 서신을 열흘 만에 입수했다. 그 서신에는 "우리가 미국에 유하는 동안에 여러 곳에서 당신들 이름을 팔고 또 한국침례회를 이용하여 거액의 모금을 했다는 것, 또는 고아원과 침례회관의 이름으로 모금했다는 것, 또는 피아노와 자동차, 재봉침을 모두 부인회 명의로 얻어 가지고 와서는 다 착복했다"라는 허위 주장을 했다. 선교사들이 거짓 선전을 좋아하고 하나님의 돈을 가지고 마음대로 농락하면 되겠는가? 공산군의 침략으로 헐벗고 굶주림에 놓여 있는 백의민족에게 선교사들은 돈주머니를 흔들며 농락하지 말라.[45]

안대벽 역시 같은 날 1959년 4월 22일에 "주님 안에 사랑하는 동역자 교회 형제자매 귀중"이라는 성명서를 발표했는데, 그 내용은 다음과 같다: 남침례회 재한선교부가 한국침례회 총회전도부장을 파면하고 불신임 발표문을 각 교회와 교역자, 그리고 각 기관과 심지어 소년·소녀회까지 발송했는데, 이는 어느 나라에서도 있을 수 없는 수욕을 끼치는 행위이다. 우리 부부는 미남침례회 1954년도 총회에 참석하여 해외선교부장 코든에게 신령한 사람을 선택해 한국 선교사로 보내달라고 요청했다. 만일 선교사가 돈주머니를 흔들며 굴복을 요구하면 굶주린 자 중에서 일시적으로 호응하겠지만, 돈을 다 사용하거나 자립할 때는 선교사와 관계를 끊어버릴 것이기 때문이다. 우리 한국은 당당한 독립 국가인데, "독립 국가에서 합법적으로 조직된 단체를 어느 외국인이 감히 어떤 정치적 수단으로던지 금전 세력으로던지 무시, 조종, 지배를 못할 것"이다.[46] 이처럼 안대벽과 이순도는 남침례교 선교사들이 그들에 대해 허위 사실을 유포하고 그것에 근거하여 불신임하여, 금전으로 한국 목회자들을 지배하고 한국 총회의 합법적 권위를 무시한다고 했다. 그리고 민족적 감정을 자극하며 선교사들을 반대하도록 유도했다.

4. 장일수의 불만과 주장

장일수는 안대벽의 총회 운영에 불만을 품었다. 그래서 선교부 및 전입파와 제휴하여 그에 대한 반대 운동을 이끌었다. 선교사들은 총회 문제를 해결하기 위해 두 가지를 고안했다. 첫째, 안대벽 일파를 제거하고 총회를 그들의 방식대로 이끈다. 둘째, 이를 위해 전입파와 손을 잡는다. 총회에서 절대적 권력을 가지고 있던 안대벽 일파를 제거하는 것은 어려운 일이므로, 우선 전입파를 규합할 필요가 있었다. 전입파는 수적으로 주류파보다 두 배 이상 많았음에도, 주류파 목사들이 총회 임원을 독차지하는 것에 불만이 큰 상태였다. 그러나 전입파는 출신이 다양해서 구심점이 없다는 것이 문제점이었다.[47] 이 부분을 장일수가 채웠다. 장일수는 한국 최초 침례교회 중 하나인 칠산교회의 창립자 장기영 감로의 손자이며, 펜윅의 최측근이자 대표적 부흥사였던 장석천 목사의 아들이었다. 펜윅은 장석천의 결혼을 서양식으로 주례할 정도로 친밀했다. 장일수는 1948년 9월 목사안수를 받고 동아기독교의 대표 교회들에서 목회했다. 1953년 인천에서 시은고등공민학교와 성애원(고아원)을 설립했고, 침례회신학교 창립 초대 이사장이었으며, 「침례회보」를 창간했고, 총회장을 두 번 역임했다.[48] 어느 면으로 보아도 장일수는 주류파의 핵심 인물이었다. 그런데 그가 전입파의 수장이 되기로 결심한 것이다. 그렇게 된 것은 주류파와 다른 성향과 지향점을 가진 것, 그리고 안대벽과의 갈등 때문이었다.

장일수는 주류파 목회자들과는 다른 성향의 소유자였다. 1926년 동아기독교회는 펜윅의 주도로 세속교육 폐지를 결의했다.[49] 당시 교단은 세속교육 폐지 결정을 어길 시 직분에서 물러나게 했는데, 장석천에게도 아들의 학교 교육을 중지하라는 명령서가 내려왔다. 이에 장석천은 목사직 사표서를 원산 총부에 우편으로 부치고, 장일수가 계속 공부하여 공립보통학교를 졸업하게 했다. 장일수는 그때를 회고하며, "내 때문에 아버지가 성직을 포기해야 되나, 그러나 공부를 중지하고 싶지는 않았습니다"라고 말했다.[50] 장일수는 학업에 대한 강렬한 의지가 있었는데, 그것은 주류파의 정서와는 분명 다른 것이었다. 그는 또한 우태호와 조응철 같은 능력 있는 전입 목회자들을 중용하려 했다. 동아기독교는 남침례교회와 연결하는 일을 한기춘, 김용해, 안대벽 세 사람에게 맡겼는데, 한기춘은 두 사람과 상의 없이 우태호에게 그 일을 부탁했다. 우태호는 1949년 초 미국으로 건너가 일을 성사시켰고, 그 결과 남침례교회의 한국 선교가 시작되었다. 그런데 우태호는 일제강점기에 동아기독교를 일제에 의해 폐쇄 당하게 만든 사건을 촉발했다. 그 원죄로 인해 교단의 대다수 목사는 비록 우태호가 공을 세웠으나 그를 축출하려 했다. 그때 장일수가 적극적으로 중재하여 우태호를 받아들이도록 했다.[51] 그러나 우태호는 결국 교단에서 축출되었다. 장일수는 안대벽이 주도하여 우태호와 조응철을 축출하는 행태를 몹시 불만스러워했다.

장일수는 안대벽이 급기야 전입파 제거를 넘어 선교사들과 갈등하며 교단을 망치고 있다고 생각하고 본인이 나서기로 했다. 그는 1956년 총회장이던 시절, 안대벽을 찾아가 재정 사용에 대해 잘못을 인정하고 사면받기를 권면했다. 그러자 안대벽은 자기 아들이 이런 이야기를 들으면 가만히 있지 않을 것이라며 장일수를 위협했다. 당시 안대벽의 외동아들 안여석은 부산의 유명한 폭력배 대장이었다. 장일수는 "주의 사랑 가운데 신앙으로 비밀히 권고하는 데 아들의 주먹으로 위협을 한다. 유감 천만 하였다"라며 한탄했다.[52] 장일수는 그 일 이후 안대벽이 자신을 의리부동한 사람으로 중상모략했다고 하였다. 총회 실행위원회에서 김용해는 장일수가 문제가 있으므로 의장이 되는 것에 동의할 수 없고, 노재천을 임시의장으로 선정하고 사회를 보게 했다고 하며, 자신이 "무슨 죽을죄를 지었는지 반성해도 모르겠다”라며 탄식했다.[53] 그리고 김용해가 안대벽이 개척한 아현동교회의 이기준 집사에게 진정서를 내게 하여 자신의 총회장직 박탈을 시도했다며, “기가 찼다. 할 말이 없었다”라고 했다.[54] 장일수는 안대벽과 주류파가 자신을 조직적으로 배제시키는 것에 분노했다. 장일수는 선교사들에 대한 견해에서도 안대벽과 매우 달랐다. 안대벽은 선교사들이 돈으로 약소민족인 한국을 지배하려 하니 돈의 권리를 빼앗아야 한다고 주장했다. 이에 장일수는 선교사들은 “하나님의 것을 가지고 지혜로운 청직이가 되려는 것”이라며, “민족을 초월한 것이 신앙인데 교회에서 민족정신으로 단합은 분열을 일으키는 것”이라 주장했다.[55] 그러나 총회 임원들은 장일수보다 안대벽의 의견을 따랐다. 이처럼 유능한 전입파 인물들의 제거, 자신에 대한 조직적 배제, 선교사들과 갈등을 일으켜 교단을 위험에 빠뜨리는 행태 등이 장일수가 주류파를 떠나게 된 이유였다. 장일수는 주류파를 밀어내기로 결심했다.

5. 장일수와 선교부의 주류파에 대한 공격

장일수는 전입파 및 선교부와 연대하여 주류파를 배제하는 계획을 입안하고 구체적 실행에 착수했다. 그 첫 번째가 총회 장소를 변경하는 것이었다. 1959년 제49차 총회 장소는 총회 규정에 따라 직전 총회에서 경북 포항교회로 정해져 있었다. 그런데 장일수는 “총회 장소 변경 신청서”를 동봉한 서신을 1959년 1월 12일 전국 교회에 발송해,

다음의 4가지 이유를 들며 교회들이 총회 장소 변경신청서를 총회에 제출해 줄 것을 촉구했다: (1) 총회 사업이 정지 상태이고, (2) 교역자의 생활이 극빈에 빠지고 있으며, (3) 선교부와의 투쟁이 신앙적이며 말씀을 근거한 것이 아니라, 민족적이며 물질적이고 감정적이어서 총회가 어지러운 상황이고, (4) 교회들이 날로 퇴보하고 있다.[56] 이런 이유로 장일수는 선교사들의 거주지이고 신학교가 있는 대전에서 총회를 개최하자고 주장했다. 이에 80여 개 교회가 신청서를 제출했으나, 총회 실행위원회는 그것을 주류파가 많이 있는 포항을 피해 주류파의 임원 선출을 막으려는 의도로 보고 5:1로 부결시켰다.[57] 총회 장소변경 시도는 장일수와 전입파 그리고 선교부가 연합되어 있음을 외부로 드러낸 최초의 사건이었다.

한편 안대벽은 선교부가 총회에 준 지원금을 합당하게 사용하거나 투명하게 보고하지 않는 행태를 지속했다. 윌락스는 "안대벽이 전도부장으로 선출된 이후 선교부와 한국침례교총회는 매우 긴장된 관계가 형성되었다. 안대벽은 총회와 선교부의 규칙에 따라, 선교자금을 목회 보조, 교회당 건축, 교회 대지 매입 등의 용도로 사용하게 되어있음에도 계속 규칙을 어겼다"라고 했다.[58] 결국 선교부는 주류파를 향해 난폭한 공격을 감행했다. 선교부 실행위원회는 1959년 3월 18일에 회의를 열고 다음의 두 가지 동의를 만장일치로 통과시켰다:

Ⅰ. 안대벽에 대한 우리의 불신임을 표시하며, 따라서 한국에서 주님의 사역에 관해 그에게 주어진 어떠한 공적인 자격을 인

정할 수 없고, 어떠한 재정적 지원도 하지 않을 것이며, 이 동의는 즉각 효력을 발휘할 것이다.

II. 우리는 총회 재무부장에게 선교부에게서 지급받은 모든 선교 자금을 선교부 재무부장에게 즉각 반납하고 재분배받을 것을 요청하기로 동의한다.[59]

1959년 3월 19일 선교부 실행위원회는 안대벽의 부인 이순도에게도 동일한 동의안을 통과시켰다. 그리고 이런 결정을 전국의 모든 교회뿐만 아니라, 왕의 사신단과 소녀회 등 어린이 사역 기관에까지 배포했다.[60] 성명서에는 안대벽이 총회 대의원들의 선택 자유를 방해하고 있다는 내용도 포함되어 있었다.[61]

선교부는 대전 침례회신학교에서 1959년 3월 18일 한·미 전도부 연석회의를 열고, 굿윈(구두원)이 선교부의 결의 사항을 알렸다. 첫째, 안대벽을 불신임하며 "주님의 사업과 관련된 여하한 직책상의 기능에 있어서라도 그를 인정하거나 그에게 여하한 재정적인 원조를 여하한 방법으로도 허용하지 않는다." 둘째, "총회 재무부장은 선교부로부터 받은 금액 중 소지하고 있는 전 금액을 선교부 재무부장에게 즉시 반환하고 재분배받을 것"이었다.[62] 윌락스는 선교부가 안대벽을 불신임한 이유는 그가 선교부의 정책을 계속 거부했으며, 심지어 몇몇 선교사들을 본국으로 송환하려는 목적으로 총회 지도자들을 규합하는 일에 선교자금을 사용했기 때문이라 했다.[63] 선교부의 안대벽 부부 불신임 결의와 성명서 발송은 교단에 커다란 소동을 불러왔다. 교단 지

　　　　　　　　　　　　　　　　　　　　새로 읽는 한국침례교회사

도자들은 선교부의 행동에 적잖이 놀랐으며, 선교부가 총회의 내정에 간섭하는 것으로 받아드렸다. 한·미 전도부 연석회의는 유회(流會)되었고, 총회 대표 김용해는 선교부 대표 말러에게 "총회가 선출한 간부를 선교부에서 불신임하는 것은 주권 침해"에 해당하니 취소할 것을 촉구했으나, 말러는 "불문에 부치고 요지부동이었다." 이에 총회 실행위원들은 총사퇴로 사태 수습을 시도했으나 장일수가 불응하여 그것도 이룰 수 없었다.[64]

김용해는 1959년 3월 18일 밤에 장일수, 이덕여, 전흥상, 한태경, 이덕수 등 대전파 대표들이 대전 선교부를 방문하고, "대전에서 별도 총회를 조직할 것을 내약(內約) 받고 돌아와서 총회 분열"을 획책했다고 주장했다.[65] 주류파는 선교부가 자신들을 철저히 무시한 것에 대해 불안했으며 분노했다. 당시 총회장 신혁균은 교단 분열을 염려해 "총회개최 무기 연기"를 전국 교회에 공지했다. 대전파는 이를 명분 삼아, 대표 22인의 명의로 총회수습대회 개최를 알리는 "성명서"를 1959년 4월 2일 발표했다. "성명서"의 내용은 다음과 같다: (1) 교단이 미남침례회의 원조로 유례없이 발전하고 있음에도 총회 실행위원들이 선교부와 불화하여 교단 발전을 저해하고 있다. (2) 주류파 일부 목사들이 10년간이나 회전문식으로 총회 임원을 독차지하고 있다. (3) 주류파 일부 목사들은 개인 문제를 총회 문제로 비화시키고 있다. (4) 그들은 교권 장악을 위해 민족의식과 애국정신을 동원하여 순진한 교우들을 선동하고 있다. (5) 이를 타개하기 위해 대전 대흥교회에서 4월 28일부터 30일까지 총회수습위원회를 개최한다.[66] 준비위원은 장일수(대전), 조효훈(대전), 한태경(영서), 리덕수(강호), 리덕여(강호), 최완식(천안), 민영호(대전), 리창송(영서), 전승상(전북), 강성주(서울), 유영근(충북), 임정일(천안), 김승학(경남), 곽효정(전남), 박성태(전남), 장시정(영서), 최영선(전북), 김선춘(경북), 유태근(충북), 조동하(경중), 김기석(경기), 윤덕훈(충남) 등이다. 장일수는 1959년 4월 7일 전국 교회에 발송한 "친애하는 교우들에게"라는 서신을 통해, 선교부가 동아기독교 출신 교역자와는 한 명도 함께 일하지 않을 것이라는 소문은 거짓이라 주장하며,[67] 혼란스러워하는 목회자들을 끌어들이려 했다. 한편 크로리는 1959년 4월 8일 "美國南浸禮會 外國宣敎部"라는 서신을 통해, 선교부와 몇몇 총회 지도자 사이의 갈등을 치유하고 상호협조를 위한 목적으로 5월 5일부터 11일까지 한국을 방문할 것임을 알렸다.[68] 그러나 상황은 악화 일로로 나아갔다.

6. 안대벽과 주류파의 저항

주류파는 저항을 선택했다. 총회 실행위원회는 1959년 3월 31일 다음과 같은 7가지 내용의 반박 "성명서"를 발표했다: (1) 안대벽은 총회를 대표한 공인(公人)이므로 그를 불신임하는 것은 곧 총회를 불신임하는 것이다. (2) 선교부가 총회를 상대로 문제해결을 하지 않는 것은 불법이며 총회를 무시한 행위이다. (3) 선교부가 총회 재무에게 남은 보조금을 즉시 반환하라 명령한 것은 총회를 멸시하는 행위이다. (4) 안대벽 부인에 대한 불신임도 불법적이며 부인회 총회를 멸시하는 행위이다. (5) 안대벽이 선택의 자유를 방해한다는 주장은 총회회원을 그의 지배에 예속된 존재로 취급하는 모독이다. (6) 선교부가 안대벽 부부에 대한 불신임의 구체적 근거를 제시하지 않고 성명서를 배포하는 것은 불법이며 동역자에 대한 잔인한 태도이다. (7) 선교사들의 구두(口頭) 민주주의를 불신용하며 인권을 무시하는 행동을 규탄한다. 성명서는 선교부의 무례한 행동은 "민족적 설움을 통감케 한 바 이어니와 이런 행위가 지방 각 교회와 소년 소녀에게까지 계속적 선전을 감행하는 것을 볼 때에 흐르는 눈물을 금치 못하는 바입니다."라는 문장으로 끝맺었다.[69] 이처럼 성명서는 선교부가 한국인들의 자존심을 상하게 했고, 안대벽 부부의 비행에 대한 분명한 증거를 제시하지 못했다는 점을 강조했다.

당시 총회실행위원은 김용해, 노재천, 이원균, 한기춘, 안대벽, 김주언, 신혁균, 장일수, 한태경이었다. 이 중 대전파인 장일수와 한태경은 모든 포항파의 성명서에 서명하지 않았다. 총회 실행위원회는 1959년 3월 31일 크로리에게도 다음의 8개 항목에 관한 공개 질의서를 발표했다: (1) 1959년 7월 한미연석회에서 결의한 약속을 실천하지 않는 것. (2) 한국교회가 안수하고 다년간 목회하고 있는 목사들을 목사가 아니라고 선전한 것. (3) 총회에서 선출된 역원을 불신임하고 명예훼손 시킨 것. (4) 한국 총회에 정당히 주어진 선교보조금 잔액을 즉석에서 반환하라고 한 것. (5) 선교부가 국내외에 근거 없이 허위 선전한 것. (6) 교회 또는 총회를 분열 조장한 것. (7) 한국교회 재산을 합의 없이 선교부 재단에 편입시킨 것. (8) 한미전도부 실행위원회를 한국 총회 전도부장 없이 부원 일부와 진행한 것.[70] 이처럼 질의서에는 선교부의 비합법적 행위와 한국교회의 내정간섭을 적시했다.

주류파는 이후 성명서들을 대거 발표하며 선교부와 대전파를 비난했다. 총회 전도부실행위원들은 1959년 4월 7일 전국 교회에 "해명서"를 발송했는데, "해명서"는 1959년 3월 18일 한·미 전도부 연석회의에 관한 내용이었다. 즉 개회 벽두에 구두원 선교사가 안대벽 부부 불신임을 통보하자, "회의장 내는 즉시 감정과 긴장한 가운데 흥분을 폭발"했고, 특히 이덕근은 민족과 동역자를 배신할 수 없다며 퇴장했다고 했다. 당시 총회 전도부실행위원은 안대벽, 전흥상, 김주언, 이덕근, 김길남이다.[71] 대한기독교침례회 경서구역은 1959년 4월 10일 "성명서"에서, 선교부의 독단적 처사는 "독립국인 우리 한국 전체를 멸시하여 자주 주권을 침해한 월권 행사로 규정하는 바이다"라고 했다.[72] 총회 전도부실행위원회는 1959년 4월 10일 "각 교회 귀중"이라는 성명서에서 선교부가 총회 전도부장을 불신임하는 것은 "침례회 근본 주장과 리상에 크게 배치하는 것"이라 했으며,[73] 총회실행위원회는 1959년 4월 13일 "성명서"를 통해 선교부의 행동은 불법이고 총회장소 변경 시도는 분열 공작이라 했다.[74] 경북구역 역시 1959년 4월 13일 "성명서"를 통해, 안대벽과 이순도의 불신임은 한국 총회와 부인회에 대한 모욕이며 불법이다. 그리고 이미 주어진 지원금을 무조건 반환하라는 것은 만행이며, 안대벽을 자유선거 방해자라는 주장은 총회에 대한 내정간섭이며 명예훼손이라 했다.[75] 침례신학교 동창회 임원

　　　　　　　　　　　　　　　　　　　새로 읽는 한국침례교회사

회는 4월 16일 "성명서"에서, 선교부가 정당한 절차에 따라 총회와 문제를 해결하지 않고 각 교회에 성명하는 것은 총회를 무시하는 행위이며, 보조금 잔액의 즉시 반환 요구는 경제 권력으로 압력을 가하는 것이라 했다.[76] 당시 신학교 동창회 임원은 회장 이덕흥, 부회장 이종철, 총무 이덕근, 회계 박경배, 서기 김갑수였다. 이처럼 주류파는 민족적 감정과 자존감, 침례교 이상에 위배됨, 총회 내정간섭 등을 항거의 주요 논거로 삼았다.

성명서에는 매우 감정적이며 강렬한 표현들도 등장했다. 안대벽이 담임하는 서울 종로교회는 1959년 4월에 발표한 "재한미남침례회 선교부 실행위원회 귀하"라는 성명서에서, 선교사들의 행위는 "정신병자들이 하는 처사이거나 그렇지 않으면 경제 세력으로 한국 총회를 멸시하는 불법적 만행"이라며, 남침례교 총회에 소환을 요청할 것이라 했다.[77] 총회실행위원회는 1959년 4월 20일 "해명서"에서, 총회 수습대책위원회 소집은 불법적 행위이며, 장일수는 "선교사들에게 아부 결탁하고" 각 구역에 총회장소 변경을 진정하도록 사촉했다고 주장했다.[78] 이순도가 회장인 부인전도회 임원회는 1959년 4월 22일 "성명서"에서, 합법적으로 선출된 회장 이순도를 불신임한 것은 "약한 여성에게 정치적으로 압력을 가하는 비신사적 행동"이며, 보조금의 즉시 반환 요구는 "노골적으로 딸나정책을 실현화한 행동"이라며 비난했다.[79] 당시 대한기독교침례회 부인전도회 임원은 이순도, 신귀례, 김혜경, 여정실, 황필련이었다. 총회 재무부장 김주언은 1959년 4월 24일 "성명서"에서, 자신이 선교부 보조금을 유용했다는 소문에 대해 다음과 같이 주장했다: 단산교회 전도사 최원규는 교회당 대지 매입을 위한 선교부 보조금을 이미 총회에 넘겨주었다는 우락수의 말만 믿고 공개적으로 송금을 요청했는데, 총회는 보조금을 받은 적이 없었다고 하며, "우락쓰 선교사의 말을 미끼를 삼아 각 교회들에게 암암리에 악선전을 하여 명예를 손상식히며 도라다니는 분자들이" 있다고 했다.[80] 이상과 같이 주류파는 대전파와 선교부에 대해 극단적으로 불만을 드러내며 반박했다. 양측의 갈등은 분열로 귀결되었다.

7. 대전총회의 설립

대전파는 장일수가 시무하는 대전 대흥교회에서 1959년 4월 28일 19시에 107명의 대의원으로 총회수습대책위원회를 개최해, 장일수를 의장으로 선출하고 주류파를 비난하는 선언서를 채택했다. 선언서에는 과거 10년 동안 김용해, 안대벽, 노재천, 이원균, 한기춘, 김주언 등 소수의 주류파 인사가 총회를 농단하고 침례교 개교회주의를 파괴한 것, 교권 연장을 위해 교단 분열을 자초한 것 등을 거론하며 불신임을 결의했다. 그리고 4월 29일에 정식으로 제49차 정기총회를 개최할 것을 선언했다.[81] 1959년 4월 29일 오후 3시 대흥교회에서 전국 16개 구역 196개 교회 가운데, 140개 교회에서 파송된 228명의 대의원 중 198명이 참석하여 총회가 개최되었다. 선교부 회장 말러는 대전총회를 다수파를 대표하는 총회로 인정한다며 본 총회에서 선출되

대전총회

는 임원들과 같이 사업할 것이라 선포했다.[82] 크로리와 말러는 1959
년 5월 7일 동일한 내용의 성명서를 재차 발표했다.[83] 대전총회 임원
들은 1959년 5월 8일 전국 교회에 발송한 "각 교회 귀중"이라는 성명
서에서, 크로리가 "5월 7일 대전에서 개최된 총회 실행위원회 석상에
서 대다수 교회가 모인 우리 총회의 정당성을 인정하고 신임했다"라
고 밝히고, 불법적인 포항총회에 참석하는 교회는 불이익을 받게 될
것이라 했다. 대전총회 임원은 총회장 강성구, 부회장 이덕여, 김기석,
총무 김승학, 전도부장 죤스, 교육부장 조효훈, 사회부장 말러, 출판부
장 장시정, 재무부장 박종록이었다. 이처럼 주류파의 일부와 전입파
그리고 선교부가 합세하여 독자적인 총회를 세웠다.[84] 이후 대전총회
는 '기독교대한침례회'라는 명칭을 사용하다가 1963년 9월에 '기독교
한국침례회'로 변경했다.[85]

8. 포항총회의 설립

기존의 총회실행위원회는 대전총회를 13가지 이유로 불법총회로 규정했다. 그중 몇 가지를 살펴보면 다음과 같다: (1) 총회소집은 총회장 혹은 부회장만이 할 수 있는데 "불순분자 몇 사람이 총회소집 통지서를 일부 교회에만 발송하여 작당적 회집으로 총회 분열을 획책"했다. (2) 총회 대의원 수는 규정에 따라 한 교회에 3인이 상한 임에도 불구하고 한 교회에서 10명 내외의 대의원이 왔고, 심지어 모 성결교회 교인에게까지 대의원 표를 주었다. (3) 임원 선거도 몇 사람이 비밀리에 선출하여 명단을 발표하고 거수기 회원들을 발동시켜 5분 만에 임원 선거를 끝마쳤다. (4) 선교사가 대의원의 1인으로 참석한 것은 총회를 "분열식히는 노골적 행동"으로 총회 분열의 책임이 "다분 선교사들의게" 있다. (5) 선교사들은 불순분자들과 사전 야합하여 "딸라로 신도들을 유혹하는 죄"를 범했다. 따라서 "3월 18일 이후의 모든 집회와 그 결의는 다 불법이니 이것은 다 무효임을 선언한다."[86] 총회실행위원회는 대전총회의 불법성을 지적한 후, 포항에서 개최되는 제49차 정기총회에 "구름같이 몽여들어서 하나님께 큰일들을 기대"하자고 전국 교회의 참여를 독려했다. 당시 대한기독교침례회총회 실행위원은 신혁균, 김용해, 노재천, 안대벽, 한기춘, 이원균, 김주언이었다.[87]

총회실행위원회는 크로리와 말러를 초청하여 1959년 5월 9일 11시 회담했고, 1959년 5월 9일자 "해명서"를 통해 회담 내용을 전국 교

포항총회

회에 알렸다. "해명서"는 선교부가 다음의 세 가지를 언명했다고 했다. 첫째 크로리는 한국침례교회의 동태를 파악한 후 태도를 정할 것이며, 모든 침례교회와 함께 사업을 계속하려는 열망이 있다. 둘째, 대전총회가 "정당한 다수 총회라는 것을 재확인할 때까지는 당분간 개교회를 직접 상대하겠다." 셋째, 선교부 보조금에 대해 "선교부장 말라 씨도 어느 총회 소속의 구별 없이 각 개교회를 상대로 보조해 줄 것을 확언했다."[88] 그러나 선교부는 대전총회에 가입하지 않은 교회들에 대해 1959년 6월부터 보조금을 완전히 끊었기 때문에, "해명서"는 결과적으로 거짓이 되어버렸다.

주류파는 총회를 개최하는 일에 예상치 못한 어려움을 겪었다. 그것은 총회 장소로 이미 정해진 포항침례교회가 5월 18일자 "전국교역자 및 교우들 앞"이라는 통지문에서, "본 교회에서는 작일 사무처리회

로 몽이어서 거 4·29일에 몽이었던 대전총회를 찬성키로 절대다수로
가결”하였기 때문에, 예배당을 총회 장소로 허락지 않기로 결의했음
을 공표한 것이다.[89] 그러나 포항교회의 조치는 반감을 초래해 예상보
다 많은 대의원이 포항교회로 몰려와 예정대로 총회를 열었다. 1959
년 5월 26일 오전 9시 경북 포항시 동빈로 1가 46번지 포항교회에서
개최된 총회는 “등록자 수 267명 중 출석자 264명”이 참석하여 성황
리에 진행되었다.[90] 1959년 5월 27일 오전 9시에 속회 된 회의에서 대
전총회 지도자 장일수, 한태경, 민영호, 조효훈, 김기석, 이덕수, 전흥
상, 유영근, 윤덕훈 등 총회 분열의 주동자 9명에게 5년간 총회 회원
권을 부여하지 않고, 애버네티, 구두원, 말러, 우락수 등 4명의 선교사
를 불신임하며 본국으로 송환할 것을 결의했다.[91] 이후 포항총회는 기
존 총회 이름인 ‘대한기독교침례회’를 고수하다가 1963년 9월에 ‘한
국기독교침례회’로 변경했다.[92]

교단 분열의 결과와 평가

　교단이 분열된 이후 세 가지 현상이 곧장 일어났다. 첫째, 선교부
가 대전총회에 가입하지 않는 교회에 대해 모든 재정 지원을 끊어 포
항총회 소속 목회자들은 거의 기아 상태에 빠지는 고통을 받게 되었

다.[93] 둘째, 교회와 가정에서 분열 현상이 나타났는데, 김장배는 "교회와 교회들이, 형제와 형제들이, 심지어 부자간에도 둘로 갈라져서 반목하고 질시하기에 이르렀다"라고 증언했다.[94] 셋째, 양측이 교단 재산을 서로 소유하려는 다툼이 심각하게 일어났다. 포항총회 재단법인 이사장 김용해가 1959년 9월 전국 교회에 발송한 "재단법인 대한기독교침례회 유지재산 처리에 관한 공고"는 그러한 사실을 잘 보여 준다. 공고문은 재단법인 대한기독교침례회연맹 규약 제9조, "가맹교회의 재산은 재단법인 대한기독교침례회에 편입한다"라는 규정을 근거로 가맹교회의 "물권의 등기 및 자산 확보의 권리 의무는 본 재단법인을 통하여 보장되는 것"임을 강조했다. 그리고 "위증 사기로 공문서 사취, 명의 변조 기타 수단 방법을 가리지 않고 재단 명의의 변경을 시도"하고, 등록된 교회 건물을 매각하여 선교부 재단에 기부행위를 하는 것은 민법 제90조에 의해 무효가 되며 당사자는 불법에 대한 책임을 져야 한다고 공고했다.[95] 이처럼 기존 총회는 재산의 이탈을 막는 일에 신경을 곤두세웠다.

재산권 다툼으로 총회 산하의 기관이 국가 당국에 의해 폐쇄되는 일도 발생했다. 원아 70여 명의 인천 성애원(聖愛院)은 경기도에서 인정받는 모범 고아원이었는데, 교단 분열 이후 포항총회에 소속되었다. 그런데 김은섭 원장의 부인 김혜경이 1959년 포항총회에 참석했다는 이유로 대전총회 총회장 강석주가 일방적으로 김은섭을 파면하고 김동창을 원장으로 임명했다. 고아원이 분규와 혼란에 휩싸이게 되자 경기도 당국이 성애원을 폐지하고 고아들을 타 교단 고아원으로 이송했다.[96] 한편 인천의 시은고등공민학교는 치열한 과정을 거쳐 포항총회에서 대전총회로 넘어가게 되었다. 1959년 7월 2일 강성주가 이봉래 교장을 해임 통보했으나 학교 이사회가 인정하지 않아 불발되었다. 그러자 학교 설립자인 장일수가 교장 해임 통고서를 제출했고 인천시 교육감은 학교 설립자의 요청이라는 이유로 이를 받아들였다. 8월 15일 대전총회에서 굿원(선교회장), 김기석(부총회장), 조효훈(교육부장) 등이 김덕윤과 함께 학교에 와서 김덕윤을 교장으로 임명하려 했으나 이사회가 반대하여 이루지 못했다. 당시 학교에는 교장 이봉래, 교감 임선환, 그리고 7명의 교사가 있었고, 학생 수는 남학생 206명과 여학생 104명 총 310명의 학생이 있었다.[97] 이처럼 시은고등공민학교의 이사회는 학교를 대전총회에 빼앗기지 않으려 애를 썼다. 그런데 이봉래와 인천침례교회와의 분쟁으로 결국 학교를 대전총회로 넘기는 결정을 했다.

인천침례교회는 1960년 8월 25일 장문의 "성명서"를 통해 포항총회를 탈퇴하고 대전총회에 가입하게 된 경위를 설명했는데, 주요 내용은 다음과 같다. 1959년 총회가 분열될 때, 인천교회가 포항총회의 종주교회 격이 된 것은 포항총회의 영수이며 본 교단의 재단 이사장인 김용해가 인천교회의 담임목사였고, 교단의 중요 기관인 성애원과 은혜학교(시은고등공민학교)가 인천에 있었기 때문이다. 대전총회와 장일수가 법적으로 보장된 성은학교에 대한 정당한 권리를 스스로 제한하자 인천침례교회가 자연스럽게 학교를 맡게 되었다. 인천교회 집사들은 갑자기 조직된 은혜학교 운영이사회의 이사가 되어 학교를

새로 읽는 한국침례교회사

도왔다. 그런데 교장 이봉래가 학교를 독재적으로 운영했고 이사회는 그것을 제지했다. 그러자 이봉래는 이사회의 정당한 행위를 인천교회의 부당한 간섭으로 둔갑시켜 대외에 선전했다. 1960년 5월 3일부터 경북 김천에서 개최된 포항파 총회는 이봉래의 뜻에 따라 인천교회 집사들의 이사직을 박탈하고, 이봉래의 비행으로 학교 회계상 막대한 부정이 드러났음에도 회계감사를 종결시키고 이봉래의 유임을 결의했다.[98] 이봉래는 나아가 인천교회가 점유하여 온 1,358평의 대지를 前자유당중앙위원회 최모라는 자와 임의로 계약 체결하고 70만 원을 수령하여, 시은학교 설립자 장일수에게서 약탈하고 대지의 중심부에 자리 잡은 인천교회를 축출하려 했다. 교회는 이러한 사실을 총회에 알리고 조처를 호소했으나 아무런 반응이 없었다. 인천교회 집사들이 6월 19일 포항총회를 탈퇴할 것을 결의하자, 김용해는 담임목사직 사표를 제출하고 서울로 이주했다. 인천시는 7월 25일 교회가 위치한 인천시 답동 8번지에 있는 시유지 1,358평을 공매 처분키 위해 연고권자인 인천교회에 별도 통지서를 보내왔으나, 김용해가 그것을 묵살해 버림으로 인천교회는 점유자이면서도 연고권을 행사하지 못했고, 결국 이봉래가 동 대지를 단독 응찰 매수하도록 했다. 이런 이유로 8월 21일에 소집된 사무회에서 대전총회에 가맹할 것을 만장일치로 결의했다.[99] 인천교회가 대전총회로 가입하면서 시은고등공민학교는 대전총회 소속 학교가 되었다. 이처럼 분열 후 양측이 가장 많은 관심을 기울인 것은 교단 재산에 관한 재산권 확보였다.

한국침례교회는 일제강점기 신사참배 거부하여 고난받았고, 재림신앙을 고수하여 교단이 폐쇄되는 아픔을 겪었으나 분열 없이 단일 대오를 유지해 왔다. 그런데 해방 이후 남침례교회의 막대한 원조로 기사회생하던 교단은 예기치 않게 분열했다. 분열은 다음의 네 가지가 주요 원인이었다: (1) 안대벽, 애버네티, 장일수 등 핵심 인물들 간의 감정적 갈등과 성향의 차이, (2) 교권과 경제적 이익을 위한 파벌 간 투쟁, (3) 미국 선교사들의 급진적 태도와 미숙한 대처, (4) 주류파 목회자들의 정(情)에 이끌린 판단 등이다. 이처럼 한국침례교회의 분열은 명분이나 신앙적 정당성이 없는 분열이었다. 따라서 교단분열의 책임은 포항파, 대전파, 선교부 모두에게 있다. 그렇지만 안대벽에게 좀 더 많은 책임을 물어야 한다. 그의 재물에 대한 욕망이 모든 문제의 발단이었다. 경제적 목적으로 구호위원회를 장악하려다가 애버네티와 갈등을 일으켰고, 선교부 보조금을 계속 독점하려다 전입파와 갈등했다. 안대벽은 급기야 포항총회에서 제명당하는 것을 불사할 정도로 재물에 집착했다. 그 집착이 많은 사람을 불행하게 했고, 하나님의 영광을 가렸다. 주류파 지도자들은 안대벽의 권력욕과 재물욕을 적절하게 제지하지 못했다. 그들이 제지하지 못한 이유로는, (1) 안대벽과 함께 교권을 향유하고 싶었고, (2) 안대벽의 의도를 파악하지 못했을 것이기 때문이다. 주류파 지도자들은 총회 임원직을 오랜 기간 회전문식으로 독차지하며 특권을 계속 누리려 했다. 장기간의 독점은 불가피하게 갈등과 충돌을 불러올 것을 예측하고 자제해야 했다. 주류파 지도자들은 선교사들이 한국 민족을 업신여기고 금권으로 통치하려 한다는 안대벽의 민족 감정을 이용한 선동에 이용당하고, 정(情)

과 의리에 묶여 교단의 안정과 발전이라는 대의를 저버렸다. 주류파 지도자들은 끝없는 궁핍과 온갖 고난 속에서도 불고가사, 불고처자의 신앙으로 교단을 지켜왔다. 그들의 수고와 헌신은 결코 부인될 수 없다. 그러나 교단 분열과 관련한 책임은 면할 수 없다.

분열 이후 포항총회

포항총회에 속한 교회들은 남침례교 선교부로부터 그동안 받아오던 재정 보조가 하루아침에 끊어지게 되면서 엄청난 고통을 겪게 되었다. 포항총회에 속한 성애원은 분규로 1960년 9월 5일 폐쇄되었다.[100] 포항총회는 서울 종로침례교회에서 1961년 4월 18일에 제51차 총회를 개최하여 안대벽을 총회장으로 선출하고, 재정 지원을 받기 위해 국제기독교협의회(ICCC)에 가입할 것을 결의했다. 같은 해 8월에 「침례월보」를 창간했다.[101] 포항총회는 국제기독교협의회와 스완슨 복음전도회로부터 후원받아 1962년 6월 18일 서울 종로침례교회 내에 '대한침례회신학교'를 설립하고 안대벽을 교장으로 선임했다. 학교는 38명의 학생으로 시작되었으며, 이듬해인 1963년 10월에 동자동 총회 사무실로 이전했다. 그런데 안대벽은 외부로부터 지원받은 보조금을 임의로 처리하고 총회에 전혀 보고하지 않았다. 총회실행위

앞줄 왼쪽부터 이완균, 최성업, 안대벽, 신혁균, 김용해, 김주언
뒷줄 왼쪽부터 박경배, 김의경, 김갑수(1962.5.8.~10)

원회와 신학교 이사회는 안대벽에게 불법적 행위를 사과할 것을 촉구
했지만, 안대벽은 요지부동이었고 계속 보조금을 유용했다. 결국 총
회는 1964년 1월 14일에 안대벽을 불신임하기로 결의했다.[102] 안대벽
은 대한침례회신학교에서 해임되고 난 후, 곧장 미국으로 이민 갔다.
이로써 안대벽과 이순도의 철권통치는 막을 내렸다.

안대벽(본명 안인식)이 한국침례교회의 핵심 인물이 된 것은 펜윅
이 1890년 가을에 그의 소래 집에 세내어 살면서부터였다. 그의 부친
은 양반 출신으로 국가의 관원이었고, 그의 어머니(안씨 부인)는 독실
한 기독교 신자로 소래에서 유일하게 글을 읽을 수 있는 여성이었다.
안대벽의 가족은 부친이 사망한 후 원산으로 이주하여 펜윅의 가족으
로 함께 살았다. 안인식은 펜윅의 양자가 되어 이름도 다윗을 가리키

새로 읽는 한국침례교회사

는 '대벽'으로 개명했다.[103] 안대벽은 1906년에 회심했으며 1907년에 침례받았다. 그는 펜윅에게서 영어, 성경, 영농법을 배우며 원산총부의 총회 사무를 돌보았다. 1912년에 전치규, 허담과 함께 교사 직분을 받았다. 펜윅은 그러나 살아생전에 안대벽을 목사로 세우지 않았다. 안대벽은 1935년 펜윅의 사망 후, 원산 동산을 비롯하여 펜윅의 재산을 관리하며 원산의 유지(有志)로 살았다. 안대벽은 원산사건으로 투옥된 32인의 옥바라지와 그들의 가족을 최선으로 도왔다.[104]

안대벽은 8·15해방 후 월남하여 돈암장의 관리인으로 살면서 필동침례교회(현 서울침례교회)를 개척했고, 1950년 제40차 점촌 총회에서 목사안수를 받았다. 그는 애버네티 부부를 환대하여 미남침례교회가 한국선교를 시작하도록 하는 일에 크게 공헌했다. 안대벽과 그의 부인 이순도는 교단 내에서 유일하게 영어를 자유롭게 구사하고, 이승만 대통령 부부와도 친밀한 관계를 맺었으며, 사업이나 대인관계에서도 탁월한 수완을 가진 사람들이었다. 교단 내에서 안대벽 부부는 독보적인 존재였고, 권위와 권력에서 타의 추종을 불허했다. 그러나 그도 재물에 대한 욕심을 버리지 못하여 교단에서 쫓겨나는 신세로 전락하게 되었다. 안대벽은 한국인으로서의 주체 의식과 민족적 자긍심이 강했다. 그는 체구는 작았으나 재리에 밝았고 카리스마와 의지력이 강했다. 안대벽은 서울침례교회(1946년 9월), 부산침례교회(1950년 12월), 서울제일침례교회(1954년 12월)를 개척하며 교단 발전에 크게 공헌했다.[105] 이처럼 공과가 극명한 삶을 살았던 안대벽은 타향 미국에서 영면했다. 대한침례회신학교는 안대벽이 해임되고 난 후, 신혁균, 한기춘 목사 등이 교장서리로 봉직했다. 학교는 교단이 통합되고 난 이후, 1968년 9월 7일자로 대전 침례회신학교에 합병되었다.[106] 포항총회는 재정적으로 빈약하기 짝이 없었으나 극빈한 교회들을 보조했으며, 매년 순회부흥단을 조직하여 어려운 교회들을 순방하고 격려했다. 총회는 교단 역사편찬에도 힘썼는데, 안경선 집사의 도움으로 1964년 3월 30일에 「대한기독교침례회사」 1,000부를 출판했다.[107]

분열 이후 대전총회

대전총회는 선교부가 주도권을 쥐고 교단 사업을 진행했다. 대전총회를 설립하는 데 주도적 역할을 한 인물들은 과거 포항파처럼 선교지원금을 관장하려는 욕망을 가졌으나 선교부는 그들의 희망에 부응하지 않았다. 선교부는 지원금을 총회가 아닌 개교회나 지방회에 직접 주었다. 당시 포항총회와 대전총회 산하 총 178개 교회 가운데 154개 교회가 선교부로부터 보조금을 받았고, 보조금 없이 자립할 수 있는 교회는 24개에 불과했다. 따라서 교단 사역의 실권은 선교부가 소유하고 있었다.[108] 총회 지도자들은 선교부가 과거처럼 총회를 통해 개교회를 지원하는 체제를 기대했다. 그러나 선교부는 그럴 마음이 전혀 없었다. 선교부는 총회를 통하지 않고 개교회와 지방회에 직접 지원하는 원칙을 확고히 세웠다. 결국 총회는 재정 능력이 없어 사실상 유명무실한 기관이 되었고, 그 결과 대전총회에서도 선교부에 대한 불만이 일어났다. 1963년 대전 연차총회에서 반선교사 성토문이 배포되었는데, 그 내용을 요약하면 다음과 같다: (1) 우리는 선교사들로부터 냉소를 받고 있다. (2) 적지 않은 교회들이 문을 닫았고 교인들은 타 교단으로 넘어가고 있다. (3) 선교사들은 현 사태에 대해 무관심하다. (4) 총회가 힘을 키워서 선교부와 단절하자. 이런 뜻을 남침례교 해외선교부에 알리자.[109]

이런 불만은 주로 전입파에서 많이 나왔다. 그들은 급기야 침례교회들을 그들의 원래 교단으로 이끌고 가서 그 교단에 합류시키려 했다. 이와 관련해 대전파 지도자 조효훈 박사는, "1965년 대구총회 때에 당시 현직 총회장인 장로교 출신 목사와 성결교에서 전입해 온 장로교, 감리교, 성결교 목사들 몇이 회합하여 최모 장로교 목사가 이끌던 장로교로 총회를 이끌고 넘어가려던 것을 필자가 총회장이 되어 이를 막아낸 것이 그 대표적인 예라고 볼 수 있다"라고 증언했다.[110] 이처럼 대전총회는 갈등과 혼란이 있었으나, 선교부는 확고하게 총회를 주도적으로 이끌어갔다. 선교부는 크게 복음 전파와 교회 개척, 그리고 교회 부서와 총회 기관의 내실화라는 두 가지를 사역 목표를 정하고 선교 지원금을 적절하게 배분하며 교단 발전을 견인했다.

1. 복음 전파 사역

선교부는 1960년 봄에 침례교 성장을 위해 대중 방송매체를 통한 전도를 시작했다. 이를 위해 과감하게 재정을 투자하여 각 라디오 방송국의 방송 시간을 사서, "침례교 시간"(Baptist Hours)이라는 프로그램을 진행했다. 1960년 5월 1일에 인천방송국, 5월 22일에 부산 방송국, 6월 16일에 서울방송국, 1961년 11월에 전북 이리방송국에서 각각 "침례교 시간"이 시작되었다.[111] 선교부는 1967년에 방송전도부를 설치하고 부장으로 굿윈 선교사를 선임했다. 이때부터 침례교 전도 방송은 "서울 기독교중앙방송국, 극동방송, 대구 기독교방송, 이리 기독교방송, 광주 기독교방송, 부산 기독교방송, 대전 문화방송, 강릉 문화방송, 강원 문화방송, 목포 문화방송, 제주 문화방송"에서 실시되었다.[112] 침례교 선교사들과 목사들은 "침례교 시간"에 침례교회를 한국인들에게 알렸다. 대전 대흥침례교회 목사 안종만은 "침례교 시간"에서 성경공부 분야를 맡아 진행했다.[113] 1966-1967년에는 KBS-TV를 통해 무디성경학교에서 지원받은 기독교 영화, 과학전도 프로그램을 방영했다.[114] 이러한 방송전도는 1970년대 중반까지 계속되었다. 방송전도부는 새신자 교육을 위한 자료로 사용하도록 영화 필름을 지역 교회에 나누어주기도 했다.[115]

선교부는 또한 군인 전도를 침례교 확장의 좋은 통로로 여기고 많은 재정을 투입해 군사지역에 선교센터를 건립했다. 침례교회가 타 교단에 비해 체계적으로 군인 전도를 실행한 것은 군인 전도에 특별한 사명이 있던 가이 헨더슨(Guy Henderson) 선교사가 주도적으로 담당했기 때문이다. 헨더슨은 1963년 5월 대구에 군인들을 위한 침례회선교센터를 개관하고,[116] 이후 1965년에 논산, 원주, 대전에도 군인 선교센터를 마련했다. 1967년에는 공군 침례회선교센터를 세웠고, 1976년에는 진해에 해군 침례회선교센터를 개관했다.[117] 선교부는 한국 군인들에게 보수·복음주의 신앙을 전파했다. 선교부는 대학생 전도 사역도 실행했다. 선교사들은 1960년 4월에 있었던 민주주의를 위한 학생들의 격렬한 시위인 4·19 혁명을 목격한 이후 대학생을 위한 사역의 필요성을 깨닫기 시작했다.[118] 1961년 대학생 전도를 위해 제임스 그린 부부(Mr. and Mrs. James Greene), 루포드 하지스(Ruford Hodges Jr.), 헤롤드 게이틀리(Harold Gateley), 폴 로드스(Paul Rhodes), 조 오트리(Joe Autry), 밥 멕에켄(Bob McEachern) 등의 선교사들이 투입됐다. 대학생 사역은 계속 성장해 1980년에 침례교학생회(Baptist Student Union)로 발전했다.[119]

2. 출판부(진흥원)를 통한 교단 내실화 사역

선교부는 출판부를 중심으로 기존에 교회 부서와 총회 기관들의 성장을 뒷받침했다. 출판부는 부산에서 활동하던 두 명의 간호 선교사 아이렌 브래넘과 루비 훳이 1954년에 행한 출판 사역에서 시작되었다. 그들은 왕의 사신단, 소녀회, 여자청년회, 일광회, 여선교회 등에 필요한 공과와 신앙훈련 자료들을 출판하기 시작했다. 예를 들면, 『그리스도인의 생활과 성장』, 『여전도회를 조직해야 할 여러 가지 이유』 등의 책을 출판했다.[120] 선교부는 효과적인 출판사업을 위해 1958년에 침례회출판부(Baptist Joint Publication Department)를 세우고 굿윈 선교사를 책임자로 임명했다. 출판부는 1959년 1월에 주일학교 교재를 출판하여 주일학교 운영과 교육 목회에 큰 도움을 주었다.[121] 선교부는 자립교회 건설을 위해 출판부를 중심으로 1958년에 청지기 운동 캠페인을 했다. 1월에 메릴 무어 박사(Dr. Merrill D. Moore)와 그린스텝 박사(Dr. W. E. Grindstaff)를 초청하여 청지기 직분 강연회를 개최했다. 강연회에 참석한 많은 목회자는 교회로 돌아가 교인들에게 청지기 직분에 대해 가르쳤다.[122] 1959년 11월에는 "침례교 새 생명 운동"(Baptist New Life Crusade)을 6개 도시에서 진행했다. 당시 미남침례교회 총회장 램지 폴라드와 허셸 홉스, 그리고 토마스 페터슨이 내한하여 말씀을 전했다.[123]

윌락스가 1960년에 출판부 부장으로 임명받아 본부를 대전으로 옮겼다. 그리고 대전 침례회신학교 건물 안에 서점을 열고 출판부 발간 자료들과 기독교 서적을 판매하기 시작했다. 출판부는 1960년 1월에 다음과 같은 장기 계획을 수립했다:

1) 주일학교의 조직과 공과 출판을 최우선 사업으로 한다.

2) 매년 주일학교 연령별 공과를 한 부씩 확장 출판한다.

3) 외국선교부[해외선교부]에 문서사업을 전담할 두 사람의 직

원을 요청키로 한다.

4) 공과뿐 아니라 전도지까지 선전한다.[124]

박영록이 출판부 최초의 직원으로 채용되었는데, 그의 임무는 각 지방회를 방문하여 출판물을 선전하고 판매하는 일이었다. 박영록은 총회 산하 170여 교회들을 방문해 유년부, 초등부, 중등부 교재를 낱장으로 출판해 한데 묶어서 판매하기 시작했다. 1960년에 2,027개의 묶음 교재와 4종류의 전도지 각 1만 장이 판매되었다.[125] 출판부는 1960년대에 범 교단적으로 행해진 ‘지도자 강습회’를 주도적으로 기획하고 추진했다. 강습회는 지역별로 수련회 형식으로 개최되었고 5-10일 정도 열렸다. 교육 내용은 성경공부와 주일학교 운영 방법, 침례교 역사, 침례교 교회론, 청지기론, 전도론, 여전도회, 소년회, 소녀회 등의 설립과 운영 방법, 음악, 특별 주제 등이었다. 선교사와 한국 지도자들은 함께 숙식했고, 참가자들은 여관이나 가정집에서 지냈다. 여름 강습회는 연령층에 따라 무창포에서 많이 열렸고, 특별 강습회는 필요한 지역에서 개최했다.[126] 강습회는 총회와 협력하여 이루어졌고 대게 부흥회와 전도 집회를 병행했다.[127]

돈 존스(Don C. Jones, 최희준) 부인 니타 존스(Nita Jones, 최희신) 선교사가 1961년 1월에 출판부 부장이 되었다. 그는 본부를 대전에서 서울로 옮기고 대연각 호텔 맞은편 건물에 사무실을 마련했다.[128] 출판부는 1961년에 ‘한미어휘위원회’(Korean-American Vocabulary Committee)를 발족하여 신학 용어 번역에 통일을 기하고자 했다. 1961년에 최초로 장년부 공과를 연 4회 출판했다.[129] 니타는 1962년 1월에 문공부에 '침례회출판사'를 등록했고, 4월에 베티 헌트(Miss Betty Jane Hunt, 현복자)에게 부장직을 넘겨주었다.[130] 돈 존스 부부는 1962년 봄에 안식년으로 미국에 가기로 되어있었다. 그런데 출국하기 전에 게미지와 다윌이 대전으로 방문해 달라고 했다. 그들은 존스에게 선교부가 한국에서 출판사업을 하고 있으나, 기독교 교육의 진흥을 주도할 통합된 기구를 만들지 못했다고 하며, 미국에 가면 내슈빌의 주일학교부를 방문하여 이와 관련한 훈련을 받고 오라고 했다. 이에 따라 존스는 남침례교 주일학교부에서 10일간 교육을 받았으며, 한국선교부는 1963년 존스가 귀국하는 즉시 그를 출판부와 교회행정국 부장으로 위촉하기로 결정했다. 존스는 1963년 9월 출판부장으로 임명되었고, 12월에 교회행정국 국장을 겸직하게 되었다.[131]

출판부는 1963년 12월 2-11일 동안 3명의 남침례교 강사를 초청하여 서울 충무로침례교회, 대전 대흥침례교회, 대구 대명침례교회에서 청지기 직분 강연회를 개최했다. 세 강연회에는 200여 교회에서 약 1,000명이 참석해 성황을 이루었는데, 이와 관련해 출판부는 남침례교회에 다음과 같은 보고서를 제출했다:

이 강습회에는 한국침례교 총회 소속의 200교회, 약 1,000명의 교인이 수강하였다. 서울 충무로교회에서 이틀간의 강습회가 열렸다. 서울교회, 대전의 대흥교회, 대구의 대명교회 … 대전과 대구에서는 약 500명의 신자들이 십일조를 작정하였다. 서울에서 개최된 강습회에서는 십일조 결심자의 수가 숫자상으로 표시되지는 않았으나 수많은 사람들이 마음속으로 결심한 것이 확실시된다. 전국 교회에서 온 소식은 많은 교회의 경제적 사정이 좋아졌다는 것을 알려주는 것이었다. 그러나 이보다 더 중요한 것은 한국침례교 역사상 최초로 온 교회가 청지기의 사명을 확신하게 되었다는 사실이다. 어떤 지방회장은, "청지기 강습회가 있기 전에 우리 지방회에서는 청지기라는 말의 뜻을 알고 있는 사람이 아무도 없었습니다. 그러나 지금은 어린이들까지도 '주님 선한 청지기가 되도록 도와주셔요'하고 기도드리게 되었습니다"하고 말했다.[132]

1964년 출판부는 안식년에서 돌아온 베티 헌트를 직원으로 채용하고 여름성경학교 교재의 작성과 출판을 담당하게 했다. 니타 존스는 교회학교 교재 편집과 『선한 청지기』 출판을 담당했다. 출판부 사무실을 대연각 호텔 맞은편의 임시 사무실에서 중구 충무로 5가 55번지 선교회 빌딩(서울침례교회 교육관)으로 옮겼다.[133] 선교부는 1964년에 출판부와 교회진흥국(Department of Church Administration Promotion)을 통폐합하여 교회행정출판부(Publications and Church Administration Department)라는 단일 부서로 만들고, 돈 존스를 부장으로 선출했다.[134] 선교부는 남침례교 해외선교부가 홍콩을 중심으로 1964-1966년에 아시아의 모든 침례교회를 상대로 개최하는 "아시아 교회학교 확장운동"(The Asia Church School Crusade)에 참여하기로 결정했다. 선교부는 한국 총회로부터 두 명의 운영위원을 추천받아 존스(최희준), 굿윈(구두원), 다월(도월태), 안형직, 노영식 등으로 운영위원회를 구성했다.[135]

안형직과 최희준은 1964년 9월 홍콩에서 개최된 아시아교회학교 확장운동 계획위원회에 참석하고 관련 내용을 보고했다. 이에 따라 선교부와 총회는 교회학교 확장운동을 위한 모델 교회로 12개 교회를 지정했다. 그리고 그 운동에 참여하기 원하는 59개 교회들은 12개 교회의 강습회에 참석하도록 했다. 1966년에 6명의 외국인 강사를 초빙해 각각 두 교회씩을 담당하여 강의하도록 하고, 그전에 준비강습회를 1964-1966년에 걸쳐 4차례 시행하기로 했다. 준비 강습회에는 지정교회 2인, 참가교회 1인이 각각 참석하기로 했다.[136] 준비 강습회 일정은 (1) 1965년 2월 15-17일, (2) 1965년 5월 31-6월 2일, (3) 1965년 10월 4-6일, (4) 1966년 2월 14-15일이었다. 시범교회 강습회는 1966년 4월 10일과 5월 15일 사이에 12개 지정교회에서 개최하고, 강습회가 끝나는 마지막 주말에는 축호전도를 하기로 했다.[137]

준비 강습회는 3시간 단위로 5개 강좌가 개설되었다. 강사로 최희준, 조효훈, 안형직, 노영식, 노창우 등이 담당했다. 제1회 준비 강습회는 대전 대흥침례교회에서 선교사와 교회 지도자 80명이 참석했다. 제2회 강습회는 외국 강사들이 늦게 도착해서 1965년 10월에 열렸다. 제3회 강습회는 1965년 12월 6-8일에 개최되었으며, 홍콩의 조지 윌슨(George Wilson)이 내한하여 5개 강좌 전체를 강의했다. 제4회 강습회는 1966년 2월 14-16일에 열렸고 일본침례교 총회 교회학교 부총무 쇼지 오카무라 목사가 "교회학교 입적과 지도자 훈련"을 강의했다.[138] 당시 강습회에서 다음과 같은 한국침례교 교회학교 발전 장애 요소 7가지가 지적되었다: (1) 교인들의 교회학교에 대한 이해 부족, (2) 훈련된 지도자(목회자) 부족, (3) 교실 부족, (4) 교회학교 운영상의 문제점, (5) 일꾼들의 지속적 헌신 부족, (6) 교회학교에 대한 유자격 일꾼의 부족, (7) 지도자 확보와 교육 부족 등이었다.[139] 교회학교 확장운동의 일환으로 교회학교 표어와 구호를 현상 공모했는데, 표어로 "모두 와서 배우고 모두 가서 전하자"가 당선되었고, 구호는 "요람에서 무덤까지 가르쳐 지키게 하라!"가 채택되었다.[140] 1966년 5월 대강습회는 12개 지정교회에서 개최되었다. 외국인 강사 1인, 국내 강사 1인, 보조선교자 1인, 통역 1인으로 팀을 구성하여 각 교회에 파견했다. 교회학교 확장운동의 2년간의 결산은 다음과 같다: 12개 지정교회를 위한 봉사자와 운영위원으로 약 400명, 한 미 강사 22명, 통역 8명, 선교사 17명, 참석자 3,500명이었다. 2년의 준비기간을 포함한 총경비는 15,000달러가 소요되었다.[141]

지정교회의 교회학교 현황(1966년 1월 30일)은 다음과 같다[142]

교회	학급(반) 수	재적 수	출석자 수
서울침례교회	25	294	161
서정리침례교회	24	206	165
천안침례교회	12	120	165
조치원침례교회	25	207	120
공주침례교회	24	209	97

교회	학급(반) 수	재적 수	출석자 수
대흥침례교회	61	567	332
칠산침례교회	8	120	120
함열침례교회	48	515	470
영생침례교회	39	424	345
일산침례교회	16	224	76
영진침례교회	16	141	125
영주침례교회	21	174	160

교회행정출판부는 출판 사업에도 성과를 냈다. 1965년에 필리핀에서 사용한 여름성경학교 공과를 한국 실정에 맞게 편집하여 교재로 출판하고, 『선한 청지기』, 『기본전도학』, 『책 중의 책』, 『교회학교를 통해 일하는 교회』 등을 출판했다. 1964년에 출판된 『침례교인의 이상』 1만 부를 중판했다. 노창우가 교회행정 담당, 이태분이 교정 담당, 도한호가 번역 및 교정 담당으로 각각 입사했다.[143] 1966년에는 토니 스텔라(Tony Stella, 성성일) 선교사가 출판부에 합류했고, 3년제 교회학교 교과과정을 완성했다.[144] 1967년에는 클라이드 터너의 『신약교회교리』(재판)와 『구원의 교리』, 안종만의 『신약교회교리』(약 5,000부), 다빈스의 『교회 보전』 등과 여름성경학교 찬양집, 그리고 오랜 기간 품절 상태였던 말콤 펜윅의 『Church of Christ in Corea』의 영어판을 출판했다. 박영록이 출판부 총무로 노창우가 교회행정부 총무로 배정되었다. 한편 교회학교 교재의 값을 권당 5원에서 10원으로 인상했으나 인상된 책값이 종이와 잉크 값 정도여서 여전히 적자로 출판하여 배포했다.[145] 침례회출판사는 침례교 계승설을 옹호하는 터너의

『신약교회 교리』를 1977년 제6판에 이르기까지 계속 출판했다.[146]

교회행정출판부는 한국선교부의 청지기 훈련을 위한 책자 개발 의뢰에 따라, 남침례교 해외선교부 언더우드 박사가 남아메리카에서 사용한 자료를 입수하여 한국 실정에 맞게 수정하여 출판했다. 1967년 가을 본 책자를 시험하기 위해 대도시와 시골의 크고 작은 교회 9개를 선정해 청지기 운동을 실행했다. 9개의 시험교회는 서울교회, 연희교회, 대흥교회(대전), 중앙교회(대전), 칠산교회, 영생교회, 성동교회, 대남교회(대구), 수원교회 등이었다. 선교부는 청지기 운동 결과 이들 교회에서 예산이 2배로 증가했다는 보고를 받았다.[147] 교회행정출판부는 1968년에 내규를 개정하여 한국 총회와 선교부가 공동후원하는 기관이 되었다.[148] 1968년에 출판된 책들은 J. M. 프 라이스, 『선생 예수』(2,000부), J 플래쳐, 『빌 왈레스』(2,000부), R. 베이커, 『침례교회사』, 『선한 청지기』(2,000부), 『이렇게 기록되었다』(1,500부), 안종만의 『교회 입문』(5,000부) 등이었다. 강습회 역시 다양한 주제로 전국 교회를 상대로 개최했다. 1968년 6월 로스앤젤레스의 김동명 목사를 강사로 초빙한 강습회에 약 200명의 목사가 참석했다.[149] 제5대 여선교회 총무 구난서는 테오도르 아담스의 『온 세계의 침례교인들』을 번역 출판하여, 한국침례교인들에게 전 세계 침례교회들에게 세계침례교회의 현황을 소개했다.[150] 선교부는 남침례교회의 「침례교의 신앙과 교훈」(Baptist Faith and Message) 소책자를 번역 출판하여 전국 침례교회에 무상 배포했다.[151]

교회학교 교재(공과) 판매 현황[152]

	1964	1965	1966	1967	1968
유년부 학생용	2,000	3,000	3,500	3,000	2,500
유년부 교사용			500	500	500
초등부 학생용	1,000	1,800	2,500	2,500	1,500
초등부 교사용			400	450	300
중등부 학생용	800	850	1,400	1,500	1,000
중등부 교사용			250	350	200
고등부 학생용				1,000	500
고등부 교사용				200	200
장년부 학생용	400	600	3,100	3,500	3,000
장년부 교사용			500	600	600

3. 침례병원 사역

침례병원은 치료와 복음전도 사역을 지속적으로 실행했다. 제임스 굿윈(James G. Goodwin)이 1958년부터 1961년까지 병원의 행정 책임자로 온 후, 침례병원은 1960년대 초반부터 "이동의료사역"(Mobile Medical Ministry)이라는 특별 프로그램을 실행했다. 그것은 의료선교사들, 간호사들, 한국인 목사와 전도사들이 팀을 이루어 매주 토요일 멀리 떨어진 시골 지역으로 가서, 그곳에 있는 침례교회 마당에 병원을 설치하여, 의료팀은 치료하고 전도팀은 복음을 전하는 사역이었다.[153] "이동의료사역"은 시골 지역의 침례교 발전에 크게 공헌했다. 1963년 1월 3일 찰스 윅스(Dr. Charles W. Wiggs, 우기수)가 제2대 원장으로 취

새로 읽는 한국침례교회사

임했다. 그는 노스캐롤라이
나 출신으로 명문 웨이크포
리스대학교와 사우스웨스턴
침례신학교에서 공부한 후,
1960년에 리치몬드 의과대
학을 졸업했다. 1960년 12월
부터 연세대학교에서 한국
어 과정을 공부한 후 1963년
에 병원장으로 취임했다.[154]
1963년에 두 명의 의사 휠
렌(Dr. Whelanes)과 도라(Dr.

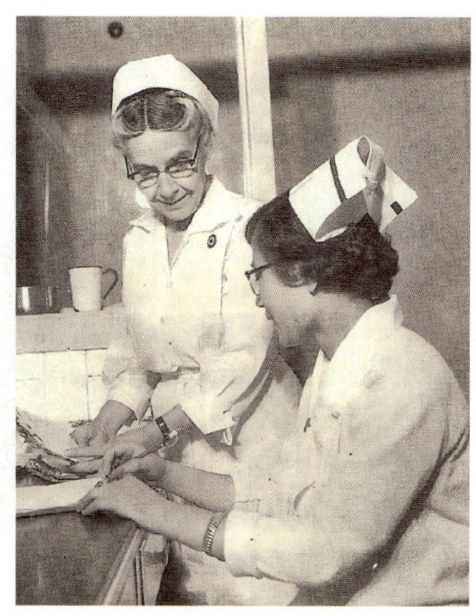

간호부장 루시 라잇(Lucy Wright)

Dorrough)가 퇴임하고, 한국인 의사 김주원과 장응실이 이들을 대신
해 부임했다. 1964년에 간호부장 루시 라잇(Lucy Wright)이 퇴임하여
루비 휫(Ruby Wheat)이 간호부장이 되었다.[155]

로버트 라잇과 4명의 한국인 의사는 1965년 1월에 임광웅이라는
중증의 류마타스성 승모관 협착증 환자를 판막 확장자라는 수술을 통
해 회복시켰다. 그것은 부산에서 최초로 시행된 수술이었다.[156] 1965
년 8월에 가이 헨더슨이 병원 선교부를 맡았다. 1965년 11월 15일 침
례병원 개원 10주년 기념일 축하 예배를 드렸다. 축하 예배에서 윅스
원장은 한국에 있는 46명의 선교사와 선교사 보조원 3분의 1이 침례
병원에서 사역하고 있다고 보고했다. 그리고 본원 6층 건물 신축 공사
가 완공되면 150병상으로 늘어나 인턴, 레지던트 수련병원으로 승인

왈레스기념 침례병원(부산 초량동)

이 날 것이라 했다. 윅스의 말대로 침례병원은 1965년에 한국 의학협회로부터 정식 수련과정인가를 받았다. 침례병원에서 최초 수련의 과정을 이수한 사람은 김진택 외과의사였다.[157] 한편 1965년에 병원 비서실 여직원이 연탄가스 중독으로 사망하는 일이 발생했다. 이에 당시 의무원장 테버(Dr. Tabor)는 고압산소 탱크를 연탄가스 중독 환자의 치료에 활용할 것을 착안하여, 고압산소 탱크를 직접 고안·설계하여 제작했다. 이 장치는 많은 생명을 구하여 '기적의 탱크'라는 별명을 얻었다.[158] 침례병원은 날로 유명해지고 인기 많은 병원이 되었다.

선교부와 병원 이사회는 늘어나는 의료수요를 충족하기 위해 병원 확장 안건을 1961년 9월 21일에 논의했다. 회의 결과 기존의 영도병원을 125병상 의료센터로 확장하는 방향으로 정했다. 그러나 영도병원을 확장해도 의료수요 부응에 한계가 있음이 드러났다. 1964년

11월 17일 선교부 모임에서 병원 이전에 관한 논의가 시작되었다.[159] 오랜 기간의 논의 끝에 병원의 위치를 부산의 중심부에 해당하는 초량동으로 이전하기로 1966년 1월에 결정하고, 그해 6월 27일 초량동 병원 신축 공사를 착공했다.[160] 침례병원은 환자에게 복음을 전하는 사명을 한시도 잊지 않고 충실히 이행했다. 맥글라메리(McGlamery) 선교사는 "병원 사역의 처음 10년 동안 약 260,000명의 외래환자에게 복음을 전했다. 1967년 한 해 동안 7,345명의 환자가 11명의 선교사를 포함하여 병원 직원들에 의해 전도 받았다"라고 했다.[161]

교단의 재통합

한국침례교회의 분열은 교리나 이념의 차이가 아닌, 교단 지도자들의 물질에 대한 욕망과 이와 연계된 파벌 간의 쟁투, 선교사들의 사려 깊지 않은 일 처리와 한국 목회자들의 감정적 반응 등에 의해 발생되었다. 분열할 명분이 없었으므로 재통합을 위한 시도들이 일어났다. 침례회신학교 정과 1회 졸업생 노영식 전도사는 신학교 졸업반 학생으로 방청석에서 총회가 분열되는 과정을 지켜보았다. 그는 명분 없는 분열은 안 되며, 언젠가는 교단을 다시 통합시켜야겠다고 생각했다.[162] 대전총회에 속한 충북·천안·충남·충서구역의 40여 교회 연합

부산 충무로교회 연석회의(1968.3.26)

으로 합동추진위원회가 결성되었고, 노영식도 위원으로 참여했다. 합동추진위원회는 1962년 5월 8일 서울 종로침례교회에서 개최된 포항 측 총회에 참석하여 통합을 호소했다. 특히 "공주침례교회의 노영식 전도사의 눈물겨운 호소는 만장의 가슴을 뜨겁게 하였다." 그러나 합동추진위원회가 대전총회를 대표하는 공적인 위원회가 아니었기 때문에, 포항총회는 그들의 요청을 받아들이지 않았다.[163] 이 외에도 교단의 재통합을 위한 여러 시도가 있었으나 결실을 맺지 못했다.

그러던 중 포항총회 총무 김갑수와 전도부장 남용순이 1967년 8월에 대전총회 총무 우성곤과 법인사무장 정인도를 찾아가면서 통합은 급물살을 타기 시작했다. 이들은 통합을 이룰 것을 약속하고, 자신들이 속한 총회에서 기초 작업을 했다.[164] 경남지방회가 1968년 3월 1일에 "무조건" 통합을 주장하는 성명서를 전국 교회에 발송했으며, 부산충무로교회가 통합에 적극적으로 나섰다. 그 결과 양측 대표들은 1968년 3월 26일 부산충무로교회에서 교단의 재통합에 합의하고 "합동 6개 원칙"을 발표했다:

> (1) 양 총회, 대한기독교침례회(포항측)와 기독교대한침례회(대전측)는 교단의 역사(뿌리)가 동일하다. (2) 양 총회는 침례교회적인 복음이나 체제가 달라지지 않았다. (3) 양측 총회 산하 교회들이 교단 합동을 염원하고 있다. (4) 양 총회는 지금 재산 문제로 법적 싸움을 하고 있는데 이것이 주의 뜻이 아님을 깨달아 합동하므로 싸움을 종식시켜야 한다. (5) 양 총회는 합동으로 화해하고 보다 큰 교단으로 발전할 수 있다. (6) 69년도 포항측 총회가 미국 중앙침례회 외국선교부와 제휴되므로 68년도 내에 합동 기회를 잃지 않아야 한다.[165]

결국 두 총회는 1968년 4월 16일 서울침례교회에서 역사적인 합동총회를 개최함으로 9년간 분열의 종지부를 찍었다. 합동총회는 교단 명칭을 "한국침례회연맹총회"로 했다. 교단의 재통합에 대해 선교부 역시 적극 지지하고 환영한다는 성명을 발표했다.[166] 교단 분열은 한국침례교회의 발전에 커다란 장애로 작용했다. 그리고 신학 차이가 아닌 교권으로 인한 분열은 하나님이 기뻐하지 않으며, 교회에도 결코 유익이 되지 않는다는 사실을 깨닫는 계기가 되었다.

성령 운동과 교육 목회

1. 성령 운동과 교회 성장

교단 분열 시대에 한국침례교회의 성장을 이끈 두 가지 원동력은 성령 운동과 교육 목회였다. 당시 남침례교 선교사들은 은사 운동을 배격하고 교육 목회를 지향했다. 선교사들은 대전 침례신학교에서 방언하는 학생들에게 그들의 방언을 녹음해서 틀어주며, 이것이 무슨 성령의 역사인가? 라며 다그쳤다. 그리고 병 고치고 귀신을 쫓아내는 것은 다 무당들이나 하는 일이라고 가르쳤다.[167] 한국 기독교 보수파 교단들은 은사 운동을 반대했는데, 영락장로교회는 방언하는 교인들을 쫓아내기도 했다. 한국침례교회도 보수 신학을 추구하며 은사 운동을 반대했다. 그런데 1960년대에 교단 내에서 열정적 기도와 은사 운동을 받아들이는 사람들이 나타났다. 그들은 성령의 임재를 경험하여 방언과 신유의 은사를 받고, 능력 있는 목회를 하려 했다. 특히 총회나 선교부가 그들의 가난을 해결해 주지 못한다는 것을 깨닫게 되자, 교회의 성장과 생활을 유지하기 위해 성령의 능력을 갈망했다.[168] 이런 운동을 최초로 교단에 도입한 사람은 오관석 목사였다. 그는 신학교를 졸업하고 1960년 봄에 공주 정안의 태성교회를 맡아 목회했으나, 그가 부임한 이후 교회는 계속 퇴보했다.[169] 오관석은 이를 타개할 목적으로 충남 계룡산 양정기도원의 교역자 산상수련회에 참석했다. 그곳에서 그는 성령의 강력한 임재를 경험하며 방언하기 시작했다.[170] 이후 태성교회에 부흥이 일어났고, 오관석은 초교파적으로 유명한 부흥사가 되어 전국을 다니며 집회를 인도했다. 김충기 목사도 초기 목회에 실패하고 계룡산 양정고개기도원에서 성령을 체험하고 방언을 받았다.[171] 김충기는 이후 교회에서 밤낮 숙식하며 기도했고, 어느 날 성령의 강력한 임재를 경험했다. 이후 교회에 부흥이 일어났다.[172]

오관석과 김충기의 영향으로 많은 목회자가 성령 운동을 받아들였다. 예를 들면 노영식은 원래 교육 목회를 추구하고 은사 운동을 배격했는데, 친구 오관석의 설득으로 은사 운동을 받아들였다. 당시 태성교회에서 목회하던 오관석은 전국으로 부흥회를 다녔는데, 공주가 교통중심지여서 공주를 거쳐 갔다. 공주에서 지방으로 가는 버스를 기다리는 2-3시간 동안 친구 노영식의 집에 와서 점심을 먹고 환담도 하면서, 노영식에게 부흥회에 함께 가자고 끈질기게 촉구했다. 이에 노영식은 1961년에 전라남북도의 경계 지역에 있는 남경산 기도원에 갔으며, 그곳의 일주일 동안 집회에서 성령의 특별한 은혜를 체험했다.[173] 그의 성령 체험은 교회에 곧바로 영향을 끼쳤다. 교인들은 영적으로 뜨거운 신앙으로 변해갔으며 교인 수도 증가하기 시작했다.[174] 노영식은 김충기, 오관석과 더불어 세계기도동지회에 참여하면서 침례교단에서 은사 운동에 앞장섰다. 1960년대에 활약한 부흥사로는 오관석, 김충기, 노영식, 고승혁, 강원희, 김기동, 전흥상, 최도식, 강성찬 목사가 있었다. 침례신학교 1953년 1회 입학생 김은규도 부흥회를 많이 다니며 은혜를 끼쳤다. 1970년대에 신진 부흥사로는 안중모, 이흥관, 유광석, 유흥태, 최보기, 강풍일, 최이식, 장연순, 주광석 목사 등이 활약했다.[175]

성령 운동이 한국침례교회의 부흥을 일으키자 남침례교 선교사들은 그런 현상을 주의 깊게 관찰했다. 알버트 게미지 선교사는 대흥침례교회에서 있었던 부흥회의 모습을 미남침례교회에 소개했다. 게미지는 당시 부흥회를 다음과 같이 묘사했다: (1) 부흥회 날짜 약 10일 전부터 교인들이 새벽기도회에 나와서 부흥회를 위해 기도하고 이웃과 친구들에게 부흥회 개최를 알리고 참석하도록 요청한다. (2) 집회는 부흥강사가 오전 10부터 12까지 성경 공부를 인도하고, 저녁에 약 3시간 정도의 부흥회를 인도한다. (3) 집회는 영적인 열기가 고조된 설교, 성령 충만한 회중 찬송, 긴 통성기도, 그리고 특별 음악 등으로 이루어진다.[176] 게미지는 당시 한국침례교회의 전형적인 부흥회 모습을 묘사했다. 당시에 부흥회는 특별한 행사였다. 해당 교회 교인들은 집회에 사람들을 데리고 오며, 강사의 설교에 열렬하게 반응했다. 성령 운동은 한국침례교 성장에 크게 공헌했다.

2. 교육 목회와 교회 성장

성령 운동과 더불어 교육 목회는 1960년대 한국침례교회의 성장의 주요 원동력이었다. 공주침례교회 노영식 전도사의 목회는 교육 목회로 성장을 이룬 사례이다. 노영식은 1960년 신학교를 졸업하고 공주침례교회에 담임목회자로 부임했다. 당시 공주에는 공주고등학교, 공주사대부고, 영명고등학교, 공주여자고등학교, 사범대학교와 교육대학교 등 학교들이 많았다. 노영식은 교육도시 공주의 특성을 고려해 학생회 발전에 목회의 에너지를 집중했다. 그는 성경공부를 통해 학생부를 부흥시키려는 계획을 세웠고, 침례회신학교 정과 1회 졸업생답게 성경을 체계적으로 가르쳤다. 교육 목회는 점차로 효과를 발휘하여 교회에 오는 학생들과 청년들의 수가 차츰 많아져, 중등부, 고등부, 청년부가 결성되었다.[177] 노영식은 성경공부가 활성화되자 주일 오전 시간에 어린이부터 어른까지 전 교인을 대상으로 분반으로 성경공부를 하게 했다. 예배당에 커튼을 쳐서 8개의 작은 방을 만들어 성경 공부방으로 사용했다. 예배드리기 전 30분은 8개 방에서 성경공부를 했고, 예배를 드릴 때는 커튼을 치워 한 방으로 만들었다.[178]

노영식은 선교사들에게 주일학교 활성화 방법을 배웠고, 그것을 공주교회에 적용했다. 선교부는 1960년부터 22명의 한미합동 특별강사진을 구성하여 전국의 교역자와 교회학교 교사들 3,500명에게 교회학교의 설립과 운영 방법을 가르쳤다. 교육과 훈련을 받은 사람들은 전국의 지방회와 교회에 가서 교회학교 세우는 일을 했다. 이러한 교회학교 확장운동으로 교회학교에 참석하는 사람들이 증가했다. 각 교회는 교실이 부족하여 분반 공부를 위해 커튼을 치고 공부하는 것은 당시 침례교회의 일반적인 모습이었다.[179] 공주교회는 주일학교 과정을 졸업한 사람에게 낙타반 졸업장 같은 졸업장을 주었다.[180] 노영식은 미국 선교사들을 초청해 영어성경공부 모임을 만들어 학생 전도에 활용했는데, 영어성경 공부반은 유명해져서 공주의 대학생들과 사대부고 학생들이 교회에 많이 왔다.[181] 노영식은 선교부를 통해 미국 대학생들을 유치했는데, 그들은 방학 때 공주에 와서 영어성경공부를 비롯하여 단기선교를 해주었다.[182]

노영식은 왕의 사신단과 소녀회를 발전시키기 위해 침례교진흥원에서 만든 교재를 사용하여 조직과 운영을 체계화했다.[183] 예를 들면, 성탄절 기념행사로 소녀회 대관식을 했다.[184] 당시에는 고등부가 여자와 남자로 구분되어 있었는데, 노영식은 남녀 고등부 회장들을 대전과 서울 본부에서 행해졌던 왕의 사신단과 소녀회의 대관식과 세미나에 참가하도록 했다.[185] 이런 활동으로 공주교회는 교단에서 학생회 활동 모범 교회로 인정받았다. 노영식은 매년 초등부 여름성경학교와 중고등부 수련회를 개최했는데, 여름성경학교에는 약 200명의 초등학생이 모였다.[186] 중고등부 수련회는 주로 침례회신학교에서 했다. 학생들은 기숙사에서 자고 학교 식당에서 식사하면서 강의도 듣고 여러 활동을 했다.[187]

노영식은 장년부 교회학교도 만들었다. 당시 한국에서 교회학교는 유초등부와 중고등부만 대상으로 하던 때였다. 남침례교 해외선교부는 아시아에서 장년 주일학교가 활성화되어 있지 않은 것을 알고, 1964-1966년에 홍콩을 중심으로 아시아 침례교회를 상대로 '아시아 교회학교 확장운동'을 전개했다. 노영식은 당시 총회 교육부장 자격으로 이 운동의 운영위원으로 참여했다. 그는 "요람에서 무덤까지 가르쳐 지키게 하라!"라는 구호와 함께 3년 동안 진행된 "교회학교 확장 운동"을 공주교회에 적용했다.[188] 당시에 장년부 교회학교는 획기적인 방식이었다. 노영식은 교회에서 남침례교 선교사 콘스탄스를 강사로 "교회학교 확장운동 대 강습회"를 개최하며, 장년부 활성화를 도모했다.[189] 장년부 교회학교에 대한 소문이 공주에 퍼지자, 장로교를 비롯한 타 교단 목사들은 미약한 침례교회가 제대로 가르칠 수 있겠는가 하며 무시하는 반응을 보였다. 그런데 얼마 후 장로교회에서 침례교 교육 프로그램과 자료들을 구매하여 장년부 교회학교를 운영했다.[190] 공주침례교회는 교육 목회로 안정적으로 성장했다. 노영식이 목회하던 1960-1967년에 공주교회 교세는 주일학교 학생 100명, 중고등부 20-30명, 청장년 50-60여명 정도였다. 주일날 정기적으로 예배드리는 교인 수는 약 180명 정도였다.[191] 이처럼 1960년대 성령 운동과 교육 목회는 한국침례교 성장의 주요 원동력이었다.

한국침례회연맹총회 시대

1968-1975

　　한국침례교회는 1959년부터 1968년까지 9년간의 교단 분열을 극
복하고, 1968년 4월 16일 서울침례교회에서 합동총회를 열어 교단 재
통합을 의결했다. 통합 총회의 명칭은 "한국침례회연맹총회"였다. 한
국침례회연맹총회 시대는 교단 사업의 주도권이 선교부에서 총회로
넘어가는 과도기적 시기였다. 선교부는 1950년부터 1968년까지 복
음 전도와 교회개척, 교회 부서와 총회 기관 운영 등에서 주도적 역할
을 했다. 그러나 이제 교단의 내실화 사역을 추진하는 동시에 단계별

한국침례회연맹 전국교역자 심령부흥대회(1968.6.24.~27)

로 주도권을 총회에 넘겨주기 시작했다. 선교부는 전도와 교회 개척을 직접 실행하기보다는 한국 목회자들에게 전도와 교회 개척의 원리와 방법을 가르치는 일에 재정과 시간을 사용했다.[1] 그리고 총회 기관들이 독립적 운영이 가능하도록 내실화에 박차를 가했다. 선교부는 총회 사역을 전면에서 이끄는 데에서 한 발 뒤로 물러나 지원하는 체제로 전환했고, 이에 따라 총회의 역할과 책임이 점점커져갔다.

1. 교회 개척과 한미기금위원회

한국은 1960년대 후반부터 도시화 현상이 가속화되기 시작했다. 이에 따라 한국 목사들은 선교부에 도시 전도의 중요성을 강조하며 농촌보다 도시에 더 많은 자원을 투자해달라고 요청했다. 그러나 선교사들은 남침례교회의 예를 들며 농촌이 성공해야 도시가 성공하게 된다고 하며, 지방에 교회 세우는 일을 계속했다. 그들은 한국의 급속한 변화를 제대로 인식하지 못하고 안이하게 판단한 것이다.[2] 그런데 선교사들의 생각과 달리 도시화는 급속하게 이루어졌고, 이에 따라 한국 목회자들은 1970년대부터 농촌을 떠나 도시로 진출하기 시작했다. 선교부의 잘못된 정책으로 한국침례교회의 성장은 더디게 진행되었다. 1959년 208개 교회가 1968년에 224개 교회로 9년 동안 겨우 16개만 증가했다.[3] 선교부는 농촌 중심의 선교가 잘못된 판단이었음을 깨닫고 도시에 비중을 두기 시작했다. 그리고 정책을 바꾸어 선교사

　　　　　　　　　　　　　　　새로 읽는 한국침례교회사

들이 직접 전도하고 교회를 설립하기보다 한국 목회자들이 그렇게 하도록 지원하는 쪽으로 전환했다. 이러한 정책 전환의 결과 "한미대여보조정책위원회"가 1969년 9월에 설립되었다.[4] "한미대여보조정책위원회"는 1970년에 "한미기금위원회"로 명칭이 바뀌었다. 주된 사업은 교회당 건축, 교회 대지 매입, 교회 시설, 예배 도구 매입 등에 필요한 자금을 대출해 주는 것이었다.[5] 선교부는 대출제도를 통해 도시 전도와 교회 개척 사업을 측면 지원했다. 대출제도는 한국침례교회가 급속히 성장하던 시기에 부합되는 정책으로서 교단 발전에 크게 공헌했다.

2. 한미연합전도대회

남침례교 한국선교부는 직접 전도에서 간접 전도로 정책을 바꾼 후, 총회와 함께 진행하는 협력 전도(partnership evangelism) 방식을 도입했는데, 1970-1975년 5년간 실시된 "한국-루이지애나주 전도대회"(Korean-Louisianian Crusade)가 그 출발점이 되었다. 1970년 7월에 미국 루이지애나주에서 81명에 달하는 남침례교 목회자와 평신도가 한국에 와서 1970년 7월 5-12일 한국의 주요 도시들에 흩어져 전도하고 집회를 인도했다. 1970년 대회는 15,000명 이상의 회심자를 얻는 엄청난 성공을 거두었다.[6]

1970년 한미연합전도대회는 1967년 2월 안종만 목사가 선교부에 1970년에 전도대회를 열어달라고 요청함으로 시작되었다. 선교부는 1970년이 남침례교회 한국선교 20주년이 되는 기념의 해이기도 하고, 일본 도쿄에서 침례교세계대회가 열리는 해여서 의미가 있다고 판단하고 개최를 결정했다. 1967년 9월 5일 전도대회 준비위원회를 구성했는데, 위원으로는 보즈맨(O. K. Bozeman Jr., 민봉수), 굿윈(구두원), 존스(최희준), 안종만, 노영식 등이었다. 한미연합전도대회의 예산과 기획은 출판부와 교회행정국이 맡았다. 안종만과 존스가 공동의장을 맡았고, 각 분과 책임자로는 행정에 노창우와 최희준, 전도에 안종만과 민봉수, 교육에 노영식과 굿윈이 맡았다. 그 외에도 이진석, 남용순, 앤써니 스텔라(Anthony Stella, 성성일), 게이틀리(Harold Gately, 개도리), 하월(David Howle), 스넬(Roy Snell) 등이 참여했다. 준비위원회는 1970년 대회를 위해 다음과 같이 연차별 준비를 진행하기로 했다: (1) 준비와 확신의 해: 1967년 9월-1968년 5월, (2) 성장의 해: 1968년 6월-1969년 4월, (3) 전도의 해: 1969년 5월-1970년 2월, (4) 승리의 해: 1970년 3월-1970년 8월.[7]

연차별 사역은 다음과 같다. (1) 준비와 확신의 해에는 안종만이 『교회 입문』을 저술하여, 집회 기간 중 결신자에게 교육 책자로 배포하기로 했다. 그리고 침례교 의식을 심어주기 위해 『침례교 신앙』을 출판하여 강습회와 개교회에서 사용하도록 했다. (2) 성장의 해에는 기존 침례교인들의 신앙 성장에 초점을 맞추었다. 기존 신자들이 새 신자를 받아들이기 위한 준비로 성경 암송, 가정예배, 성경 공부와 기도에 집중하도록 했다. (3) 전도의 해에는 전도 방법과 기술을 가르

한미전도대회 대전지방전도대회(1970.7.6.~10)

쳤다. 선교부는 이를 위해 대전 호수돈여고 강당에서 목회자와 평신도를 대상으로 강습회를 개최했는데, 매일 2,000여 명이 모였다.[8] (4) 승리의 해에는 1970년 3월 중순에 한 주간 120개 교회에서 동시 집회를 개최했다. 목사, 교수, 선교사들이 집회를 위해 동원되었다. 두 주 후인 3월 30일-4월 4일에 같은 집회를 또 개최했다. 두 집회를 통해 7,000여 명의 결신자를 얻었다.[9]

선교부는 1970년 7월 한국-루이지애나주 전도대회를 시작하기 전에 미국의 유명 인사들을 초청해 붐을 조성했다. 1970년 3월에 유명한 가수 앤드류 화이트(Andrew White)가 내한하여 서울, 부산, 광주에서 각각 2,000명 이상의 청중 앞에서 독창회를 열었다. 그리고 저명한 핵물리학자 조셉 해밀턴(Joseph Hamilton)과 경제학자 케네스 반 시즈(Kenneth Van Sise)가 3월 16-21일 동안 낮에는 대학에서 강연을, 밤

에는 교회에서 간증을 했다. 해밀턴은 과학기술처 장관과, 반 시즈는
재무부 장관과 각각 회담했다. 6월 초순에는 고전음악 연주회를 위해
음악가들이 내한했다. 존 엔로(John Enloe)와 빌 서더(Bill Souther)가 영
주, 대전, 대구, 울산, 포항, 경주, 부산, 광주, 전주, 서울, 영등포에서
연주하며 도시별 연합성가대 조직을 도왔다. 뉴욕시 오페라의 바리
톤 로버트 헤일(Robert Hare)과, 뉴잉글랜드 음악학교의 테너 딘 와일
더(Dean Wilder)는 원주, 춘천, 인천, 강릉, 정주, 수원, 이리, 광천, 천안,
서울에서 음악회를 열었다. 이들은 라디오, 텔레비전, 학교, 공장, 교
도소 등에서 클래식과 성곡을 노래했다.[10]

드디어 1970년 7월 5일부터 20개 도시에서 전도대회가 시작되었
다. 미국에서 온 전도팀은 설교자, 팀리더, 음악 인도자, 간증자로 이
루어졌다. 전도단의 81명은 루이지애나주에서 왔고, 35명은 미국과
다른 나라에서 왔다.[11] 그때 마침 1970년 7월에 일본 도쿄에서 침례교
세계대회가 열렸고, 그곳 참가자들이 한국에 와서 집회에 참석하고
도움을 주었다.[12] 라이베리아 부통령이며 침례교세계연맹(BWA) 회장
인 윌리엄 톨버트(William F. Tolbert)는 박정희 대통령을 예방했다. 박
정희는 그 자리에서 침례교회가 한국 군인을 위해 선교센터를 지어준
것과, 한국의 중소 도시에 유명한 음악가를 보내준 것에 대해 감사를
표했다.[13] 1972년에 개최된 제3차 한국-루이지애나주 전도대회에는
아폴로 15호에 탑승하였던 제임스 어윈 대령이 참가해 많은 한국인
의 관심을 끌었다.[14]

한국침례교회는 한미전도대회를 통해 큰 혜택을 받았다. 예를 들

면, 공주침례교회의 1973년도 한미전도대회 참가와 진행 과정은 당시 한국교회들이 한미전도대회를 통해 어떻게 교회가 성장했는지 잘 보여준다. 안중모 목사는 한미전도대회를 통해 교회가 확 일어나는 계기를 얻었다고 했다.[15] 공주교회는 전도대회를 시작하기 전에 행정·경찰 기관들의 도움을 얻기 위해 군수와 경찰서장을 방문하여 대회에 관해 설명했다. 이후 공주에 온 미국인 전도 단원들은 공주 경찰서장과 공주군 군수에게 명예 미국 시민권을 증정하며 사전 정지 작업을 했다.[16] 이러한 조치는 공주교회가 집회를 선전하기 위해 공주시 전역에 '경축 침례교회 전도대회'라는 플래카드를 걸고, 노방전도를 하는 데 도움이 되었다. 미국인, 한국인 통역, 교인으로 이루어진 전도팀은 한 집 한 집 찾아가 전도하고 저녁 집회에 초청했다. 그리고 5일 동안 공주 시내 전역을 돌아다니며 길거리에서 찬송부르고 노방전도했다.[17] 밤에는 교인과 초청받아 온 사람들을 대상으로 집회를 열었다. 예배당 내에 수용할 수 없을 만큼 많은 사람이 몰려와서 교회 마당에 전등을 켜놓고 집회했다. 밤 집회 때는 공주사범대학교 CCC를 동원해 성가대로 활용했다.[18] 당시 공주교회에 온 전도팀은 미국 덴버 에어폴우드 교회 교인들과 루터맨 목사였다. 대전 복음교회 박선규 목사가 통역을 했고, 대전의 임종호, 이흥관, 곽철종 목사와 지방회의 몇 목사들이 연일 전도팀 통역과 전도대원으로 도와주었다. 안중모는 "이때부터 공주교회는 공주 시내에서 실추된 이미지를 새롭게 하고 교회는 부흥되기 시작했다"라고 증언했다.[19] 이처럼 한미연합전도대회는 1970년대 한국침례교회의 성장에 크게 기여했다.

남침례교 한국선교부는 1970년 연차총회에서 그때까지의 사역을 평가하고 앞으로의 사역 전략을 세우기 위해 "연구 및 프로그램 기획위원회"를 설립했다. 위원장으로 테드 다월이, 위원으로 J. G. 굿윈, 돈 존스, 클로이스 스탄스, 루시 와그너 등이 참여했다. 기획위원회는 남침례교 주일학교부장 하우즈(W. L. Howse) 박사의 자문을 참조하여 1973년 11월에 "프로그램 기초 계획안"(Program Base Design)을 마련했다. 계획안은 다음의 7가지 영역을 기본 골격으로 선교부 사역을 수행하도록 했다: (1) 협동 선교, (2) 의료 사역, (3) 신학교육, (4) 지역교회, (5) 개발 및 봉사, (6) 기독교 가정 사역, (7) 선교사 자녀 교육 등이다.[20] 그리고 반드시 한국 총회와 협력하여 운영할 사역으로 신학교육, 한미기금위원회 대출, 교회행정출판부 출판사업, 교회 개척 등을 꼽았다.[21] 선교부가 설립한 한미기금위원회, 교회행정출판부, 군인전도부는 한국의 타 교단 선교부에서는 찾아볼 수 없는 독보적 기관들로 한국침례교 발전에 크게 공헌했다.[22]

3. 총회의 상황

교단이 재통합 된 다음 해 1969년 4월 22일에 제59차 총회가 서울 침례교회에서 개최되었다. 개회 예배는 총회장 김용해의 사회, 남침례교 동양 총무 빌로드의 설교, 신혁균 증경총회장의 축도로 은혜롭게 진행되었다. 본 회의에서 우성곤 총무가 교단의 합동 과정과 양측

 새로 읽는 한국침례교회사

제62차 총회에서 선임된 조효훈 총회장과 임원들(1972)

의 재산 처리에 관해 보고했으며, 한국선교부 회장 게이틀리(게도리)가 이례적으로 선교부의 사업을 상세히 보고하며 총회와 협력하겠다고 했다. 총회장에 침례회신학교 정과 제1기 졸업생 오관석 목사가 선출되었고, 부회장에 유태근, 신혁균 목사, 총무에 우성곤 목사가 선출되었다.[23] 오관석은 1970년 총회에서도 총회장으로 선출되었다. 그런데 1971년 4월에 대전에서 개최된 제61차 총회에서는 전입 목회자 유영근 목사가 총회장으로 선출되었다. 이에 위기를 느낀 침례회신학교 출신의 목회자들은 1972년 제62차 총회 때, 신학교 교수 출신 조효훈 목사를 총회장으로 옹립했다.[24]

조효훈은 1년의 총회장 임기를 마치고 난 후, 1973년 4월 18일에 개최된 제63차 총회에서 교단의 신앙과 행습이 침례교 이상과 주장과 맞지 않은 부분이 있다며, 만일 자신에게 비상대권을 부여해 주면, 교단을 침례교 정체성에 맞게 바꾸겠다고 했다. 그리고 총회에 다음과 같은 비상대권의 역할과 임무에 관한 목록을 제시했다:

교단 비상대권 수임요강

1) 본인과 본인이 지정하는 인물들로 하여금 "교단발전위원회"를 구성하여 교단 운영을 임시 대행케 한다.
2) 본 교단의 현행 규약을 전면 폐지하고 새로 제정하여 공포한다.
3) 본 교단의 실정을 전면적으로 분석 검토하여 시대적 요청에 따라 전면적으로 제도를 개선한다.
4) 본 교단의 주체성을 회복시켜 대(對) 선교부 관계를 쇄신한다.
5) 본 교단의 교리를 정립하고 기강을 확립시킨다.[25]

총회 대의원들은 조효훈의 제안을 박수로 만장일치 받아들였다. 이에 따라 총회는 임원 선출을 중단하고 조효훈을 위원장으로 하는 교단발전위원회를 조직했다. 2개월 후 1973년 6월 25일 서울침례교회에서 개최된 임시총회에서 교단발전위원회가 제정한 새로운 규약과 교단 기구의 개편이 추인되었다. 가장 눈에 띄는 기구 개편은 부장 제도를 폐지하고 전문위원회로 대체한 것이었다. 새로 설립된 위원회는 중앙위원회, 고시위원회, 대여보조위원회, 전도위원회, 교육위원회, 진흥위원회, 의료사회위원회 등이었다.[26] 임시총회에서 총회장으로 구두서 목사가 선출되었다.

구두서는 1년의 임기를 마친 후, 자신이 시무하는 이리침례교회에서 제64차 총회를 1974년 5월 28-29일에 개최했다. 그런데 문제가 발생했다. 그것은 새로운 규약에 따라 대의원은 총회 20일 전에 등록을 마쳐야 대의원 자격을 얻게 되는데, 임원회가 이 절차를 인지하지 못해 많은 사람이 대의원 자격이 없는 상태로 총회에 참석한 것이다. 총회는 혼란 가운데 결국 무기 정회되고 말았다. 우여곡절 끝에 총회는 1974년 8월 12-13일 서울 영등포교회에서 속개되었다. 그런데 구두서 총회장이 사태의 책임을 진다며 총회장 사임을 선언하고 하단해 버렸다. 이에 임시의장이 총회 사회를 보았고, 대의원들은 교단발전위원회가 제정한 규약을 폐기하고 다시 원래 규약으로 돌아가기로 결의했다.[27]

4. 총회 기관 현황

1) 침례회신학교

교단이 재통합되면서 대한침례회신학교는 대전 침례회신학교로 1968년 9월 7일 통합되었다. 학생 수는 대한침례회신학교 20명이 병합되어 총 89명이 되었다. 1968년도 침례회신학교 교수진은 게미지, 정진황, 안형직, 허긴, 고재봉, 서달수(선교사) 6명이었고, 김갑수 목사가 서무과장으로 부임했다. 1969년에 노윤백이 교수로 채용되었다.

재단은 '침례학원'으로 인가받았으며, 이사회는 한국인 이사 5명과 선교부 이사 4명으로 구성되었다. 그러나 학교의 부족한 재정은 선교부가 전부 부담했다.[28]

테오도르 다웰이 1957-1967년 10년간 교장직을 맡은 후 은퇴했고, 알버트 게미지(Albert W. Gammage, Jr., 지대명)가 1967년부터 1977년 12월까지 제3대 교장으로 봉직했다. 그는 신학생 대다수에게 강의하며 학교에서 독보적 위치를 차지했다.[29] 게미지는 1929년 9월 3일 미국 플로리다주 마이에미에서 태어났다. 아버지 알버트 게미지는 양복장이였고, 친할아버지 알버트 에드윈 게미지는 플로리다주에서 초창기 침례교 목사였다. 게미지는 8살 때 회심하고 할아버지에게서 침례받았다. 마이에미에서 고등학교를 졸업한 후에 플로리다대학교에서 심리학 전공으로 학사학위를 받았다. 이후 사우스웨스턴침례신학교에 진학하여 1학년 시절 해외선교사로 소명 받았다. 골든게이트침례신학교로 전학 가서 그곳에서 신학학사와 신학석사 학위를 받았다. 신학 석사 과정에서 조직신학을 전공했다. 게미지는 지는 골든게이트침례신학교에서 공부하는 동안 캘리포니아주 샌 부르노에서 엘 카미노 침례교회(El Camino Baptist Church)를 개척하여 3년 동안 담임 목회자로 사역했다. 그 시기에 테네시주 딕슨 스프링스 출신의 해외선교 지망생 네티 리 올드햄(Nettie Lee Oldham)과 결혼했다.[30]

게미지는 1957년 6월에 아내와 함께 한국 선교사로 임명받았다. 그들은 예일대학교에서 1년간 언어 연수받고 1958년 8월 대전으로 왔다. 한국에서 한국어 공부를 1년 더 하고 난 이후에 침례회신학교 교수로 부임했다. 그는 주로 조직신학을 가르쳤으나, 그 외에도 기독교 철학, 선교학, 기독교 윤리학, 교회론 등의 과목을 가르쳤다. 게미지는 처음 두 번의 안식년 기간에 사우스웨스턴침례신학교에서 박사학위 과정을 공부하여, 마침내 1972년 선교학을 주전공으로, 조직신학과 종교철학을 부전공으로 신학박사(Th. D.) 학위를 취득했다. 1965년에 한국침례신학교 학장으로 피선되어 1977년까지 12년간 학장 직분을 수행했다. 게미지는 1977년 12월에 침례신학대학교 학장직을 사임하고, 아시아침례신학교(Asia Baptist Graduate Theological Seminary)의 분교장이 되어 필리핀으로 갔다. 게미지는 그 학교와 필리핀침례신학교(Philippine Baptist Theological Seminary)에서 선교학 교수로 봉직했고, 1982-1993년에 아시아침례신학교 학장을 역임했다.[31] 1995년에 은퇴하여 텍사스주 알링톤 자택에서 살다가 2006년 8월 29일 주님의 품으로 돌아갔다.

게미지는 1973년 초에 캠퍼스 서울 이전을 제안하고, 교수들과 함께 서울 서초구 양재동 일대를 둘러보며 부지를 물색했다. 그런데 일부 교수들이 이전에 반대했다. 그러자 게미지는 대전 지역 목회자들에게 비공개로 캠퍼스 서울 이전에 관해 설문했는데, 대다수 목회자가 반대를 표명했다. 이에 따라 게미지는 캠퍼스 이전 계획을 포기했다. 일부 교수와 대전 지역 목회자들의 자기중심적이고 근시안적 생각은 교단 발전을 위한 절호의 기회를 놓치게 만들었다.[32] 신학교는 1973년 12월 22일 문교부로부터 4년제 정규대학으로 인가받아 "한국침례교신학대학"으로 승격되었다.[33] 정규대학 인가와 관련하여 적지 않은 선교사들이 신학교에서 대학으로 바뀌면, 한국 정부로부터 통제와 감독을 받아야 하는 점을 염려했다. 그러나 게미지는 한국에서 정규대학으로 인가받는 것의 중요성을 인식하고 과감하게 인가 신청을 실행했다. 정규대학이 된 이후 학생 수가 급속히 늘어나 강의실을 비롯해 도서관, 학생관, 강당, 남녀 기숙사, 부부 기숙사 등을 확충하거나 신축했다.[34] 선교부는 목회자 배출에만 관심을 기울이고 신학자 양성은 방관한다는 비판을 받아왔다. 이에 대해 게미지는 선교부가 한국 목회자들을 미국으로 유학 보냈으나, 그들이 미국에 정착하고 한국으로 돌아오지 않았다고 반박했다.[35] 게미지의 주장은 거짓이 아니었으나, 결과적으로 한국침례교회는 우수한 신학자들을 확보하지 못했고, 그것은 신학생들에게 수준 높은 신학교육을 제공하지 못하는 결과를 가져왔다.

2) 침례병원

침례병원은 초량동 병원 신축공사를 1966년 6월 27일에 착공하여 1968년 10월에 완공했다. 6층의 80병상 규모의 붉은 벽돌로 지어진 초량동 병원은 10월 30일 하나님께 봉헌됐다.[36] 오전 10시에 공직자와 의료계 인사 350여 명이 참석한 가운데 개원식이 시작되었다. 병원 이사장 서달수 선교사가 개원사를, 내빈들이 축사를 했다. 봉헌예배는 오후 2시에 침례교 목회자와 교인들이 모여서 드렸다. 한국침례회연맹총회 총회장 김용해가 "영육을 아울러 치료하는 더 좋은 병원"이라는 주제로 설교했고, 서달수 선교사는 봉헌사를 발표했다. 총

새로 읽는 한국침례교회사

회장 감사장이 병원장에게, 병원장의 감사장이 시공사 신진건설회사 대표 이승기 집사께 각각 수여되었다. 총공사비 148,517,691원은 전액 남침례교 선교부가 부담했다. 병원장 우기수는 병원 건축에 사용된 자금은 "로티문 크리스마스헌금"에서 충당된 것이라 했다. 당시 직원 현황은 의사 22명, 간호사 31명, 기타 직원 92명 총 145명이었다.[37]

침례병원은 병원 건물 6층을 기숙사로 만드는 공사를 1969년 11월 11일에 완공했으며, 비용은 모두 남침례교 선교부가 부담했다. 1971년 8월 30일에 병상을 추가 확충하여 140병상을 확보했다.[38] 1973년 11월 15일 외래진료실과 휴게실 확충을 위해 2층에 126평을 증축하고 물리치료실도 개설했다. 1974년 2월 26일에 종합병원으로 허가받았고, 7월 14일에 외과 병동을 증축하여 외과로만 35병상을 확충했다.[39] 1975년 11월 15일 침례병원은 별관 3층 예배실에서 총회 임원과 목회자, 부산시 기관장들, 교인 등 500여 명의 내빈과 함께 개원 20주년 기념예배를 드렸다. 당시 병원은 175병상, 선교사 5명, 의사 52명, 간호사 128명, 기타 직원 161명 등 총 346명이 근무했다.[40]

3) 교회진흥원

교회행정출판부는 사역을 지속적으로 확장했다. 출판부의 판매 액수는 1967년에 3,191달러, 1968년에 4,037달러, 1969년에 6,506달러로 계속 증가했다. 그것은 한국침례교회가 성장하여 출판물의 수요가 많았기 때문이다.[41] 교회행정출판부는 1970년에 출판부와 교회행정국을 분리 운영하되 연합이사회를 두기로 했다. 연합이사회 정관은 1970년 4월 교단총회에서, 그리고 그해 선교부 연차총회에서 각각 인준되었다. 1971년부터 두 기관에서 선임된 연합이사회가 교회행정출판부를 운영하기 시작했다.[42] 1972년도 연합이사회의 명단은 다음과 같다: "게이틀리(Harold Gately), 노영식, 안중모, 맥민(Don McMinn, 백민호), 최병산, 보즈맨(O.K. Bozeman, 민봉수), 니콜스(Norma Nicholes, 이난희), 이요한" 등이다. 노영식이 초대 이사장으로 선출되었다.[43] 돈 존스는 교회행정출판부 부장직을 1973년 6월에 샘 초이(Sam Choy, 최삼열)에게 넘기고 안식년으로 미국에 갔다. 연합이사회는 1973년 7월 기관 명칭을 출판국과 교회행정국에서 '기독교한국침례회 교회진흥원'(Korea Baptist Church Development Board)으로 바꾸고, 제1대 원장으로 샘 초이를 임명했다.[44] 이처럼 진흥원은 선교부의 출판사업에서 시작하여 기독교 교육과 진흥부로 발전했다. 그리고 선교부와 총회가 공동으로 이사진을 선출하여 운영하다가 교회진흥원으로 발전했다.[45]

교회진흥원은 빌리 그래함 전도지, 「하나님과 화목하는 길」을 도한호 번역으로 출판했다. 최충열과 임종호가 쓴 6권의 새신자훈련교재와, 현복자의 창세기 원색 그림책도 출판했다. 진흥원은 '침례회출판사'는 존치하고 일반기독교 서적의 출판을 위해 '요단출판사'를 새로 등록했다. 1973년에 교회진흥원의 날을 제정하여 336,707원을 모금했다.[46] 교회진흥원은 1974년에 보즈만(O. K. Bozeman, Jr., 민봉수) 선교사가 2대 원장으로 취임하여 1978년까지 4년간 봉직했다.[47] 한국침례회연맹총회 시대에 출판된 주요 저서는 다음과 같다. 침례회출판사 책들로는 1975년에 헤롤드 픽캘의 『침례교인의 신앙』(A Layman's Guide to Baptist Beliefs)이 도한호와 정익환의 번역으로 출판되었다. 이 책은 침례교 신학들 즉, 성경의 영감과 무오, 개혁주의 구원론, 침례교 교회론, 선교론, 청지기 직분, 예수 재림신앙 등에 관해 설명해 주었다.[48] 같은 해 이요한은 스탠리 앤더슨의 『침례의 중요성』(Your Baptism is Important)을 번역 출판했다. 이 책은 신자의 침례와 관련한 여러 주제를 설명해 주었다.[49]

침례회출판사는 한국인 저자들의 저서도 출판해 각 교회의 성경공부 교재로 사용하게 했다. 대표적으로 안종만의 『교회입문』을 1970년에 출판했다. 이 책은 성경 무오설, 정통 기독론, 수정된 개혁주의 구원론, 침례교 교회론, 전천년주의 등을 주장했다.[50] 또 다른 교단 출판사인 요단출판사는 1975년에 장광석과 이재순 공저로 『구역예배공과』를 출판했다.

5. 김장환 목사와 1973년 빌리 그래함 전도대회

빌리 그래함의 1973년 여의도 전도대회는 한국교회에 부흥의 불씨를 지핀 것뿐만 아니라, 한국침례교회의 부흥과 위상을 높이는 데도 크게 공헌했다. 그래함은 1952년에 이어 한국기독교협의회 초청

빌리 그래함 전도집회(김장환 목사 통역)

으로 1956년 2월 26일에 다시 내한하여 동대문운동장에서 전도대회
를 열었다. 집회에는 이승만 대통령을 비롯한 관료와 장군들, 주한 외
교관들이 참석했다. 그래함은 요한복음 3장 16절 말씀으로 90분 정도
설교하였고, 1,083명의 결신자를 얻었다.[51] 그래함은 1973년에 한국
역사 5천 년 동안 "최대의 민중 집회로" 평가받는 한국 전도대회를 여
의도광장에서 개최했다.[52] 대회장 한경직 목사는 "5천만 민족의 복음
화"를 위해 각 교단, 교회, 단체, 기관이 연합하여, 5월 16-27일 동안
부산, 춘천, 대전, 전주, 광주, 대구 등 6개 도시에서 집회를 열고, 5월
30-6월 3일에는 여의도 5·16 민족 광장에서 집회를 개최할 것이라 했
다. 한경직은 서울집회에 "매일 저녁 20만 내지 50만까지" 참석하게
될 것이라고 선포했다.[53] 그러나 그의 예상을 훨씬 초과한 인원이 왔

　　　　　　　　　　　　　　　　　새로 읽는 한국침례교회사

다. 종합 통계를 보면, 서울은 5월 30일 51만, 31일 46만, 6월 1일 48만 5천, 2일 65만, 3일 115만, 합계 325만 5천 명이고 총 결신자는 37,365명이었다. 지방은 부산 29만 4천, 대구 13만 8천, 광주 32만, 대전 8만 8천, 전주 25만 5천, 춘천 4만 3천, 인천 5천, 수원 3만 5천, 제주 4천, 합계 118만 2천 명이었다. 전국의 연인원은 443만 6천 명이고, 결신자는 54,310명이었다.[54] 부산에서는 그래디 윌슨, 전주에서는 하워드 존스, 대전에서는 아크바르 압둘-하크, 대구에서는 존 웨슬리 화이트, 춘천에서는 클리프 베로우즈, 광주에서는 랄프 벨이 설교했다. 그래함의 아내 루스 벨은 이화여자대학교에서 수천 명의 여성에게 연설했다.[55]

한국 정부는 집회를 위해 여의도광장을 무료로 제공하고, 육군 공병단을 보내 1만 명의 합창단 단상과 아크등을 설치해 주었다.[56] 여의도 전도대회는 기독교에 관해 긍정적 관심을 불러일으켜, 1970년대 한국교회 성장의 동인이 되었다. 1973년 5월 서울에 1,400개의 교회가 1974년 말 2,000개로 30% 급성장했다.[57] 집회에 냉담한 반응을 보였던 지식인들과 매스컴도 긍정적인 방향으로 선회했다. "동아일보가 정치 제1면에 기독교 기사를 쓰는" 역사에 없던 일이 일어났고, 주간지들은 집회를 특집으로 다루었으며, TV 방송국들도 집회를 토픽 주제로 삼아 좌담회를 개최했다.[58] 1973년 한국 전도대회는 교단과 교회 간 협력 정신을 불러일으켰다. 예를 들면 서울침례교회는 1973년 3월부터 상담 훈련, 성가대 연습, 기도회에 참석하였고, 집회 때 380석을 배정받아 주일 저녁 예배를 여의도 집회로 대신하여 전 교인

이 참석하도록 했다.[59]

성결교 잡지 「활천」은 "빌리 그래함 한국전도대회가 1973년 5월 30일부터 6월 3일까지 5·16 민족광장에서 열리게 됨"을 광고했다.[60] 교회들의 새롭게 일어난 협력을 보며, 한경직은 "우리가 함께 무릎 꿇고 기도할 때 우리는 모두 한 형제라는 것을 발견하게 됐다"라며 감격했다.[61] 서울집회의 시설 및 진행 준비를 맡았던 조동진 후암교회 목사는 보수, 진보의 구별 없이 가톨릭을 제외한 한국 개신교회가 모두 합심해서 협력하였다고 했다. 그는 "심지어 제7일 안식일교회가 천막을 치기까지 하여 참석했습니다. 이런 일은 전례가 없었지요"라고 했다.[62] 준비위원으로 참석한 조향록 초동교회 목사도 한국교회가 그동안 갈등하고 싸움하는 모습만 보였는데, 모처럼 하나 되는 모습을 보여주었다고 했다.[63] 이처럼 그래함의 전도대회는 한국교회에 큰 반향을 일으켰다.

침례교 목사 김장환은 115만 명이 참석하여 세계 기독교 역사상 최대 규모의 단일 집회로 알려진 1973년 여의도 집회에 통역자로 활약했다. 당시 침례교회는 한국 사회에서 별로 알려지지 않았는데, 서울집회를 계기로 널리 알려지게 되었다.[64] 김장환은 탁월한 통역으로 유명세를 탔고, 그가 시무하던 수원중앙침례교회는 집회가 끝난 다음 주일에 바로 30%의 성장을 했다.[65] 수원중앙침례교회는 이후 출석 교인이 1만 명이 넘는 대형 교회로 발전하여 한국침례교회의 성장을 이끌었다. 김장환은 1977년 1월 1일 아세아 극동방송의 한국인 최초 국장으로 취임하여 초교파적으로 사역하며 점점 영향력을 넓혀갔다.[66]

또한 빌리 그래함 전도협회의 주요 강사요 국제적인 기독교 지도자로 발돋움했다.[67]

기독교한국침례회 시대

1976-현재

　한국침례회연맹총회는 1976년 제66차 대전 총회에서 교단 명칭을 "기독교한국침례회"로 변경했다. 그즈음 한국 총회는 거의 온전히 교단 사역의 주도권을 갖게 되었고, 선교부는 총회를 지원하는 체제로 전환했다. 여선교회는 1972년부터 한국인 총무가 여선교회의 실무를 총괄 주도했다.[1] 한국침례교신학대학은 1977년 12월 정진황 박사가 제4대 학장이자 한국인 제1대 학장으로 부임하여 주도권을 확보했다.[2] 교회진흥원은 1978년에 노창우 목사가 원장으로 취임했고,[3] 침례병원도 1978년에 이경수가 한국인 최초 병원장으로 취임했다.[4] 이처럼 한국 총회는 1970년대 중반부터 산하 기관들의 운영권을 확보하며 독자적으로 교단을 운영하기 시작했다. 교단의 교세도 1970년대 중반부터 가파르게 성장하여, 한국 개신교단 중 가장 빠른 속도로 성장했다. 교세 성장의 추이를 보면, "1951년(42개), 1955년(146개), 1960년(160개), 1970년(403개), 1975년(454개), 1980년(708개), 1985년(1,018개), 1990년(1,654개), 1990년(1,654개)의 분포"를 보였다.[5] 침례교의 계절이 도래한 것이다.

남침례교 선교부의 지원과 교단 부흥

1. 한미기금위원회

남침례교 한국선교부는 한국 총회가 교단 사업을 이끌어 갈 때, 측면에서 지원하는 방식으로 교단 부흥을 도왔다. 특히 1969년 9월에 시작된 한미기금위원회의 공헌이 컸다. 기금위원회는 개교회의 예배당 대지 매입, 건축 보조, 전세금 보조 등을 지원했다. 한국침례교 목회자들은 1970년대의 급속한 도시화에 발맞추어, 도시로 적극 진출하여 교회를 개척했는데, 그때 대여보조정책은 커다란 도움이 되었다. 재정적 지원은 1970-1980년대 활발한 교회 설립과 성장이라는 결실로 나타났다. 서울만 살펴보면, 1975년 3개 지방회 총 111개 교회가, 1980년에 6개 지방회 190개로, 1985년에는 12개 지방회 406개로 늘어났다. 10년 동안 4배의 성장을 한 것이다. 한미기금위원회는 전국적으로 1970년에 9개 교회에만 기금을 대여했으나, 1989년에 이르면 1,182개 교회에 3,089,185,161원이라는 엄청난 금액을 대여했다.[6]

2. 한미연합전도대회

한미기금위원회와 더불어 1970년대부터 시작된 한미연합전도대

회는 1970-1980년대 한국침례교회의 성장을 견인했다. 1970-1975년 한국-루이지애나주 연합전도대회의 공동의장이었던 돈 존스(최희준) 선교사는 대회를 마친 후, 다음의 보고서를 남침례교 해외선교부에 제출했다:

침례받은 신자에 관한 정확한 보고는 1971년 초까지는 보내드리겠습니다만, 한국의 침례교회들에서 예전에 비해 훨씬 많은 수침자가 있었다는 것은 의심할 수 없습니다. 다른 교단들도 (우리의 전도로 인해서) 전도의 열매들을 많이 수확했을 것입니다. 한국 전역에서 침례교 목사들은 다른 교단의 그리스도인들뿐 아니라 불신 사회로부터 새로운 인식과 명성을 얻게 되었습니다. 의심의 여지 없이 한국침례교회와 남침례교회를 통해 하나님의 영의 역

사하심으로 나라 전체가 좋은 감동을 받게 되었습니다.[7]

이러한 긍정적 결과는 한미연합전도대회를 지속적으로 추진하는 원동력이 되었다. 선교부는 세계복음전도협회와 연결하여 1976-1977년 연합전도대회의 개최를 주선했다. 1976년 10월 10-17일에 세계복음전도협회의 잭슨 총재와 200명의 강사가 내한하여 강원도의 관동, 춘천, 원주 지역과 서울의 6개 지방회의 30개 교회에서 집회를 열었다. 그리고 다음 해인 1977년 1월 23-30일에도 잭슨과 200명의 강사가 서울의 28개 교회에서 한미연합전도대회를 개최했다.[8]

선교부와 총회는 이어서 "한국-플로리다주 전도대회"(Korean-Floridian Crusade)를 1978년부터 1980년까지 3년간 개최하기로 했다. 전도대회는 "청지기의 해(1978)," "훈련의 해(1979)," 그리고 "전도의 해(1980)"로 나누어 연도별 주제에 따라 진행되었다.[9] 1978년 "청지기의 해"에는, 서울, 부산, 대구, 대전, 광주에서 청지기 강습회를 열었다. 1979년 "훈련의 해"에는 성경공부 지도자들을 양성하였으며, 1980년 "전도의 해"에는 지난 2년의 준비를 기반으로 대대적인 복음전도를 실시했다. 전국 5대 도시에서 음악회를 열어 사전 분위기를 조성하고, 도시 기관장들과 간담회를 개최하며 전도대회의 여건을 만들었다. 부흥사 제임스 폰더(James A. Ponder)와 미국 YMCA 회장 제임스 프린톤 박사 등 유명 인사들과 미국 플로리다주 침례교 목회자와 평신도 244명이 내한하여, 전국 5대 도시에서 전도대회를 열었다. 1980년 전도대회 참석자는 177,548명이었고, 결신자는 16,877명이었다. 3

새로 읽는 한국침례교회사

년에 걸친 결신자 총수는 21,473명이었다.[10] 한국침례교인들은 미국인들과 함께 동네 가정집들을 방문하며 전도지와 소책자를 나누어 주며 전도했다. 한미전도대회는 교단에 대한 긍정적 인식을 확산시켰다. 그즈음 한 가지 경사스러운 일이 일어났다. 그것은 1979년 미국의 지미 카터 대통령이 국빈으로 방한하여 7월 1일에 여의도침례교회에서 주일예배를 드린 것이다. 카터는 남침례교 안수집사로 독실한 그리스도인이었는데, 당시에 그가 어느 교회에서 예배드릴 것인가는 전 세계 언론의 초미의 관심사였다. 카터가 수행원과 함께 여의도침례교회를 방문한 장면은 전 세계 매스컴을 탔고, 그것은 한국침례교회의 위상과 긍지를 높여주는 계기가 되었다.[11]

1980-1989년 개최된 한미연합전도대회의 현황은 다음과 같다: (1) 1981년 한미전도대회(1981년 10월 4-15일), (2) 1982년 제1차 한미전도대회(1982년 5월 23-31일), (3) 1982년 제2차 한미전도대회(1982년 10월 17-27일), (4) 1983년 제1차 한미전도대회(1983년 3월 13~23일),

한미연합전도대회

(5) 1983년 제2차 한미전도대회(1983년 10월 13-28일), (6) 1984년 한미전도대회(1984년 10월 18-25일), (7) 한국-루이지애나주 연합전도대회(3년 프로젝트 1987-1989년).[12] 이처럼 한미전도대회는 1970년부터 1989년까지 20년간 진행되었다. 교단은 1984년에 1천 교회를 돌파하였고, 이후 1990년까지 매년 연평균 100개의 교회가 증가하는 기적적 성장을 경험했다.[13]

3. 1989년 한국침례교 선교 100주년 기념사업

총회는 선교부의 중개로 1989년에 미국 루이지애나주 침례교회로부터 협력받아, 한국침례교 선교 100주년 기념사업을 개최했다. 말콤 펜윅이 이 땅에 온 지, 100년이 되는 1989년 100주년 기념사업은 2년 전부터 준비되었다. 1987년 제76차 총회에서 총회장으로 선출된 우제창 목사와 임원들이 기본 계획안을 만들었고, 1988년 제77차 총회에서 선출된 유광석 총회장이 12개 항목의 사업 계획안을 발표했다.[14] 100주년 기념사업의 첫째 사업으로 교회진흥원은 1989년 2월 21-25일 "평신도전도학교 세미나"를 개최했다. 전국의 10개 침례교회에서 온 630명의 목회자와 평신도 지도자가 세미나에 참석했는데, 국내외 각 5명의 강사가 전도 정예요원 양성을 위한 강좌를 개설했다. 둘째 사업으로 미국 루이지애나주 침례교총회 음악선교단이 4월 2-9일 "선교 100주년 기념음악회"를 전국 11개 도시에서 개최했다. 덴윌

더 찬양선교단 5명과 프라이스 남성중창단 3명이 지역교회 예배당들
과 지역의 콘서트홀에서 연합찬양예배를 인도했다.[15] 셋째 사업으로
4월 14-18일 총회 산하 기관별로 각종 "선교 100주년 기념세미나"를
개최했다. "4월 14-16일은 청년대회와 교사대회가 강남중앙침례교
회에서, 4월 15-16일에는 형제회 성장대회가 기독교 100주년 기념관
에서, 4월 17-18일은 전국여전도회 수련회가 CCC 훈련원에서 각각
개최되었다."[16]

넷째 사업으로 루이지애나주 침례교회와 한국침례교회가 합동으
로 5월 14-25일 "전국침례교 동시전도대회"를 실시했다. 170명의 미
국 전도인들과 15명의 재미 한인침례교인이 내한하여 전도했다. 동
시전도대회는 5월 14-17일과, 5월 18-21일 두 번에 걸쳐 전국 312개
교회에서 실시하여 3,615명의 결신자와 1,908명의 재결신자를 얻었
다. 다섯째 사업은 루이지애나주 침례교총회의 재정 지원으로 '세례'
를 '침례'로 표기한 성경 10만 권을 출간하여 침례교인들에게 보급하
고 기독교 서점에서 판매한 것이다.[17] 여섯째는 총회 교육부 주관으로
8월 14-16일까지 개최한 "목회자 성장대회"였는데, 남침례교 해외선
교부 총재 키스 팍스와 루이지애나주 침례교총회 교육부장 찰스 라우
리가 설교했다. 본 대회에는 550명의 목회자가 참석하여 친목과 우의
를 다지며 교단 발전을 다짐했다. 마지막 날인 8월 16일에는 "전국 침
례교인 대회"를 서울 잠실체육관에서 오후 7시에 개최했다. 전국 침
례교인 약 2만 명이 참석하여 가슴 벅찬 침례교 계절을 만끽했다.[18] 일
곱째는 선교 100주년기념 개척교회 사업으로서, 전국 지방회당 한 교

회씩을 개척하는 사업이었다. 실적은 20여 개로 목표에 미달했으나 의미 깊은 사업이었다. 여덟째는 역사편찬위원회를 설립하고 역사책을 발간한 것이다.[19] 이처럼 선교부는 한미기금위원회, 한미연합전도대회, 한국침례교 선교 100주년 기념사업 등을 통해 한국침례교 성장에 큰 도움을 주었다.

4. 1990년 제16차 서울 침례교세계대회

한국침례교회는 급속한 성장을 기반으로 제16차 "침례교세계대회"를 유치했다. 1990년 8월 14-19일 서울 올림픽 주경기장에서 개최된 침례교세계대회는 한국침례교회의 높아진 위상을 드러낸 대회였다. 총회가 침례교세계연맹과 관계를 맺기 시작한 것은 1955년 7월 영국 런던에서 개최된 제9차 대회에 이순도 여사와 김광택이 총회 대표로 참가하면서부터였다.[20] 침례교세계연맹은 남침례교 신학자 로버트슨(A. T. Robertson)이 「침례교 감시자」(The Baptist Argus)라는 잡지의 1904년 1월 호에서, 1905년 여름 런던에서 침례교 세계대회를 열자는 제안에서 비롯되었다. 결국 1905년 7월에 런던의 유서 깊은 엑스터 홀(Exeter Hall)에서 침례교세계연맹이 결성되었다.[21] 제1차 런던 대회(1905)에는 23개 국가의 300여 명의 침례교인이 참석했다.[22] 그 중에는 공산당의 박해를 무릅쓰고 러시아 침례교회 대표가 참석했고, 아프리카 신생 침례교단의 대표들도 왔다.[23] 연맹은 1905년 7월 17일

새로 읽는 한국침례교회사

제16차 침례교세계대회(1990)

헌법을 제정했다. 헌법 서문에 침례교 신앙과 직제를 따르는 전 세계 침례교회들의 교제와 협력 증진을 위해 침례교세계연맹을 창설하며, 연맹은 개별교회의 독립을 인정하고 기존 침례교 단체가 행하는 어떠한 기능도 대신하지 않는다는 점을 명확히 밝혔다. 또한 연맹은 개별교회나 단체보다 높은 권위나 법적 권한이 없는 자발적인 단체로서, 도덕적이고 영적인 일에 대해 서로 돕는 기구라는 점을 확고히 했다.[24] 연맹의 주요 사역은 전도, 선교, 구호, 교육, 종교의 자유 확대, 도덕과 윤리 문제, 여성의 지위 등이다.[25]

1990년 서울대회에는 86개국에서 온 10,687명의 침례교인과 수만 명의 한국침례교인이 참석했다. 특히 소련에서 171명과 동유럽 공산권 나라들에서 32명이 참석했다. 그때까지 소련에서 6명 이상 참석한 대회는 없었다.[26] 서울대회에서 크게 주목받은 행사는 "10,000명 합동 침례식"이었다. 서울하계올림픽(1988) 조정경기장으로 사용되었던 한강 미사리에서 10,000명의 새신자들이 침례받는 장면은 한국침례교 역사에서 결코 잊혀질 수 없는 장면이다. 대회는 마지막 날인 8월 19일에 "서울 언약"(Seoul Covenant)이라는 역사적인 선언문을 채

택하고 마감했다.[27]

한국 목회자들과 교단 부흥

남침례교 선교부의 도움과 지원이 교단 성장에 큰 도움이 되었으나, 한국 목회자들의 헌신이 1970-1980년대의 침례교 계절과 1990-2020년대의 교단 부흥의 진정한 원동력이었다. 한국침례교 목회자들은 선교부의 도움을 잘 활용한 것을 훨씬 뛰어넘어, 깊은 영성과 열정으로 교회를 일구고 성장시켰다. 그들은 성경을 믿고, 성령의 역사를 의지하며, 문화적 변화에 현명하게 대처하고, 날마다 기도에 힘썼다. 또한 시대의 필요에 부응하는 목회와 사역으로 교회를 부흥시키고 사회에 선한 영향을 끼쳤다. 한국침례교회의 부흥을 이끈 두 가지 큰 틀이 있는데, 그것은 은사 운동을 통한 부흥과 복음주의 신학에 기초한 부흥이다. 은사 중심의 부흥은 오관석, 김충기, 윤석전, 최이식, 장경동 목사가 주도했고, 복음주의 신학에 기초한 부흥은 김장환, 이동원, 안희묵, 박정근, 유관재 목사가 이룩했다. 이들 목회자 외에 많은 목회자도 성령 운동과 복음주의 신학, 그리고 다양한 신앙과 목회 방법으로 교회를 부흥시키고 한국 사회에 건전한 영향을 끼쳤다. 성령 운동 중심의 목회자들과 복음주의 신학 중심의 목회자들 사이에는 신앙 색

깔에 차이점이 있으나, 공통점도 많이 있다. 예를 들면, 김충기 목사는 성령 운동뿐만 아니라 말씀 강론으로 부흥을 일으켰고, 이동원 목사는 체계적인 성경 공부와 더불어 깊은 영적 기도를 강조했다. 한국침례교 부흥의 두 가지 흐름을 대표하는 목회자와 그 교회들의 부흥 역사는 한국침례교 부흥의 모습과 과정을 잘 보여준다.

오관석 목사와 하늘비전교회

1. 성령체험과 태성교회의 부흥

오관석 목사는 한국침례교회가 유아세례와 사도신경을 하지 않는다는 이유로 이단시 되던 1960년대에 부흥을 일으켜 교단의 지명도를 높인 공헌을 했다. 그의 놀라운 업적은 성령을 크게 경험한 데서 시작되었다. 오관석은 신학교를 졸업하고 1960년 늦은 봄에 공주 정안 태성교회의 담임 목회자로 부임했다. 부임 당시 60년 된 태성교회 교인들은 "성령이여 강림하사 나를 감화합소서"라는 찬송을 부르지 않았는데, 성령이 이미 오셨기 때문에 성령 강림을 요청해서는 안 되기 때문이라 했다. 그리고 사람의 노력으로 구원받지 못하므로 전도에 열심을 낼 필요도 없다고 주장했다. 교회는 날로 퇴보하여 오관석이 부임한 지 1년이 채 되지 않아 60명 교인이 30명으로 줄어들었다.[28] 오관석은 적은 급여에 실망하고 목회에 회의감이 들었다. 그러자 몇 여집사들이 "미숫가루와 담요, 내복, 교통비"를 주며 용문산 기도원 집회를 다녀오라고 했다. 그곳에는 나운몽 장로의 인도 아래 수천 명의 성도가 통성기도 후 악기 소리에 맞추어 찬양과 춤을 추며 기도했다. 그러나 오관석은 그런 형태의 집회에 거부감을 느꼈다. 10일간의 집회였으나 5일이 지나도 마음은 갈수록 냉랭해지고 적응이 되지 않아 하산했다.[29]

집에 와 보니 충남 계룡산 양정기도원에서 교역자 산상수련회가 열린다는 공문이 와 있었다. 첫날 저녁에 120명 정도의 목회자와 사모들이 모여있었고, 강사는 정영문 목사와 김형태 선생이었다. 오관석은 방언 받을 것을 권면하는 동료 침례교 전도사에게 "20년이나 공부를 해가지고 몸이나 흔들고 룰루룰루 따따따따 하고 앉아 있으란 말이냐? 내 몫까지 너나 받아라"라고 말하며 면박을 주었다.[30] 그렇지만 마음은 너무 괴로웠고, 결국 목회자 10명에게 안수 기도를 부탁했다. 그들이 방언 기도로 안수하자, "그 순간, 하늘로부터 정말 뜨거운 불이 쏟아졌다. '악―' 소리를 지르면서, '앗, 뜨거워'하는 순간에 혀가 빠져나와 방언을 하게 되고, 온몸이 부들부들 떨리고 바위 위에 무릎을 꿇고 그 자리에서 펄펄 뛰었다." 그는 온몸이 강하게 떨리고 불같이 뜨거워져서 땅에 뒹굴기 시작했다. 이런 극한 기도 시간이 지나자 감사한 마음이 넘쳐흘렀다.[31]

토요일 하산하여 집으로 돌아와 온전히 철야하며 기도했다. 이튿

날 주일 설교하는 데, 갑자기 성령이 임했다. 교인들이 "악 악- 소리를 지르고 가슴을 치고 나뒹구는가 하면, 창밖으로 담배쌈지와 담뱃대를 무릎으로 꺾어 던지고, 또는 설설 기어 다니거나 울부짖으며 자기 가슴을 마구 쥐어뜯었다."[32] 그날부터 오관석 전도사는 새벽, 낮, 밤 하루에 세 번씩 집회를 3개월 동안 했다. 30명의 교인이 300명으로 늘어났고, "전 교인들이 방언, 예언, 통변 등 성경에 있는 모든 은사를 받았을 뿐 아니라, 전 교우가 철저한 주일성수와 십일조 생활과 순교적인 각오로 새벽기도를 드리는 일을 할 만큼 성도의 의무에 주력하는 교인으로 탈바꿈했다."[33] 태성교회에서 3개월의 집회 기간에 희한한 일들도 일어났다. 기도하느라 교회에 살다시피 하는 부인을 찾아온 남편이 "아내의 머리채를 잡고 끌고 나가다가 그 자리에서 선 채로 방언을 하고 진동을 하여 예수를 영접하였다." 그리고 새벽에 물을 길러 가던 동네 아낙네들이 새벽 기도하는 태성교회 지붕에서 불이 활활 타는 모습을 보고, 교회에 불났다고 소리 지르며 뛰어왔으나 교회는 멀쩡하게 그대로 있었다.[34] 오관석은 15명의 기도 특공대원들과 매일 철야 기도를 했는데, 그 결과 "충남 일대의 정신병자, 마귀환자, 불치병 등"이 고침받는 역사가 일어났다.[35]

2. 부흥사로서의 활동

오관석은 첫 부흥회를 충남 연기군 금남면 반곡침례교회에서 인

오관석 목사

도했다. 첫날부터 "사도행전의 원색적인 성령의 역사가 방언, 예언, 통변, 신유 등의 은사를 통해 나타났다." 이런 놀라운 영적 체험을 한 신자들은 교회를 떠날 줄 모르고 밤낮으로 기도했다.[36] 이후 오관석은 1년 52주 동안 거의 한 주도 빠지지 않고 장로교, 감리교, 성결교, 침례교에서 초교파적으로 집회를 인도했다. 집회에서는 이적이 일어났는데, 예를 들면 천안 성거산기도원에서 저녁 집회를 마치고 숙소로 돌아가는데, 20세쯤 되는 맹인이 어머니같이 보이는 사람과 함께 찾아왔다. 기도를 받으면 볼 수 있을 것이라는 확신이 들어서 왔다고 했다. 오관석은 "네 믿음대로 예수의 이름으로 볼지어다" 하고 3번 큰소리로 기도했다. 이튿날 낮 공부 시간에 그 청년은 눈이 보인다며 펄펄 뛰며 간증했다.[37] 전라남도 강진 근교의 송학이라는 마을의 교회에서 집회할 때, 그 교회의 천 전도사 형이 앉은뱅이였다. 천 전도사가 동네에 부흥회 개최를 알리자, 동네 사람들은 훌륭한 부흥사가 왔으면 앉은뱅이 형이나 걷게 해달라 하라고 했다. 그러나 앉은뱅이 형은 집회에 참석하지 않았고 골방에 있었는데, 동생 전도사가 교인들에게 덕이 안 될 것 같아 그렇게 조치했다. 오관석은 그를 강단 앞에 와서 앉게 하고 간절히 기도했다. 집회가 끝나고 연이어 강진읍에서 집회하던 중 그 앉은뱅이 천씨가 걸어서 예배당으로 들어왔다.[38] 이처럼 오관석의 부흥회에는 기적이 일어나는 역사가 있었다.

3. 하늘비전교회의 개척과 성장

오관석은 태성침례교회의 성장에 한계를 느끼고 서울로 올라가 교회를 개척하기로 결심했다. 1966년 3월 6일 서울시 중구 회현동 28번지 남산 기슭에 30평 되는 2층 집을 세내어 남산제일교회를 시작했다.[39] 교회는 1966년 7월 17일 사무처리회에서 침례교회로 하기로 결정하고 교단에 가입했다. 남산제일교회는 한국에서 최초로 0시(송구영신 예배) 예배를 드린 교회 중 하나로 한국교회에 송구영신 예배 전통을 도입한 교회이다. 교회는 부흥하여 종로구 숭인동(신설동)에 비누공장을 하던 200여 평 부지를 매입 예배당을 건축하고, 교회명을 서울중앙침례교회로 바꾸었다. 1970년 금요철야기도회에 약 1,200명이 모여 여의도순복음교회를 제외하고 가장 많은 사람이 철야기도에 모이는 교회로 소문이 났다. 교회는 6부로 예배를 드려야 했고, 결국 예배당 건축을 위해 잠실에 600평의 대지를 매입했다.[40] 1985년 4월에 대지 600평, 건평 1,258평, 2,700좌석 규모의 잠실대성전 입당예배를 드렸다.[41]

오관석 목사는 목회하는 동안 기도를 쉬지 않았다. 수시로 기도원에 가서 기도하고, 교회의 위기 시 예배당 지하 새벽기도실에 내려가 울며 기도했다. 1994년 12월 29일 산곡기도원에서 기도하던 중, "내년에는 너희 교회에 1,000배의 복을 주겠다"라는 음성이 마음으로 들려왔다. 김영미 목사를 초청 1995년 1월부터 3개월 간 부흥회를 했고, 그 기간에 "기도원 건축, 교육관 건축, 본당 지붕으로부터 외벽 석조와 내부 수리 등"의 엄청난 일을 감당할 헌금이 들어왔다. 1,000배의 복을 실감했다.[42] 1998년에 잠실본동 연건평 950평, 지하 1층, 지상 7층 교육관과 경기도 가평군 설악면 화곡리 20번지 대지 2,751평 연건평 450평 지상 3층의 설악수양관을 건립했다. 1999년 9월 오영택 목사가 공동 담임목사로 부임했고, 2006년 3월에는 오관석 원로 목사 추대와 오영택 제2대 담임목사 취임을 했다. 2011년 6월에 하늘비전교회로 교회명을 변경했다.[43] 하늘비전교회는 오영택 목사가 후임으로 부임하여 안정적 성장을 이어갔다.

김충기 목사와 강남중앙침례교회

1. 성령 체험과 반조원침례교회의 부흥

김충기 목사는 오관석과 더불어 1960년대부터 부흥사로 활약하며 교단 부흥을 이끌었다. 그의 부흥은 성령 체험에서 비롯되었다. 김충기는 1932년 6월 19일 충남 부여군 양화면 암수리 269번지에서 불신자 김사인과 신자 김경자의 장남으로 태어났다. 어머니 김경자는 남편과 시댁의 30년 핍박 속에서도 신앙을 지키고, 아들 김충기로 하여금 제사 음식을 먹지 않고 신사참배도 하지 못하게 했다.[44] 김충기는 1946년 8월 3일 박기양 목사의 집례로 어머니와 함께 금강에서 침례를 받았다. 그는 1950년 남북전쟁 시 북한군의 포탄에 맞아 생사기로에 있을 때, 살려주면 주의 종이 되겠다고 서원했다. 이후 서원대로 침례회성경학원에 입학했다.[45] 신학교를 다니는 동안 1955년 충남 서천군 화양면 망월리에 있는 망월침례교회에서 목회했다. 3년 후 1958년 8월에 충남 부여군 세도면 반조원침례교회로 목회지를 옮겼고, 그곳에서 1958년 10월 박인애와 결혼했다. 사례비로 보리 서 말을 받았는데, 그것으로는 죽도 끓여 먹기 어려웠다. 생활의 곤고함은 말로 표현하기 어려웠고, 교인 수도 80명에서 12명으로 줄었다.[46]

2. 부흥사로서의 활동

김충기는 1960년 8월 계룡산 양정고개기도원에서 부산 영주동감리교회 정영문 목사와 충남 부여군 세도면의 장로교 목사 정덕진을 중심으로 열린 집회에 참석했다. 북을 치고 나팔을 불고 손뼉을 치는 집회가 낯설어서 다음 날 집으로 돌아가리라 결심했다. 그런데 그곳에는 어떤 여자 성도가 예언 기도를 하고 있었고, 신기하게도 김충기가 목회자라는 것과, 그가 하나님이 크게 쓰시겠다는 예언을 의심하고 있다는 사실을 알아맞히었다. 김충기는 예언 기도를 받고 회개하기 시작했다. 그는 이전에 방언 기도하는 사람들을 미쳤다고 생각했는데, 어느덧 그의 입에서 방언이 터져 나왔다.[47] 김충기는 집으로 돌아온 후 집에 가지 않고 교회당에서 매일 기도하며 지냈다. 그런 생활이 1960년 8월부터 이듬해 5월까지 계속되었는데, 어느 날 성령의 강한 임재를 경험했다. "입에서는 절제할 수 없는 이상한 방언이 이어지고 회개의 기도와 함께 깨닫지 못하던 말씀의 계시가 확신과 더불어 심령을 깨우치며 터져 나왔다."[48] 김충기는 시무하는 교회에서 6월 첫 주일부터 50일간 부흥집회를 계속 열었다. 교인들은 두 시간 이상의 설교도 지루한 줄 모르고 집중해서 들었다. 철야기도회를 10일 이상 지속하는 동안 교인들은 잠을 자면서도 방언하고, 성령의 진동으로 새벽 4시 반이면 모두 일어나 새벽기도에 동참하는 현상이 일어났다.[49] 동네 사람들은 김 전도사가 자신들의 가족을 미치게 만든다고 생각해 동네에서 쫓아내려 했다.[50]

김충기 전도사는 반조원침례교회를 사임하고 전라북도 익산시 함열읍 함열침례교회에서 1962년부터 1967년까지 목회했는데, 그곳에서 기적이 일어났다. 그 교회의 한 안수집사는 전임 목사를 구타하고 쫓아낸 사람으로 김충기에게도 고압적인 자세로 대했다. 그런데 그가 중병이 들었고 의술로는 치료 불가로 판정받았다. 그런데 김충기가 안수기도를 하자 치료되는 기적이 일어났다. 또한 교회에는 최함향이라는 서울에서 공부한 촉망받는 청년이 있었는데, 그가 갑자기 관절마디가 굽어지고 다리와 온몸이 떨리는 병을 얻었다. 당시 의술로 고치지 못하는 불치병이었다. 김충기는 그를 위해 매일 기도했는데, 어

느 날 그가 갑자기 자리에서 벌떡 일어
나 걷다가 넘어지기를 반복하더니, 다
리가 쭉 펴지고 방안을 성큼성큼 걷기
시작했다. 치유의 소문이 사방에 퍼졌
고 사람들이 교회로 몰려왔다.[51]

김충기 목사

1965년 전라북도 군산시 성산면의
성산장로교회에서 부흥회를 할 때 또
한 번의 기적이 일어났다. 그 교회는 세
가정만 남아 있어 곧 폐쇄될 처지에 놓여 있었고, 사정을 알게 된 김충
기는 큰 교회의 부흥회를 취소하고 성산장로교회로 갔다. 그 교회에
는 날 때부터 꼽추로 태어난 아이가 있었는데, 5살 때 전주예수병원에
서 평생 장애를 가지고 살아야 한다는 진단을 받았다. 아이의 어머니
는 신앙생활을 반대하는 시아버지와 남편으로부터 박해받고 있었다.
그는 집회 내내 울면서 기도했다. 마지막 금요일 저녁 집회에 그가 아
이를 데리고 왔다. 김충기는 간절히 기도했고, 기적적으로 아이의 등
이 펴졌다. 아이의 아버지는 교회에 와서 회개했으며, 소문을 듣고 온
다른 사람들도 회개하고 성령을 경험했으며, 세 명의 무당은 무속용
품을 불태우고 예수를 믿었다.[52] 김충기는 1967년에 함열침례교회를
사임하고 대구중앙침례교회로 목회지를 옮겼다. 그 교회는 분란이 있
어 담임목사가 쫓겨나고 교인이 10여 명 남아 있는 상태였다. 당시 장
로교 교세가 절대적이던 대구에서 침례교회는 이단시 되던 때였다.
김충기는 매일 철야기도 하고 전도했다. 그 결과 10명의 교인이 700

명으로 늘어났다. 대구에서 큰 장로교회가 김충기 목사를 부흥강사로
초청했다.[53]

3. 강남중앙침례교회의 개척과 성장

김충기는 큰 부흥을 이룬 대구중앙침례교회를 두고 1975년 12월
서울로 갔다. 1976년 2월 1일 강남구 청담동 학동빌딩 3층의 90평 예
배당에서 강남중앙침례교회 창립 예배를 드렸다.[54] 김충기는 1976년
2월 8일부터 주일 오전 11시에서 오후 3시까지 특별집회를 2년 동안
계속했다. 성경 말씀을 칠판에 적으며(칠판 설교) 복음을 전했다. 교회
는 부흥하여 창립 1주년을 맞은 1977년 2월에 등록 교인 수가 250명
이나 되었다.[55] 이후 교인이 기하급수적으로 늘어나 예배당 건축이 불
가피했다. 결국 1977년 11월 14일 강남구 논현동 240번지의 17-18에
대지 642평을 매입하고, 지상 4층 지하 2층 총 1,120평의 성전을 1980
년 9월 27일 완공하고, 1981년 6월 14일 봉헌예배를 드렸다.[56] 당시
교회학교도 급속히 성장해 출석인원이 2,500명 정도되었다. 교회는
본당 근처 556평의 대지 위에 연건평 1,315평의 교육관을 건립하기
로 하고, 1983년 9월 18일 기공예배를 드렸다. 1982년에 개원한 중앙
선교원은 1985년 강남유치원으로 발전했다.[57] 교회는 개척 10년 만에
"교역자 20명, 행정 및 관리 인원 20명, 제직 800명, 재적 성도 1만 명,
300개 구역에 달하는 규모"의 교회로 부흥했다.[58]

김충기는 교회를 개척할 때부터 기도처 건립에 대한 소망이 있었다. 그는 1977년부터 틈나는 대로 부지를 물색하다가 1980년에 경기도 양평군 양서면의 20만 평 대지를 매입했다. 기도원 명칭을 "양수리 수양관"으로 정하고, 1982년 8월 28일 기공예배를 드리고 공사를 시작하여, 1995년 9월 17일에 봉헌예배를 드렸다. 수양관은 2,000명을 수용하는 벧엘성전과 식당과 숙소를 갖춘 에녹관, 대식당, 숙소 세미나실을 갖춘 두란노관, 객실을 갖춘 바울관 등 1,513평의 4층 건물로 이루어졌다. 그리고 축구장과 테니스장도 마련되었다.[59] 강남중앙침례교회는 김충기가 목회하던 시절 국내 30여 개 교회와 국외 20여 개 교회를 개척했다. 멘토링 개척 방식으로 불렸던 지교회 개척은 2년 동안 인적, 물적 자원을 전폭적으로 지원하여 자립 독립교회가 되게 하는 방식이었다. 이런 방식으로 1997년 분당강남중앙침례교회, 2001년 일산강남중앙침례교회, 2002년 용인강남중앙침례교회 등이 세워졌다.[60]

4. 계속되는 교회의 부흥

침례신학대학교 역사신학 교수 피영민 목사가 김충기 목사의 뒤를 이어 2002년 8월 18일 제2대 담임목사로 부임했다. 피영민은 "바르게 전달된 진리가 사람의 삶을 변화시킨다"라는 목회 철학 아래, 강해 설교를 중심으로 2018년 4월 30일 정년 퇴임까지 목양에 힘썼다.

피영민 목사는 2008년 4월 28일 한국기독교화해중재원을 개원하고, 2010년 7월 11일부터 새 성전 건축을 위한 '100만 시간 기도운동'을 시작했다.

최병락 목사가 2018년 12월 30일 제3대 담임목사로 부임했다. 최병락은 침례신학대학교 졸업 후 미국 사우스웨스턴신학교에서 목회학 석사(M.Div.)와 박사(D.Min.)를 취득했다. 2002년 미국 텍사스주 달라스에서 10여 명의 교인과 함께 세미한교회를 개척하여 16년 만에 1,700여 명의 대형 한인교회로 성장시켰다. 최병락 목사는 "오직 예수"와 "원색적 복음"을 목회 철학으로 삼고, W.O.R.L.D. 사역을 중심으로 교회의 비전을 구현하고 있다. W.O.R.L.D. 사역은 예배(Worship-ing), 소그룹(Oikos), 지역사회 섬김(Reaching Out), 선교(Life Giving), 제자 양육(Discipling) 등으로 구성되어 있다. 강남중앙침례교회는 2021년부터 서울시 강남구 논현동에 새로운 성전 건축을 시행하고 있다.

김장환 목사와 수원중앙침례교회

수원중앙침례교회는 김장환 목사의 탁월한 목회로 2022년 12월 현재 재적교인 1만 5천명, 25개의 지교회를 둔 초거대교회로 성장했다.

1. 어린 날들과 미국 유학생 시절

김장환 목사

김장환 목사는 1934년 경기도 화성군의 몹시 가난한 소작농 김순필과 박옥동 사이 10남매 중 막내로 태어났다. 부모님을 포함하여 일가친척 중 기독교 신자는 한 명도 없었다. 가족은 초등학교 시절 수원으로 이사했다. 김장환은 신풍초등학교를 졸업하고 공립 수원농림학교에 입학했다. 이후 학비가 무료인 철도고등학교 입학시험을 치르기 위해 1950년 6월 26일 서울로 갔다가 한국전쟁으로 인해 수원으로 다시 돌아와야 했다.[61] 당시 수원에는 미군 24사단 21연대가 있었고, 김장환은 미군의 하우스보이로 일하게 되었다. 1주일 후 중공군의 남하로 미군은 경북 경산으로 후퇴하게 되었고, 김장환도 함께 내려갔다. 미군들은 그에게 빌리라는 이름을 지어주고, 그때부터 "빌리 킴"이라 불렀다. 경산에서 칼 파워스 상사와 운명적 만남이 시작됐다. 하루는 그가 "미국에 가고 싶니?"라고 물었고, 빌리는 곧장 "예스"라고 대답했다.[62] 1951년 가을의 어느 날 파워스는 미국 밥 존스학교의 입학허가서를 가지고 김장환의 집으로 찾아왔다. 어머니는 많은 눈물을 흘린 후, 아들의 미국 유학을 허락했다.[63]

김장환은 1952년 2월 3일 밥 존스학교의 중학교 3학년으로 입학했다. 파워스가 수속과 학비를 감당했다. 당시 밥 존스에는 안인숙 사모와 김동명 목사도 공부하고 있었는데, 그들은 빌리를 초청해 저녁을 대접하고 성경책을 선물로 주었다. 빌리는 그러나 심한 향수병으로 날마다 눈물을 흘리며 고통스러워했는데, 제리 메이저라는 신학생이 요한복음 3장 16절을 읽으면 예수가 향수병을 치유해 줄 것이라 했다. 그와 함께 기도하고 난 후 거짓말처럼 향수병이 사라졌다.[64] 이후 빌리는 마음이 안정되었고 파워스를 실망시키지 않겠다는 각오로 열심히 공부했다. 그 결과 고등학교 2학년 때 전국 고등학생 웅변대회에서 1등 상인 아이젠하워상을 받았다. 밥 존스학교의 에드워드 학장은 채플 시간에 빌리 킴이 학교의 명예를 높였다고 칭찬했다. 빌리는 트로피와 부상으로 받은 텔레비전을 파워스에게 선물했다. 파워스 가족은 눈물을 흘리며 기뻐했다. 그 동네에는 텔레비전이 없었기 때문에 동네 사람들은 텔레비전을 보기 위해 파워스 집에 몰려왔다.[65] 빌리는 밥 존스 신학대학에 진학하여 1학년 때부터 주말에는 시골 교회를 방문하여 전도했다. 그즈음 대학원을 마치면 한국으로 돌아가 복음전도자로 살 것이라 결심했다.[66]

김장환은 1958년 5월에 신학대학을 졸업했고 '1958년 밥 존스를 빛낸 30대 동창생'에 선발되었다. 1958년 8월 8일 미시간주 그린빌침례교회에서 트루디와 결혼식을 올렸다. 당시 빌리는 24세, 트루디는 20세였다.[67] 빌리는 1959년 2월 단테침례교회에서 목사안수를 받았고, 그해 11월에 석사학위를 받았다. 빌리 부부는 한국으로 가는 배표 두 장을 사놓았으나, 후원자가 확보되지 않았다. 그들은 한 달에 50달러를 후원해 주는 사람이 있으면 한국으로 가겠다고 기도했는데, 오하이오주 캔턴침례교회가 한 달에 50달러씩 선교비를 후원하기로 결정했다. 그것은 다른 선교사보다 두 배 많은 금액이었다.[68] 그리고 빌리의 밥 존스학교 동기생의 아버지이며 미국기독교실업인협회 회장을 3년간 역임한 왈도 예거 장로가 '세계기독봉사회'를 만들어 빌리 부부를 후원하기로 했다. 김장환은 기독봉사회 선교사로, 트루디는 기독봉사회 한국 대표로 한국에 왔다.[69]

2. 수원중앙침례교회와 1973년 빌리 그래함 전도대회

김장환은 미국에 간 지 8년이 지난 1959년 말 고향 수원에 돌아와 가족을 전도하고 YFC(십대선교회)를 조직했다.[70] 그는 미국에서 매달 200-300달러의 후원금을 받았는데, 30달러는 생활비로 쓰고 나머지는 사역에 사용했다. 김장환은 인계동 집을 비롯해 선교 후원비로 마련한 부동산은 모두 기독봉사회 이름으로 등기했다.[71] 김장환은 당시 수원에서 유일한 침례교회였던 수원중앙침례교회에 출석했다. 교회에는 최성업 목사와 12명의 교인이 있었는데, 최성업은 연로하여 김장환에게 주일 저녁예배와 수요예배 설교, 그리고 유년부를 맡겼다. 빌리 그래함처럼 여러 지역을 순회하며 복음 전하는 복음 전도자의 꿈을 가졌던 김장환은 다소 당황스러웠으나, 1960년 1월 1일부터 협동목사로 사역했다. 이후 수원 장터에서 노방전도를 하고, 학생 중창

단과 외국인 선교사들의 도움을 받으며 복음을 전했다. 많은 학생이
영어를 배우고 싶어 교회로 왔다. 김장환은 교회 사역과 더불어 미군
부대와 한국군 부대 그리고 YFC 사역 등으로 바쁘게 활동했다. 김장
환은 최성업에 이어 1966년 1월 1일 담임목사가 되었는데, 담임이 된
지 8개월 만에 수원중앙침례교회를 수원에서 가장 큰 교회로 성장시
켰다.[72] 그러나 수원중앙침례교회가 초대형 교회로 성장하게 된 결정
적인 계기는 1973년 빌리 그래함 전도대회였다. 김장환은 탁월한 통
역으로 유명해졌고 수원중앙침례교회는 그 다음 주일 곧바로 30%가
성장하는 기적이 일어났다.[73]

빌리 그래함 전도협회는 원래 1952년과 1956년의 한국 전도집회
에서 통역했던 한경직을 통역자로 내정했었다. 그런데 한경직은 자
신이 나이가 너무 많아 통역이 어렵다고 사양하며, 김장환을 소개했
다. 결국 칼 매킨타이어의 통역으로 실력이 입증된 김장환이 선택되
었다.[74] 빌리 그래함 전도협회는 통역을 선택하는 일에 매우 신중했는
데, 통역에 의해 집회의 성공이 좌우되기 때문이었다. 김장환은 매우
성공적으로 통역을 했다. 그래함도 "한국에 당신과 같이 영어 잘하는
사람이 있는 줄 몰랐습니다"라며 만족을 표시했다.[75] 그래함의 통역
을 맡는 것은 영광스러운 일이지만, 김장환의 입장에서는 큰 결단이
필요했다. 그래함과 그의 모교이자 미국 근본주의 요람인 밥 존스학
교 출신들이 그래함과의 접촉을 금지하고 있었기 때문이었다. 그들
은 그래함이 보수주의를 세속화시킨다고 생각했다. 특히 진보와 보
수 교단이 공동으로 주최한 1957년도 뉴욕집회에 그래함이 주강사

　　　　　　　　　　　　　　　　새로 읽는 한국침례교회사

를 맡은 것에 크게 분노했다.[76] 근본주의자들은 그래함에게 결별을 선언했다. 뉴욕집회는 미국 근본주의와 복음주의가 나누어지는 분수령이 되었다.

김장환은 밥 존스 동문에게서 후원을 받고 있었으므로 마음이 무거웠다. 그와 트루디는 몇 주간 기도하며 고심했다. 결국 트루디는 "나는 당신이 통역을 해야 한다고 생각해요. 당신은 전도하기 위해 귀국했는데 이보다 더 좋은 기회가 어디 있겠어요"라며 통역을 맡으라고 했다. 기독봉사회 회장 왈도 예거도 "자네가 어떤 결정을 내리든지 우리는 지지할 것이네"라고 했고, 매달 50달러를 보내주는 캔턴침례교회 핸리거 목사는 "우리는 당신의 어떤 결정이든 지지할 것입니다"라고 했다. 칼 파워스 역시 "빌리, 자네가 빌리 그레이엄의 통역을 원한다면 그렇게 하게. 나는 자네를 위해 기도하겠네"라고 했고, 기독봉사회 이사 폴 존슨도 "빌리, 주님 앞에서 당신이 옳다고 생각하는 것을 하십시오. 이번 집회는 한국에서 있었던 전도대회 중에 가장 획기적인 사건이 될 것입니다"라고 했다.[77] 김장환은 통역을 하기로 결심했다.[78] 김장환이 그래함의 통역을 받아들인 것은 복음주의에 동조한 것으로 볼 수 있다. 김장환은 미국 학창 시절부터 빌리 그래함 전도집회에 참석했고, 심지어 1966년 베를린 대회에도 참석했다. 그리고 1971년에 그래함에게 한국에서 전도대회를 열어달라는 편지를 보내기도 했다.[79]

서울과 지방의 9개 도시에서 개최된 1973년 빌리 그래함 전도대회는 한국교회 성장의 기폭제가 되었다. 특히 115만 명이 참석한

1973년 6월 3일 여의도 집회는 2천 년 기독교 역사에서 최고로 많은 수가 참석한 집회요, 한국 역사 5천 년 동안 "최대의 민중집회"로 기록되었다.[80] 서울을 비롯하여 전국적으로 집회에 참석한 연인원은 443만 6천 명이고, 결신자는 54,310명이었다.[81] 전도대회는 한국교회를 급성장하게 했다. 1973년 5월 서울에 1,400개의 교회가 1974년 말 2,000개로 1년 6개월 만에 30%의 성장을 했다.[82] 당시 침례교회는 한국 사회에서 별로 알려지지 않았는데, 서울집회를 계기로 널리 알려지게 되었다. 1973년 서울대회는 국내 언론뿐만 아니라 미국 NBC, ABC, CBS 등에서 대대적으로 보도했다. 그러자 밥 존스 후원자들은 김장환에게 후원 중단을 통보했고, 밥 존스 대학교 총장 밥 존스 3세는 김장환을 동문에서 제명시켰다.[83] 그러나 김장환은 1973년 전도대회를 기점으로 사역의 범위가 급속히 확대되었다. 1973년에 아세아방송을 맡았고, 1977년 1월 1일 아세아 극동방송의 책임자가 되었다. 또한 빌리 그래함 전도협회의 주요 강사요 국내외적 기독교 지도자로 발돋움했다.[84] 김장환은 1992-1997년 아세아침례교연맹 회장으로, 2000-2005년은 침례교세계연맹(BWA) 회장으로 봉직했다. 그리고 2018년 3월 2일에 진행된 빌리 그래함 장례식에서 트럼프 대통령 내외를 비롯한 2,000여 명의 주요 내빈 앞에서 추모사를 읽었다. 김장환의 국내외적 활약은 한국침례교회의 위상을 크게 높였다.

3. 김장환의 신학과 공헌

김장환은 대체로 개혁주의 신학을 따랐다. 그는 성경은 하나님의 특별계시로 무오하고 불오하며, 성경에 나오는 모든 기적은 역사적 사실이라 했다.[85] 또한 모든 인간은 원죄로 인해 전적으로 타락한 존재가 되어,[86] 자신의 힘으로는 구원받지 못하고 오직 믿음으로만 구원받을 수 있다고 했다.[87] 또한 예수를 구세주로 믿는 신앙 고백은 "성령의 인도하심에 따른 고백"이라며, 구원은 성령의 역사에 의한 것이라 했다.[88] 그리고 중생은 성령께서 일으키는 사역으로서 일생에 단 한 번 발생하는 단회적 사건이며,[89] 중생한 신자는 불가피하게 성화의 단계로 들어가게 된다고 했다.[90] 김장환은 하나님은 성도를 버리지 않으므로 중생한 신자는 결코 구원을 상실하지 않으며,[91] 성도는 천국으로 가게 된다고 했다.[92]

김장환의 공헌에 대해 여의도순복음교회 교회성장연구원 원장 명성훈은 세 가지를 제시했다. 1) 침례교단의 이미지 개선에 크게 기여했다. 김장환은 극동방송에서 세례 대신 침례란 말을 사용한 것 때문에, 이단이라는 소리를 많이 들었음에도 불구하고 사용했고, 특히 1973년 빌리 그래함 전도대회를 통해 교단 이미지 개선에 결정적 역할을 했다. 이후 지미 카터 미국 대통령의 방한과 1990년 세계침례교대회에서 1만 명 침례식도 한국에서 침례교 이미지 개선에 도움을 주었다. 2) 수원중앙침례교회가 행한 교육, 봉사, 문화 사역이 좋은 이미지를 주었다. 3) 김장환의 명성이 수원중앙침례교회의 발전과 침례교단에 대한 이미지를 높이는 데 결정적인 역할을 했다.[93] 명성훈이 제시한 세 가지 외에도 많은 신학생과 목회자를 도운 것, 그리고 한국교회에서 사회복지사업을 선구적으로 실시한 것도 주요 공헌이다.[94]

4. 고명진 목사의 부임과 계속된 교회 성장

고명진 목사가 2005년 1월 김장환 목사의 뒤를 이어 담임목사로 취임했다. 그는 신학생 시절이던 1976년 김장환 목사에게 침례받고, 11년간 부사역자로 훈련받았다. 고명진은 이후 오산침례교회 담임목사로 부임하여 14년의 목회를 통해 250명 교인을 등록 교인 3,000여 명, 출석 교인 1,600여 명의 교회로 크게 성장시켰다. 수원중앙침례교회에서도 2005-2008년 매년 2,000명이 넘는 새신자가 등록하는 등 교회를 부흥케 했다. 교회는 2007년 10월 수원월드컵경기장에서 교인과 수원 시민 3만 5천 명이 참석한 가운데, 향후 20년의 교회 비전 선포식을 개최했다. "하나님을 영화롭게 사람을 존귀하게 과연 그 교회!"라는 표어 아래, 4대 비전(지역사회의 자랑, 한국교회의 긍지, 민족의 소망, 세계의 등불)과, 4대 핵심 가치(경건한 영성, 성숙한 인격, 탁월한 역량, 건강한 체력)를 선포했다. 그리고 이러한 비전과 핵심 가치를 실천하기 위한 4가지 프로젝트를 운영하고 있다. 각 프로젝트는 명확한 목표와 실행 방안을 담고 있는데, 예를 들면, '요셉 프로젝트'를 통해 2009년 사회복지법인 수원중앙복지재단을 설립하여 현재 9개 기관을 위·수

탁 운영하고 있다. 고명진은 다음 세대의 양육을 현시점에서 가장 관심을 기울여야 할 교회의 사회적 책임으로 믿고 중앙예닮학교를 설립했으며, 한국청소년단체협의회 회장으로 섬기고 있다. 수원중앙침례교회는 2022년 본당 2,200석 규모의 새 예배당을 착공하여, 2025년 5월 완공·입당하였다. 수원중앙침례교회는 질적·양적 으로 계속 성장하고 있다.

이동원 목사와 지구촌교회

지구촌교회는 재적 교인 5만 명, 평균 출석 교인 약 3만 명의 초거대교회이다. 그리고 많은 국내외 교회를 지원하며 사회복지재단들을 운영하고 있다. 이처럼 지구촌교회가 한국을 대표하는 교회가 된 것은 이동원 목사의 목회를 통해서였다.

1. 미국 유학과 1기 한국 사역

이동원은 1945년 12월 수원에서 수의사요 공무원인 이방규와 이봉후의 6남 1녀 중 장남으로 태어났다. 대학 진학을 준비하는 동안 김장환 목사의 'YFC'와 '라이프 클럽'(Life Club)에 참여하면서 기독교 신앙에 대해 호기심을 갖게 되었다. 1965년 9월 말에 회심하고 YFC 간사와 교회 주일학교 교사로 봉사했다.[95] 이동원은 서울의 한 신학교에 원서를 냈고 1등으로 합격했으나 1년 만에 학교를 나왔다. 학업 포기 이유로 "지극히 폐쇄적인 근본주의 신학에 나는 의욕을 상실했습니다"라고 말했다.[96] 그는 군복무를 마치고 YFC의 간사와 총무로 일하면서 제자 훈련과 창의적 사역 훈련을 익혔다. CCC 운동과 관련하여 홍정길과 하용조를, 조이(JOY) 선교회와 관련하여 이태웅, 홍성철, 유용규 등을 알게 되었다. 네비게이토 선교사들과 옥한흠과도 교제하게 되었다.[97] 이동원은 이러한 만남은 "근본주의를 기독교의 전부로 알고 있던 내게 더 넓은 복음주의적 기독교의 지평선을 보여주었습니다"라고 말했다.[98] 그는 다양한 동역자들의 영향으로 복음주의 신학을 받아들이게 되었다.

이동원은 김장환 목사의 도움으로 미국 유학을 가게 되었다. 세계기독교봉사회 회장 왈도 예거가 그를 초청하고 디트로이트 성서대학(현 윌리엄 틴데일 대학)으로 인도했다. 이동원은 줄곧 우등생으로 공부했으며, 졸업할 때 최고의 명예에 해당하는 '그해의 설교자'로 선정되었다. 이후 신학대학원으로 진학하려 했으나, 김장환의 요청에 따라 YFC 사역을 위해 귀국을 결정했다. 한국에 오기 전에 빌리 선데이 기념교회에서 목사 안수를 받고, 1975년 6월 초 한국으로 돌아왔다.[99] 귀국 후 1975년 6월 김장환 목사의 주례로 우명자와 결혼하고, 수원 중앙침례교회에서 부목사로 사역했다.[100] 중앙교회 부목사와 한국

YFC총무로 봉직하면서 수원시 우만동 유신고등학교의 교목 겸 학교 내에 있는 산상교회의 제1대 목사로 1년 6개월 목회했다. 이후 1979년 10월 서울침례교회 담임목사로 부임했고, 4년 만에 300명 교인을 2,000명으로 부흥시켰다.[101] 특히 대학부가 부흥했다. 그 교회 대학부 출신 심민수 목회리더십연구소 소장은 서울침례교회 대학부는 일반 선교단체 이상으로 캠퍼스 사역을 감당했다고 하면서, "5시간 동안의 집회가 끝나고 돌아가는 대학생들의 얼굴은 성령의 빛으로 충만했다. 귀가 길에 오른 버스에서는 일대일 개인전도와 소리쳐 전도하는 젊은 이들로 소동이 벌어지곤 했다"라고 증언했다.[102]

이동원이 한국에서 최초로 실행한 "새생활 세미나"가 선풍적인 인기를 얻은 것도 서울침례교회 부흥의 원인이었다. 그는 미국 유학 중 가정 사역에 관한 강의와 저서를 접하였고, 1975년 귀국하자마자 YFC 학생들과 한국은행 선교회원들을 상대로 "새생활 세미나"를 개최하여 큰 호응을 얻었다. 이후 영락교회, 충현교회 등 한국의 대표 교회들이 세미나 개최를 요청했다. 1979년 서울침례교회에서의 유료 세미나가 대성공을 거두어서, 장소를 유관순 기념관으로 옮겨 초교파 세미나로 운영했다. 첫날부터 2,000명 이상이 등록하여 월요일부터 금요일까지는 저녁 시간에, 토요일은 하루 종일 열리는 세미나에 열정적으로 참여했다. 세미나를 통해 가정이 회복되고 삶이 달라졌다는 간증이 계속 이어졌다.[103]

2. 미국 워싱턴 제일한인침례교회(현 워싱턴지구촌교회) 사역

서울침례교회의 급속한 성장으로 예배당 이전에 관한 논의가 일어났다. 이동원 목사의 바람과 달리 일부 성도들은 예배당 이전을 극구 반대했다. 그런 과정에서 이동원은 미국 워싱턴 제일한인침례교회의 청빙을 받아들였다. 워싱턴 교회에서 1983년 8월부터 3년 과정의 제자훈련 커리큘럼을 만들어 매주 토요일 아침 평신도 지도자들과 사역자들을 훈련했다. 교회가 부흥하여 기존 예배당을 제자훈련을 위한 학교식 건물로 확장 건축했다.[104] 이동원은 이민 2세를 상대로 하는 영어 목회의 중요성을 인식하여, '교회 내 교회'의 개념으로 영어 목사와는 독립적이면서 협력하는 목회를 했다.[105] 이것은 미국 한인교회들에 영향을 끼쳐 다양한 형태의 2세 목회가 생겨나게 했다. 이동원은 또한 코스타(KOSTA, 해외유학생수양회) 운동을 시작했는데, 유학생들이 학업 후 귀국하는 것을 고려해, 한국교회와 연계하여 실행했다. 홍정길 목사, LA 오정현 목사 등과 의논하여, 첫 코스타 대회를 1986년 워싱턴 근교 수양관에서 개최했다. 워싱턴제일침례교회가 매일 김치와 밥을 제공하며 섬겼다.[106] 이동원은 말씀 사역이 어느 정도 궤도에 오르자, 기도의 필요를 강하게 느꼈다. 그때 미남침례교회의 중보기도 운동이 진행되고 있어, 관련 자료를 모으고 연구하여 교회에서 중보 기도 사역을 실시했다.[107] 중보기도는 당시 한인교회에서 선구적인 사역이었다. 이동원은 목회하는 동안 사우스이스턴침례신학교에서 신학 석사를 했고,[108] 트리니티신학교에서 선교학 박사(D.Miss) 학위를 취득했

새로 읽는 한국침례교회사

다.[109] 이동원은 1993년에 미국 목회를 마감하고 한국으로 가기로 마음먹었다. 워싱턴제일침례교회는 한국과 미국에서 공동 목회를 하는 조건으로 찬성했다. 한국에서 개척될 교회와 공동체 의식을 갖기 위해 교회 명칭을 통일하기로 하고 '지구촌교회'로 결정했다.[110]

3. 한국 지구촌교회 사역

이동원은 1993년 11월 경기도 수지에 있는 선경 스마트 복지관 5층 강당에서 65명의 교인과 함께 지구촌교회를 시작했다. 1994년 1월 첫 주일 오후 300여 명의 교인과 함께 탄생예배를 드렸고, 홍정길, 옥한흠, 하용조 목사들이 참석해 축하와 격려를 해주었다. 1994년 말에 출석 성도가 1,000명에 이르게 되자,[111] 1995년 8월 예배당을 분당 정자동에 있는 성심빌딩으로 옮겼다. 지하실은 예배당으로 4층 전체는 교육관으로 사용했다. 그때부터 1998년 3월까지 2년 7개월 동안 폭발적인 부흥이 일어났다. 장년 출석교인이 1,000명에서 4,000명으로 늘었고, 교육 프로그램, 이웃 초청 사랑의 축제, 세계선교정책 등 교회 운영의 틀이 완성되었다. IMF 위기 때 교회는 거국적인 금 모으기 운동에 적극 동참하며, 20일 특별 새벽기도회에서 2,000명 교인이 눈물로 하나님의 도우심을 구했다.[112]

지구촌교회는 폭발적으로 증가하는 교인들을 수용할 수 없어 1998년 4월 수지 신봉리로 예배당을 이전하기로 결정했다. 그곳에는 재정적 이유로 건축이 중단된 신학교 건물이 있었다. 그 건물로 이전하는 안건은 반반으로 의견이 갈렸다. 교인들의 의견을 존중하겠다고 늘 다짐한 이동원은 난감했다. 그런데 어느 날 희한한 꿈을 꾸었다. 그는 꿈을 믿지 않았는데, 너무나 특별한 꿈이라 교인들에게 말했다. "유령의 집 같은 건물 중앙 지하에서 작은 샘이 솟고 있는데, 갑자기 그 샘이 강이 되고 강이 바다를 이루었습니다. 이 바다 위로 수많은 사람이 헤엄쳐 밀려 들어오는데 건물 양쪽에 아름다운 꽃과 건물들이 장관을 이루더니 이어서 이 바다 길이 다시 앞으로 쫙 펼쳐지며 세계 지도를 만드는 형상을 보다가 잠에서 깼습니다."[113] 담임목사의 꿈 이야기를 들은 교인들은 수지로 이전을 결정했다. 수지에서 4년 동안 매년 1,000명씩 교인이 증가했다.[114] 2001년에 수지 성전의 출석 교인이 10,000명이 넘어 대안을 찾아야 했다. 분당 미금역에 있는 뉴코아백화점 건물을 이랜드와 함께 매입했다. 이랜드는 주일에 쉬기 때문에 1,300여 대의 주차가 가능했다. 내부 수리 작업을 거쳐 2003년 4월 첫 주에 3,000석 규모의 본당에서 입당 예배를 드렸다. 100개 이상의 교실을 만들었고, 지하 1층은 서점, 카페, 도서실, 기도실을 비치했다.[115] 이동원은 단계별 성경공부 중심의 제자훈련의 한계를 극복하고 대형 교회의 약점을 보완하기 위해 "멀티 캠퍼스교회"와 "셀 교회" 체제를 도입했다. 동시에 대형 교회의 장점도 최대한 살렸다.[116] 이동원 목사는 창립 초기부터 333 비전(3만 명 전도, 3천 명 평신도 지도자, 3백 명 해외선교사 파송 및 지원)을 제시하여 15년 만에 실현하였고, 창립 10주년에 이웃사랑 실천을 위한 지구촌복지재단을 설립하여 용인, 수지, 동탄, 분당 지역에

12개의 사회복지기관을 세워 이웃들을 섬기게 하였다.

4. 이동원에 대한 평가와 업적

이동원을 평가하는 사람들은 창의
성, 겸손, 균형, 복음주의, 탁월한 설교
등을 그의 주요 특성으로 꼽았다. 김만
풍 워싱턴지구촌교회 목사는 이동원을
창의성이 뛰어난 디자인형 지도자, 책
을 사랑하는 목사, 성도와 함께 가는 팀
워크형 지도자, 탁월한 영적 가이드 등
으로 평가했다.[117] 김인중 안산동산교회

이동원 목사

목사는 이동원의 창의적인 목회를 통해 큰 도움을 받았다. 특히 '새생
활 세미나'를 배워 교회에 적용했는데, 그 결과 "가정이 행복하고 든
든한 교회로 소문이 났다"라고 했다.[118] 홍정길은 이동원의 주요 업적
으로 제임스 케네디의 『전도 폭발』 번역 및 소개와 더불어 '새생활 세
미나,' '코스타,' '영성기도 세미나' 등 창의적 사역을 제시했다.[119] 이태
웅 한국글로벌리더십연구원 원장은 "겸손한 인격과 타고난 재능, 성
실함은 하나님이 주신 은사와 함께 어우러져" 이동원을 만들었다고
했다.[120] 방선기 직장사역연합 대표는 이동원이 유명해지고 소위 '뜬'
목사여도 언제나 겸손함을 유지했다고 했고,[121] 하용조는 그를 마음이

따뜻하고, 유머를 적절히 사용하며, 성실하고, 사욕이 없으며, 비전과 열정이 있는 하나님의 사람으로 평가했다.[122]

오정현은 이동원을 생각할 때 가장 먼저 떠오르는 것은 '균형'이라 했고,[123] 목동 지구촌교회 조봉희 목사는 이동원이 균형 잡힌 목회의 표본을 제시했다고 하며, "지성과 영성, 내면과 외면, 성장과 성숙, 전도와 양육, 비전 지향적이면서도 철저한 자기 관리의 균형, 설교와 교육, 영적 전투와 내면적 영성 향상, 섬김과 리더십의 이상적 균형을 보여준다"라고 했다.[124] 박영선은 이동원의 공헌을 "한국교회의 교파 간 장벽을 허문 일"이라며, 옥한흠, 하용조, 홍정길, 이동원 4명의 교제와 협력은 장로교와 침례교, 통합과 합동이 연합하여 사역하는 모델이 되었다고 했다.[125] 김기태 선교사는 "사회에 대한 복음주의적 관점이 흔들릴 때마다 방향을 잡아 주신 이도 이동원 목사였다"라고 고백했다.[126] 이동원의 탁월한 설교는 광범위한 영향을 끼쳤다. 새생명비전교회 강준민 목사는 "저의 설교 스타일은 이 목사님의 설교를 모방하면서 형성된 것이라 해도 과언이 아니다"라고 했고,[127] 수원중앙침례교회 고명진 목사 역시 "웅변조 설교는 물론이거니와 설교의 주제를 잡은 일에서부터 예화를 사용하는 것까지 이동원 목사님에게서 배우지 않는 것이 하나도 없었다"라고 했다.[128] 영안교회 박정근 목사는 이동원의 완벽한 설교는 타고난 천재성에 더해 풍부한 독서, 성실한 설교 준비를 통해 이루어졌다고 했다.[129] 방선기는 이동원의 설교는 명료하고, 감동이 있으며, 재미가 있다고 했고,[130] 한국침례신학대학교 교수 문상기는 1) 말씀의 내용을 정확하게 파악하여 중심 메시지를 뽑아내며, 2) 군더더기 없는 내용과 청중의 감성을 터치하는 수사학적 전달 기법이 탁월하고, 3) 청중의 존경심을 일으키는 인격을[131] 그의 설교 특성으로 제시했다.

5. 이동원의 신학

이동원의 신학은 복음주의적 개혁주의에 해당한다고 볼 수 있다. 그는 성경은 하나님의 유일무이한 특별계시로,[132] 무오하고 불오하여 모든 내용에 거짓이나 잘못이 없다고 했다.[133] 또한 정통 삼위일체론과 기독론을 믿었다.[134] 구원에 관해서는, 인간은 전적타락 하여,[135] 예수 그리스도의 구속을 통한 하나님의 은혜와 믿음으로만 구원받을 수 있다고 했다.[136] 또한 로마서 11:1-6, 25-36은 하나님의 예정과 선택이 성경적 교리임을 보여주며, 하나님의 선택은 무효화 될 수 없다고 했다.[137] 이동원은 로마서 8:30을 통해 구원의 과정을 예정과 선택, 믿음, 칭의, 성화, 영화의 단계로 설명했는데, 그것은 전형적인 개혁주의 노선에 있음을 보여준다.[138] 그는 선택의 근본 동기는 인간을 향한 하나님의 사랑이며,[139] 선택의 교리를 부인하는 것은 하나님을 하나님으로 인정하지 않는 것과 같다고 했다.[140] 그러나 이중예정 교리는 받아들이지 않았다.[141] 이동원은 성도의 성화를 강조하며,[142] 성도의 견인은 성경이 보증하는 진리라 했다.[143]

안희묵 목사와 꿈의교회

꿈의교회(구 공주침례교회)는 공주라는 작은 도시에서 부흥을 이루고, 그것을 기반으로 대전과 세종에 멀티교회들을 세워 복음을 확산시키고 있는 교회이다. 꿈의교회는 소도시에서의 부흥, 멀티교회 모델 제시, 중요한 세종특별자치시를 선점하여 영향력 있는 교회들을 배출하는 등 부흥의 새로운 전략과 이정표를 제시했다. 꿈의교회는 2025년 7월 현재 공주꿈의교회 1,000명, 대전꿈의교회 700명, 세종꿈의교회 5,000명, 글로리채플교회 1,000명, 글로벌꿈의교회 30명, 새로운꿈의교회 800명 등 총 8,530명의 출석 교인과, 총 재적 교인 1만 2천명의 교회로 성장했다.[144]

안희묵 목사

1996년에 230명 정도의 성도가 29년 만에 37배로 성장한 것이다. 꿈의교회의 폭발적 성장은 안희묵 목사가 목회에 동참하면서 시작되었다. 그는 미국에서 공부와 목회를 하는 중, 제리 포웰의 토마스로드침례교회처럼 "작은 도시를 믿음으로 장악하며 하나님의 나라를 확장하는 영향력 있는 교회"를 세우겠다는 비전을 품었는데,[145] 그것을 한국에서 실현했다. 꿈의교회 부흥의 원인은 크게 7가지를 들 수 있다.

1. 목장교회로의 전환과 활성화

안희묵 목사는 1996년 2월 1일 꿈의교회 부목사로 부임하며 <미래를 준비하는 교회>라는 표어 아래, 미국 유학 시절 경험한 목장교회를 실현하고자 7명의 청년을 뽑아 씨앗 목장을 만들었다. 그는 목장교회를 교회 성장의 방편이 아니라 교회가 추구해야 할 본질과 목적으로 믿었기 때문에, 목장을 세우고 확장하는 일에 열정을 쏟았다. 지하 사택에서 시작된 1기 청년 목장은 청년들의 신앙관에 획기적인 변화를 일으켰다. 그들은 복음 전도와 교회 세우는 일을 삶의 우선순위로 삼았다. 15명 정도 모이던 청년부 모임이 70명 이상으로 늘었고, 목자가 다른 목자를 세우면서 목장도 늘어났다. 청년부의 부흥은 교회를 활기차고 생동감 넘치는 분위기로 바꾸었고, 장년들에게 전염되어 장년 목장이 만들어졌다. 결국 교회 전체가 전통교회에서 목장교회로 체질을 바꾸었고, 목장이 활성화되면서 평신도들이 교회 사역의 대부분을 맡아 하게 되었다. 안희묵은 목자들을 돌보고 구비하는 것을 목회의 최고 우선순위로 삼았다. 청년 1개, 장년 남·여 1개로 시작된 꿈의교회의 목장은 오늘날 공주, 대전, 세종에 수백 개의 목장으로 성장했다. 이처럼 목장교회의 성공적인 안착과 활성화가 꿈의교회 부흥의 주요 요인이었다.[146]

2. 세상과 문화에 대한 인식의 전환

교회가 복음을 전파하고 세상에서 섬기는 사명을 감당하기 위해서는 교인들이 세상과 문화를 무조건 거부하기보다 유연하게 대하는 마음을 갖게 하는 것이 필요했다. 안희묵은 성도가 세상과 분리되어 예배당 안에서만 살려 해서는 안 되고, 세상에 나아가 그리스도를 전하고 기독교 문화를 실현하는 용기 있는 신자가 되어야 한다고 가르쳤다. 그리고 그리스도인은 복음으로 세상을 정복하며 세상 문화를 개혁해야 할 사명이 있음을 심어주었다. 교인들은 보수적인 공주 문화와 전통적 기독교인의 상을 벗어나 기적적으로 생각과 생활 양식을 바꾸기 시작했다.[147] 이러한 변화로 교회는 지역사회에 참여하여 발전적 기여를 했고, 그것은 교회에 대한 긍정적 이미지를 고양하게 했다.

3. 다양한 양육 프로그램

꿈의교회는 다양한 양육 프로그램을 운영하여 교인들의 신앙 성장에 필요 부분을 채웠다. 안희묵은 양육 목표를 "말씀의 의식화와 생활화"로 삼고, 일대일 공부, 소그룹 성경공부, 각종 세미나, 리더목자 모임, 새신자 양육 프로그램, 멘토 목자 훈련, 중보기도 사역 등의 과정을 운영했다. 꿈의교회는 또한 5단계 훈련 과정도 운영하고 있는데, 단계별로 각 2년간 총 10년의 훈련 과정이다. 1단계 '블레싱 코스'

는 교회 공동체의 가족이 되게 하는 것을 목적으로 하고, 2단계 '사역자 코스'는 사역자의 특권을 배우며, 3단계 '목자코스'는 목자와 영적 전사로 준비되는 과정이고, 4단계 '리더코스'는 하나님 나라의 확장과 세상에 영적 영향력을 끼치는 리더로 살게 하는 과정이다. 마지막 5단계 '라이프코스'는 하나님을 더 깊이 알아가는 기쁨과 행복을 누리게 하는 과정이다.[148] 평신도 리더의 양육은 교회의 부흥을 지속하게 만들고 교인 간에 깊은 교제를 가능케 했다.

4. 창의적이며 잘 준비된 예배

안희묵은 교인들이 예배를 통해 하나님을 만날 수 있도록 예배 주제에 맞추어 찬양, 설교, 영상 등 예배와 관련된 모든 요소를 철저히 기획하고 준비했다. 인물에 관해 설교할 때는 해당 인물의 성화를 보여주고, 성막에 대해 설교할 때는 대제사장 의복인 에봇을 입고 성소의 모형을 만들어 보여주며 설교했다. 설교 주제와 관련된 영상을 만들어 설교 전에 보여주거나, 스킷 드라마를 공연하는 등 다채로운 시도를 했다. 안희묵은 한 번의 예배로 인생이 바뀔 수 있다는 믿음으로 예배 전날까지 설교 원고를 수정하고 외웠다. 그리고 예배가 끝나면 항상 예배 녹화자료를 보며 점검했다.[149] 이처럼 예배를 기획하고 준비해서 교인들이 예배에 집중하고 은혜받게 한 것이 부흥의 주요 요인이었다.

5. 다음 세대를 위한 과감한 투자

꿈의교회가 가장 심혈을 기울이는 사역은 다음 세대를 키우는 일이다. 다음 세대의 핵심 키워드로 '공감, 재미, 참여'를 설정하고, 이를 실현하기 위해 다음의 7가지 패러다임의 전환을 적용했다:[150] (1) 기존의 주일 중심의 주일학교(Sunday School) 개념을 매일이 행복한 행복학교(Happy School)로, (2) 아이들의 자발적 참여를 기다리는 수동적 접근(Waiting School)에서 교회가 직접 찾아가는 능동적 접근(Going School)으로, (3) 개인 중심의 행복 추구(Happy I-School)가 아닌, 목장과 학교, 선교적 정체성을 형성하는 선교적 교회(Mission-Together)로 전환한다. (4) 주일 하루만의 제한적인 신앙이 아닌, 매일 예배자로의 삶을 살아가도록, (5) 현장 사역과 온라인 사역을 통합하여 운영하며, (6) 일회성 캠프의 한계를 보완하고 영적 지속성을 확보하기 위해 연계 프로그램을 병행하고, (7) 궁극적으로 다음 세대를 형식적 그리스도인이 아닌 균형 잡힌 영적 리더로 양성한다.

이를 기반으로 꿈의교회는 다양한 프로그램을 운영한다. 어와나, 드림FC, 처음학교, 아기학교, 그로잉252, 재능스쿨, 드림키즈·드림아이·드림하이 예배, 코딩교회학교, 미디키즈 등 연령별·영역별 교육과 문화예배, CCM·댄스·뮤직비디오·스킷 드라마, 주일 목장모임, 캠프, 스쿨목장 등 정기 모임을 포함한다. 이 같은 노력의 결과, 2025년 7월 세종꿈의교회 출석성도 5,000명 중 1,500명이 고등학생 이하, 1,000명이 청년으로, 30% 이상이 미성년자로 건강한 부흥을 보여준다.[151]

6. 전도와 국내선교

꿈의교회는 목장중심, 관계중심의 전도에 중점을 두되, 때때로 유명 인사 초청, 이벤트성 행사, 사회봉사를 통해 전도의 접촉점을 넓혔다. 예를 들어, 가난한 지역 주민 무료 가족사진 촬영, 독거노인과 소년·소녀 지원, 공주시를 관통하는 냇가 주변 청소 등을 실행했다. 국내선교로는 미자립 교회와 기관을 매달 후원하고, 목회자 세미나와 대접을 통해 격려하며, 필요 교회를 선정해 지원하는 정책도 실행했다. 또한 초교파 연합사업과 이단 퇴치 활동에도 선도적 역할을 수행했다.[152]

7. 멀티교회

꿈의교회는 공주에서 가장 큰 교회로 성장한 것에 만족하지 않고, 대전과 세종에 멀티교회들을 세우며 선교적 차원의 부흥 모델을 제시했다. 멀티교회는 독립된 여러 교회가 하나의 비전과 사명을 공유하며, 하나님 나라 확장과 복음을 위해 함께하는 '선교적인 교회 연합'이다.[153] 이 모델은 단순한 지교회나 지성전을 세우는 것이 아니라, 재정과 행정적으로는 독립된 교회를 세우되 동일한 비전과 사명 아래 협력 사역을 이어가는 교회 개념이다. 기존의 대형 교회가 한 지역에 큰 건물을 세우고 사람들을 모으는 형태라면, 멀티교회는 '수평적 교회 확산'을 추구하는 선교 지향적 교회의 모델인데, 그것은 성경에 기반을 두고 있다. 사도 바울은 여러 지역을 다니며 복음을 전하고 교회를 세운 후(행 14:21, 18:23; 벧전 1:1-2), 그 교회들이 같은 비전과 사명을 공유하게 하였고, 각 교회의 헌금을 모아 새로운 교회 개척이나 어려운 교회를 돕도록 했다(고후 8:1-5, 롬 15:26).[154]

2025년 현재 공주(1896년), 대전(2008년), 세종(2012년), 글로리채플(2017년), 글로벌(2018년), 새로운꿈의교회(2020년)는 각각 지역 특성에 맞추어 사역을 감당하면서, 각 교회 주일헌금의 10%를 비전선교회로 모아, 40여 명의 선교사와 150여 개의 미자립 교회를 매달 후원하고 있다. 또한 아프리카 잠비아에 '카도바 꿈의 중학교'를 설립하고, 약 500명의 학생에게 생활비를 지원하고 있다. 2022년부터 한국컴패션과 협력하여 2025년 7월 현재, 1,806명의 필리핀 및 우간다 아동을 후원하며 북한 선교도 준비 중이다. 이 외에도 재단법인 엘피스와 함께 '착한 사역 프로젝트'를 진행하여, 지역의 학생들과 어려운 신학생들에게 장학금을 전달하고, '착한 난방' 등 지역사회에 공헌하는 사역을 펼치고 있다.[155]

김성로 목사와 춘천한마음교회[156]

김성로 목사는 성경의 주요 주제인 "부활 신앙"을 깊이 깨달아 많은 영향을 끼친 목사이다. 그는 1986년 중학교 교사 시절 복음의 열정으로 강원대학교 캠퍼스에 들어가 사범대학생 6명을 전도하고 양육했다. 4년 후 교인이 20~30명으로 늘어나, 1990년 8월 20일 춘천시 후평동의 15평짜리 작은 지하 예배당에서 춘천한마음교회의 창립 예배를 드렸다. 교회는 점점 부흥하여 지하 30평으로, 3층의 60평 건물로 계속 이전했고, 1998년 6월에는 춘천시 동면 장학리의 건물로 옮기게 되었다. 그것은 과거 소를 기르던 우사(牛舍)였다. 춘천한마음교회는 우사를 개조해 예배당으로 사용하여 '우사교회'라는 별명으로 알려졌다. 우사교회는 춘천 외곽순환도로의 개설로 인해 허물게 되어 춘천시 동면의 현재 예배당으로 이전하게 되었다. 춘천한마음교회는 춘천만 아니라 서울, 경기, 충남, 전남, 강원 등 전국 각지에서 온 2,100여 명의 성도가 함께 신앙생활을 한다. 장년 1,700명, 유치부 100명, 유년부(8~10세) 80명, 초등부(11~13세) 60명, 중고등부 130명, 청년대학부 120명이 있으며, 전체 교인의 80% 이상이 50세 미만인 젊은 교회이다.

김성로는 목회 초기에 제자 양육에 힘썼으나, 교인들이 삶의 현장에서 복음을 전하거나 능력 있는 신앙인의 삶을 살지 못하는 문제를 발견했다. 깊은 고민 끝에 사도행전을 반복해 읽으며 초대교회 성도의 생명력은 "부활하신 주님을 만나 성령 충만을 받은 것"임을 깨달았다(행 2:32-33). 현대 교회가 사도행전을 건너뛰고 서신서로 곧장 넘어간 데서 문제가 비롯되었음을 알았고, 부활 체험이 없는 신자는 여전히 자기가 주인이 되어 살아갈 가능성이 크다는 것을 깨달았다. 이에 따라 김성로는 제자훈련보다 부활의 주님을 믿고 회개하는 경험이

김성로 목사

선행되어야 함을 강조했다. 이러한 믿음은 교인들에게 전해져 2001년 여름 수련회에서 전 성도가 부활 신앙을 체험했고, 2006년에는 "부활하신 예수님을 마음의 주인으로 믿는 참된 믿음"을 통해 자기중심적 삶에서 주님과 복음을 위한 삶으로 변화되는 역사가 나타났다.

"부활 신앙"은 삶의 현장에서 능력을 발휘했다. 우사교회 중앙에 도로가 뚫리게 되어 새로운 예배당을 찾고 있던 춘천한마음교회는 A교회 예배당을 매입했다. 당시 A교회는 재정적 어려움으로 새로 건축한 교회 건물이 팔리지 않으면 경매를 당할 매우 심각한 상황이었다. 그런 소문이 퍼지자, 제값으로 건물을 사겠다는 사람이 없었다. 그때 춘천한마음교회가 제값을 치르고 A교회 예배당을 매입했다. 사람들이 조금만 기다리면 20~30% 저렴하게 살 수 있는데 왜 굳이 지금 사느냐고 물었다. 이에 김성로는 하나님께서 우리 교회만 잘 되는 걸 원하시는 게 아니라 모든 교회가 잘 되기를 원하신다고 대답했다. 2013년 5월 5일 현재의 건평 1,007㎡, 연면적 4,948㎡ 규모의 신 예배당으로 이전했다. 예배당 이전과 관련한 소문이 지역사회에 빠르게 전파되어 큰 감동을 일으켰다.

김성로 목사는 춘천한마음교회 3대 핵심 가치를 세웠다. 그것은 "복음! → 교회공동체! → 세계복음화!"이다. '복음'으로 '교회공동체'가 세워지고, '교회공동체'가 예수의 지상 사명인 '세계 복음화'를 감당한다

414

는 것이다. 김성로는 중요한 것은 순서인데, 순서를 거꾸로 하면 초대교회와 같은 살아있는 믿음의 공동체가 세워지지 않는다고 했다. 춘천한마음교회는 3대 핵심 가치를 이루기 위해 "첫째, 전성도 사역자! 둘째, 전성도 기도 훈련! 셋째, 전성도 간증 훈련! 넷째, 작은교회(일반적으로 '구역,' '셀'을 의미한다) 개척!"을 강조한다. 김성로의 영향은 수많은 교인의 간증에서 잘 나타났다. 조직 폭력, 마약중독, 게임중독, 장애 등으로부터 치유된 성도들의 이야기가 현대 교회에 도전을 주었다. 예를 들어, 천정은 집사는 암 선고를 받은 후 12년간 암 투병을 하면서도 전국의 암환우와 가족들에게 복음을 전했다. 그의 장례식에는 국내외에서 3천여 명이 방문해 애도했다. 복음으로 변화된 춘천한마음교회 성도들은 가는 곳마다 복음을 전하여 국내뿐만 아니라 인도네시아, 미국, 캐나다에서 믿음 공동체를 세웠다. 인도네시아에는 반텐 땅그랑 스하티(한마음) 교회를 비롯해 8개의 현지인 한마음교회가 개척되었다. 초대교회의 '전신자 사역'이 춘천한마음교회를 통하여 이루어지고 있다.

위의 6개 교회 외에 기독교한국침례회에는 신실한 목회자와 선한 영향을 끼치는 교회들이 많이 있다. 무엇보다 농어촌의 작은 마을과 소도시에서 목회자들과 교인들은 살아계신 하나님을 찬양하며 믿음의 삶을 살아가고 있다. 최근에도 목회 현장에서 순교한 목회자 부부가 있다. 하진오 목사와 박강대 사모가 그분들이다. 하진오는 교단 군경선교회 소속으로 36년간 군경 복음화에 헌신하고 퇴임 후 충남 부여군 양화면 수원리 수원침례교회에서 목회하며, 마을에 정신병이 있던 청년을 섬겼다. 그런데 그 청년이 2006년 3월 4일 8시 30분경 만

취 상태로 교회에 찾아와 손도끼로 교회 차량과 예배당 집기를 부수기 시작했다. 하진오 목사 부부는 그를 말리다가 흉기에 맞아 교회 앞마당에서 순교했다. 하진오 목사의 자녀들은 목회자로 살고 있다. 장녀 하현숙은 이고선 목사(대전서문교회)의 사모이며, 장남 하현철은 화목케하는교회, 차남 하성철은 강진은혜교회에서 목회하고 있다. 차녀 하현미 가족은 신실한 교인으로 살고 있다. 이처럼 여러 곳에서 주님 앞에서 신실하게 목회하는 목회자와 교회가 있다. 어떤 교회는 오랜 역사와 전통을 자랑하고, 목산교회처럼 침례교 교회론을 지키려 애쓰는 교회도 있다. 또 다른 교회들은 지역에서 부흥을 선도하는 교회도 있다. 모든 교회의 역사는 소중하고 마땅히 조명되어야 한다. 본서에다 담지 못한 강단의 설교, 기도의 자리, 복음 전도의 역사는 분명히 우리 주님의 생명책에 또박또박 기록되고 있을 것이다.

호칭장로제 논쟁

1. 논쟁의 배경

한국침례교회는 1951년 5월 제41차 총회에서 남침례교회 및 세계침례교회와 보조를 맞추기 위해 교회의 직분으로 목사와 집사를 채택했다. 침례교회는 전통적으로 "목사, 장로, 감독"은 같은 직분의 다른 표현으로서 영적 지도자를 의미하며, "집사"는 봉사의 사명을 감당하는 직분으로 믿었다. 두 가지 직분은 회중주의에 근거를 둔다.[157] 이러한 침례교 전통에 따라, 한국침례교회는 목사는 목회적 돌봄, 설교, 가르침, 예배, 교회 행정의 일을 감당하며, 집사는 목사를 돕고 교회의 필요를 채워주어야 한다고 믿었다.[158] 오랜 기간 지켜온 두 직분 제도가 1980년대에 논쟁의 주제가 되었다. 그것은 타 교단 장로들이 유명한 침례교 부흥사들의 교회에 전입하면서 시작되었다. 이들 교회에서 전입 장로들을 예우하는 차원에서 장로로 호칭하여 소위 '호칭장로'의 행습이 생겨났다.[159] 부흥사들의 교회는 대도시에 있고 교인 수가 많아 영향력이 컸다. 이들 교회들의 새로운 행습은 침례교단에 혼란을 가져왔다. 이에 부산침례교회 목사 김병수의 주도로 부산 서부산 지방회가 1987년 제77차 총회에 공식 안건으로 올렸다. 제77차 총회는 "이 문제에 대해 1년간의 권고 유보 기간을 두고 '호칭장로'의 직제를 정리하지 않는 교회의 목회자는 교단의 공직에서 해임 조처하도록 결의했다."[160] 제77차 총회는 기존의 두 직분만을 인정하는 것으로 결론지었다.

그러나 호칭장로 행습은 사라지지 않았고 교단 내에서 계속 논쟁이 되었다. 시간이 갈수록 호칭장로제를 받아들이자는 주장이 커졌다. 찬성파의 주장은 장로직은 교리가 아니라 교회 행정에 속하므로 교회의 필요에 따라 채택할 수 있다고 했다. 그리고 장로교회처럼 당회 제도를 도입하자는 것은 아니며, 다만 침례교회 안에서도 장로로 불릴 수 있게 하자고 했다. 이에 대해 반대파는 호칭장로를 인정하면 결국 장로교적 정체로 가게 될 것을 우려했다. 그들은 적극적으로 반대 주장을 펼쳤다. 부산 영안침례교회 안수집사 안경선은 사도행전 6장과 빌립보서 1장, 디모데전서 3장에 보면 신약교회에서 직분은 목사와 집사의 직분만 있다며, 침례교회에 장로 직제를 두면 침례교 이상과 전통을 깨뜨리는 것이 된다. 장로제도를 한다고 해서 교회가 부흥된다는 보장이 없으며, 오히려 부작용이 생길 것이라 했다.[161] 조효훈 박사는 사도행전 20장 17-18절에 장로, 감독, 목사는 같은 직분임을 말해준다. 즉 성경은 장로를 목회직으로 보기 때문에, 장로 직분은 교리적인 문제이다. 교리가 아니라고 주장하면 안 된다고 했다.[162] 조효훈은 전도사직은 성경에 없는데 묵인하면서 장로직에 대해서만 논란을 벌이느냐는 주장에 대해, 전도사는 목회직의 계열에 해당하므로 가능하다. 마치 안수집사만 성경에 있으나 서리집사를 같은 봉사직 계열로 인정하는 것과 같다고 했다.[163] 임종호 목사는 조효훈과 마찬가지로 직제는 "교회론의 차이이기에 간단한 행정 기구를 고치는 정도의 일이 아니다"라고 했다.[164] 침례신학대학교 교수 고재봉은 교회 성장에 어려움이 있더라도 성경과 또 그 정통적 해석에 따라 목사와 집사 두 직분을 계속 유지하는 것이 옳다고 주장했다.[165] 부산침례교회 목사 김병수는 "과도한 신분 의식"을 문제 삼으며, 신약교회의 직분은 신분이 아니라 기능이라는 점을 강조했다.[166] 조효훈 박사는 2007년 봄 「뱁티스트」 86호에 "근일, 장로직제를 총회차원에까지 끌어올린 몇 사람이 우리 교단에 치욕적인 티끌을 뿌렸다"라고 말하고,

“良心을 지켜야 할 목사들이 良心이 아닌 兩心을 발로시키고” 있다며 강한 반대를 표명했다.[167]

2. 2007년 제97차 정기총회

반대파의 주장에도 불구하고 찬성파 교회들이 많아졌다. 결국 2007년 제97차 광주 성림교회 정기총회 때 남선교회장 김원배 집사가 직제연구(위원)회 구성을 요구했다. 그는 “우리 교단 이상과 주장에 교회 직분은 목사와 집사뿐이지만, 현실에서는 목사, 전도사, 장로, 호칭 장로, 안수 집사, 권사, 서리 집사로 봉사하는 것이 현실”이라며, 우리 교단은 민주적 회중정치이므로 장로교회식 당회를 구성하지 않는다. 호칭장로도 봉사 직분으로 행정만 할 것이며 이와 관련하여 직제 연구위원회를 구성해달라고 했다.[168] 김원배는 남선교회의 제안은 직제에 관해 개교회 “사무처리회에서 결정한 것을 총회나 지방회나 모든 교회가 존중하자는 내용”이라며, 호칭장로를 채택하여 지방회에서 퇴출당하는 경우가 있어 혼란을 없애자는 의미라 했다.[169] 이에 임춘남 목사는 침례교 이상과 주장에 목사와 집사로 명시되어 있는데, 직제연구위원회를 두면 서로 상충하는 문제가 발생된다. 또한 규약에 목사와 집사로 명시되어 있으므로 규약 위반에 해당한다는 것을 지적하면서도, 당회를 구성하지 않는 호칭장로제의 채택 여부는 개교회의 자유에 해당하므로 가능하다고 했다.[170] 양재순 목사는 우리 교단은 과거 실명제 장로제를 허락한 상태이며, 따라서 장로 문제와 여성 목사 문제 등을 연구하는 직제 연구위원회를 두는 것이 좋다고 주장했다. 이에 대해 김병수 목사는 실명 장로를 인정한 적이 없다고 하며, 과거 10인이 합의했을 때는 "종전에 호칭이 되었든, 장립이 되었든 세워진 분들은 불문에 붙이고 (공식적으로 교단에서 인정한 것은 아니고) 그다음부터 호칭 장로나 장립장로를 세우는 교회와 목회자는 중징계한다는 것으로 합의하여 교단에 발표하고 인준받은 적이 있다"라고 하며, 직제 연구위원회는 합당치 않다고 주장했다.[171] 그러자 최보기 목사가 "직제연구위원회 건을 신 임원단에게 위임하여, 연구 후 내년 총회에 보고 할 것을 동의, 유만걸 대의원의 재청"과 절대다수 찬성으로 통과되었다.[172]

3. 2008년 직제연구위원회

총회 임원회는 2008년 직제연구위원회를 만들어 연구 보고케 했다. 2008년 제98차 정기총회 때 직제연구위원회의 활동에 대한 보고가 있었다. 간략하게 살펴보면 다음과 같다. 제1차 회의는, 2008년 1월 17일(목) 대전 유성 계룡스파텔 322호실에서 진행되었고, 위원 상호 간 인사가 있었다. 위원은 김용도, 박선제, 최창용, 류석웅(서기), 피영민, 장익태, 최현서, 김원배였고, 총무 유영식이 간사로 임명되었다.[173] 제2차 회의는, 2008년 4월 15일(화) 총회 회의실에서 개최되었다. 최창용, 장익태, 류석웅이 호칭장로가 교단 발전에 미치는 영향과 장단점을 보고했다. 박선제는 성경은 변함없으나 전통은 시대의 흐름도 수용할 수 있다고 했고, 피영민은 교회 직분론은 성서적으로나 역사적으로 정답이 없다고 했다. 최현서는 신약성경의 직제는 목사와 집사만 인정하며, 장로교는 목사를 당회 구성원인 장로의 일원으로 본다고 했다.[174] 제3차 회의는, 2008년 7월 11일(금) 총회 회의실에서 개최되었다. 류석웅과 장익태가 장로가 교회 부흥과 발전에 끼친 장단점에 관해 보고했다. 남선교회 연합회장 김원배는 침례교회는 개교회주의이므로 개교회 사무처리회의 결정을 존중하는 것이 옳다고 했다. 박선재는 호칭장로는 "가짜" 장로라는 비난을 받을 수 있으므로, 한국침례교 초기 시대 직분 "감로제도"의 도입을 검토하자고 주장했다. 최현서는 호칭장로는 침례교 정체성을 잃고 교단의 침체를 가져올 것이라 했다.[175]

제4차 회의는 2008년 8월 29일(금) 총회 5층 세미나실에서 개최됐다. 본 회의에서는 1-3차에 걸쳐 연구한 각 위원 연구 보고를 요약 낭독했다. 피영민과 류석웅은 호칭장로는 개교회에 맡길 수밖에 없다고 했고, 이에 최창용과 김원배가 찬동했다. 최창용은 당회를 인정할 수 없는 차원에서 개교회에 맡기되 호칭장로의 제동을 걸을 방안이 필요함을 말했다. 위원회는 다음과 같이 호칭 장로 시행 세칙안을 채택하기로 결의했다:[176]

기독교한국침례회 호칭장로시행세칙

제1조 (목적) 본 세칙은 기독교한국침례회 소속 교회에서 안수집사를 장로로 호칭함에 필요한 세칙을 정하므로 교회의 직분상 질서를 유지함을 그 목적으로 한다.

제2조 (자격) 호칭장로 취임의 대상은 다음과 같다.

1) 안수집사 시취 규정에 의거 개교회에서 안수집사로 선임된 자.

2) 집사 안수받은 일로부터 3년 이상 무흠하게 교회에서 봉사한 자.

3) 개교회 사무처리회에서 호칭장로 선임 받은 자.

제3조 (교육) 장로로 취임할 자는 총회가 실시하는 소정의 교육을 받아야 한다.

(교육 시간은 10시간, 그 교육 내용은 침례교회사, 성경개관, 총회법규, 장로의무, 침례교회와 선교과목으로 하고, 연 2회 이상으로 한다.) 단, 교육에 불참하거나 교육성적이 일정 수준 미달 된 자는 장로로 호칭할 수 없다.

제4조 (금지 사항) 장로로 취임된 자는 어떤 경우에도 개교회에서 당회를 구성할 수 없다. (회중정체의 원리를 준수 한다.)

제5조 (행정) 장로 취임자는 다음의 서류를 교회를 경유하여 총회에 제출하여야 한다.

1) 사무처리회 결의서

2) 장로 서약서

3) 장로 등록 카드

4) 교육 수료증

제6조 (해임) 장로 취임자가 교회나 교단 발전에 저해를 끼치는 경우에는

교회사무처리회 또는 총회 과반수 결의로 해임할 수 있다.

제7조 (경과 조치) 본 시행규칙 제정 이전에 장로로 호칭된 자는 기득권을 가진다.

단, 제5조 각항 절차와 교육을 받아야 한다.

제8조 (관례) 본 시행세칙에 미비된 사항은 통상 관례에 의한다.

제9조 (시행) 본 시행세칙은 총회 통과 즉시 그 효력을 발한다.

4. 2009년 제99차 정기총회

충남 계룡시 3군본부교회에서 2009년 9월에 개최된 제99차 정기총회에서 호칭장로제는 정식 안건으로 상정되었고, 유영식 총무가 안건에 관해 설명했다. 김종복 목사가 세칙안 제2조 제2항에 호칭장로가 되려면 안수집사 3년 경력 이상의 요건을 충족해야 하는데, 그것은 안수집사가 장로보다 낮은 직분이 되고, 제3조 교육과정 이수는 안수집사에게는 요구되지 않았기 때문에, 차별적 대우가 된다는 점을 지적했다. 이에 대해 한규동 의장은 직권으로 호칭장로 건과 세칙안은 별도 분리하여 다루겠다고 했다.[177] 표결 정족수에 관하여 박선제 목사는 본 안건이 "직제(안수) 문제가 아니라 호칭 사용의 문제이므로" 과반수 의결을 주장했다. 이에 이덕재 목사는 본건은 "침례교 이상과 주장 제4호 항목을 개정해야 하므로 규약 개정 안건"에 해당되어 3분의 2로 의결해야 한다고 주장했다. 그러자 오관석 목사는 본건은 당회 구성이 불가하므로 목사와 집사뿐이라는 이상과 주장을 훼손하는 것이 아니므로 다수결로 하자고 주장했다. 이에 표결 결과 착석 대의원 872명 중 과반수에 432명이, 3분의 2에 380명이 각각 찬성해 과반수 정족수 의결안이 통과되었다.[178]

한규동 의장이 세칙안은 차후 연구를 거쳐 별도로 다루기로 대의원의 의견을 물었고, 대다수가 "예"하므로 통과되었다. 호칭장로제 본건이 투표됐고, "착석 대의원 1,019명 중 찬성 617명, 반대 385명 기권 17명이 되어 〈호칭장로의 건〉이 통과"되었다. 안건 통과를 위한 2분의 1인 510표에 107표가 더 나왔다.[179] 1987년 제77차 총회에서 금지한 지 22년 만에 통과된 것이다. 통과의 배경에는 오관석, 김충기, 김장환, 이동원, 장경동 등 대형 교회 목사들이 주도적으로 호칭 장로를 찬성했고, 2009년경 침례교회의 3분의 1 정도가 호칭 장로제를 이미 채택하고 있었기 때문이었다.[180] 장로교 문화가 강한 한국교회에서 교계 연합사업에서 안수집사로 참석할 때 대우를 받지 못한 점과 타 교단에서 전입한 장로들의 요구가 반영된 것이다.[181] 대형 교회 중 윤석전 목사는 끝까지 호칭장로제를 반대했다.

호칭장로제가 합법화되면서 개교회에서, "왜 멀쩡한 안수집사를 장로로 부르게 해서 성도들 간 위화감을 조성하느냐?" 혹은 "성경에도 없는 호칭장로를 왜 도입하느냐?"라는 불만이 제기되기도 했다.[182] 그에 따라 '침례교 미래를 준비하는 모임'(침미준)은 대전 늘사랑교회에서 2009년 11월 17일 '호칭장로제, 어떻게 할 것인가'라는 주제로 긴급 포럼을 개최했다. 포럼에서는 개교회가 호칭장로를 다양한 기준으로 선임하고 있음이 드러났다. 공주꿈의교회(안희묵 목사)는 호칭장로가 되려면 안수집사 중에서 모든 예배의 80% 이상 참석하고 모든 안수집사의 3분의 2 이상을 득표한 자가 호칭 장로가 된다고 했다. 경기도 오산의 오산침례교회(김종훈 목사)는 안수집사가 61세에 은퇴할 경우, 장로로 호칭하며, 장로는 "교회의 최고 남성 평신도 지도자로서 교회를 대외적으로 대표한다"라고 하여, 장로교회의 장로와 비슷한 지위를 부여했다. 경기도 성남의 지구촌교회(이동원 목사)는 2003년부터 안수집사로 5년 이상 봉직한 사람을 명예장로로 추대할 수 있으나, 시무는 할 수 없게 했다. 서울 송파의 월드비전교회(오영택 목사)는 안수집사 중 선거 없이 추천받아 인선위원회의 심의로 호칭장로가 될 수 있게 했다.[183] 경북 포항침례교회 조근식 목사는 "장로 취임식을 개교회별로 할 게 아니라 각 지방회별로 실시한다면 훨씬 자부심과 권위를 부여하게 된다"라며 색다른 주장을 했다.[184] 총회는 당회 구성을 금지했는데, 그것은 호칭장로가 장로교 장로처럼 치리회의 회원이 되어 행정과 권징을 관장하는 권한을 갖지 못하게 하려 했기 때문이다. 즉 호칭장로는 회중주의를 고수하면서 현실적 필요를 반영하려는 타협안이었다.

총회는 당회를 결성하지 못한다는 전제하에 개교회가 호칭장로의 문제를 결정하도록 했다. 교회의 직제는 원칙적으로 상황과 문화에 따라 교회가 결정할 수 있으므로, 침례교회에서 당회를 구성하지 않는 전제하에 호칭장로제는 가능하다. 그렇지만 몇 가지 우려스러운 점이 있다. (1) 당회 구성을 허용하지 않아 회중주의를 포기하지 않았지만, 호칭장로를 안수집사보다 높은 직분으로 삼아, 교회 직분을 위

계질서로 만들어 회중주의를 일정 부분 훼손했다. (2) 호칭장로시행
세칙에 따르면, 호칭장로는 총회가 실시하는 소정의 교육을 받아야 하
고, 여러 서류를 총회에 제출하게 되어 있다. 그러나 총회 차원의 교육
을 실행하지 않고 있고, 개교회도 총회에 관련 서류를 제출하지 않고
있다. 즉 호칭장로 임직의 절차와 방법 모두 개교회에 온전히 맡겨진
상태여서 혼란의 여지가 있다. (3) 한국은 장로교 문화가 강하여 장로
교식 장로의 개념이 이미 확립된 상태여서, 호칭장로들이 치리권을 가
지려 할 가능성이 있고, 그것은 또 다른 차원의 논쟁이 될 수 있다.

여성목사 안수 논쟁

기독교한국침례회는 2013년 제103차 침신대 정기총회에서 여성
목사 안수를 통과시켰다. 그동안 여성 목회자들이 교회에서 매우 중요
한 역할을 담당했으나, 목사안수는 오랜 기간이 걸린 힘든 일이었다.

1. 초기 한국교회 여성 목회자

기독교가 시작된 19세기 후반 한국은 유교문화에 의거 남성우월

 새로 읽는 한국침례교회사

주의가 만연했다. 내외법(內外法), 삼종지도(三從之道), 여필종부(女必從夫) 등과 같은 윤리를 내세워 여성을 남성에 종속된 존재가 되게 했다.[185] 이러한 상황에서 선교사들은 "부녀자에게 전도하고 크리스천 소녀들을 교육하는 데 특별히 힘을 쓴다"라는 선교 정책을 수립했다.[186] 당시의 한국 여성들은 자신의 이름이 없이 누구의 부인이라 불리었는데, 여신도들은 세례명을 받음으로 자신의 이름을 가질 수 있었다. 예를 들면, 김셔커스는 "나의 셰례밧던 날은 내 일생의 가장 깃븐 날이엿다. … 나는 五十여년 동안을 일홈 업시 살다가 이날에야 비로소 '셔커스'란 새 일홈을 엇엇다"라며 기뻐했다.[187] 기독교가 조선 후기 여성들에게 정체성을 갖게 한 것이다. 미북감리회 메리 스크랜톤 선교사는 여성 교육을 위해, 1886년 5월 여학생 한 명을 상대로 이화학당을 시작했다.[188] 그리고 1888년 1월에 이화학당에서 12명의 처녀와 3명의 부인과 함께 한국 최초로 주일학교를 시작했고, 그 모임을 여성교회로 발전시켰다.[189] 여성을 위한 적극적인 선교로 인해 그리스도인 여성이 많아졌다. 1899년 서울의 장로교인 237명 중 114명이 여성이었고,[190] 1910년 개신교 학교 666개 중 절반 이상이 여학교였다.[191]

한국교회에서 최초 여성 목회자는 전도부인이었는데, 1932년경부터 여전도사로 명칭이 바뀌었다. 전도부인은 장·감 여선교사들의 지방 순회전도가 시작된 1890년대부터 활동했다.[192] 전도부인의 명칭은 평양에서는 권사로, 황해도에서는 조사로 불렸다.[193] 전도부인은 권서선교, 전도활동, 주일학교의 관리 및 교육, 심방, 전도, 새신자 훈련, 여성 성경반 운영, 새벽기도 인도, 여전도회의 조직 및 운영 등의 책임을 맡았다. 때때로 교회를 순회하며 사경회를 인도하기도 하였다.[194] 전도부인을 위한 초기 교육은 성경을 읽고 외우는 수준이었고, 훈련기간은 6개월에서 1년 정도였다.[195] 그러나 전도부인들의 역할이 갈수록 중요해지자 장·감을 중심으로 정식 신학교육을 실행했다.[196] 그러나 상당한 교육을 받고 전문적인 지식을 습득한 이후에도 독자적인 목회자가 아니라 보조자의 위치를 벗어나지 못했다. 한국교회는 여성 목회자가 설교하거나 남자 가르치는 일을 금하였다.[197]

여성 목회자에 대한 대우도 형편없었다. 감리교의 경우 1922년에 남자 목사의 급료는 70-80원에서 100원 정도였으나, 여전도사들은 20원 내외를 받았다.[198] 「기독신보」는 1930년 1월 1일자 5면에 "여전도인들의 희망과 불평"이라는 제호로 여성 목회자에 대한 3가지 차별을 다루었다: (1) 임금이 적고 사택의 혜택을 받을 수 없다. (2) 남성들만 목사안수 받고 총회나 연회에 참석할 수 있다. (3) 부정적인 사회적 인식으로, 여전도사는 독신으로 책 주머니를 들고 이집 저집 돌아다니며 군소리나 하고 월급 받아 겨우 살아가는 사람으로 취급되었다.[199] 오랜 기간 한국교회의 여성 목회자는 독신이어야 했다. 1930년 기독교조선감리회는 "전도부인은 마땅히 독신자로서"라고 했고,[200] 장로교회도 1933년의 전도부인에 관한 규정에서, "전도부인은 하나님께 온전히 헌신한 자로서 가정의 책임 없이 교회 일에 전력할 자라야 될 것이다"라며 독신을 명시했다.[201] 이처럼 여성 목회자는 한국교회에서 오랜 기간 차별을 받았다. 그러나 시간이 흐르면서 여성 목회자의 지위는 지속적으로 향상되었다.

2. 한국 교단들의 여성 목사안수

한국교회는 여성목사 안수 문제로 오랜 기간 논쟁했다. 그러면서 여성목사 안수를 인정하는 쪽으로 나아갔다. 각 교단의 여성목사 안수의 역사는 다음과 같다. 감리교회는 1955에는 전밀라, 명화용 두 여전도사가 감리회의 중부연회에서 목사안수를 받아 여성목사 안수가 합법화되었다.[202] 장로교회는 "하나님이 인간을 창조하실 때 선후가 다르고 직분이 다르며, 하나는 주장자요, 다른 하나는 보조자"로 창조되었기 때문에, "여자 전도사는 여자 집회에서만 설교하고 남녀 합한 예배에서는 아무것도 해서는 안 된다"라는 입장을 견지했다.[203] 1935년 9월 제24회 총회에서 "사도 바울이 고린도전서와 디모데전서에 여자의 교회 교권을 불허한 말씀은 2천 년 전의 한 지방교회의 교훈과 풍습을 의미한 것이 아니라 만고불변의 진리"라고 했다.[204]

그러나 장로교회에서도 여성목사 안수가 실행되기 시작했다. 재건파가 가장 먼저 시작했다. 재건파의 최덕지 전도사는 경남노회 여전도회 연합회 회장으로 신사참배를 거부하여 투옥된 사람이었다. 그녀는 출옥 후 교회 재건 운동에 전념하였고, 자신을 따르는 교회들을 모아서 1948년에 2월에 부산에서 "예수교장로회 재건교회"라는 간판을 내걸고 재건파 노선을 추구했다. 그녀의 지도력은 매우 탁월하여 1951년 4월 3일 총회에서 강상은 목사로부터 목사안수를 받아 한국 최초의 장로교 여성목사가 되었다.[205] 이후 재건교회 헌법신조 제5조에 여성안수권을 명시하였고, 1955년 3월 김영숙, 김갑숙 두 여성이 목사로 안수받았다.[206] 두 번째로는 한국기독교장로회(기장)가 1974년 제59차 총회에서 여자 목사를 합법화했다.[207] 세 번째는 예장 통합측이 인정했다. 통합측은 1961년부터 1981년까지 매년 총회에서 여성안수 청원이 계속되다시피 했으나 번번이 부결되었다.[208] 그러던 중 1994년 제79회 총회에서 여성 목사안수를 허락하기로 결의했다.[209]

예장 합동측은 여전히 여성목사 안수를 인정하지 않고 있다. 주된 논리는 다음과 같다. 남성과 여성은 평등하나 역할과 기능이 달라서 동등한 것은 아니다. 그것은 타락 이전부터 존재한 창조 질서이며, 신·구약성경에서 일관되게 나타나는 사실이다. 창세기 2-3장, 고린도전서 14장 34-35절, 디모데전서 2장 11-12절 등은 남성은 지도력을 발휘하고 여성은 순복해야 하는 것을 보여준다.[210] 여성의 목사안수는 성경적 근거가 없다. 신약성경에는 여성이 장로직이나 감독직을 가질 수 있다고 말한 부분이 없으며, 반대로 여성안수를 인정하지 않는 명시적인 구절들(딤전 3:2, 딛 1:6)은 있다고 했다.[211] 합동측은 여성 안수는 자유주의 신학의 산물로서,[212] 고전 14장 같은 성서의 특정 부분을 후대에 삽입되었다는 식으로 주장하는 것은 성경을 영감받은 정확 무오한 말씀으로 보지 않는 불경죄를 저지르는 것이라 했다.[213] 그리고 여성 사역은 신구약에서 인정되지만, 그것은 엄연히 남성들의 사역에 대한 보조 사역이라 했다. 따라서 여성안수의 금지는 영구적인 하나님의 뜻으로 보아야 한다고 주장했다.[214]

3. 기독교한국침례회 여성목사 안수

　기독교한국침례회에서는 2004년 제94차 연세중앙교회 정기총회 때 처음으로 여성목사 안수 건이 상정되었다. 그렇지만 약 40%의 찬성을 획득해 부결되었다.[215] 여성목사 안수는 침신대 교수들을 중심으로 찬성 의견이 표출되었다. 이와 관련하여 신학과 교수들이 논문을 발표하여, 『교회와 여성의 리더십』이라는 단행본으로 2006년 5월 15일 출판했다. 본서에 나온 교수들의 주장은 다음과 같다.[216] 구약학 교수 우택주는 여성의 리더십에 관한 건전한 성서적 해석은 성서 속의 특정 사건이 아니라, 창세기 1-3장의 근원적 태고 시절의 성서 진술이 토대가 되어야 한다고 하며, 남녀가 평등한 존재로 창조된 것을 강조했다. 신약학 교수 장동수는 예수는 남녀를 동일한 인격체로 보았고 여성에게도 사역의 기회를 주었다. 바울은 다소 논란의 여지가 있는 구절을 기록했으나 대체로 남녀평등 원칙에서 벗어나지 않았다. 따라서 신약성경에 비추어 볼 때, 여성목사를 반대할 근거가 없다고 했다. 역사신학 교수 남병두는 교회 구성원의 절반을 차지하는 여성을 그리스도의 사역에 적극 동참하도록 해야 한다고 했다. 역사신학 교수 김승진은 남침례교회가 시대적 상황을 고려하지 않고 성경을 문자적으로 해석하여 여성 목사 제도를 거부한 것은 잘못이라 했다. 조직신학 교수 박홍규는 청교도들은 성경적 가정을 이루려 했고, 그런 과정에서 남성과 여성의 개별성, 인격성, 고귀성, 평등성을 인정했다고 했다. 기독교윤리학 교수 김병권은 한국교회 내에서 성적 불평등이 존재하므로, 한국교회는 여성에 대한 잠정적 우대 조치를 수용해야 한다고 했다. 역사신학 김용국 교수는 여성 목회자의 지위와 역할을 제도적으로 인정해 주어야 한다고 했다. 조직신학 교수 김용복은 여성목사 안수는 인권옹호의 차원뿐만 아니라, 교회를 평등한 공동체를 만드는 목적에서 보아야 한다고 했다. 이처럼 신학교 교수들은 여성목사 안수 찬성 취지의 글을 발표했다.

이러한 분위기와 더불어 2006년 제96차 침신대 정기총회에서 여성목사 안수 건에 관해 박선제 목사가 연구위원 9인을 구성하자는 동의안을 냈고 가결되었다. 연구위원에는 신학대학에서 1명이 반드시 포함되도록 했다.[217] 여목사 전문위원회는 제1차 회의를 2007년 1월 26일(금) 총회장실에서, 제2차 회의는 2007년 4월 26일(목) 총회장실에서, 제3차 회의는 2008년 2월 1일(금) 월드비전교회에서, 제4차 회의는 2008년 9월 5일(금) 총회장실에서 각각 개최했다.[218] 위원회의 조직 구성으로는 공동위원장에 오관석, 박선제, 당연직 위원으로 한규동(제1부총회장), 조찬득(제2부총회장), 유영식(총무), 선임위원으로 도한호(총장), 이숙재(전국여선교 연합회 총무)로 구성했다.[219] 조찬득은 여성안수는 한국교회의 흐름이다. 충분히 검토하되 서두르지 말자고 했다. 박선제는 그것이 성경적인가? 침례교 정체성을 극복할 논리가 마련되어 있는가? 두 가지에 관한 논리가 마련되어야 한다고 했다. 최건석은 성경적인가를 따지기 이전에 시대의 조류를 간파해야 하며, 침례교단은 여목사 안수 제도가 없어 손실이 크다고 했다. 이에 임용순이 찬성 의사를 표시했다. 이숙재는 신학적 근거보다 세계선교 현

새로 읽는 한국침례교회사

장의 애로 사항을 고려하여 안수해야 한다고 주장했다. 오관석은 진리 문제에는 목숨을 걸어야 하나, 행정 문제는 긴 안목으로 수용해야 한다고 했다. 토론 끝에 다음과 같이 결의했다: (1) 총회 상정 시 찬반 의견을 상정하여 대의원들이 판단하게 한다. (2) 침례신문에 찬반 의견에 관한 지상토론을 몇 차례 갖기로 한다. (3) 1차적으로 2월 15일자 침례신문에 찬성은 오관석, 반대는 박선제 공동위원장이 실명으로 게재하기로 한다. (4) 2월 말에 있는 교단발전모임에 위원회 활동 사항을 보고하기로 한다.[220]

2008년 9월 5일(금) 총회장실에서 개최된 제4차 회의의 토론은 다음과 같다. 박선제는 본 위원회의 연구 결과를 총회에 보고하고 연차총회에 찬성, 반대안을 상정하자고 했다. 이숙재는 침례신문에 게재된 내용을 전국 대의원들에게 발송하여 내용을 숙지하게 하자 했고, 조찬득과 한규동은 2008년 총회 때, 찬성, 반대를 모두 상정해 대의원들이 선택하게 해야 한다고 했다. 오관석은 현재 침신대 신학대학원에 재학 중인 여학생 20여 명의 앞길을 열어주어야 하고, 여전도사들의 안수도 서둘러야 하며, 여성 선교사들의 고충도 해결해 주어야 한다고 했다. 토론 후 두 가지를 결의했다. (1) 2008년 2월 15일(금)에 침례신문에 게재된 여성목사 안수 찬성, 반대의 내용을 유인물로 만들어 정기총회 직전에 대의원들에게 배포한다. (2) 유인물에 각 연구위원의 명단을 기록하도록 한다.[221]

2009년 9월 충남 계룡시 3군본부교회에서 개최된 제99차 정기총회에서 '여성목사 안수의 건'이 논의되었다. 김지수 목사는 디모데전서 2장 11-13절과 디모데전서 3장 2절을 근거로 반대 의견을 개진했다. 오영택 목사는 규약 개정이 아닌 안건이므로 의결정족수를 과반으로 해야 한다고 했다. 김성률 목사는 규약 개정 안건으로 다룰 것을 주장했다. 의결정족수 방식에 관한 투표 결과 3분의 2가 의결정족수라는 안이 통과되었다. 본투표는 총대의원 수 843명 중 찬성 506표, 반대 316표, 기권 21표로 부결되었다. 통과를 위한 3분의 2인 562표에서 56표가 부족해 부결됐다.[222] 총회 후 백순실 전국여선교연합회 간사는 "아깝게 부결됐지만 침례교단에도 시대 흐름에 맞춰 곧 여성 목사가 배출될 것으로 믿는다"라고 말했다.[223]

2010년 100차 연세중앙교회 정기총회에 여성목사 안수 건이 상정됐다. 김병수 목사는 총회 규약에 해당하므로 2/3이상의 찬성이 있어야 한다는 동의안을 냈고, 오관석 대의원은 총회규약이 아니고 안건이므로 과반수로 결정해야 한다는 개의안을 냈다. 양쪽 성안이 되어 표결하니 동의안 116표, 개의안 141표가 나왔고 의장은 두 안이 모두 부결되었다고 선언했다.[224] 2011년 101차 연세중앙교회 정기총회에서 여성목사 안수의 건이 토의되었다. 엄기용, 김복환 목사들은 상정 안건이 규약 개정에 해당한다고 했고, 조근식, 조성봉, 박세옥 목사들은 일반 안건이라 주장했다. 안건 성격에 관해 표결 결과 착석 대의원 378명 중 규약이라는 안에 157명, 규약이 아니라는 안에 181명이 각각 찬성했다. 기권이 40명이 되어 모두 과반수 미달로 상정안이 무효로 처리되었다.[225]

2012년 제102차 순천 정기총회에서 여성목사 안수 건에 관해 제

100차 정기총회 의사자료집 38페이지에 근거해 2/3 찬성으로 하기로 했다. 상정 안건에 표결 결과는 찬성 391표, 반대 388표로 부결되었다.[226] 2013년 제103차 침신대 정기총회에서 규약 23조 1항에 "단, 여성목사도 허용한다"라는 문구의 삽입을 안건으로 상정했다. 백순실, 박성관, 김용도, 장경동 대의원이 찬성 발언을 했다. 표결 결과 착석 대의원 289명에 찬성 211명으로 통과되었다.[227] 2004년 제94차 정기총회 때 최초로 여성목사 안수 건이 상정된 지 9년 만에 통과된 것이다.

2014년 제104차 강릉 정기총회에서는 여성목사 인준 건이 논의되었다. 이문용 목사는 여성목사 인준은 총회 규약 1조 3항과 침례교회의 이상과 주장에 연관된 문제이니, 이런 것에 위배 되는지 여부를 먼저 다루어야 한다고 주장했다. 이봉수 목사는 이번 총회에서 여성목사 규정을 통과시키고 인준은 내년 총회에서 처리하자고 했다. 이에 조원희 총무가 다음과 같이 답변했다: (1) 작년 총회에서 결의되었고, 김대현 총회장이 세칙을 마련한 후 여성 목사만을 인정한다고 공포했고, (2) 임원회는 세칙을 마련하여 신문에 공포한 바 있다. (3) 금년에 인준 청원한 여성 목사들은 남자 목사들과 동일한 과정을 거쳐 안수받은 사람들이다. 조원희 총무의 답변 이후 최보기 목사가 여성목사 인준을 받을 것을 동의했고, 이에 절대다수가 찬성하여 104차 정기총회 목회자 인준 청원자 목사 159명, 전도사 172명의 인준안이 통과되었다.[228]

한국침례교 여성 목회자들은 목사 안수를 오랜 기간 받지 못해 어려움을 겪었다. 예를 들면 이새(이정애) 전도사는 2008년에 교회를 개척했는데, 처음으로 교회에서 신앙생활을 하던 한 청년이 "왜 우리 교회는 목사님이 아니고 전도사님이냐?"라는 질문을 했다. 이새는 이후 목사안수 문제를 놓고 기도하며 기다렸다. 그러나 총회에서 여성목사 안수 건이 번번이 무산되었다. 침신대 신학대학원을 졸업한 동료 여성 전도사들은 안수 문제로 군소 장로교단으로 옮겨 안수받기도 했다. 어떤 동료는 KAICAM(한국독립교회 및 선교단체 연합회) 소속으로 목사안수를 받고 이새에게도 권유했다. 이새는 침례교단에서 목사안수를 받기 위해 기다렸으나, 계속 부결되어 2011년 10월 27일 KAICAM에서 목사안수를 받았다. 신탄진침례교회 출신인 이새 전도사는 전 침신대 교수 권혁봉 목사를 안수위원으로 초청해 목사안수를 받았다. 이후 그는 대전중앙지방회에 소속되어 호칭목사의 위치에 있었다. 마침내 2013년 9월 총회에서 여성목사 안수 건이 가결되어, 대전중앙지방회 시취위원회가 실시한 목사 시취에 합격하고 2014년 6월 12일에 합격증을 받았다. 이새 목사는 2025년 현재 포항지방회 방어교회 담임목사로 목회하고 있다.[229]

침례병원 문제

1. 침례병원의 1977~1999년 상황

남침례교 한국선교부는 1978년 9월까지 침례병원 운영에 있어 주도적 위치를 차지하고 있었다. 병원은 1977년 1월 의료 혜택을 받기 어려운 농어촌 지역에 건강관리소를 세워 보건교육, 모자보건, 가족계획, 구강위생, 전염병 관리, 치료사업, 복음전파, 교회개척 등의 사업을 계획했다. 치료와 복음전파라는 병원의 고유 목적을 이루기 위함이었다. 첫 번째 지역으로 경남 울주군 삼남면 사촌 부락을 선정하여, 1977년 5월 26일 울주군 군수와 보건소장을 비롯한 주민들과 침례병원 우기수 원장, 이재순 목사 등 병원 직원과 선교사들이 건강관리소 개소식 및 예배를 드렸다. 그날 49명의 환자를 치료했으며, 이후에는 매주 금요일에 의사, 간호사, 약사, 전도팀이 방문하여 인근 마을을 순회하며 치료하고 복음을 전했다. 이런 활동으로 1978년 1월 22일 사촌침례교회가 세워지게 되었다.[230]

1978년 9월 6일 이경수가 제3대 원장으로 취임하면서 한국인이 운영 책임을 맡기 시작했다. 전임 원장 우기수는 재무 부원장이 되었다. 이경수는 외국어대학교 대학원을 수료하고 13년간 한국선교부에서 일하다가, 1971년 9월 1일부터 침례병원의 부원장으로 근무했고, 7년 만에 원장이 되었다.[231] 침례병원 노동조합이 1987년 9월 7일 발족되어 10월 25일 제1차 단체협약이 체결되었다. 노동조합 설립 초기 노동조합 관련자들의 과격한 운영과 병원 측의 미숙한 대응으로 노사 갈등이 커졌다. 결국 노조는 1988년 7월 29일 전면 파업을 통고하고 쟁의에 들어갔다. 1개월 동안 외래진료가 마비되고 퇴원 환자가 속출하는 위기가 발생했으나, 결국 협상이 타결되어 정상화되었다.[232] 다니엘 존스(Daniel W. Jones)가 과도기에 원장 대행을 잠시 맡은 후, 1988년 9월 23일 김성진이 4대 원장으로 임명되었다. 그는 1928년 평남 강서 출생으로 1960년대 초부터 20년간 정부의 결핵관리사업에 참여하는 등 결핵 분야에서 국제적으로 인정받는 권위자였다. 김성진은 인사고과를 도입하고 병원 제 규정을 정비했다.[233] 침례병원은 1982년 9월에 종합검진센터를, 1991년 3월에 암센터를, 1992년 11월에 응급의료센터를 각각 개설했다. 1992년에 독립 의료법인으로 전환하여 선교부의 관리에서 완전히 벗어난 독자적 기관이 되었다.[234] 병원은 장기적 발전과 시대적 변화에 대처하기 위해, 1992년 12월 「병원장기발전기획단」을 조직했다. 초량동 병원이 주차 공간의 협소, 주변 지역에 세워진 대형 종합병원과의 경쟁, 건물의 노후로 인한 관리비 증가 등 어려움에 직면했기 때문이다. 연구 끝에 1993년 9월 15일 금정구 남산동에 13,700평의 부지를 매입하고 11월 21일에 병원 신축 기공예배를 드렸다.[235] 총건축비 615억 원 중 485억 원은 준비가 되었으나 130억 원이 부족했다. 그중 100억 원을 모금으로 채우기로 하고 모금위원회를 조직했다. 먼저 병원 직원들이 10억 원을 마련하기로 하여 매년 1개월의 급여 50%씩 3년간 헌금하기로 했다. 당시 침례병원은 39개 교회를 개척했고, 4명의 선교사와 3명의 의료선교사를 지원하고 있으며, 침례교 목회자와 그 직계 가족들에게 의료비를 50% 감면해 주고 있었기 때문에, 침례교회들에게 헌금을 요구하는 것은 정당했다.[236]

1999년 2월 2일 이병철 박사가 제7대 병원장으로 취임했다. 이병철은 경북대학교 의과대학을 졸업하고 1975년 의학박사 학위를 취득했다. 1972년 침례병원 외과과장으로 부임하여 진료부장을 역임했으며 해운대침례교회 집사였다.[237] 남산동 병원은 1999년 12월 1일 신축을 완공하고 개원했다. 남산동 병원의 현황은 다음과 같다. 부산광역시 금정구 남산동 374-75번지에 14,193평의 대지에 건축면적은 2,275평으로 지하 2층 지상 12층의 건물이다. 연면적은 17,791평, 병원동은 13,932평, 주차동 5,126평이다. 1995년 11월 2일 이사회 건축위원회에서 ㈜기산을 시공업자로 선정하여 공사가 진행되었으나, 1997년 9월 18일 ㈜기산의 법정관리 신청으로 현장 공사가 중지되었다. 공사의 재개와 중단을 반복하다가 1998년 8월 27일 새로운 시공사로 삼성물산㈜을 선정하여 공사를 완료했다.[238]

2. 침례병원이 파산하는 과정

침례병원은 1965년 수련병원으로 지정받아 이후 50여 년 동안 인턴 및 레지던트 수련을 전담하며 한국 의학교육에 일조했다. 영도에서 초량동을 거쳐 1999년 부산시 금정구로 이전하면서 608병상의 지하 2층에서 지상 12층까지 큰 건물을 마련했다. 직원은 700여 명에 달했고 23개 진료과목을 갖춘 지역 내 거점병원의 역할을 했다.[239] 환자치료, 복음 전도, 의료요원 교육을 병원 설립 목적으로 삼은 침례병원은 부산에서 가장 우수한 병원이자, 전국적으로도 명성이 높은 병원이었다. 영도 병원 시절 로버트 라잇이 한국에서 최초로 심장수술을

침례병원(남산동)

집도했고, 초량 병원 시절에는 찰스 테버가 독자적으로 산소 탱크를 개발해 많은 사람을 살려낸 병원이었다. 또한 원목실을 통해 영혼을 구원하고 교회를 개척한 탁월한 병원이었다.[240] 1999년 남산동으로 이전한 후 내원 환자들이 많아 병원이 성황을 이루었는데도 불구하고 부채를 제대로 갚지 못했다. 부채는 갈수록 늘었고, 경영원장이 합당한 정책으로 대응하지 못하여 결국 2017년에 문을 닫게 되었다.[241] 선교부가 한국 총회에 병원 운영을 넘겨준 지 39년 만에 망한 것이다.

1990년대 부산은 금정구에 아파트 단지들이 대규모로 세워지고, 초량동이 영세화되는 과정이어서 남산동으로 병원을 이전한 것은 잘못된 정책이 아니었다. 그런데 이전 건축을 하면서 상당한 부채를 안게 된 것이 문제였다. 침례병원 전 행정부원장 박상흠은 몇 가지 부실 이유를 언급했다. 박상흠은 침례교단에서 50년 이상 신앙생활하고

새로 읽는 한국침례교회사

부산 영진침례교회의 안수집사였으며, 부산에서 방송국 직원으로서 유능한 사람이었다. 그가 말한 부채의 발생 이유와 문제점은 다음과 같다: (1) 1995년 11월에 기공예배를 드렸으나 실제 착공은 늦어졌다. 그 이유는 토목공사를 진행하는 동안 1994년에 ㈜동아지질의 지반 조사 결과와 달리, 지층이 "절리 현상이 발달된 암반"이라는 것이 발견되어 오랜 기간 보강 공사를 해야 했다. (2) 1994년 IMF 시기 시공사 ㈜기산이 "부도 유예" 처분을 받아 공사가 지연되었고, 건축자재 가격이 폭등했다. (3) 보직에 대해 충분한 예우와 상호 간 협조가 잘 안되는 직장 풍토도 문제이다. (4) 병원 부채가 심각한 수준이다. 그는 "우선 채무부터 정리해야 하는데 고생하는 직원들 처우도 해줄 만큼은 해주어야 하는데…"라며 병원 부채의 심각성을 말했다.[242]

경영진은 부채를 적극적으로 해결하지 않고 안일하게 대응했다. 결국 부채는 쌓여만 갔고, 심지어 2016년 말 병원은 220억 원의 임금 체불 상태에 놓이게 되었다. 경영난이 심해지면서 의료진이 병원을 떠났고, 그로 인해 환자가 줄어들어 병원은 직원의 임금 전액을 지급하지 못했다. 병원은 2016년 6월에 '경영원장'을 초빙하여 극복하려 했으나, 경영 실적이 개선되지 않았다. 노조는 병원장이 200여 병상으로 규모를 축소 개원하고 남는 돈으로 아파트 개발 사업을 추진하려 한다고 비난했다. 이에 대해 병원측은 아파트 개발 사업은 사실무근이라며 반박했다.[243] 일부 퇴직자들은 밀린 임금을 받기 위해 병원 자산에 대한 압류 절차와 소송을 제기했다. 병원 노조는 2016년 11월 서울회생법원에 회생을 신청했으며, 관련 비용 2억 원은 노조원들이 마련했다. 노조는 사측이 경영권을 잃게 될 것을 우려해 회생 절차를 외면했다고 비판했다.[244] 병원 노조의 회생 신청은 법원으로부터 기각 판결을 받았다. 법원은 "병원을 청산했을 때의 '청산가치'가 회생을 통해 운영을 계속했을 때의 '계속기업가치'보다 높다는 전문가의 분석이 타당하다"라며, "회생이 채권자의 권리에 부합하지 않는다"라고 판결했다.[245] 회생 신청이 기각되면서 병원의 정상적 운영은 불가능해졌다. 병원장은 법정에서 "회생이나 인수합병이 아닌 파산을 선택하겠다"라고 말했다. 병원은 2017년 6월까지 휴업을 예고했다.[246]

2017년 7월 14일 부산지방법원 제1파산부가 최종 파산 선고를 내렸다. 재판부는 "채무자의 재무제표를 검토한 결과 침례병원의 총자산은 895억 7,900만 원인데, 부채는 967억 1,600만 원으로 채무 초과 상태이다. 채무자인 침례병원이 지급 불능 상태에 있고 부채가 초과한 사실이 존재해 파산을 선고한다"라고 했다. 부채 가운데 300억 원은 퇴직금이 포함된 체불임금이며, 채무자의 유동자산은 35억 7,300만 원에 불과했다.[247] 침례병원의 파산과 관련하여 근로기준법과 근로자퇴직급여보장법 위반으로 전현직 이사장 및 병원장 9명에게 유죄가 선고되었다. 병원장은 징역 1년 2개월에 집행유예 2년, 사회봉사 160시간을 명령받았다. 재단이사장과 전 이사장·병원장 등 3명에게는 징역 1년에 집행유예 2년·사회봉사 120시간이, 전 병원장·이사장 등 4명에게는 징역 8개월에 집행유예 2년·사회봉사 80시간이 각각 선고됐다.[248] 부산지법 형사9 단독 조민석 부장판사는 현 병원장과 이사장에 대해, "병원 경영상황이 매우 악화한 상황 이후 병원장이나 이사장으로 취임한 사실은 인정되나 임금이나 퇴직금을 조기에 청산하려고 노력을 기울이거나 변제 계획을 분명하게 제시하고 근로자 측과 성실한 협의를 하는 등의 조치는 하지 않았다"라고 선고 이유를 밝혔다.[249]

3. 침례병원이 파산하게 된 원인

침례병원의 파산 원인은 다음과 같다: (1) 무리한 확장 이전이다. 그로 인해 부채가 많이 발생했고, "부채가 상당한 상황에서 과잉 진료를 한다는 소문"도 돌아서 병원의 이미지가 실추됐다. (2) 도심에서 떨어진 외곽 지역으로의 이전인데, 금정구로 이전한 이후 가까운 거리에 양산 부산대병원과 해운대 백병원이 잇따라 개원하면서 환자 수가 줄어들었고 경영이 더욱 어려워졌다.[250] (3) 인구 감소와 경기 침체도 적자 누적의 이유가 되었다.[251] (4) 기독교한국침례회 재단과 이사진과 병원 경영진이 제대로 대처하지 못했다.[252] 부산의 교인들 사이에서 다음의 말들이 회자되었다: (1) 선교사들이 세운 병원을 한국 사람들이 망하게 했다. (2) 무능한 이사를 파송한 침례교 총회의 책임이 크다. (3) 무능한 경영진의 책임이 제일 크다. (4) 노동조합의 집단 이기주의도 병원을 망하게 하는 데 한몫했다. 한마디로 주인 없는 병원이었다는 후문이다.[253] 교인들의 말은 침례병원의 파산과 관련하여 침례교단 차원의 문제점을 지적한 것이다. 우리는 교단 차원의 문제에 더 관심을 기울여야 한다. 이러한 지적과 관련하여 병원 직원으로 근무한 사람들의 증언, 병원의 문제를 파악한 목회자들의 증언, 그리고 관련 자료를 종합해 보면, 다음과 같은 문제가 있었다.

1. 도덕적 타락이다. 일부 경영진과 직원은 부정한 방법으로 이익을 챙겼다. 그들은 모두 교회에서 집사로 존경받는 사람들이었음에도 물질적 이익 앞에 쉽게 무너졌다. 일부 이사도 마찬가지였다. 병원이 잘못되지 않게 견제해야 함에도 그렇게 하지 못했다. 어떤 이사는 불필요하게 병원을 자주 방문하여 여비를 받아 갔다. 또 다른 이사는 부정하게 금전적 이익을 취했다. 다수의 이사, 경영진, 직원들은 정직하고 성실하게 일했으나, 소수의 부정이 건실한 분위기를 방해하고 도덕적 타락을 확산시켰다. 결국 크고 작은 부정이 축적되어 병원이 망했다. 병원은 주인이 없었다. 교단의 기관에서 일하는 사람들이 하나님에 대한 신실한 믿음과 사명이 없으면 그 기관은 정말 주인이 없는 것이 된다. 특히 운영의 책임을 맡은 사람들이 타락하면 망하는 것은 시간문제이다. 믿음과 삶은 불가분리의 관계에 있다. 침례교회가 영국성공회에서 분리하여 따로 교회를 만든 것은 성경적 신학, 성경적 삶을 추구하려 했기 때문이다. 그래서 침례교회는 교회의 정결을 강조했고, 그것을 지키기 위해 교회 치리를 엄격히 실행했다. 이러한 침례교 신앙을 왜 쉽게 잊었을까? 병원 파산은 도덕적 타락이 근본 원인이었다.

2. 구조적 문제이다. 이사들은 일부 경영진의 잘못된 행위를 견제하지 못했다. 대다수 이사는 목사여서 목회에는 전문가였으나, 병원

경영에 대해서는 잘 알지 못했다. 경영진의 전횡을 제어할 전문 지식이나 능력이 없어 경영진에 휘둘렸다. 이사회의 일정 퍼센트를 전문 지식이 있고 선한 믿음의 양심을 가진 침례교 신자들에게 할애했으면 좋았을 것이다. 그런데 그런 목적으로 평신도 이사들을 선출했으나, 목회자보다 못했고 반대의 결과가 나왔다고 한다. 그럼에도 신실한 전문가가 이사회의 상당 퍼센트를 차지하도록 구조의 변화를 추진해야 했다.

3. 총회의 무능한 대응이다. 총회는 침례병원이 파산에 이르지 않도록 효율적인 대응을 하지 못했다. 파산한 이후에는 그와 관련하여 조사하거나, 백서를 발행하지 않았다. 총회 차원의 징계도 없었다. 침례병원이 우리 교단과 사회에 공헌한 것과 우리 교단에서 차지하는 상징적 의미를 생각해 볼 때, 총회가 아무런 조치도 하지 않은 것은 무책임한 처사이며, 같은 잘못을 반복해도 어쩔 수 없을 것이라는 인식을 심어주는 것이다. 일부에서는 부패를 드러내면 교단이 망신스럽고 복음 전파에도 악영향을 끼친다고 주장한다. 그런데 성경은 죄를 회개하라고 했지, 눈을 감고 넘어가라고 하지 않았다. 희한한 논리로 성경을 왜곡시키면 안 된다. 개인의 행위가 공동체에 영향을 주었을 경우 공적으로 처리해야 한다. 세상에서도 그렇게 한다. 더욱이 총회는 교회들의 연합이며 하나님의 왕국이므로 성경적 원리에 따라 정당한 조치를 해야 했다.

4. 침례병원을 세운 사람들의 공로도 기억해야 한다. 침례병원 영선과 과장으로 윤영종 직원이 있었다. 그는 1960-1990년대 침례병원

에서 근무했고, 부산 영진침례교회 안수집사요 주일학교 부장으로 오
랜 기간 충성했다. 영진교회가 예배당을 건축할 때 자기 집을 팔아 건
축헌금을 했던 높은 수준의 헌신된 신앙인이었다. 미남침례교회의 잡
지는 그의 삶과 사역을 조명하는 상당한 분량의 특별 기사를 싣기도
했다. 윤영종은 정직하고 성실한 삶이 선교사들에게 인정받아 병원
의 모든 시설을 총괄하는 직책에 평생 있었다. 그는 정년퇴직 후 중국
에 선교사로 갔다. 선교활동을 하다가 중국 공안에 들켜서 감옥에서
구타당한 후, 추방되어 한국으로 왔다. 윤영종 집사는 병원에서 근무
할 때, 항상 병원의 구석구석을 누비며 시설을 점검하느라 늦게 퇴근
했다. 그리고 곧장 집으로 가지 않고 교회에 와서 둘러보고 기도한 후
집으로 갔다. 그가 병원에서 근무할 때, 자재와 시설 관련 비리는 틈
탈 여지가 없었다. 또 다른 인물로 로버르 라잇 병원장을 들 수 있다.
그는 1957년에 남침례교 해외선교부와 갈등을 불사하면서 침례병원
을 1등급 병원으로 만들려 했다. 그는 해외선교부에 1등급 병원이 되
려면 최소 4명의 의사가 필요하다며, 의사의 충원을 요청했다. 그리고
"우리가 1등급 병원을 지향하지 않으면 선교와 그리스도를 증거하는
일도 같은 수준에 머물게 될 것"이라 주장했다.[254] 이들 외에도 수많은
신실한 그리스도인들이 침례병원을 세웠다. 그러나 그렇지 않은 사람
들로 인해 한국인이 경영권을 받은 지 39년 만에 파산한 것이다.

새로 읽는 한국침례교회사

한국침례신학대학교 현황

1. 1953~1983년 역사

한국침례신학대학교는 1953년 6월 15일 '침례회성경학원'으로 시작하여, 1954년에 6월에 '침례회신학교'로 승격되었다. 1957년 봄에 대전 중동에서 목동으로 캠퍼스를 이전했다. 각종학교인 침례회신학교 1973년 12월에 문교부로부터 정식 4년제 정규대학 인가를 받아, 교명을 '한국침례교신학대학'으로 바꾸었다. 정식 대학이 되자 학생들의 대거 입학으로 강의실, 도서관, 기숙사 등의 시설을 확장했다.[255] 정진황 박사가 1977년 12월 29일에 제4대 학장이자 한국인 제1대 학장으로 선임되었다. 그는 정과 1기 졸업생이었고 1963년부터 구약학을 가르쳐왔다. 정진황은 1978년에 기독교교육학과를 신설하였으며, 1980년에 교명을 '침례신학대학'으로 바꾸었고, 대학원(M.A.와 Th.M.)과 신학대학원(M.Div.)을 신설하고, 1981년부터 신입생을 모집했다.[256] 1983년 9월에는 종교음악과를 신설하여 신학, 기독교교육, 교회음악 등 신학교육의 주요 분야를 교수하는 학교로 발전시켰다.[257]

2. 1984~2000년 역사

허긴 박사가 1984년 11월에 제5대 학장으로 취임했다. 허긴 학장은 두 가지 사업을 우선순위로 삼았다. 첫째, 교육의 질적 향상을 위한 사업이었다. 허긴은 학교의 학문성을 높여야 한다는 강한 의식이 있었고, 탁월한 학문성을 갖춘 교수진을 확충하려 했다. 이를 위해 교수요원들을 뽑아 미국 남침례교 신학대학원들에서 정식 학위과정을 밟을 수 있도록 도와주었다. 허긴은 해외선교부 동양총무 조지 해이즈(George H. Hays)에게 도움을 요청하는 서신을 보냈다.[258] 이 일은 성과가 있어 1985년 미국 캔터키주 루이빌시에 소재한 서든침례신학대학원과 교수진 육성 지원 협약을 맺었다. 허긴은 10명에 불과한 한국인 교수진을 20명으로 대폭 늘렸다.[259] 교수진 확충으로 침례신학대학은 1987년 12월에 박사과정을 설치할 수 있게 되었다. 허긴 박사는 두 번째 역점 사업으로 캠퍼스 이전을 추진했다. 그는 1992년 7월 대전시 유성구 하기동에 새로운 캠퍼스를 완공하여 이전하였다.[260]

허긴은 1973년 게미지 학장이 캠퍼스를 서울 서초구 양재동으로 이전하려던 계획이 일부 교수와 대전 지역 목회자들의 반대로 좌초된 것을 안타까워하며, 캠퍼스 이전 종합계획을 수립했다. 당시 국가법은 학교를 이전하려면 이전할 캠퍼스 부지를 먼저 확보해야만, 기존의 캠퍼스 부지와 기본 재산 매각을 승인하도록 되어 있었다. 신학교는 800명 재학생의 등록금과 선교부의 지원으로 운영 중이었고, 1980년에 충청은행에서 차입한 6,000만 원을 갚아야 하는 실정이었다. 따

새로 읽는 한국침례교회사

라서 현실적으로 캠퍼스 이전은 불가능한 상황이었다. 다수 교수와 학생들의 캠퍼스 이전 반대도 큰 어려움이었다. 허긴은 그러나 사명감을 가지고 소신껏 밀고 나갔다. 그리고 그 일을 위해 대전 침례회회관 양승태 관장을 1984년 12월 1일 사무처장 겸 법인사무국장으로 임용했다.[261]

대학 이사회는 캠퍼스 부지 매입을 위해 남침례교 해외선교부에 200만 달러를 차입하기로 하고, 한국선교부와 상의하지 않고 곧장 미국으로 건너갔다. 허긴은 해외선교부 이사회에 2시간에 걸쳐 학교 이전의 불가피성을 설명했다. 남침례교 해외선교부 이사회는 1시간 정도 토론한 후 캠퍼스 부지 매입자금 200만 달러를 대여해 주기로 했다. 그것은 전에 없는 일이었다. 대학은 목동 소재 과수원으로 사용하던 수익용 기본 재산 4,500평을 현대산업개발에 20억 6천만 원에 매각했다.[262] 기존의 캠퍼스 부지 매도와 이전 부지를 매입하는 일은 양승태 국장과 대학 과장들이 추진했다. 당시 국가적으로 행정수도와 3군 본부 이전 계획으로 대전 근교에 10만 평의 땅을 매입하는 것은 극히 어려운 일이었다. 결국 유성구 하기동 산 14번지의 교하 노씨 문중 땅 선산 28,000평과 주변 대지를 매입하기로 했다. 문중의 땅을 매입하는 일은 대법원까지 상소 당하는 어려운 과정이었다. 노씨 문중 땅 외에 45명 지주의 땅 매입도 지난한 일이었다. 그리고 학교가 매입한 7만 평의 부지는 시가화조정지구에 포함되어 있어서 그것을 교육용 부지로 다시 지정받는 일 역시 결코 쉽지 않았다.[263]

부지 매입이 완료된 후 건축이 시작되었다. 허긴은 전국 10개 대학

한국침례신학대학교 전경

을 답사했고, 11개 건축설계사무소로부터 입찰 신청을 받았다. 실사와 공개 입찰을 통해 건축설계는 정림건축설계사무소로, 토목설계는 삼진기술공사로 결정했다. 1988년 3월 문교부로부터 학교 이전을 승인받았다. 건축업자는 공개 입찰을 통해 대산건설을 선정했다. 대산건설과 학교신축공사 계약 내용은 다음과 같다. 2,000명의 학생을 수용하기 위한 본관, 강의동, 도서관, 대강당, 음악관, 생활관(3개동) 등 총건평 9,960평의 총공사비 11,208,750,000원 소요의 공사였다.[264] 캠퍼스 이전 비용의 부족분을 채우기 위해 남침례교 한국선교부가 대전시 대덕구 오정동 소재 3,927평의 땅을 학교에 기증해서 공사비의 대물로 사용할 수 있게 했다. 그리고 한국침례교회의 여러 교회와 기관, 개인, 그리고 미주 한인침례교회들이 헌금해 주었다.[265] 1989년 5월 30일 유성캠퍼스 신축기공예배를 드렸다. 1차 공사 9,960평은 대산

건설이 맡았고, 공사기간은 1989년 5월 30일부터 1991년 3월 30일까지였다. 공사 중 어려운 문제가 발생했다. 진입로가 없다는 이유로 건축허가 받는 것이 불가능했고, 그것을 해결하기 위해서는 대전시청과 토지공사 등에서 인·허가 과정을 거쳐야 했다. 여의도침례교회 박세직 안수집사(전 안기부 부장)의 협조를 받아, 유관 기관장들을 유성 리베라호텔 조찬 모임에 초청, 상황을 설명하여 진입로 문제를 해결했다.[266]

캠퍼스 공사 중 노태우 대통령이 서울 분당지역에 200만호 아파트 건설을 추진하여 건축 자재와 노임이 급증하는 사태가 발생했다. 대산건설과의 건축 계약에는 국가회계법상 물가 상승에 대한 연동제 실시 조항이 있었고, 그것이 발동되어 추가로 60-70억원의 공사부담금이 발생했다. 대학 이사회는 오랜 논의 끝에 오관석 이사장, 허긴 총장, 양승태 처장이 대산건설 오장섭 사장을 만나 학교의 사정을 설명하고 호소하기로 했다. 끈질긴 설득과 노력으로 오장섭 사장은 연동제 폐지를 수락했고, 학교는 60~70억 원의 추가 공사비를 면제받았다.[267] 침례신학대학은 1992년 7월 대전시 유성구 하기동에 캠퍼스를 완공 이전하였다. 1992년에 사회복지학과를 신설했다. 1994년 3월에 교명을 '침례신학대학교'로 변경했으며, 1998년에 유아교육과를 신설했고, 1999년에 기독교상담학과를 신설하고 교회음악대학원과 외국어교육원을 설치했다. 2000년에는 사회복지대학원, 2002년에는 목회신학대학원의 교육부 인가를 받았다.[268] 허긴 박사가 학장과 총장으로 재임하던 시절, 캠퍼스에는 학생들로 북적였고 학교의 명성은 높아갔다. 그때가 학교의 전성기였다.

3. 학교설립 연도 및 학교 명칭의 변경

한국침례신학대학교는 1953년 6월 15일 '침례회성경학원'으로 시작했으나, 그동안 학교설립 연도를 1954년으로 정했다. 학교는 1953년 봄에 학생을 모집하여 전국 각지의 200명 이상이 지원자 중 38명의 남학생과 12명의 여학생 총 50명을 선발했고, 1953년 6월 15일에 개교했다.[269] 그런데 학교설립을 1954년으로 정하여 오랜 기간 1953년에 입학한 50명 학생, 그리고 50명 입학생 중 1956년 3월 8일 졸업한 18명 학생의 권리와 역사를 박탈했다. 더욱이 그들의 학적부가 엄연히 존재하고 있는데, 설립 연도를 1954년으로 정한 것은 문제가 있었다. 침신대 역사신학 교수 김용국은 이런 모순을 해소하기 위해 2008년경 학교에 문제를 제기했으나, 제대로 해결되지 않았다. 상당한 시일이 흐른 후 김용국은 2020년 김선배 총장에게 다시 문제를 제기했다. 이에 학교는 2020년 제39차 기획위원회(2020.6.25)에서 설립 연도 검토(검증)위원회 구성을 심의했고, 총장은 침례신학대학교 설립연도검증위원회를 역사학자들로 구성하여 연구하도록 했다.

설립연도검증위원회는 연구 결과 1953년을 설립 연도로 보는 것이 옳다고 판단하여, '설립 연도 변경요청서'를 학교에 제출했다. 이에 따라 2020년 41차 기획위원회(2020.7.6)는 설립 연도를 1953년으로

    새로 읽는 한국침례교회사

변경하기로 심의했다. 총장은 이사회에 안건으로 상정하기 위한 좀 더 면밀한 보고서를 요청했고, 검증위원회는 아래와 같은 문서를 제출했다.

침례신학대학교 설립일자 확정 요청

수신: 침례신학대학교 총장님

발신: 침례신학대학교 설립연도검증위원회

우리 주님의 평강이 함께 하시기 기원합니다. 침례신학대학교 설립연도검증위원회는 학교의 설립일자에 관해 세 가지 가능한 일자를 상정하고 토의하였으며 결과는 아래와 같습니다. 위원회의 판단을 참조하여 설립일자를 확정해 주시기 요청합니다.

1. 1954년 7월 7일. 이 날짜는 우리 학교가 문교부로부터 신학교로 인가받은 날짜이며, 현재까지 오랜 기간 설립일로 지켜온 날짜입니다. 장점은 이 날짜를 계속 유지하면 일관성과 안정성이 있다는 것입니다. 단점은 인가일과 설립일을 동일시 할 수 없다는 점입니다. 참고로 타 대학들은 인가일과 설립일이 다를 경우, 인가일이 아닌 설립일을 학교설립 및 개교기념일로 정하고 있습니다.
2. 1953년 2월의 한 날. 이 날짜의 근거는 「침례신학대학교 50년사」 58페이지에 기록된 "… 1953년 2월에 성경학원으로 개원했다"라는 구절에 근거하고 있습니다. 장점은 우리 학교가 1953년 6월 15일에 처음 개교하여 수업을 하였는데, 수업을 하기 위해서는 학생 모집

을 비롯한 행정이 작동되어야 합니다. 따라서 6월 15일 이전에 학교가 설립되었다고 보는 것은 상식적으로 타당성이 있는 것으로 보입니다. 단점은 첫째, 개원 날짜와 관련한 사료적 근거가 없다는 점입니다. 둘째, 학교의 필수 요소를 교수, 직원, 학생으로 볼 때, 학생이 없는 때를 학교설립으로 볼 수 있는가 하는 점입니다. 참고로 한국의 타 대학들은 학생을 모집하여 수업을 개시한 날짜를 학교 설립일 및 개교기념일로 삼고 있습니다.

3. 1953년 6월 15일. 이 날짜는 학생을 모집하여 최초로 수업을 개시한 날짜입니다. 장점은 사료적 근거가 분명하다는 것과, 학교의 설립을 학생이 포함된 날짜로 정하는 일반적인 기준에 부합한다는 점입니다. 본 위원회는 학교의 설립은 학생이 모집되어 수업을 개시한 날짜가 기준이 되어야 하고, 그 이전의 단계는 학교설립을 위한 준비과정으로 보아야 한다고 판단합니다. 따라서 1953년 6월 15일을 우리 학교의 설립일로 삼는 것이 가장 타당하다고 결론 내렸습니다. 첨부자료에 나와 있는 것과 같이, 타 대학들도 일반적으로 수업을 개시한 날짜를 학교설립일로 삼고 있음도 참조하였습니다.

2020년 7월 9일
침례신학대학교 설립연도검증위원회
위원장: 김용국
위　　원: 김승진, 남병두, 허준, 김태식, 오지원

한국침례신학원 이사회는 2020년 7월 20일(월)에 개최된 이사회에서 학교 설립일에 관해 보고를 받고 토론한 결과, 학생이 모집되어 최초로 수업을 개시한 1953년 6월 15일을 설립일자로 정하기로 만장일치 결의했다.[270] 이에 따라 2023년 5월 16일에 개교 70주년 기념예배를 드렸다.[271] 침례신학대학교는 2020년 10월 1일에 '한국침례신학대학교'로 교명을 변경했다.

4. 수요정오기도회

침례신학대학교는 2004년에 학내 사태가 일어났고, 그 여파로 상당 기간 혼란을 겪었다. 이에 일부 교수가 2005년에 기도 모임을 만들어 정기적으로 기도한 것이 수요정오기도회의 출발이 되었다. 기도회는 수요일 12시부터 12시 50분까지 학교 페트라홀에서 교수와 학생이 모여 학교와 교회, 그리고 나라를 위해 기도한다. 초기 기도회를 만든 교수로는 김광수, 김선배, 노은석, 우택주, 정승태, 최현숙 등이었고, 2006년에 김용국, 2007년에 기민석 교수가 합류했다. 초기 기도회를 이끌었던 교수는 김광수, 김선배, 최현숙이었고, 윤석전, 강신정 목사가 많은 도움을 주었다. 특히 김광수, 김선배, 최현숙 세 교수가 오랜 기간 기도회를 이끄는 수고를 했다. 2020년 여름부터 신인철 교수가 수요정오기도회 지도교수를 맡고 있다. 다른 교수가 회개를 맡았다가, 2022년부터 기민석 교수가 회계를 맡고 있다. 수요정오기도회는 2025년 5월 21일 20주년 기념 특별 기도회를 열었다.

기도회는 목회자위원회와 교수위원회 두 개의 운영위원회를 두고 있다. 목회자 위원으로는 손석원, 황일구, 안동찬, 임성도, 나상진, 박경인, 정종학, 강대열, 정인환, 박춘광, 강성호, 박호종, 이영은, 김창호 등이고, 교수 위원은 기민석, 김기영, 김용국, 김태식, 신인철, 오진철, 조동선, 최선범, 한철흠 등이다. 목회자 위원들은 설교와 재정지원을 하여 기도회가 유지되는 데 결정적으로 공헌하고 있다. 기도회가 점심 시간에 열려서 참석한 학생들에게 간단한 햄버거 세트나 김밥을 제공 하는데, 그날 설교하는 목회자 교회와 목회자 위원들 교회가 재정을 감당해 주고 있다. 교수위원들은 학생들과 함께 기도하며 방학 기간에 설교로 섬기고 있다. 수요정오기도회는 공휴일이든 방학이든 한주도 쉬지 않고 20년 넘게 지속하고 있다. 20년 이상 지속된 기도회는 한국 신학교에서 유래를 찾아볼 수 없는 자랑스러운 전통이다. 수요정오기 도회는 한국침례신학대학교의 영성을 높이는 일에 공헌하고 있다.

5. 대학기관인증평가 인증유예

1) 평가 결과

한국침례신학대학교는 2025년 6월 24일에 '한국대학평가원'으 로부터 '인증유예' 결과를 통보받았다. '인증유예' 판정의 근거는 교 원 확보, 신입생 충원율, 재학생 충원율에서 불인증을 받은 것이다. 평가 기간은 지난 3년 2022-2024년이고, 3년 평균으로 평가받았다. 신입생 충원율은 (2022년 68.7%, 2023년 67.6%, 2024년 100%) 3년 평균 78.7%였다. '평가인증'에서 요구하는 기준은 94%이다. 재학생 충원율은 (2022년 69.6%, 2023년 67.3%, 2024년 73.0%) 3년 평균은 69.9%이다. '평가인증'에서 요구하는 기준은 '80%'이다. 교원 확보율은 (2022년 47.6%, 2023년 46.0%, 2024년 57.7%) 3년 평균은 50.4%이다. '한국대학평가원'이 제시하는 기준은 64%이다.[272] 인증유예를 받은 대학은 2년 이내 문제점을 개선하여 재평가를 받을 수 있다. 한국침례신학대학교는 인증유예 판결로, 2026학년도 신입생들의 국가장학금과 학자금 대출을 지원받지 못하게 된다. 그리고 대학의 이미지와 신뢰가 하락하여 신입생 모집에 큰 어려움을 당하게 된다.

학교 문제를 중심으로 기독교한국침례회는 제114-2차 임시총회를 2025년 7월 17일(목)에 대전 한남대학교 성지관에서 등록 대의원 847명으로 개최했다. 임시총회에서 대의원들은 총회가 학교와 함께 위기를 극복할 방안을 찾기 위해, 학교 문제에 관한 조사위원회 구성을 토론했다. 이욥 의장이 찬성과 반대 각 2명씩 발언을 듣고 투표로 결정할 것을 공표했다.[273] 전자투표 결과 착석 대의원 490명 중, 찬성 345표, 반대 145표로 가결되었다.[274]

한국침례신학대학교는 매우 어려운 상황에 놓여 있다. 교육의 계속성 확보는 절대적 과제이며 사명이다. 침신대를 평가한 대학기관인증 평가위원들은 자료 비치 등 평가 준비가 철저히 잘 이루진 점, 아름다운 캠퍼스와 좋은 시설, 학생들의 학교를 사랑하는 마음, 교수들의 성실한 답변 등을 높이 평가하며 만족스러워했다. 평가위원들은 정성평가는 모두 합격점을 주었다. 그러나 정량평가에서 미달 된 부분은 어쩔 수가 없어서 무척 안타까워했다고 한다. 침신대 교수들은 보고서

작성과 평가 업무에 심혈을 기울였다. 직원들도 밤늦게 심지어 새벽까지 일하며 평가를 위해 최선으로 노력했다. 침신대는 객관적으로 좋은 대학교이다. 모든 학과의 교수들이 탁월한 실력과 신앙 인격을 갖추고 있으며, 학생들을 사랑하고 열정적으로 가르친다. 직원들도 성실하고 맡은 일에 최선을 다한다. 학생들은 요즘 보기 힘든 훌륭한 신앙과 인격을 가진 학생들이다. 캠퍼스는 더없이 아름답고 시설도 좋은 편이다. 무엇보다 기독교한국침례회의 유일한 신학대학교로 교단의 전폭적 지원을 받는 학교이다. 이렇게 모든 면에서 장점을 두루 갖춘 한국침례신학대학교가 위기에 봉착한 것은 매우 안타까운 일이다.

학교는 그러나 고난을 극복하고 교육의 계속성 확보라는 사명을 감당해야 한다. 그러기 위해서, (1) 학교와 총회가 협력해야 한다. (2) 이사회와 학교 집행부는 학교를 살리는 일에 우선순위를 두고 협력해야 한다. (3) 학교는 평가에서 통과 받는 것을 목표로 정책을 조정해야 한다. 학령 인구 감소를 인정하고 학부 정원을 조정해 교원 확보율을 맞추는 방안을 고민해야 한다. (4) 교육의 지속 가능성을 담보하기 위한 재정 확보 방안을 수립하고 추진해야 한다. (5) 교수와 직원들의 사기를 높여주어야 한다. 최근 몇 년간 직원들의 대거 사직은 행정의 연속성에 상당한 어려움을 발생시키므로, 반드시 원인을 파악하고 해소해야 한다. (6) 직원의 보직 발령권을 총장에게 주어야 한다. 교수와 직원의 임면권은 이사회가 보유하더라도 보직 발령권만큼은 총장에게 있어야 한다. 학교는 교육을 담당하는 교수와 행정을 담당하는 직원에 의해 운영된다. 보직 교수들은 연구와 교육의 책임을 감당해야 하므로 행정에 전적으로 매달릴 수 없다. 보직 교수들은 총장을 도와 학교의 주요 정책을 결정하고, 직원과 함께 정책에 따른 실무를 추진한다. 그런데 교수는 행정을 전담하지 않아 일정한 한계가 있어, 학교 행정의 실무는 총장과 직원들이 실제로 진행한다. 따라서 총장의 직원 인사권은 필수적이다. 총장은 인사를 통해 학교를 운영하는데, 직원의 보직 발령권을 보유하지 못하면 실제적인 행정 권한을 행사하지 못하게 된다. 우리 대학은 원래 총장이 교수와 직원의 보직 발령권을 보유하고 있었으나, 어느 시점부터 직원 보직 발령권이 이사장에게 넘어갔다. 이러한 구조는 만일 일부 직원이 이사장과 밀접하게 연결되어 있고, 총장이 이사장과 관계가 원활하지 않는 두 가지의 상황이 겹치게 되면, 자칫 총장은 유명무실하게 될 수 있다. 총장은 인사를 통해 학사를 운영한다. 교수의 보직 발령권은 있는데, 직원의 보직 발령권은 없는 기이한 현실은 반드시 개선돼야 한다.

그 외 기관들의 현황

1. 교회진흥원

교회진흥원은 1974년에 보즈만(O. K. Bozeman, Jr., 민봉수) 선교사가

2대 원장으로 취임하여 1978년까지 4년간 봉직했다.[275] 1976년에 사옥을 충무로에서 여의도로 이전하여 발전의 기반을 갖추었다. 진흥원은 미남침례회 주일학교부로부터 양질의 공과와 교재를 제공받아 질적, 양적으로 우수한 교회학교 교육 자료를 출판했다. 노창우 목사가 1978년에 제3대 원장이자 한국인 제1대 원장으로 취임하여 한국인 경영의 시대를 열었다.[276] 총회는 무창포의 교단 수양관이 지리적으로 사용하기 불편하여 이전을 결정했다. 1977-1978년에 충북 옥천군 오동리 일원에 수양관을 건축하여, 1979년에 '옥천수양관'을 준공했다. 그곳은 침례교인들의 교육과 훈련의 장소로 활용되었다.[277] 진흥원은 옥천수양관에서 개최된 침례교 여름캠프를 주도적으로 인도했다. 또한 1978년부터 범 교단적으로 청지기 운동을 이끌었으며, 음악 관련 사역도 활발하게 진행했다. 지휘자 강습회, 서울성가합창제, 핸드벨 순회연주회, 전국침례교 음악지도자 강습회, 어린이 찬송가 발행 등의 사역을 했다. 1980년에는 부산서점을 개점했다.[278]

진흥원이 한창 발전하던 1986년 이상대 목사가 제4대 원장으로 취임했다. 그는 1988년에 남침례교 한국선교부(KBM)로부터 후원이 줄어들 것을 대비하여 '진흥원 자립대책 장기계획'을 수립했다. 진흥원은 1989년 서울 잠실체육관에서 개최된 한국침례교 선교 100주년 기념대회의 운영에 협력하고 홍보 부스를 마련해 진흥원을 홍보했다. 그리고 연세대 100주년 기념관에서 침례교인 찬양음악회를 개최했다. 진흥원은 1990년 한국에서 개최된 침례교세계대회에 협력하여 각종 세미나를 개최했다. 그때가 진흥원의 전성기였다.[279] 진흥원은

1980년대 침례교회가 급성장하여 개교회들을 각각 방문하기가 불가
능해지자, '전국교육부장 협의회'를 창설하여 효과적으로 교육을 제
공했다. 매년 전국 각 교회의 교회학교 부장들을 옥천수양관으로 초
청하여 진흥원의 교회 교육사업을 설명하고 개교회의 필요를 경청했
다. 목회자와 사모를 위한 세미나도 개최하며, 각종 설교자료, 목회 정
보, 교회 행정 등의 책자를 출간하여 목회를 도왔다. 동시에 평신도를
위한 구역장 훈련이나 집사 교육 세미나도 개최했다.[280]

진흥원은 교회학교 교육을 위해 "전국 교사수련회, 5대 도시 동시
교사 특별 강습회, 성경교육 진흥단 양성, 개교회 교사 강습회" 등을
실시했다. 그리고 매년 범 교단적으로 여름성경학교, 겨울성경학교,
교사 강습회 등을 개최했다.[281] 남침례교 한국선교부는 한국에서의 사
역을 축소하고, 중국, 북한, 그 외 국가로 선교사역을 점진적으로 이
전했다. 그 과정에서 진흥원에 대한 후원을 1988년부터 1997년까지
매년 10%씩 줄이고 1997년에 완전히 중단했다. 그 와중에 1997년은
IMF 사태로 한국 경제가 매우 어려운 상황이었고, 이에 진흥원은 수
익성 위주로 사업을 펼쳐야 했다. 그런 차원에서 2002년에 사옥을 삼
성동에서 목동으로 이전했다.[282] 2006년에 안병창 목사가 제8대 원장
으로 취임했다. 그는 수익성이 떨어지는 사업을 과감히 정리하며 자
립 경영을 위한 조치를 모색했다. 2013년 여의도 총회 빌딩이 완공되
자 진흥원은 그곳으로 이전했다.[283] 2016년 이요섭 목사가 제10대 원
장으로 취임했다. 이요섭 원장은 교회진흥원의 재정건전성과 부채 상
환 완료 및 양육교재 훈련총서 5단계를 완성했으며, 교단 "침례교신

학총서"를 발행하고 IMB, 선진학교 등과 MOU를 통한 교육과 훈련에 집중했다. 2022년 1월 1일 김용성 목사가 제11대 원장으로 취임했다. 진흥원은 2022년 2월 23일 제38회 기독교출판문화상 우수상을 수상했다. 2022년 3월 24일 요단기독교서적교회용품센터를 목동으로 이전했으며, 2022년 11월 30일 Jesus Lights 공과를 기독교한국침례회 소속 교회들에게 무상으로 보급했다.[284]

2. 해외선교회

해외선교회는 교회들이 연합하여 자발적으로 세운 몇몇 선교단체들을 통합하여 세워진 기관이다. 1979년 8월 7일에 서울의 14개 교회는 해외선교회를 조직하고 회장에 오관석 목사, 총무에 한기만 목사를 선임했다. 본 선교회는 첫 선교사로 최상근 목사를 사모아로 파송하였다. 1982년에는 15개 교회가 동남아선교회를 설립하고 회장에 이덕근 목사, 총무에 유병기 목사를 선출했다. 그리고 거의 같은 시기에 여러 교회가 중공선교회를 조직했다. 1987년 9월에 열린 제77차 총회는 여러 선교회를 통합하여 '기독교한국침례회 해외선교회'로 하고, 교단의 정식 기관으로 승인했다.[285] 한국침례교회는 1990년대부터 해외선교에 더 많은 관심과 재원을 제공했다. 1992년 한국침례교회는 총 21개국에 85명의 해외선교사를 파송했다. 1991년 7-9월 정기적으로 해외선교에 후원하는 교회는 153개로 전체 교회 1,750개 교회 중 8.7%에 해당한다. 1년 후 1992년 7-9월 정기 후원교회는 198개로 늘어났다. 침례교회 총수 1,830개 중 10.8%에 해당한다. 이처럼 침례교회는 해외선교에 참여하는 교회가 점차 늘어났다.[286]

3. 전국여성선교연합회

여선교회는 1954년 5월 대전 대흥침례교회에서 정식으로 조직된 이후, 1956년 루시 와그너(왕은신) 선교사가 여선교회의 사역을 담당하면서 꾸준하게 발전했다. 그는 1992년까지 협동선교사 및 협동총무로서 여선교회 발전을 위해 헌신했다.[287] 여선교회는 1971년에 윤옥석을 제6대 총무로 선출하고, 그때부터 종전의 무급 총무에서 유급 총무로 바뀌었다. 여선교회의 역대 무급 총무로는 "방호선(1년), 양신옥(1년), 임세광(1년), 김추일(3년), 한정희(2년)" 등이 있었다. 1971년에 조혜도가 「성광」지의 편집장으로 임명되었으며, 여선교회는 그즈음부터 선교부 중심의 운영에서 한국인이 주도하는 기관으로 바뀌었다.[288] 여선교회는 1978년부터 회관 건립을 위한 모금운동을 시작했는데, 강남중앙침례교회 송재문 집사가 1985년에 현재 여선교회관이 소재하고 있는 포이동 239번지 16호의 대지를 기증하였고, 여선교회는 1990년 4월 23일 새 건물에 입주했다.[289]

4. 군경선교회

군경선교회는 군인 전도에 특별한 사명을 가졌던 가이 핸더슨(Guy Henderson) 선교사에 의해 1963년 5월 대구에서 처음 시작되었다. 군인선교는 1964년에 핸더슨이 미국으로 돌아가는 바람에 잠시 중단되었다가, 1966년 1월부터 이대복(Dan Ray) 선교사와 양승태 집사가 책임을 맡으면서 본격적으로 전개되었다. 1966년 3월 5일에 강원도 원주역에 '침례교 군인센터,' 1966년 9월 20일에 논산 제2훈련소에 '군인 봉사회관,' 1967년 10월 5일에 대전의 공군군인센터에 '보라매의 집'을 각각 설립했다.[290] 군인전도부는 1969년 9월에 대전시 중동에 4층으로 된 '침례회관'을 신축하였다. 군인전도부는 대전, 논산, 원주, 대전, 진해 등의 '침례교 군인센터'에 『자유를 얻는 길』이라는 전도책자를 비롯해 성경과 기독교 교양서적을 비치하고, 당구대와 같은 놀이와 휴식 공간도 설치해 군인들이 와서 휴식하며 복음을 접하도록 했다. 1976년부터 양승태가 책임자가 되어 전국에 있는 '군인센터'들을 총괄 관리했다. 군인전도부는 군부대 방문 전도, 전도지 배부, 휴식 공간 제공 등을 통해 효과적인 복음전파와 침례교 발전에 크게 공헌했으며, 이후 '군경선교회'로 확대되었다.[291]

5. 국내선교회

국내선교회는 1969년에 세워진 '한미 대여보조정책위원회'로부터 시작되었다. 본 위원회는 선교부가 지역교회에 대한 무상보조를 대여보조로 바꾸는 정책에 따라 세워졌으며, 1970년 4월 총회에서 정식으로 인준을 받았다. 위원회는 한미 양측에서 각각 4명의 위원으로 구성되었으며, 사업 내용은 교회의 개척과 건축 관련 재정을 지원하는 것이었다. 위원회는 1975년에 '한미기금위원회'로 명칭이 바뀌었고, 1987년 9월에는 '국내선교회'로 또다시 명칭이 바뀌었으며, 조직 구성도 기금국, 전도국, 개척국으로 세분화하였다. 기금국은 기금의 모금과 증식 업무를, 전도국은 전도 프로그램 개발과 한미전도대회 관련 업무를 하며, 개척국은 교회개척에 대한 전략을 세우고 실천하는 일을 담당했다.[292]

6. 침례신문사와 교역자복지회

침례신문사는 침례출판사에서 비롯되었다. 「침례회 신문」의 전신인 「뱊티스트」가 1955년 8월 16일에 교단 기관지로 공보처의 허가를 받아 8월 20일에 발행됐다. 1956년에 「뱊티스트」는 「침례회보」로 명칭을 바꾸었다. 「침례회보」는 1959년에 교단이 분열되면서 재정난으로 폐간되었다가, 1964년 1월에 다시 발행되었다. 하지만 운영난을 이겨내지 못하고 1970년 7월에 다시 자진 폐간하고 말았다. 1977년에 다시 재정비하여 발간을 시작했고, 1988년 2월에 월간이었던 「침례회보」를 격주간 발행으로 증간하였다. 1992년 5월 12일 「침례회보」를 「침례회 신문」으로 개명하였다.[293] 교역자복지회는 1990년 1월 8일에 설립되었다. 은퇴 목회자의 생활 보조, 그리고 목회자 미망인과 자녀 지원을 주된 사업으로 삼고 있다.[294]

7. 수도침례신학교

수도권 목회자 양성을 위해 수도침례신학교의 전신 서울신학교가 1976년 2월 서울침례교회 안에 설립되었다. 초대 교장에 지덕 목사, 교무과장 정태진, 학생과장 이덕근, 서무과장 엄원식 등이 있었다.[295] 그러나 한 교단 내의 두 신학교는 교단 분열의 원인이 될 수 있다고 생각했던 지대명 학장과 허긴 교수가 서울신학교를 1976년 9월 한국침례교신학대학의 서울분교로 통합시키는 데 성공했다. 그러나 4년이 지난 1980년 10월에 당시 정진황 학장은 이 학교를 다시 총회로 반환해 버렸다. 침례신학대학이 서울분교를 포기하자, 은혜신학교, 경기신학교, 영남신학교 등의 소규모 학교들이 생겨났다. 침례신학대학의 서울 분교장이던 김갑수 목사는 이 학교들을 통합하여 수도침례신학교를 설립했다. 1981년 2월 오관석 목사가 초대 교장으로 취임하였으며, 1982년 5월에 김장환 목사가 제2대 교장이 되었고, 1982년 12월 27일

문교부로부터 학교법인 수도침례신학원으로 설립인가를 받았다. 김
갑수 목사가 1984년 5월 20일 제3대 교장으로 취임하였고, 1986년 1
월 18일 교육부로부터 4년제 대학 학력 인정 각종학교(各種學校)로 인
가받았다.[296] 수도침례신학교는 경기도 안성에 5,400평의 부지에 4층
건물을 신축하여 4년제 주간 학부과정을 운영했다. 수도신학교와 침
례신학대학교와의 통합은 교단의 오랜 이슈로 있다가, 결국 수도침례
신학교가 2006년 3월 1일 침례신학대학교에 통합되었다.[297]

8. 「교단 로고」 변경과 「신앙고백서」 채택

1. 「교단 로고」 변경

전주 새소망교회에서 개최된 2025년 제
115차 정기총회에서 새로운 교단 로고가 확
정되었다. 교단 내에서 로고 교체의 필요성
이 꾸준히 제기되어 오던 중, 제112차 총회
에서 공식 가결되었다. 이후 약 3년간 공개
적인 의견 수렴 절차를 거쳐, 제114차 임원

회의 주도하에 제115차 총회에서 최종 시안이 선정되었다. 새롭게 제
정된 로고는 '지구촌 열방을 향해 떠나는 말씀의 돛과 믿음의 항해'를
핵심 주제로 삼아 형상화했다. 이는 1889년, 복음의 불모지였던 한국
에 당도한 선교사들의 헌신과 성도들의 순교를 통해 침례교회의 역사

가 시작되었듯, 오늘날에도 대한민국과 온 열방을 향해 복음을 실어 나르는 사명을 감당하겠다는 교단의 소망을 담은 것이다.

로고의 각 구성 요소는 다음과 같은 신학적 의미를 지닌다. (1) 돛과 십자가: 돛은 하나님의 말씀인 성경을 상징하며, 그 안에 펼쳐진 예수 그리스도의 십자가는 모든 장벽을 넘어 세상으로 뻗어 나가는 제한 없는 전도와 선교의 사명을 나타낸다. (2) 선체와 물결: 배의 선체는 복음이 향하는 지구촌과 열방을 상징한다. 그 아래의 역동적인 물결은 교단의 핵심 정체성인 '침례'를 시각적으로 구현한 것이다. (3) 색상: 주조색인 군청색은 예수 그리스도 안에서의 새로운 생명과 중생을, 흰색은 흠 없는 순결과 부활의 영광, 그리고 최종적 승리를 상징한다. 이번 로고 교체는 1976년 '기독교한국침례회'로 교단 명칭을 변경한 이래, 최초로 이루어진 시각적 상징의 전면 개편이라는 역사적 의의가 있다. 새로운 로고는 기독교한국침례회의 핵심 가치가 널리 인식되고, 온 열방을 향해 복음의 항해를 힘차게 뻗어 나가기를 원하는 교단의 염원이 담겨 있다.

2. 「기독교한국침례회 신앙고백서」(2025)

제115차 정기총회는 교단의 신학적 기준을 선포하는 신앙고백서를 채택했다. 교단은 그동안 10개 항목의 "침례교회의 이상과 주장"을 통해 교단의 신학적 정체성을 나타냈으나, 이제 조직신학적 주제에 따른 정교한 신앙고백서를 제정한 것이다. 신앙고백서는 미남침례회 신앙고백서를 참조하였으며, 각 항목의 관련 성경 구절을 풍부하게 제공했다. 총 18개 항목으로 구성된 신앙고백서의 주요 내용은 다음과 같다: (1) 성경의 권위, 정통 신론, 삼위일체론, 기독론을 믿으며, (2) 인간론과 구원론에 관해서는, 원죄, 전적 타락, 중생, 칭의, 성화, 영화, 선택, 견인을 믿는다. (3) 교회론에 관해서는, 교회에 대한 그리스도의 주권, 회중주의, 개교회주의, 목사와 집사의 두 직분을 믿는다. (4) 교회 의식으로 침수 침례와 주의 만찬을 믿으며, (5) 주일 성수, 하나님의 나라, 종말의 때에 임할 그리스도의 재림, 죽은 자들의 부활과 심판, 천국과 지옥을 믿는다. (6) 전도와 선교, 기독교 교육, 청지기 직분, 지방회와 총회를 통한 협력을 믿으며, (7) 인종차별, 탐욕, 간음, 동성애, 음란물 등 성적 부도덕을 반대하고, 고아, 빈곤한 자, 학대받는 자, 노인, 몸이 부자유한 자, 병든 자를 돕는다. (8) 평화를 추구하며, 종교의 자유와 정교분리를 믿는다. (9) 동성 간의 연애와 결혼을 불인정하며 건전한 가정을 추구한다. 이처럼 새로운 신앙고백서의 제정으로 기독교한국침례회는 신학과 신앙의 정체성을 대내외적으로 명확히 밝히게 되었다.

맺는말

한국침례교회는 136년간 부침을 겪으며 오늘날까지 발전해 왔다.

많은 신실한 침례교인은 교회, 가정, 사회에서 하나님나라의 확장을 위해 기도하고 노력했다. 미약하기 짝이 없던 교단은 그러한 노력과 열정으로 오늘날 주류 교단이 되었다. 그런데 2025년 현재 한국침례교회는 교회를 유지하고 성장 시키는 일이 결코 쉽지 않은 상황에 놓여있다. 그러나 신앙을 지키고 전수하는 일은 결코 포기할 수 없는 사명이요 그리스도인의 삶의 목적이므로, 교회의 지속적 발전을 위한 방안들을 모색해야 한다. 이와 관련해 몇 가지를 제안한다.

첫째, 강력한 영성을 추구해야 한다. 교회는 영적인 몸이어서 영성이 교회의 생명이라는 사실은 최근 200년 교회 역사가 입증했다. 자유주의 신학을 받아들여 영성을 무시하고 합리주의 신앙을 추구한 교단들은 급속한 교세 하락을 면치 못했으나, 영성을 중시한 교단들은 교회를 유지하고 성장시켰다. 이것은 영성이 사라지면 교회도 사라지며, 영성은 다른 것으로 대체될 수 없다는 사실을 여실히 보여준다. 강한 영성이 교회를 유지시키며 성장케 한다.

둘째, 복음주의 신앙을 고수해야 한다. 성경은 하나님의 계시로서 오류없는 말씀이며 모든 신앙과 행습의 절대 기준이 됨을 믿어야 한다. 성경적이고 복음적 신앙만이 세속주의 도전 앞에서 교회를 지켜낼 수 있음을 최근 200년 교회 역사가 보여주었다.

셋째, 사랑의 실천과 교회의 사회적 책임에 민감해야 한다. 역사적으로 교회는 항상 강력한 믿음과 더불어 사랑의 실천과 사회적 책임을 실행할 때 부흥했고, 사회적 지지를 확보할 수 있었다.

넷째, 목회자의 열정과 부지런함이 필요하다. 교회 부흥의 대부분은 목회자에게 달려 있다. 목회자의 뜨거운 신앙 열정이 교인들에게 전염될 때 부흥이 일어났다. 성령께서 주시는 목회자의 열정과 부지런함은 교회 성장에 필수 요소이다.

다섯째, 현재상황과 미래의 변화에 부응하는 창의적 사역이 필요하다. 새로운 세대의 출현, AI와 같은 과학기술의 발전 등으로 사회는 급변하고 있다. 이런 변화가 교회에 끼치는 영향은 무엇이며, 어떤 대비를 해야 하나? 급변하는 시대에 복음전파와 교회부흥은 어떤식으로 가능할까? 이러한 질문들에 대해 고민하고 대안을 찾는 노력이 필요하다.

여섯째, 사업총회가 되기 위해 총회의 조직과 운영 방식을 재검토해야 한다. 우리 총회는 연구·심의 기능을 강화할 필요가 있다. 기획의 기능이 약하면 장기적 발전을 기약할 수 없기 때문이다. 기획 업무를 위해 상설위원회 제도 도입이 필요하다. 상설위원회는 교단의 각 영역에 관한 연구·심의위원회로서 위원구성은 목회자, 신학자, 평신도 전문가들로 구성하며, 위원장은 부장이 겸직하면 좋을 것이다. 위원회에서의 연구 결과는 임원회에 상정되어 일차 검토되고, 타당성이 인정되면 총회 안건으로 상정하는 방식으로 운영하면 사업총회가 될 것이다. 기존 위원회는 활성화 방안을 모색해야 한다.

일곱째, 미남침례교회처럼 협동사업부를 신설해야 한다. 남침례교 협동사업을 벤치마킹하여 도입할 필요가 있다.

여덟째, 총회와 산하 기관의 유기적 관계를 강화할 방안을 마련해야 한다. 아울러 총회가 산하 기관들을 실효적으로 통제할 수 있도록 규정과 제도의 정비가 필요하다.

아홉째, 지방회의 기능과 역할에 관한 구체적 안내가 필요하다. 우리 교단은 지방회 중심으로 사역이 진행되므로, 총회차원에서 지방회 운영에 관한 원칙과 지침을 제시할 필요가 있다.

한국침례교회를 세우고 지금까지 지켜주신 성삼위 하나님께 모든 감사와 영광을 올려드린다.

역대 총회장과 총회 시대 구분

가. 교단 창설기(1889~1905: 16년간)

대수	성 명	시무연도	중 요 사 건
-	펜윅 선교사	1889~1905: 16년간	• 1889년 캐나다 선교사 펜윅(Malcolm C. Fenwick) 한국에서 선교 시작 • 1902년 엘라씽 기념선교회(보스턴침례교회에서 파송한 선교회)를 인수하여 원산, 강경, 공주, 울진 등 4개 지방회로 교단을 창설

나. 감목시대(1906~1946: 40년간)

회 수	장 소	대수 및 감목	시무연도	중 요 사 건
제1회 대화회	강경교회	초대 펜윅 선교사	1906	• 1906년 한국에서는 제일 먼저 교단을 창설하고 총회를 개최 • 1906년 한태형 외 4명 선교사 파송 • 1907년 영동지방 울진에서 활동하던 손필환이 전치주, 전치규, 남규연 등 8명을 전도 • 1908년 펜윅이 연변에서 최성업, 이종근, 장진규 등을 전도 • 1911년 14개 구역 163개 교회로 급증
제2회 대화회	공주교회		1907	
제3회 대화회	칠산교회		1908	
제4회 대화회	용안교회		1909	
제5회 대화회	강경교회		1910	
제6회 대화회	공주교회		1911	
제7회 대화회	산점교회		1912	
제8회 대화회	신리교회		1913	
제9회 대화회	원산교회	2대 이종덕 목사	1914	• 1914년 교권파동으로 신명균 교단 탈퇴 • 1916년 「포교계」 제출 거부 및 이종덕 감목 투옥 • 1916년 손필환, 김규면 교단 탈퇴 • 1918년 박노기, 김희서, 최응선, 전영태 만주와 시베리아 선교사로 임명 • 1919년 신약성경 출판 • 1921년 종성동성경학원 개원
제10회 대화회	조사리교회		1915	
제11회 대화회	새원교회		1916	
제12회 대화회	종성동교회		1917	
제13회 대화회	원산교회		1918	
제14회 대화회	종성동교회		1919	
제15회 대화회	광천교회		1920	
제16회 대화회	광천교회		1921	
제17회 대화회	증산교회		1922	
제18회 대화회	강경교회		1923	

회　수	장　소	대수 및 감목	시무연도	중 요 사 건
제19회 대화회	행곡교회		1924	
제20회 대화회	관두구교회		1925	• 독경 운동 전개
제21회 대화회	점촌교회		1926	• 복음찬미 출판 달편지 발송
제22회 대화회	고읍교회		1927	• 만주와 시베리아 등지에서 교회의 수
제23회 대화회	원산교회	3대 전치규 목사	1928	난과 순교에 대한 구호 운동 전개
제24회 대화회	원산교회		1929	• 1926년 세속교육 금지령
제25회 대화회	원산교회		1930	• 1933. 1. 19. 펜윅의 부인 페니 하인
제26회 대화회	원산교회		1931	즈 선교사 67세로 별세(한국, 이북 원
제27회 대화회	원산교회		1932	산에 묻힘)
제28회 대화회	원산교회		1933	
제29회 대화회	원산교회		1934	
제30회 대화회	원산교회		1935	• 신사참배 강요로 교회가 수난을 당함
제31회 대화회	원산교회	4대 김영관 목사	1936	• 1935. 12. 16. 펜윅 선교사 72세로
제32회 대화회	원산교회		1937	별세 - 46년간 선교(한국, 이북 원산
제33회 대화회	원산교회		1938	에 묻힘)
제34회 대화회	원산교회		1939	
제35회 대화회	원산교회	5대 이종근 목사	1940	• 교단 지도자 32인이 원산 감옥에 투 옥됨 • 전치규 목사 순교
1941년부터 1945년까지 대화회를 소집하지 못했음.				• 일제에 의하여 교단 해체령 내려짐.

다. 남북 분단 후 교단 재건기의 총회장(1946~1958: 12년간)

회　수	장　소	대수 및 총회장	시무연도	중 요 사 건
제36차 총회	강경	1대 이종덕 목사	46. 4~47. 3	• '대화회'를 '총회'로 변경 • '감목정치'에서 '회중정치'로 변경
제37차 총회	공주	2대 이종덕 목사	47. 4~48. 3	• 복음찬미 1,000권을 마지막으로 출판 • 나진에서 북한 1회 총회(총회장 이종근)
제38차 총회	점촌	3대 이종덕 목사	48. 4~49. 3	• 미국 남침례교회와 제휴 • 나진에서 북한 2회 총회(총회장 최성업)
제39차 총회	강경	4대 이종덕 목사	49. 4~50. 3	• 미남침례교회와 제휴 위해 교단명칭을 '대 한기독교침례회'로 개명

회 수	장소	대수 및 총회장	시무연도	중 요 사 건
제40차 총회	점촌	5대 이종덕 목사	50. 4~51. 3	• 미남침례교회와 제휴 • 나요한(J. Abernathy) 선교사 내한
제41차 총회	원당	6대 노재천 목사	51. 4~52. 3	• '재단법인 대한기독교침례회' 설립 • 침례병원 진료소 개설
제42차 총회	칠산	7대 안대벽 목사	52. 4~53. 3	• 여전도회 조직 • 총회 본부를 부산 충무로교회에 둠
제43차 총회	점촌	8대 안대벽 목사	53. 4~54. 3	• 대전 성경학원 개원 및 시은고등 공민학교 설립 • 뱁티스트지 발간·전국 교회 87개
제44차 총회	대전	9대 신혁균 목사	54. 4~55. 3	• 성경학원을 침례신학교로 문교부 인가 • 부인전도회 창립(현 전국여성선교연합회)
제45차 총회	서울	10대 신혁균 목사	55. 4~56. 3	• 침례회보 발간(현 침례신문) • 호주 선교사 빈스 채터웨이 구호사업 지원
제46차 총회	부산	11대 장일수 목사	56. 4~57. 3	• 침례교세계대회에 대표 파송(장일수) • 영선침례교회 설립
제47차 총회	서울	12대 안대벽 목사	57. 4~58. 3	• 총회 본부를 서울 충무로교회(현 서울교회)에 둠
제48차 총회	점촌	13대 신혁균 목사	58. 4~59. 3	• 무창포수양관 개관 • 침례교출판부 설립·전국 교회 178개

라. 총회 분열 시대의 총회장(1959~1968: 9년간)

회 수	장소	대수 및 총회장	시무연도	교단	중 요 사 건
제49차 총회	포항	14대 김용해 목사	59. 4~60. 3	대침	• 총회 사무실 마련: 서울 용산 • '대한기독교침례회'
	대전	14대 강성주 목사	59. 4~60. 3	기침	• 성광지 발행 • '기독교대한침례회'로 명칭 변경
제50차 총회	김천	15대 이원균 목사	60. 4~61. 3	대침	-
	-	15대 장일수 목사	60. 4~61. 3	기침	• "침례교 시간" 방송매체 시작

회 수	장소	대수 및 총회장	시무연도	교단	중 요 사 건
제51차 총회	대전	16대 안대벽 목사	61. 4~62. 3	대침	• 국제기독교협의회(ICCC) 가입 결의
	서울	16대 장일수 목사	61. 4~62. 3	기침	• '한미어휘위원회' 발족 • '침례회출판사' 문공부에 등록
제52차 총회	서울	17대 안대벽 목사	62. 4~63. 3	대침	• 대한침례회신학교 설립 및 초대교 장 안대벽 선임
	서울	17대 강성주 목사	62. 4~63. 3	기침	-
제53차 총회	서울	18대 김용해 목사	63. 4~64. 3	대침	• 대한침례회신학교 교장 안대벽 해임
	대전	18대 강성주 목사	63. 4~64. 3	기침	• 교회 행정지 발행(진흥원) • 군인을 위한 침례회선교센터 개관
제54차 총회	부산	19대 신혁균 목사	64. 4~65. 3	대침	-
	서울	19대 차광석 목사	64. 4~65. 3	기침	• 홍콩 "아시아 교회학교 확장운동" 대표 파송(안형직, 최희준)
제55차 총회	서울	20대 김용해 목사	65. 4~66. 3	대침	-
	대전	20대 조효훈 목사	65. 4~66. 3	기침	• 군인전도부 설립(현 군경선교회)
제56차 총회	서울	21대 이덕근 목사	66. 4~67. 3	대침	-
	대전	21대 조효훈 목사	66. 4~67. 3	기침	• 교회학교 확장운동 12개 시범교회 강습회 개최
제57차 총회	부산	22대 이덕흥 목사	67. 4~68. 3	대침	• 군종위원회 가입(ICCC 연합 교단)
	대전	22대 구두서 목사	67. 4~68. 3	기침	-

새로 읽는 한국침례교회사

마. 교단 도약의 시대(총무 전임제) 총회장(1968~현재: 56년간)

회 수	장소	대수 및 총회장	시무연도	중요 사건
제58차 총회	서울	23대 김용해 목사	68. 4~69. 3	• 대침, 기침이 교단 합동 • 대한침례회신학교와 침례회신학교가 병합
제59차 총회	서울	24대 오관석 목사	69. 4~70. 3	• 한미대여보조정책위원회 설립 • 침례병원 기숙사 완공
제60차 총회	서울	25대 오관석 목사	70. 4~71. 3	• 한미기금위원회 발족(현 국내선교회) • 한미연합전도대회 준비위원회 결성
제61차 총회	대전	26대 유영근 목사	71. 4~72. 3	• 침례병원 140병상 확보
제62차 총회	서울	27대 조효훈 목사	72. 4~73. 3	• 교단 혼란 수습코자 비상대권 위임(조효훈)
제63차 총회	서울	28대 구두서 목사	73. 4~74. 8	• '한국침례신학대학' 문교부 인가(현 한국 침례신학대학교)
제64차 총회	서울	29대 임경철 목사	74. 9~75. 8	• 총회 일자 4월에서 9월로 변경 • 침례병원 종합병원으로 승격
제65차 총회	대전	30대 지 덕 목사	75. 9~76. 8	• 전국청년연합회 결성 • '한미전도대회' 실시
제66차 총회	대전	31대 박경배 목사	76. 9~77. 8	• 침례회보 복간 • '기독교한국침례회'로 명칭 변경
제67차 총회	서울	32대 박선제 목사	77. 9~78. 8	• 침례신학대학 목회대학원 설치
제68차 총회	대전	33대 남용순 목사	78. 9~79. 8	• 침례신학대학 기독교교육과 인가
제69차 총회	서울	34대 유태근 목사	79. 9~80. 8	• 옥천 침례회수양관 설립
제70차 총회	대전	35대 정태진 목사	80. 9~81. 4	• 수도 신학교 인가 신청 • 임기 중 일신상의 이유로 총회장직 인계
제70차 총회	대전	36대 백화기 목사	81. 4~81. 8	• 백화기 부총회장이 총회장 승계 • '수도침례신학교' 인가
제71차 총회	부산	37대 강원희 목사	81. 9~82. 8	• 규약 개정(현행 규약으로)

회 수	장소	대수 및 총회장	시무연도	중 요 사 건
제72차 총회	서울	38대 이상모 목사	82. 9~83. 8	• '전국형제회연합회' 결성(현 전국남선교연합회)
제73차 총회	대전	39대 한명국 목사	83. 9~84. 8	• 침신대 종교음악과 인가 • 제16차 세계대회 한국 유치 확정
제74차 총회	서울	40대 양준길 목사	84. 9~85. 8	• 수도침례신학교 각종 학교 인가
제75차 총회	대전	41대 김인봉 목사	85. 9~86. 8	• 교회진흥원 요단서적센터 설립 • 성경침례 표기
제76차 총회	대전	42대 우제창 목사	86. 9~87. 8	• 미 루이지애나주 총회와 자매결연
제77차 총회	서울	43대 유광석 목사	87. 9~88. 8	• 해외선교회 발족 • 한미기금위원회를 국내선교회로 명칭 변경
제78차 총회	수원	44대 유병문 목사	88. 9~89. 8	• 침례교 선교 100주년 기념행사 • 교역자복지회 설립
제79차 총 회	천안	45대 김충기 목사	89. 9~90. 8	• '전국여전도연합회'회관 준공 • '제16차 침례교세계대회'개최
제80차 총회	서울	46대 김병수 목사	90. 9~91. 8	• 미 앨리배마주 총회와 자매결연
제81차 총회	부산	47대 최보기 목사	91. 9~92. 8	• 의료법인 기독교한국침례회 의료재단 침례병원 설립
제82차 총회	침신대	48대 안중모 목사	92. 9~93. 8	• 수도신학과 서울신학 통합 • 침신대 사회복지학과 인가
제83차 총회	부산	49대 이창희 목사	93. 9~94. 8	• 침례회신문 미주판 발행
제84차 총회	침신대	50대 안종만 목사	94. 9~95. 1	• 주대석 총무 소천(95. 1. 20.)
	침신대		95. 4~95. 8	• 기독교 TV 방송 참여 교단
제85차 총회	침신대	51대 정인도 목사	95. 9~96. 8	• 미 조지아주 총회와 자매결연

새로 읽는 한국침례교회사

회 수	장소	대수 및 총회장	시무연도	중 요 사 건
제86차 총회	침신대	52대 박성웅 목사	96. 9~97. 8	• 3천 교회 100만 성도 운동 • 목회자부부성장대회(설악산)
제87차 총 회	양수리	53대 박형중 목사	97. 9~98. 8	• 개역 한글성경 개정판 '침례' 표기 삽입 • 세계선교훈련원 준공
제88차 총회	서울	54대 이봉수 목사	98. 9~99. 8	• 침례교회 110주년대회
제89차 총회	용평	55대 양재순 목사	99. 9~00. 8	• 목회자부부성장대회(설악산) • 총회 회관 증축(4,5층) 공사
제90차 총회	경주	56대 안종대 목사	00. 9~01. 8	• CWT 150교회 자매 결연 • 양교 재단 통합
제91차 총회	침신대	57대 고용남 목사	01. 9~02. 8	• 대학생 단기선교사 파송(미국) • 청소년 영어선교캠프(필리핀)
제92차 총회	침신대	58대 권처명 목사	02. 9~03. 9	• 목회자부부성장대회(제주도) • 수해 구호(2개 교회당 신축)
제93차 총회	양수리	59대 최창용 목사	03. 10~04. 9	• 목회자 부부 영적각성대회(양수리) • 군목단 전체 성지순례
제94차 총회	연세 중앙	60대 김용식 목사	04. 10~05. 9	• 해일 피해 지역 선교 지원 • BWA 100주년 기념대회 참석
제95차 총회	침신대	61대 황인술 목사	05. 10~06. 9	• 교단 창립 100주년 기념행사 • 선교사 파송 100주년 기념행사
제96차 총회	침신대	62대 이대식 목사	06. 10~07. 9	• 역사연감 출판 • 침례교최초선교기념교회 기공
제97차 총회	광주 성림	63대 김용도 목사	07. 10~08. 9	• 임시총회(08. 3. 31/08. 5. 30) • 홍콩한인교회개척
제98차 총회	침신대	64대 한규동 목사	08. 10~09. 9	• 울릉도선교100주년 기념행사 • 원로 및 은퇴목사 결연후원
제99차 총회	계룡3군 본부	65대 남 호 목사	09. 10~10. 9	• 고든 파울링 선교사 순교비 제막 • 여의도 빌딩 인수위 구성
제100차 총회	연세 중앙	66대 윤태준 목사	10. 10~11. 9	• 여의도빌딩 인수/ 총회빌딩 건축시작 • 일본지진피해 성금 전달

회　수	장소	대수 및 총회장	시무연도	중　요　사　건
제101차 총회	연세중앙	67대 배재인 목사	11. 10~12. 9	• 맞춤형 교회성장 세미나 • 미자립 목회자 자녀영어연수
제102차 총회	순천	68대 고흥식 목사	12. 10~13. 9	• 여의도총회빌딩 입주 • 목회자 인준교육
제103차 총회	침신대	69대 김대현 목사	13. 10~14. 9	• 인도 나갈랜드침례교 교회협의회(NBCC) 　와 협정 • 세계한인침례교인 선교대회
제104차 총회	강릉	70대 곽도희 목사	14. 10~15. 9	• 교회성장아카데미 1기 • 부흥협력단(4차) 세미나
제105차 총 회	인천	71대 유영식 목사	15. 10~16. 9	• 신사참배거부 교단기념예배 • 침례교신학총서 발간
제106차 총 회	평창	72대 유관재 목사	16. 10~17. 9	• 연금추진을 위한 임시총회 • 광역별 기도회
제107차 총회	경주	73대 안희묵 목사	17. 10~18. 9	• 미래목회 허브센터 사역 • 규약개정 및 학교 건 임시총회
제108차 총회	홍천	74대 박종철 목사	18. 10~19. 9	• 말콤펜윅 선교 130주년 기념 및 세계 한 　인 침례인 대회
제109차 총회	총회	75대 윤재철 목사	19. 10~20. 9	• 제109차 임시총회 • 코로나19 극복을 위한 전국목회자 　세미나 (비대면)
제110차 총회	총회	76대 박문수 목사	20. 10~21. 9	• 제110차 임시총회 (비대면) • 다음세대부흥위원회 신설
제111차 총회	경주	77대 고명진 목사	21. 10~22. 9	• 100만 뱁티스트 전도운동 • 제10차 APBF 침례교대회
제112차 총회	평창	78대 김인환 목사	22. 10~23. 9	• 신사참배거부 기념예배 및 동판 제막식 • 2023 제2차 Mission Summit
제113차 총회	정선	79대 이종성 목사	23. 10~24. 9	• 침례교 장애인주일

새로 읽는 한국침례교회사

회 수	장 소	대수 및 총회장	시무연도	중 요 사 건
제114차 총회	전주	80대 이욥 목사	24. 10~25. 9	• 총회 전 기관 재산 공개 • 신사참배거부 교단 기념일 명칭 변경 항일 운동 및 신사참배거부 교단기념일 • 생명존중 주일 지정(매년 5월 마지막 주일) • 장례예식서 출간 • 새로 읽는 한국침례교회사 출간 • 강경 옥녀봉 최초 교회 안내 표지판 재설치 • 108차 미적립 노후 후원금 전액 정산 완결

한국침례교 순교자 명단

번호	지역	교회명	순교자명	순교연대	순교사유
1		대연	박노기 목사	1918. 10. 20	순교자 4인 중 1인. 러시아 선교를 위해 수청, 연추 지방으로 가다가 1918년 10월 20일 보시엘해 모커우 지점에서 해상 순교함.
2		칠산	김희서 교사	상동	상동
3			전영태 총찰	상동	상동
4			최응선 감로	상동	상동
5			손상열 목사	1921.	전도로 일했고 1919년 교사임명(종성동) 1920년 목사안수 받음(광천). 1921년 오수덕의 오봉산교회에서 주일예배 인도하다 체포되어 오수덕 숲속에서 총살됨. (유해는 2년 후 발견됨)
6			김상준 교사	1925.	총부로부터 만주의 길림성의 개척전도 사명 받고 간 선교. 1925년 순교함.
7			안성찬 전도	상동	-
8			이창희 전도	상동	-
9			박문기 전도	상동	-
10			김이주 전도	상동	-
11			윤학영 전도	상동	-

이창희, 박문기, 김이주, 윤학영은 길림성에 잠복 중이었던 한국독립당원(공산당원)에게 일제의 밀정으로 오인, 체포되어 악형 끝에 순교했고 나머지 두 사람 김상준, 안성찬도 화선현에서 순교했다.(그들의 시신은 유물들-펜윅 부인이 짜준 털모자 등으로 확인됨)

번호	지역	교회명	순교자명	순교연대	순교사유
12	간도	종성동	김영진 목사	1932. 10. 14	일제 자위단에게 순교
13	간도	상동	김영국 감로	상동	상동
14	간도	상동	정춘보 집사	상동	상동

번호	지역	교회명	순교자명	순교연대	순교사유
15	몽골		이현태 교사	1939.	몽골 전도 중 야만적 토족들에게 습격받아 순교함
16	영동	행곡	전치규 목사	1944. 2. 13	원산사건으로 일제에 체포되어 옥고를 치르다가 고문과 영양실조 등으로 함흥형무소에서 순교함
17	울도	평리	김해용 감로	1947. 8. 13	함흥형무소 옥고 후유증으로 순교함
18	충남	칠산	장석천 목사	1949. 9. 2	함흥형무소 옥고 후유증으로 순교함
19	영동	행곡	전병무 목사	1949. 9. 7	공산당에게 습격. 총탄 맞고 순교함
20	영동	행곡	남석천 성도	1949. 9. 7	공산당에게 습격. 총탄 맞고 순교함
21	충남	강경	이종덕 목사	1950. 9. 29	강경교회 봉직 중 후퇴하는 인민군에 의해 1950.9.29. 총검형으로 순교함
22	대전	전민	김진희 선교사	2004. 9. 13	카자흐스탄에서 선교사역 중 총기 강도 피살됨
23 - 24	부여	수원	하진오 목사 박강대 사모	2006. 3. 4	부여군 양화면 수원침례교회 목회 중 정신병이 있는 청년의 흉기로 사망함
25	서울	서울	김영구 선교사	2016. 8. 4	도미니카공화국에서 단기팀 사역 중 낙상사

1   민경배, 『한국기독교회사』 (서울: 대한기독교출판사, 1998), 50-52.

2   민경배, 『한국기독교회사』, 54-95; 박용규, 『한국기독교회사1 (1784-1910)』 (서울: 생명의말씀사, 2005), 156-220.

3   박용규, 『한국기독교회사1 (1784-1910)』, 229-44; 민경배, 『한국기독교회사』, 133-36.

4   민경배, 『한국기독교회사』, 99-102.

5   박용규, 『한국기독교회사1 (1784-1910)』, 261-62.

6   박용규, 『한국기독교회사1 (1784-1910)』, 276, 337.

7   민경배, 『한국기독교회사』, 168-72; 박용규, 『한국기독교회사1 (1784-1910)』, 292-307.

8   박용규, 『한국기독교회사1 (1784-1910)』, 342-47.

9   박용규, 『한국기독교회사1 (1784-1910)』, 288-90.

10   민경배, 『한국기독교회사』, 147-49; 박용규, 『한국기독교회사1 (1784-1910)』, 372-73, 388, 401-02, 413-16.

11   민경배, 『한국기독교회사』, 153-57.

12   박용규, 『한국기독교회사1 (1784-1910)』, 600-07; 공주시, 『공주 근대사 자료집 본권 (개신교편)』 (공주시: 2012), 7.

13   김용해, 『대한기독교침례회사』 (서울: 성청사, 1964), 11; 김갑수, 『한국침례교인물사』 (서울: 요단출판사, 2007), 12; 김장배, 『한국침례교회의 산증인들』 (서울: 침례회출판사, 1981, 1994), 9-10.

14   기독교한국침례교 총회 역사편찬위원회, 『한국침례교회사』 (서울: 침례회출판사, 1990), 43.

15   Timothy Hyo-Hoon Cho, "A History of the Korea Baptist Convention: 1889-1969," Th.D. diss. (Southern Baptist Theological Seminary, 1970), 49; Lillias H. Underwood, "Korea," *The Missionary Review of the World* 13 (December 1890): 943.

16   Timothy Hyo-hoon Cho, "Malcolm C. Fenwick: In the History of Korea Baptist Convention," *Baptist History and Heritage* 6 (January 1971): 47.

17   Kin Huh, "A Historical Analysis of the Korea Baptist Convention in the Light of Baptist Principles," Th.M. thesis (Southeastern Baptist Theological Seminary, 1979), 55.

18   허긴, 『한국침례교회사』 (대전: 침례신학대학교 출판부, 1999), 16-17, 49, 94-95.

19   Kim, "A History of Southern Baptist Mission," 77.

20   Young Sik Yoo, Earlier Canadian Missionaries in Korea: A Study in History 1888-1895 (Mississauga: The Society for Korean and Related Studies, 1987), 46-47.

21   Yoo, Earlier Canadian Missionaries in Korea, 52.

22   최봉기, "펜윅과 한국침례교 관계 연구를 위한 제안," 최봉기·펜윅신학연구소 편, 『말콤 C. 펜윅』 (서울: 요단출판사, 1996), 256-58.

23   총회 역사편찬위원회, 『한국침례교회사』, 52에서 인용.

24   최봉기, "펜윅과 한국침례교 관계 연구를 위한 제안," 244; 이명희, "펜윅의 선교교육 정책," 최봉기·펜윅신학연구소 편, 『말콤 C. 펜윅』 (서울: 요단출판사, 1996), 365.

25   허긴, 『한국침례교회사』, 28.

26   박용규, 『한국기독교회사1 (1784-1910)』, 833-34.

27   "聲聞于天," 『大韓每日申報(국한문)』, 1905년 11월 19일 第八十一號(第三卷).

28   허긴, 『한국침례교회사』, 45-46; Cho, "A History," 62-63.

29   허긴, 『한국침례교회사』, 74; Cho, "A History," 63; 총회 역사편찬위원회, 『한국침례교회사』, 53.

30   Cho, "A History," 64; 허긴, 『한국침례교회사』, 47-48.

31   Gregory A. Wills, Democratic Religion: Freedom, Authority, and Church Discipline in the Baptists South, 1785-1900 (New York: Oxford University Press, 1997), 28; Justice C. Anderson, "Old Baptist Principles Reset," *Southwestern Journal of Theology* 31 (Spring 1989): 7; Eric H. Ohlmann, "The Essence of the Baptists: A Reexamination," *Perspective in Religious Studies* 13 (Winter 1986): 85.

32   Ohlamnn, "The Essence," 88; Maring and Hudson, Baptist Manual, 6; Anderson, "Old Baptist Principle," 11; William McLoughlin, Soul Liberty: *The Baptists' Struggle in New England*, 1633-1833 (Hanover: University Press of New England, 1991), 5.

33   *Wills, Democratic Religion*, 18; Timothy and Denise George, *Baptist Confessions*, 44.

34   James Gale, "1889년 12월 13일. 사랑하는 누나 제니에게, 부산에서," 『착호목쟈: 게일의 삶과 선교 2』, 유영식 편역 (서울: 도서출판 진흥, 2013), 62-65; 유영식 외 3인, 『부산의 첫 선교사들』 (서울: 한국장로교출판사, 2015), 69. 지금까지 한국침례교 역사책들은 펜윅이 1889년 12월 8일에 한국에 도착하였다고 기록하였으나, 최근 게일 선교사의 전집이 출판되면서 펜윅이 1889년 12월 11일 부산에 입항한 것이

입증되었다.

35   Markham Museum, "Family Group Sheet, Archibald Hugh Fenwick and Barbara Ann Latham," 1-6; Malcolm C. Fenwick, *The Church of Christ in Corea: A Pioneer Missionary's Own Story* (New York: George H. Doran Company, 1911; reprint, Seoul: Baptist Publications, 1967), 1-7. 펜윅과 호러스 언더우드와는 비슷한 면이 있다. 1859년 생으로 펜윅보다 4살 많은 언더우드는 펜윅처럼 26세의 총각 선교사로 한국에 왔고, 아버지의 재림신앙을 물려받았으며, 5살 때 어머니가 세상을 떠나서 아버지로부터 많은 영향을 받았다. 박용규,『한국기독교회사1 (1784-1910』, 392-93.

36   Malcolm C. Fenwick, *The Church of Christ in Corea: A Pioneer Missionary's Own Story* (New York: George H. Doran Company, 1911; reprint, Seoul: Baptist Publications, 1967), 1-7; Cho, "A History," 42-43.

37   Fenwick, *Church of Christ*, 5.

38   Fenwick, *Church of Christ*, 6.

39   George M. Marsden, *Fundamentalism and American Culture: The Shaping of Twentieth Century Evangelicalism*: 1870-1925 (New York: Oxford University Press, 1980), 13.

40   Fenwick, *Church of Christ*, 4-5.

41   Fenwick, *Church of Christ*, 7.

42   Fenwick, *Church of Christ*, 7-8.

43   Fenwick, *Church of Christ*, 7-8.

44   Fenwick, *Church of Christ*, 98.

45   부루스 셸리(Bruce Shelly)는 "경건주의적인 근본주의자들은 개인적인 경건의 생활을 통하여 그리스도에게 순종하려고 하며, 성화의 경험을 통하여 그리스도를 닮는 것을 추구한다"라고 설명하였다(Bruce Shelly, "Sources of Pietistic Fundamentalism," Fides Et Historia 5 [Fall 1972-Spring 1973]: 69). 펜윅의 어머니는 이와 같은 경건주의적 근본주의의 특성과 많이 유사한 신앙을 가졌던 것으로 보인다.

46   1884년은 나이아가라 사경회가 개최되지 않았다. Larry D. Pettegrew, "The Niagara Bible Conference and American Fundamentalism," *Central Bible Quarterly* 19 (Winter 1976): 10; Larry D. Pettegrew, "The Niagara Bible Conference and American Fundamentalism Part Ⅲ," *Central Bible Quarterly* (Summer 1977): 6; 안희열,『시대를 앞서간 선교사 말콤 펜윅』(대전: 침례신학대학교출판부, 2010), 69-71.

47 나이아가라 사경회는 보수 신학을 증진하고 자유주의를 반대했다. 살펴볼 것. Pettegrew, "Niagara," 10.

48 Pettegrew, "Niagara," 13-19.

49 마스든은 나이아가라 사경회의 주도적 인물로 대변되는 19세기 말의 근본주의자들은 경건주의와 칼빈주의를 혼합시키는 경향이 있었다고 했다. 그리고 "이러한 혼합적인 특성은 대각성 운동부터 시작된 미국 부흥주의의 중요한 한 측면이 되어왔다"라고 했다(Marsden, *Fundamentalism*, 44).

50 William Scott, "Canadians in Korea: Brief Historical Sketch of Canadian Mission Work in Korea," (n. p.: 1975), 19. 학생자원운동은 아더 피어선(Arthur T. Pierson)과 드와이트 무디(Dwight L. Moody)가 미국 대학생들에게 해외선교에 대한 도전을 주기 위해 1886년에 창설하였다. 한국에 온 초기 미국 선교사들은 이 운동에 지대한 영향을 받았다.

51 *Fenwick, Church of Christ*, 13-14.

52 *Fenwick, Church of Christ*, 9-15. 1887년도 나이아가라 사경회는 7월 19에서 28일까지 나이아가라 호수(Niagara-on-the-Lake)에서 열렸다(Pettegrew, "The Niagara Part Ⅲ," 8).

53 Scott, "Canadians in Korea," 19.

54 Pettegrew, "The Niagara Part Ⅲ," 9.

55 Scott, "Canadians in Korea," 15.

56 Ernest R. Sandeen, *The Roots of Fundamentalism: British and American Millenarianism* 1800-1930 (Chicago: The University of Chicago Press, 1970), 183, 186.

57 Dana L. Robert, "The Origin of the Student Volunteer Watchword: The Evangelization of the World in This Generation," *International Bulletin of Missionary Research* 10 (October 1986): 146.

58 Robert, "Origin," 147. 데이나 로버트(Dana Robert)는 학생자원운동은 1889년에 이 표어를 운동의 기조로 삼았는데, 그 이유는 이 표어가 해외선교의 긴박성과 필요성을 잘 나타내 주기 때문이라고 했다(같은 논문, 148).

59 Robert, "Origin," 147. 당시의 YMCA 세계 회장이었던 존 모트(John R. Mott)도 같은 견해를 가지고 있었다. 그는 "이 세대에 전 세계의 복음화"의 의미는 "모든 사람에게 예수 그리스도를 그들의 구세주로 알게 하여 그분의 참 제자가 될 수 있는 충분한 기회를 주는 것이다"라고 정의했다(같은 논문, 149).

60 *Fenwick, Church of Christ*, 12-13.

61 고든과 스코필드는 펜윅의 책에서 언급되는 사람들로 펜윅은 이들로부터 영향

을 받았다고 했다. 또한 부룩스와 펜윅이 서로 긴밀한 관계였던 것을 보여주는 예가 있다. 그것은 펜윅이 한국에서의 자신의 선교활동과 상황을 그에게 편지로 보내었고, 부룩스는 그 편지를 자신이 운영하는 잡지 「The Truth」에 실었다. 부룩스는 나이아가라 사경회의 창설을 주도하였고 자신이 죽을 때인 1897년까지 나이아가라 사경회의 회장직을 수행한 인물로, 나이아가라의 운명은 그의 지도력과 헌신에 좌우될 정도였다 한다(Kraus, Dispensationalsim in America, 99). 페티그루는 "나이아가라 사경회를 주도한 사람들은 거의 그들 모임의 초창기 때부터 '세대'(dispensation)라는 용어를 사용하였다"라고 했다(Pettegrew, "The Niagara Part III," 23). 나이아가라 신조(the Niagara Confession of Faith)의 제14항은 세대주의적 전천년주의에 관하여 다음과 같이 선언했다: "우리는 현세대 동안 이 세계가 개종한다고는 믿지 않는다. 오히려 심판을 향하여 빨리 달려가고 있으며 기독교 단체라고 말하는 곳에서 무시무시한 배교가 발생하게 될 것으로 믿는다. 이스라엘이 그들의 땅을 차지하게 되고, 전 세계가 주님에 대한 지식으로 충만하게 되면, 주 예수님께서 육체적으로 이 땅에 오셔서 천년왕국의 시대를 열 것으로 믿는다"(Pettegrew, "The Niagara Part III," 20에서 인용).

62 Pettegrew, "The Niagara Part III," 6-9.

63 Pettegrew, "The Niagara Part III," 9, 23.

64 Malcolm C. Fenwick, 「사경공부」(n. p.: 1909). 이 자료는 한국침례교회의 원로목사 김갑수가 소장하고 있었던 것이다. 그는 수도침례신학교 교장을 역임했다. 이 자료는 침례신학대학교 조직신학 교수 김용복에 의해 처음으로 알려지게 되었으며, 그는 이 자료를 사용하여 "「사경공부」에 나타난 펜윅의 종말신앙"이라는 소논문을 발표했다. 「사경공부」는 옛 한국어와 한문으로 기록되어 있었는데, 김갑수 목사가 이것을 현대 한국어로 번역했다. 본서는 현대어로 번역된 「사경공부」를 사용했다.

65 펜윅은 자신의 책에서 "나의 사랑하는 친구 헤론 의사"(my beloved friend, Dr. J. W. Heron)라고 표현했다. Fenwick, *Church of Christ*, 9; Scott, "Canadians in Korea," 19. 존 헤론은 1885년 6월에 한국에 와서 제중원(현재 세브란스 병원)에서 사역하다 격무로 5년만인 1890년 7월에 사망하게 되었는데, 이런 사실이 잘못 소문이 난 것으로 보인다.

66 Pettegrew, "Niagara Part III," 9-10.

67 Young-sik Yoo, "The Impact of Canadian Missionaries in Korea: A Historical Survey of Early Canadian Mission Work, 1888-1898" (Ph.D. diss, University of Toronto, 1996), 219; 허긴, 『한국침례교회사』, 27; 민경배, "말콤 펜윅의 한국선교" 「현대와 신학」 17 (1993): 61-62; Yoo, *Earlier Canadian Missionaries*, 42.

68   Yoo, "The Impact of Canadian Missionaries in Korea," 219-21.

69   Fenwick, *Church of Christ*, 14.

70   한국 선교사로 1914년부터 1956년까지 봉직한 캐나다 출신의 윌리암 스코트(William Scott) 선교사는 펜윅이 토론토대학교 YMCA와 매우 긴밀한 관계가 있었으나, 토론토대학교 YMCA가 펜윅을 한국으로 파송했다고 말하지는 않았다(Scott, "Canadians in Korea," 19-20). 유영식 역시 토론토대학교 YMCA가 펜윅을 파송한 것은 아니라 주장했다. Young Sik Yoo, *Earlier Canadian Missionaries in Korea: A Study in History*, 1888-1895 (Mississauga, Ontario: The Society for Korean and Related Studies, 1987), 42. 한편 펜윅이 토론토대학교 YMCA로부터 파송되지 않았으나 토론토시 YMCA로부터 파송 받았다는 주장도 있다. 한국에 온 미남침례교회 선교사 멕스 윌칵스(Max Willocks; 우락수)는 펜윅과 동시대에 활동한 장로교 선교사 호레이스 언더우드가 펜윅은 토론토시 YMCA로부터 파송된 사람이었다고 주장했다 하였다("Christian Missions in Korea," 123). 그러나 조효훈은 이 관점이 잘못된 것임을 입증했는데, 그는 1889년부터 1893년까지의 토론토시 YMCA 회의 의사록(Minute Books)을 살펴본 결과, 그 시기에 토론토시 YMCA는 한국에 어떤 선교사도 파송한 적이 없었다고 했다. 하지만 조효훈은 토론토대학교 YMCA가 펜윅을 한국으로 파송하였을 가능성은 있다고 했다. 그는 또한 펜윅의 한국인 제자들은 토론토대학교 YMCA가 펜윅을 후원한 것으로 알고 있었음도 언급했다(Cho, "A History," 49-50). 많은 초기 한국침례교인들은 토론토대학교 YMCA가 펜윅을 한국으로 파송한 것으로 믿었다(김장배,『한국침례교회의 산증인들』, 16).

71   Fenwick, *Church of Christ*, 36, 46.

72   허긴,『한국침례교회사』, 28-31; 총회 역사편찬위원회,『한국침례교회사』, 51.

73   침례신학대학교에서 조직신학 교수 윤원준의 이종사촌 누님이며 안대벽 목사의 5촌 조카인 안병숙 권사는 증언하기를 "펜윅 부부는 원산에 약 10만 평 규모의 땅을 샀으며 동산이라고 호칭하였다. 그곳에 고아들을 20-30명 정도 모아 성경 이외에 한글, 영어, 피아노 등을 가르쳤으며, 동산 공동체는 마을 사람들과 교제를 거의 하지 않는 등 매우 독립적인 삶을 살았다"라고 했다(안병숙 증언, 2005년 1월 8일 침례신학대학교 신학연구소). 안병숙 권사는 1929년에 출생하였으며 2005년 현재 일본 동경에서 살고 있다.

74   안희열, "Malcolm C. Fenwick의 토착화 선교에 관한 평가: Henry Venn의 삼자 원리를 중심으로,"「복음과 선교」46집 (2019): 289.

75   Malcolm C. Fenwick, "Korean Farming," *The Korean Repository* (August 1898): 288-93.

76   안희열, "Malcolm C. Fenwick의 토착화 선교에 관한 평가," 289.

77   오지원, 『초기 한국침례교 역사』 (서울: 요단출판사, 2019), 88.

78   Adoniram Judson Gordon, "Life," [온라인 자료] https://en.wikipedia.org/
     wiki/Adoniram_Judson_Gordon, 2016년 3월 1일 접속.

79   안희열, 『시대를 앞서간 선교사 말콤 펜윅』, 134-36; Adoniram Gordon, *How
     Christ Came to Church: the Pastor's Dream. A Spiritual Autobiography*
     (Philadelphia: American Baptist Publication Society, 1895), 46-48, 52, 97;
     Adoniram Gordon, *The Twofold Life: Or Christ's Work for Us and Christ's
     Work in Us* (Boston: H. Gannett, 1883), 223-24을 참조하시오.

80   안희열, 『시대를 앞서간 선교사 말콤 펜윅』, 137-39.

81   Fenwick, *Church of Christ*, 57; Scott, "Canadians in Korea," 20.

82   안희열, 『시대를 앞서간 선교사 말콤 펜윅』, 142-47.

83   안희열, 『시대를 앞서간 선교사 말콤 펜윅』, 148-49.

84   Gordon College, "History of Gordon," [온라인 자료] http://www.gordon.
     edu/history, 2016년 2월 27일 접속. Gordon-Conwell Theological Seminary,
     "Our History" [온라인 자료] http://www.gordonconwell.edu/about/Our-His-
     tory.cfm, 2016년 2월 27일 접속.

85   서만철, "한국 침례교 초기 선교에 관한 1차자료 고찰," 『공주의 기독교 선교역사와
     유산』, 공주시·한국선교유적연구회 (공주: 사단법인 한국선교유적연구회), 80.

86   "The Ella Thing Memorial Mission," *The Korean Repository* 3 (1896): 299-
     300.

87   "The Ella Thing Memorial Mission," 300.

88   서만철, "한국 침례교 초기 선교에 관한 1 차자료 고찰," 82-83.

89   서만철, "한국 침례교 초기 선교에 관한 1차자료 고찰," 95.

90   David Pauling, "Biographical Sketch of Rev. Edward Clayton Pauling," 1. 데
     이비드 폴링(David Pauling)은 에드워드 폴링 선교사의 손자임. Scott, "Canadi-
     ans in Korea," 20.

91   Peter Shepherd, "Spurgeon's Funeral," Baptist Quarterly, vol. 41 (January
     2005): 74.

92   "The Ella Thing Memorial Mission," *The Korean Repository* 3 (1896): 299-
     300; 안희열, 『말콤 펜윅』, 154-55; Fenwick, Church of Christ, 57-8. Malcolm
     Fenwick, *Life in the Cup* (Mesa Grande, CA: Church of Christ in Corea Ex-
     tension, 1917), 202.

93   Pauling, "Biographical Sketch," 1.

   새로 읽는 한국침례교회사

94   Pauling, "Biographical Sketch," 1.

95   김용국, 『미국침례교회사』 (대전: 침례신학대학교출판부, 2014), 271.

96   Pauling, "Biographical Sketch," 1; 서만철, "한국 침례교 초기 선교에 관한 1차자료 고찰," 81, 84.

97   "The Ella Thing Memorial Mission," 299-300; Cho, "A History," 60-61.

98   송현강, "강경침례교회 초기 역사(1896-1945)," 「한국기독교와 역사」 42호 (2015년 3월): 9-10.

99   Daniel L. Gifford, *Every Day in Korea* (Chicago: Student Missionary Campaign Library, 1898), 152. 송현강, "강경침례교회 초기 역사(1896-1945)," 11 재인용.

100   "The Ella Thing Memorial Mission," 300; Cho, "A History," 61.

101   김용해, 『대한기독교침례회사』, 12.

102   F. L. Chapell, "Gordon Training School," *The Watchword* 17 (October 1895): 203; 안희열, 『시대를 앞서간 선교사 말콤 펜윅』, 164 재인용.

103   "The Ella Thing Memorial Mission," 300.

104   허긴, 『한국침례교회사』, 43-44.

105   김갑수, 『한국침례교 인물사』, 22; 허긴, 『한국침례교회사』, 44.

106   "The Ella Thing Memorial Mission," 299-300. 엘라씽선교회에서 "오지"(regions beyond)라는 단어는 매우 일상적인 용어였다(Cho, "A History," 60).

107   송현강, "강경침례교회 초기 역사(1896-1945)," 8.

108   박용규, 『한국기독교회사1 (1784-1910』, 602-07.

109   송현강, "강경침례교회 초기 역사(1896-1945)," 13 재인용. Editor, "Our Field in Korea," *The Missionary* (Jan. 1896): 9; Dr. Drew, "Korea," *The Missionary* (Jan. 1896): 34.

110   오지원, "초기 한국침례교 역사와 공주지역," 『공주의 기독교 선교역사와 유산』, 공주시·한국선교유적연구회 (공주: 사단법인 한국선교유적연구회, 2020), 59.

111   F. W. Steadman, "Korea-Her People and Missions," *The Baptist Missionary Magazine* 81 (November 1901): 674; Cho, "A History," 61.

112   박창근, "한국 최초의 침례가문," 38-39. 1992년 당시 강경교회 담임목사였던 박창근은 81세 된 지병석의 차남 지복남을 만나 인터뷰했고, 그 내용을 「성광」지에 실었다. 박창근은 지병석의 재적등본을 통해 지복남이 지병석의 차남임을 확인했다. 인터뷰에 의하면, 지병석의 장남은 강경침례교회에서 안수집사로 봉직했고, 인터뷰 당시에는 세상을 떠난 상태였다.

113   「토지대장 및 등기부 등본-충청남도 논산시 강경읍 북옥리 124, 135-1, 135-2, 136,

137, 138, 139-1, 139-2」 (충청남도 논산시, 1998); 송현강, "강경침례교회 초기 역사(1896-1945)," 36. 박창근 목사는 지병석의 재적등본을 통해 지병석의 집 136번지 일대의 "약 3,000여 평의 대지가 1939년(소화 14년 9월 12일) 원산 영정 144번지 안대벽, 전치규, 김재형, (고) 원로 침례교 목사님 3분의 공동명의로 보존되었다가, 1942년 일본 사람들의 신사당 강경신사로 등기가 이전되었으며, 지금까지 개인명의로 넘어가지 않고 지목 자체가 종교부지로 되어 공원화되어" 있다는 것을 발견했다. 박창근 "한국 최초의 침례가문,"「성광」(1992년 7월호), 39.

114 한국선교유적연구회 회장 서만철 제공

115 송현강, "강경침례교회 초기 역사(1896-1945)," 12-13.

116 Cho, "A History," 61; 공주시,『공주 근대사 자료집 본권 (개신교편)』, 10

117 「토지대장 및 등기부 등본-충남 공주읍 반죽동 109번지, 110번지」 (공주시청과 공주법원에서 2016년 3월 23일 발급됨).

118 서만철, "한국 침례교 초기 선교에 관한 1차자료 고찰," 86; "The Ella Thing Memorial Mission," 300; Cho, "A History," 60-62; 총회 역사편찬위원회,『한국침례교회사』, 48; 장일수,「기독교대한침례교회 약사」(n. p.: 1961), 2, 18.

119 서만철, "한국 침례교 초기 선교에 관한 1차자료 고찰," 86.

120 "The Ella Thing Memorial Mission," 300; Cho, "A History" 60; 허긴,『한국침례교회사』, 43.

121 서만철, "한국 침례교 초기 선교에 관한 1차자료 고찰," 85.

122 Rev. W. B. Harrison, Journal-1897. 5. 6, *Annual Reports of Presbyterian Church U. S. in Korea Missionary* 1-7 (한국교회사문헌연구원, 1993); 송현강, "강경침례교회 초기 역사(1896-1945)," 19.

123 아그네스 스테드맨, 1898년 10월, 'Ella Thing 기념선교회' 집행위원회에 보낸 편지, 서만철, "한국 침례교 초기 선교에 관한 1차자료 고찰,"『공주의 기독교 선교역사와 유산』, 공주시·한국선교유적연구회 (공주: 사단법인 한국선교유적연구회), 90.

124 아그네스 스테드맨, 1898년 10월, 91.

125 아그네스 스테드맨, 1898년 10월, 91.

126 공주제일교회,『공주제일교회팔십년사』, 28-29.

127 공주제일교회,『공주제일교회팔십년사』, 33.

128 공주제일교회,『공주제일교회팔십년사』, 38-43.

129 공주시,『공주 근대사 자료집 본권 (개신교편)』, 14, 29.

130 김갑수,『원당교회 100년사』(서울: 도서출판 삼영사, 2005), 25; 오지원, "초기 한국 침례교 역사와 공주지역,"『공주의 기독교 선교역사와 유산』, 공주시·한국선교유적연구회 (공주: 사단법인 한국선교유적연구회, 2020), 63.

131 해관 오긍선선생 기념사업회 편, 『해관 오긍선』 (서울: 연세대학교 출판부, 1977), 6-13.

132 오긍선선생 기념사업회 편, 『해관 오긍선』, 14-21.

133 오긍선선생 기념사업회 편, 『해관 오긍선』, 21-26.

134 오긍선선생 기념사업회 편, 『해관 오긍선』, 26.

135 오긍선선생 기념사업회 편, 『해관 오긍선』, 26-28.

136 오긍선선생 기념사업회 편, 『해관 오긍선』, 28.

137 오긍선선생 기념사업회 편, 『해관 오긍선』, 29. 송현강은 오긍선이 윌리엄 불의 어학선생으로 활동했다고 했다. 송현강, "강경침례교회 초기 역사(1896-1945)," 21-22. 오긍선은 아마도 군산에 있던 두 명의 남장로교 선교사 알렉산더와 불 모두에게 한글 선생을 했던 것으로 보인다.

138 오긍선선생 기념사업회 편, 『해관 오긍선』, 30-43.

139 오긍선선생 기념사업회 편, 『해관 오긍선』, vii-ix.

140 Cho, "A History," 62.

141 J. P. Campbell, "The Removal of Pai Hwa to Its New Site," *Korea Mission Field* (March 1915), 90.

142 J. P. Campbell, "A Condensed Report of the Woman's Work of 1898 and 1899," Minutes of the Annual Meeting of the Korea Mission of the Methodist Episcopal Church, South(1901), 34-35; 송현강, "강경침례교회 초기 역사(1896-1945)," 18.

143 서만철, "한국 침례교 초기 선교에 관한 1차자료 고찰," 84.

144 Pauling, "Biographical Sketch," 1.

145 Pauling, "Biographical Sketch," 1.

146 Horace N. Allen, *Things Korean: A Collection of Sketches and Anecdotes Missionary and Diplomatic* (New York: Fleming H. Revell Company, 1908), 174-75; Cho, "A History," 66 재인용.

147 장일수, 「기독교대한침례교회 약사」, 2.

148 송현강, "강경침례교회 초기 역사(1896-1945)," 26.

149 Pauling, "Biographical Sketch," 1.

150 Pauling, "Biographical Sketch," 1.

151 F. W. Steadman,. "Korea-Her People and Missions," *The Baptist Missionary Magazine* 81 (November 1901): 674. 칠산교회 설립과 6명의 신자침례 연도에 관해 교단 역사는 그동안 1899년 여름이라 주장했다. 장일수, 「기독교대한침례교회 연혁」(n. p. : 1969); 1-2; Cho, "A History," 62-63; 총회 역사편찬위원회, 『한국침

례교회사』, 48-49; 허긴, 『한국 침례교회사』, 73. 그러나 풀링이 1899년 겨울에 미국으로 돌아갔고, (David Pauling, "Biographical Sketch of Rev. Edward Clayton Pauling" 1) 윌리엄 불 선교사가 한국에 온 날짜가 1899년 12월이었기 때문에, 침례일자를 1900년 여름으로 보는 것이 타당하다. 송현강, "강경침례교회초기 역사(1896-1945)," 23-27.

152 허긴, 『한국침례교회사』, 46.

153 장정숙 면담, 2015년 11월 26일, 강원도 원주 장정숙 자택, 13; 허긴, 『한국침례교회사』, 74.

154 김갑수, 『은혜의 발자취』 45; 조병산, 『용안침례교회 112년사』 (익산: 용안교회, 2012), 76-77; 송현강, "강경침례교회 초기 역사(1896-1945)," 25; 허긴, 『한국침례교회사』, 73.

155 조병산, 『용안침례교회 112년사』, 78-79.

156 총회역사편찬위원회, 「한국침례교회사」, 65; 김용해, 「대한기독교침례회사」, 15.

157 김갑수, 『원당교회 100년사: 1905-2005』 (서울: 삼영사, 2005), 29.

158 김갑수, 『원당교회 100년사: 1905-2005』, 30.

159 김갑수, 『은혜의 발자취』 (대전: 침례신학대학교출판부, 2013), 45; 조병산, 『용안침례교회 112년사』 (익산: 용안교회, 2012), 79-82; 송현강, "강경침례교회 초기 역사(1896-1945)," 25; 허긴, 『한국침례교회사』, 73.

160 Steadman, "Korea-Her People," 674.

161 장일수, 「기독교대한침례교회 약사」, 18.

162 총회 역사편찬위원회, 『한국침례교회사』, 52; Fenwick, *Church of Christ in Corea*, 58.

163 송현강, "강경침례교회 초기 역사(1896-1945)," 23, 28.

164 서만철, "한국 침례교 초기 선교에 관한 1차자료 고찰," 81, 83-84.

165 서만철, "한국 침례교 초기 선교에 관한 1차자료 고찰," 86.

166 서만철, "한국 침례교 초기 선교에 관한 1차자료 고찰," 81-82.

167 Cho, "A History," 63.

168 김흥경, "교회통신," 「그리스도신문」, 1901년 8월 8일. 송현강, "강경침례교회 초기 역사(1896-1945)," 28 재인용.

169 허긴, 『한국침례교회사』, 73.

170 허긴, 『한국침례교회사』, 47-48; Cho, "A History," 64.

171 Fenwick, *Church of Christ*, 57; Scott, "Canadians in Korea," 20; 허긴, 『한국침례교회사』, 37.

172 Malcolm C. Fenwick, "The Declaration of Principle and Motto of the Corean

Itinerant Mission," *The Missionary Review of the World* 17 [1894], 460-61. L. G. Paik, *The History of Protestant Missions in Korea* (Seoul: Yonsei University Press, 1971), 447-48도 살펴보시오. 교회사가인 김광수는 펜윅이 제임스 허드슨 테일러의 중국내륙선교회(China Inland Mission)의 본을 따서 한국순회선교회를 조직하였다고 주장했다(김광수,『한국 기독교 성장사』[서울: 기독교문사, 1976], 99). 샌딘은 중국내륙선교회나 아프리카내륙선교회 등과 같이 독립적인 "신앙선교"는 일반적으로 천년왕국론을 지지했다고 하였다(Sandeen, Roots, 186).

173 Fenwick, "The Declaration of Principle," 460-61.

174 Fenwick, "The Declaration," 461; Cho, "A History," 54. 19세기 근본주의자들은 열정적인 평신도들도 최소한의 실제적인 훈련과 성경 지식을 습득하면 국내외 선교를 매우 효과적으로 감당할 것이라 확신했다(Sandeen, Roots, 181).

175 Malcolm C. *Fenwick, Life in the Cup* (Mesa Grande, CA: Church of Christ in Corea Extension, 1917), 150-51.

176 Fenwick, *Church of Christ* 15. 선교사가 되기 전에 펜윅은 철물 도매상 지배인으로, 온타리오 지방에 있는 프라이즈 모델 농장(Prize Model Farm)의 직원으로 일했다. 그리고 평신도 설교가로도 활동했다(*Church of Christ* 4, 13).

177 Cho, "A History," 82.

178 Malcolm C. Fenwick, "Letter to the Editor of the Missionary Review of the World," *The Missionary Review of the World* 17 (1894): 619.

179 *The Missionary Review of the World*, XVII (old series; August, 1894), 618-19. Cho, "A History," 83.

180 Lillias H. Underwood, *Underwood of Korea* (New York: Fleming H. Revell Company, 1918), 127. Cho, "A History," 83 재인용.

181 허긴,『한국침례교회사』, 40.

182 허긴,『한국침례교회사』, 53-54.

183 Fenwick, *Church of Christ in Corea*, 58-59.

184 허긴,『한국침례교회사』, 59.

185 Fenwick, Church of Christ in Corea, 60.

186 총회 역사편찬위원회,『한국침례교회사』, 49-50; 허긴,『한국침례교회사』, 59.

187 허긴,『한국침례교회사』, 65.

188 장일수,「기독교대한침례교회 약사」(n. p.: 1961), 3.

189 Steadman, "Korea-Her People and Missions," 674.

190 허긴,『한국침례교회사』(대전: 침례신학대학교 출판부, 1999), 65.

191 장일수,「기독교대한침례교회 약사」, 5; 총회 역사편찬위원회,『한국침례교회사』,

53.

192　Fenwick, *Church of Christ in Corea*, 59.

193　Fenwick, *Church of Christ in Corea*, 56-57.

194　Fenwick, *Life in the Cup*, 202.

195　고든은 그린랜드 선교에 있어서 한스 에게데(Hans Egede)의 후계자인 존 벡(John Beck)이 현지인 전도인 카자낙(Kajarnak)을 사용함으로 선교사업을 성공한 사례를 설명하며 이러한 관점을 표명하였다 (Gordon, *Holy Spirit in Missions*, 123-25).

196　Fenwick, *Life in the Cup*, 203.

197　Gordon, *Holy Spirit in Missions*, 210.

198　Fenwick, *Life in the Cup*, 171-72, 177-80.

199　Fenwick, *Church of Christ*, 93.

200　Malcolm C. Fenwick, 『대한기독교회사: 펜윅 선교사의 자서전적 이야기』, 허긴 역 (대전: 침례신학대학출판부, 1989), 86-88.

201　Fenwick, *Church of Christ in Corea*, 63.

202　장일수, 「기독교대한침례교회 약사」, 19.

203　김갑수, 『한국침례교 인물사』, 19-21.

204　Fenwick, 『대한기독교회사: 펜윅 선교사의 자서전적 이야기』, 85-86.

205　Fenwick, *Church of Christ in Corea*, 73.

206　Fenwick, *Church of Christ in Corea*, 70-71.

207　Fenwick, 『대한기독교회사: 펜윅 선교사의 자서전적 이야기』, 86.

208　Fenwick, 『대한기독교회사: 펜윅 선교사의 자서전적 이야기』, 92.

209　장일수, 「기독교대한침례교회 약사」, 6.

210　장일수, 「기독교대한침례교회 약사」, 5.

211　안중모, 『공주침례교회 100년사』 (공주: 공주침례교회, 1996), 10.

212　Fenwick, *Church of Christ in Corea*, 78-79.

213　Fenwick, 『대한기독교회사: 펜윅 선교사의 자서전적 이야기』, 86-88.

214　김용해 『대한기독교침례회사』, 24; 총회 역사편찬위원회, 『한국침례교회사』, 66.

215　허긴, 『한국침례교회사』, 61-62.

216　Edward C. Starr, "Baptist Beginnings Some Facts on The Hamilton and Newton Institutions," *The Chronicle*, vol. 15, no. 4 (1952): 190-91.

217　Fenwick, *Church of Christ in Corea*, 64.

218　Robert, Dana L. "The Legacy of Adoniram Judson Gordon." *International Bulletin of Missionary Research* 11 (October 1987): 179.

219   Pettegrew, "Niagara Part Ⅲ," 5, 16-19.

220   E. A. McCully, "A Saint's Home Going," *Korean Mission Field* 29 (March, 1933), 51. 김용국,『한국침례교 사상사』(대전: 침례신학대학교출판부, 2005), 53.

221   McCully, "A Saint's Home Going," 51.

222   안병숙 증언(2005년 1월 8일 침례교신학연구소). 안병숙 권사는 안대벽 목사의 5촌 조카이며, 침례신학대학교 윤원준 교수의 이종사촌 누님이다. 김용국,『한국침례교 사상사』, 139; 허긴,『한국침례교회사』, 56-57.

223   김갑수,『한국침례교 인물사』, 24.

224   김장배,『한국침례교회의 산증인들』, 121-22; 김갑수,『한국침례교 인물사』, 26-27.

225   Steadman, "Korea-Her People and Missions," 674.

226   "Baptists in Korea," The Baptist Missionary Magazine, Vol. 84 (March 1904): 102; "War and Missions in Korea," The Baptist Missionary Magazine, Vol. 84 (April 1904): 132-3.

227   장일수,「기독교대한침례교회 약사」, 3.

228   "Baptists in Korea," 102; Cho, "A History," 64; Steadman, "Korea-Her People and Missions," 674.

229   "War and Missions in Korea," 133.

230   "War and Missions in Korea," 133.

231   Steadman, "Our Work In Korea," *The Baptist Missionary Magazine*, 85 (October 1905): 388.

232   Steadman, "Our Work In Korea," 388.

233   Steadman, "Our Work In Korea," 388.

234   Steadman, "Our Work In Korea," 388.

235   강경교회, "한국 최초의 침례교 성지 선교 역사기념교회," (n. p.: 2008), 6.

236   남주희 장로(1936년생), 서면 답변(2025년 6월 20일) 및 구두 주장.

237   자세한 내용은 김준태, "반죽동 예배당 사진과 관련하여,"『꿈의교회 120년사』(서울: 요단, 2016), 491-98을 보시오.

238   김태식, 오지원,『한국 침례교회 100년의 향기』(서울: 누가출판사, 2020), 30, 38을 기초로 작성하되 일부 수정함.

제2장 일제강점기 한국침례교회(1906-1944)

1   C. Norman Kraus, *Dispensationalism in America: Its Rise and Develop-*

ment (Richmond, VA: John Knox Press, 1958), 107. 존 모트(John R. Mott)는 "우리는 선포된 복음을 들었던 사람들이 복음을 받아들여 믿을 것이라는 보장은 할 수 없다. 하지만 우리가 복음을 충실하게 전파하기만 하면 회심하는 자들이 생기게 될 것이라는 기대는 할 수 있다"라고 하였다. Earnest Sandeen, *The Roots of Fundamentalism: British and American Millenarianism* 1800-1930 (Chicago: The University of Chicago Press, 1970), 185에서 인용.

2   Dana L. Robert, "The Origin of the Student Volunteer Watchword: The Evangelization of the World in This Generation," *International Bulletin of Missionary Research* 10 (October 1986): 147. 데이나 로버트는 학생자원운동은 이 표어를 선교 운동의 기조로 삼았는데, 그 이유는 그것이 해외선교의 긴박성과 필요성을 잘 나타내 주기 때문이라고 했다(같은 논문, 148).

3   Malcolm C. Fenwick, *Life in the Cup* (Mesa Grande, CA: Church of Christ in Corea Extension, 1917), 165. 같은 책에서 펜윅은 예양협정의 다른 많은 문제점을 지적하고 자신이 그 제도를 반대하는 이유를 설명했다(같은 책 214-16).

4   총회 역사편찬위원회, 『한국침례교회사』 (서울: 침례회출판사, 1990), 55-57; 김장배, 『한국침례교회의 산증인들』 (서울: 침례회출판사, 1994), 27, 32-33; 허긴, 『한국침례교회사』 (대전: 침례신학대학교출판부, 1999), 93-95.

5   Fenwick, *Church of Christ*, 76-77; 김장배, 『한국침례교회의 산증인들』, 32-34; 총회 역사편찬위원회, 『한국침례교회사』, 57-58; 허긴, 『한국침례교회사』, 96-97.

6   총회 역사편찬위원회, 『한국침례교회사』, 58-64. 결혼규례와 침례문답에 대한 자세한 내용은 김장배, 『한국침례교회의 산증인들』, 40-43을 참조하시오.

7   장일수, 「기독교대한침례교회 약사」 (출판지 불명: 1969), 6-7.

8   총회 역사편찬위원회, 『한국침례교회사』, 65; 김용해, 『대한기독교침례회사』 (서울: 성청사, 1964), 15.

9   총회 역사편찬위원회, 『한국침례교회사』, 57.

10   Fenwick, *Church of Christ*, 22.

11   Malcolm C. Fenwick, 「사경공부」 (n.p.: 1909), 53; 총회 역사편찬위원회, 『한국침례교회사』, 121; 김장배, 『한국침례교회의 산증인들』, 97.

12   Fenwick, *Church of Christ*, 66.

13   Malcolm C. Fenwick, "만민됴혼기별" in 『신약전서』 (서울: 침례회출판사, 1983).

14   Larry D. Pettegrew, "The Niagara Bible Conference and American Fundamentalism Part III," *Central Bible Quarterly* 20 (Summer 1977): 26.

15   Fenwick, *Church of Christ*, 2-3.

16   Fenwick, *Life in the Cup*, 55.

17 　총회 역사편찬위원회,『한국침례교회사』, 102; 김장배,『한국침례교회의 산증인들』, 68-69.

18 　Fenwick, *Church of Christ*, 76-77.

19 　Timothy Hyo-Hoon Cho, "A History of the Korea Baptist Convention: 1889-1969" (Th.D. diss., Southern Baptist Theological Seminary, 1970), 70.

20 　Fenwick,「사경공부」, 102.

21 　Fenwick, *Life in the Cup*, 6. 펜윅은 기독교 민주주의(Christian Democracy)라는 용어를 반대한다고 했다.

22 　Malcolm C. Fenwick, *Life in the Cup* (Mesa Grande: Church of Christ in Corea Extension, 1917), 211. 이 책에서 펜윅은 성령이 교회 회의의 의장이 되시는 생각은 고든 목사에게서 배운 것이라 했다.

23 　총회 역사편찬위원회,『한국침례교회사』, 103; 김장배,『한국침례교회의 산증인들』, 69-72.

24 　김태식, "달편지,"「한국기독교사 연구」11 (1986): 20.

25 　총회 역사편찬위원회,『한국침례교회사』, 59.

26 　침례문답 전문은 허긴,『한국침례교회사』, 108-09를 참조하시오.

27 　총회 역사편찬위원회,『한국침례교회사』, 63; 김장배,『한국침례교회의 산증인들』, 41.

28 　김장배,『한국침례교회의 산증인들』, 39.

29 　김장배,『한국침례교회의 산증인들』, 42-43; 허긴,『한국침례교회사』, 108.

30 　총회 역사편찬위원회,『한국침례교회사』, 62.

31 　허긴,『한국침례교회사』, 107-08; 총회 역사편찬위원회,『한국침례교회사』, 65.

32 　김장배,『한국침례교회의 산증인들』, 38-39.

33 　김장배,『한국침례교회의 산증인들』, 39.

34 　김장배,『한국침례교회의 산증인들』, 37-39.

35 　Fenwick,「사경공부」, 83-85; Cho, "A History," 79; 총회 역사편찬위원회,『한국침례교회사』, 113-16.

36 　총회 역사편찬위원회,『한국침례교회사』, 110.

37 　허긴, "대한기독교회와 달편지,"『말콤 C. 펜윅』, 최봉기·펜윅연구소 편 (서울: 요단출판사, 1996), 281-82.

38 　허긴, "대한기독교회와 달편지," 282-83.

39 　김장배,『한국침례교회의 산증인들』, 207.

40 　Fenwick, *Church of Christ*, 54; Fenwick, *Life in the Cup*, 207.

41 　Fenwick, *Church of Christ*, 86.

42　총회 역사편찬위원회, 『한국침례교회사』, 68.

43　Fenwick, *Church of Christ*, 80. 다음도 살펴보시오. 총회 역사편찬위원회, 『한국침례교회사』, 68. 캐나다 출신 선교사 윌리엄 스콧(William Scott)은 펜윅이 실시하였던 현지인 전도자들을 사용하는 방법은 펜윅 이전에 다른 선교사들이 이미 사용하였던 선교 정책이었다고 하면서, "펜윅에 있어서 특별한 것은 그가 전도인들을 계속하여 움직이게 한 것"이라고 하였다 (William Scott, "Canadians in Korea: Brief Historical Sketch of Canadian Mission Work in Korea," [n.p., 1975], 21).

44　Gordon, *The Holy Spirit in Missions: Six Lectures* (New York: Fleming H. Revell Company, 1893), 179-80.

45　Fenwick, *Life in the Cup*, 170-71.

46　김장배, 『한국침례교회의 산증인들』, 105-06; Cho, "A History," 87; 김갑수, 『한국침례교 인물사』 (대전: 시와 시론사, 1981), 54.

47　Cho, "A History," 87; 김장배, 『한국침례교회의 산증인들』, 106.

48　김갑수, 『한국침례교 인물사』 (서울: 요단출판사, 2007), 164.

49　김장배, 『한국침례교회의 산증인들』, 109.

50　김용해, 『대한기독교침례회사』, 24.

51　총회 역사편찬위원회, 『한국침례교회사』, 71-72; 허긴, 『한국침례교회사』, 127-30.

52　김갑수, 『한국침례교 인물사』 (서울: 요단출판사, 2007), 204-206; 총회 역사편찬위원회, 『한국침례교회사』, 73; 허긴, 『한국침례교회사』, 132.

53　허긴, 『한국침례교회사』, 124.

54　김용해, 『대한기독교침례회사』, 24-25.

55　김장배, 『한국침례교회의 산증인들』, 36; 허긴, 『한국침례교회사』, 105, 118-23; 총회 역사편찬위원회, 『한국침례교회사』, 66-68.

56　김갑수, 『한국침례교 인물사』, 105.

57　Malcolm C. Fenwick, 『대한기독교회사: 펜윅 선교사의 자서전적 이야기』, 허긴 역 (대전: 침례신학대학출판부, 1989). 100-01.

58　장일수, 「기독교대한침례교회 약사」, 20; 김갑수, 『한국침례교 인물사』, 105.

59　Fenwick, 『대한기독교회사: 펜윅 선교사의 자서전적 이야기』, 100.

60　장일수, 「기독교대한침례교회 약사」, 20.

61　장일수, 「기독교대한침례교회 약사」, 7; 김갑수, 『한국침례교 인물사』, 107.

62　Fenwick, 『대한기독교회사: 펜윅 선교사의 자서전적 이야기』, 101-02.

63　Fenwick, 『대한기독교회사: 펜윅 선교사의 자서전적 이야기』, 102.

64　Fenwick, 『대한기독교회사: 펜윅 선교사의 자서전적 이야기』, 102-03.

65   Fenwick, 『대한기독교회사: 펜윅 선교사의 자서전적 이야기』, 103-04.

66   Fenwick, 『대한기독교회사: 펜윅 선교사의 자서전적 이야기』, 104.

67   Fenwick, 『대한기독교회사: 펜윅 선교사의 자서전적 이야기』, 105.

68   Fenwick, 『대한기독교회사: 펜윅 선교사의 자서전적 이야기』, 105-06.

69   허긴, 『한국침례교회사』, 56-57.

70   장일수, 「기독교대한침례교회 약사」, 5.

71   공주시, 『공주 근대사 자료집 본권 (개신교편)』(공주시: 2012), 14, 29, 102.

72   안중모, 「벼랑 끝에서 누린 은혜」, (n. p.: n. d.), 2, 16, 18-19; 안중모 면담, 2015년
      12월 3일, 충남 공주시 꿈의교회, 4.

73   허긴, 『한국침례교회사』, 134.

74   허긴, 『한국침례교회사』, 138.

75   Fenwick, 『대한기독교회사: 펜윅 선교사의 자서전적 이야기』, 94-95, 97-98.

76   허긴, 『한국침례교회사』, 154.

77   Fenwick, 『대한기독교회사: 펜윅 선교사의 자서전적 이야기』, 98.

78   Fenwick, 『대한기독교회사: 펜윅 선교사의 자서전적 이야기』, 95-96.

79   Fenwick, 『대한기독교회사: 펜윅 선교사의 자서전적 이야기』, 95.

80   Fenwick, 『대한기독교회사: 펜윅 선교사의 자서전적 이야기』, 96-97.

81   Fenwick, 『대한기독교회사: 펜윅 선교사의 자서전적 이야기』, 97; 허긴, 『한국침례
      교회사』, 138.

82   총회 역사편찬위원회, 『한국침례교회사』, 66-67; 허긴, 『한국침례교회사』, 133-38.

83   울목향 역사편찬위원회, 『울릉도 침례교 발전사』(대전: 남강문화사, 1999), 3; 안희
      열, "한국 침례교의 울릉도 선교 발자취와 향후 선교적 과제," 「한국로잔교수회 울
      릉도 포럼」 자료집 (2025년 7월): 20.

84   안희열, "한국 침례교의 울릉도 선교 발자취와 향후 선교적 과제," 21; 안희열, "Mal-
      colm C. Fenwick의 울릉도 선교에 관한 평가," 「복음과 실천」 66집 (2020): 106,
      115.

85   안희열, "한국 침례교의 울릉도 선교 발자취와 향후 선교적 과제," 21; 안희열, "Mal-
      colm C. Fenwick의 울릉도 선교에 관한 평가," 104.

86   안희열, "Malcolm C. Fenwick의 울릉도 선교에 관한 평가," 114; 허긴, 『한국침례
      교회사』, 144.

87   안희열, "Malcolm C. Fenwick의 울릉도 선교에 관한 평가," 116.

88   안희열, "한국 침례교의 울릉도 선교 발자취와 향후 선교적 과제," 22.

89   안희열, "Malcolm C. Fenwick의 울릉도 선교에 관한 평가," 117.

90   안희열, "Malcolm C. Fenwick의 울릉도 선교에 관한 평가," 104.

91   김장배, 『한국침례교회의 산증인들』, 105-106, 207; 총회 역사편찬위원회, 『한국침
     례교회사』, 68-69; 허긴, 『한국침례교회사』, 147-48.

92   허긴, 『한국침례교회사』, 150; 총회 역사편찬위원회, 『한국침례교회사』, 69-70.

93   김갑수, 「한국침례교 인물사」, 68.

94   서만철, "한국 침례교 초기 선교에 관한 1차자료 고찰," 『공주의 기독교 선교역사와
     유산』, 공주시·한국선교유적연구회 (공주: 사단법인 한국선교유적연구회), 95.

95   권오웅 면담, 2015년 12월 22일, 충청남도 공주시 권오웅 자택, 1, 7. 2016년 현재
     만 91세인 권오웅 원로 집사는 꿈의교회와 공주중앙침례교회에서 신앙생활을 하였
     다. 그는 7살 때인 1932년부터 동아기독교회에서 신앙생활을 하였다. 권오웅이 교
     회에 나가게 된 것은 할아버지 때문이었다. 그의 할아버지는 공주읍 봉정에서 오민
     선 씨로부터 전도를 받았는데, 오민선은 오정복의 할아버지이고, 오정복의 부인은
     2016년 현재 봉정교회에 출석하고 있는 송순자 집사이다. 어린 권오웅은 할아버지
     를 따라 교회에 나갔다.

96   안원모 면담, 2015년 12월 31일, 충남 공주시 안원모 자택, 1-2.

97   권오웅 면담, 2015년 12월 22일, 권오웅 자택, 1, 7-8.

98   최복순, 최명순 면담, 2015년 12월 8일, 경기도 안성시 최복순 자택, 1, 8.

99   안원모 면담, 2015년 12월 31일, 충남 공주시 안원모 자택, 3.

100 원로장로(송재웅, 안원모, 박정일), 안중모 면담, 2016년 3월 6일, 꿈의교회 공주성
     전, 24.

101 허긴 『한국침례교회사』, 165-66.

102 허긴, 『한국침례교회사』, 166-67.

103 김갑수, 『한국침례교 인물사』, 38.

104 허긴, 『한국침례교회사』, 150-58.

105 이재순 편, 『부산기독교한국침례회 70년 기념 강좌 침례교』 (서울: 요단출판사,
     2020), 79.

106 와타세 쓰네기치, 「조선 교화의 급무」(1913년 10월), 김승태 편역, 『일제강점기 종교
     정책사 자료집』 (한국기독교역사연구소, 1996), 58-59.

107 와타세 쓰네기치, 「조선 교화의 급무」(1913년 10월), 53-54, 410-11.

108 김용해, 『대한기독교침례회사』, 30; 김갑수, 『한국침례교 인물사』, 54.

109 「每日申報社」, 1923년 12월 4일, 3면.

110 데라우치 마사타케, "포교규칙, 1915년 8월 16일," 김승태 편역, 『일제강점기 종교
     정책사 자료집』, 91-93; "포교규칙[1915. 08. 16. 조선총독부령 제 83호]" [온라인 자
     료] http://blog.naver.com/ghkdalstjq35?Redirect=Log&logNo=90185856099,
     2016년 4월 6일 접속.

111 허긴, 『한국침례교회사』, 171-74.

112 김용해, 『대한기독교침례회사』, 30.

113 허긴, 『한국침례교회사』, 158, 173.

114 장일수, 「기독교대한침례교회 약사」, 8.

115 허긴, 『한국침례교회사』, 181-82.

116 「조선통치비화」, 김승태 편역, 『일제강점기 종교정책사 자료집』, 123-25.

117 나카라이 기요시, 「조선통치와 기독교」, 김승태 편역, 『일제강점기 종교정책사 자료집』, 144-45.

118 허긴, 『한국침례교회사』, 200.

119 총회 역사편찬위원회, 『한국침례교회사』, 74 재인용.

120 안희열, "일제의 포교규칙 시행과 동아기독교의 저항," 「복음과 선교」 70집 (2025): 140.

121 안희열, "일제의 포교규칙 시행과 동아기독교의 저항," 147, 151.

122 오세호, "白秋, 金圭冕의 독립운동 기반과 大韓新民團," 「한국근현대사연구」 82집 (2017년 9월): 226-29.

123 오세호, "白秋, 金圭冕의 독립운동 기반과 大韓新民團," 231-34.

124 오세호, "白秋, 金圭冕의 독립운동 기반과 大韓新民團," 236.

125 오세호, "白秋, 金圭冕의 독립운동 기반과 大韓新民團," 237-41.

126 허긴, 『한국침례교회사』, 187-89; 총회 역사편찬위원회, 『한국침례교회사』, 78.

127 김갑수, 『한국침례교 인물사』, 161-2.

128 허긴, 『한국침례교회사』, 190-91.

129 총회 역사편찬위원회, 『한국침례교회사』, 78; 김갑수, 『한국침례교 인물사』, 163-64.

130 김용국, 『한국침례교사상사, 1889-1997』 (대전: 침례신학대학교출판부, 2005), 152.

131 김갑수, 『한국침례교 인물사』, 164-5.

132 김갑수, 『한국침례교 인물사』, 165; 허긴, 『한국침례교회사』, 191.

133 김갑수, 『한국침례교 인물사』, 166.

134 허긴, 『한국침례교회사』, 330-32.

135 안희묵, 「2015년 꿈의교회 요람」 (대전: 청림기획, 2015), 13; 김갑수, 『한국침례교 인물사』, 166-67.

136 허긴, 『한국침례교회사』, 188-89; 총회 역사편찬위원회, 『한국침례교회사』, 78; 김갑수, 『한국침례교 인물사』, 241-43.

137 김갑수, 『한국침례교 인물사』, 243.

138 김갑수, 『한국침례교 인물사』, 243-45; 공주시, 『공주 근대사 자료집 본권 (개신교편)』, 71.

139 노윤백, "노재천 목사님의 사역활동," 1; 김갑수, 『한국침례교 인물사』, 153.

140 노윤백, "노재천 목사님의 사역활동," 1.

141 노윤백, "노재천 목사님의 사역활동," 1.

142 김갑수, 『한국침례교 인물사』, 154-55; 총회역사편찬위원회, 『한국침례교회사』, 78-79; 허긴, 『한국침례교회사』, 192-94.

143 총회 역사편찬위원회, 『한국침례교회사』, 79-80 재인용.

144 김갑수, 『한국침례교 인물사』, 156.

145 노윤백, "노재천 목사님의 사역활동," 2; 김갑수, 『한국침례교 인물사』, 156-57.

146 노윤백, "노재천 목사님의 사역활동," 2; 김갑수, 『한국침례교 인물사』, 158-59.

147 김갑수, 『한국침례교 인물사』, 69-70; 김장배, 『한국침례교회의 산증인들』, 79-80; 허긴, 『한국침례교회사』, 184-86; 총회 역사편찬위원회, 『한국침례교회사』, 80-81.

148 김갑수, 『한국침례교 인물사』, 57.

149 김갑수, 『한국침례교 인물사』, 58-59.

150 김갑수, 『한국침례교 인물사』, 60.

151 김갑수, 『한국침례교 인물사』, 65-66.

152 김갑수, 『한국침례교 인물사』, 66; 허긴, 『한국침례교회사』, 185.

153 김갑수, 『한국침례교 인물사』, 70.

154 김갑수, 『한국침례교 인물사』, 203-05.

155 김갑수, 『한국침례교 인물사』, 206.

156 이 사진과 이후의 사진은 한국침례신학대학교 안희열 교수가 제공함.

157 허긴, 『한국침례교회사』, 203-204.

158 허긴, 『한국침례교회사』, 204-05.

159 김장배, 『한국침례교회의 산증인들』, 21-22; 허긴, 『한국침례교회사』, 204-207; 총회 역사편찬위원회, 『한국침례교회사』, 83.

160 김용해, 『대한기독교침례회사』, 36; 허긴, 『한국침례교회사』, 207-09; 총회 역사편찬위원회, 『한국침례교회사』, 83; 김장배, 『한국침례교회의 산증인들』, 50.

161 허긴, 『한국침례교회사』, 210-11; 총회 역사편찬위원회, 『한국침례교회사』, 83.

162 총회 역사편찬위원회, 『한국침례교회사』, 83; 허긴, 『한국침례교회사』, 211-13.

163 허긴, 『한국침례교회사』, 217-18; 총회 역사편찬위원회, 『한국침례교회사』, 83-84.

164 총회 역사편찬위원회, 『한국침례교회사』, 85-86; 허긴, 『한국침례교회사』, 236-37. 김갑수, 『한국침례교 인물사』, 102.

165 오세호, "白秋, 金圭冕의 독립운동 기반과 大韓新民團," 233.

166 김장배, 『한국침례교회의 산증인들』, 82; 허긴, 『한국침례교회사』, 237-39; 총회 역사편찬위원회, 『한국침례교회사』, 91.

167 안희열, "만주 동아기독교의 항일운동에 관한 재평가-1932년 종성동교회 순교사건 을 중심으로,"「복음과 선교」67집 (2024): 189, 200, 205.

168 안희열, "만주 동아기독교의 항일운동에 관한 재평가-1932년 종성동교회 순교사건 을 중심으로," 208-20.

169 김장배,『한국침례교회의 산증인들』, 83-84; 총회 역사편찬위원회,『한국침례교회 사』, 96-97.

170 이재순 편,『부산기독교한국침례회 70년 기념 강좌 침례교』(서울: 요단출판사, 2020), 83.

171 이재순 편,『부산기독교한국침례회 70년 기념 강좌 침례교』, 82.

172 총회 역사편찬위원회,『한국침례교회사』, 77.

173 안희열, "만주 동아기독교의 항일운동에 관한 재평가-1932년 종성동교회 순교사건 을 중심으로," 202.

174 안희열, "만주 동아기독교의 항일운동에 관한 재평가-1932년 종성동교회 순교사건 을 중심으로," 203.

175 안희열, "만주 동아기독교의 항일운동에 관한 재평가-1932년 종성동교회 순교사건 을 중심으로," 203.

176 안희열, "만주 동아기독교의 항일운동에 관한 재평가-1932년 종성동교회 순교사건 을 중심으로," 215-16.

177 허긴,『한국침례교회사』, 219-21.

178 Fenwick, *The Church of Christ in Corea*, 64; 총회 역사편찬위원회,『한국침례 교회사』, 87; 허긴,『한국침례교회사』, 62, 98.

179 김용해,『대한기독교침례회사』, 38; 총회 역사편찬위원회,『한국침례교회사』, 87. 김 장배,『한국침례교회의 산증인들』, 53.

180 김장배,『한국침례교회의 산증인들』, 53-54; 총회 역사편찬위원회,『한국침례교회 사』, 86-87; 김용해,『대한기독교침례회사』, 38.

181 호서기자동맹 서부지부, "世人의 疑惑을 밧는 동아기독교의 정체,"「중외일보」 1930, 8, 7. 오지원,『신사참배 거부로 수난당한 침례교 대표 32인』(서울: 누가출판 사, 2023), 82 재인용.

182 장일수,「자서전 1」, 2.

183 김갑수,『은혜의 발자취: 한국 침례회 총회·신학교의 역사와 회고』(대전: 침례신학 대학교 출판부, 2013), 78.

184 말콤 펜윅,『말콤 펜윅』, KIATS 역음 (한국고등신학연구원, 2016), 149-50.

185 장일수,「기독교대한침례교회 약사」, 10.

186 Fenwick, *Life in the Cup* (Mesa Grande, CA: Church of Christ in Corea Ex-

tension, 1917), 6, 181-84, 187-88; 말콤 C. 펜윅,『복음과 은혜』, 김용복 편역 (대전: 침례신학대학교출판부, 2011), 269.

187 허긴,『한국침례교회사』, 258.

188 총회 역사편찬위원회,『한국침례교회사』, 92 재인용.

189 말콤 C. 펜윅,『복음과 은혜』, 153-54.

190 말콤 펜윅,『말콤 펜윅』, 373.

191 Fenwick, *Life in the Cup*, 187. 전천년주의자들과 세대주의자들은 인간의 전적 타락 교리에 근거하여 비관적인 세계관을 가졌다. 그들은 세상의 도덕은 점점 더 나빠지게 될 것이며, 과학의 진보에 대한 환상도 버려야 한다고 주장하였다(Kraus, *Dispensationalism*, 62-64; Marsden, *Fundamentalism*, 66-67).

192 허긴,『한국침례교회사』, 172-73.

193 Edgar Y. Mullins, "Evolution, Legislation, and Separation: Correspondence between Billy Sunday and E. Y. Mullins," *Southern Baptist Journal of Theology* 3 (Winter 1999): 86-88.

194 Lumpkin,「침례교 신앙고백서」, 460; 김승진,『침례교회와 역사』, 234-5.

195 Pleasants, "E. Y. Mullins," 43, 52-53.

196 예를 들면 미국 남침례교 총회에서는 1920년대 초반에 진화론을 공립학교에서 가르치지 못하게 하는 법을 제정하도록 의회에 압력을 넣자는 주장이 많이 제기되었다. 그러나 총회는 이러한 주장들을 공식적인 결의로 채택하기보다는, 교단의 신앙고백서에 반진화론 진술을 포함시키는 것으로 결정하였다. 이 결의에 의해 나온 신앙고백서가 1925년도「침례교 신앙과 메시지」(*Baptist Faith and Message*)였다. 자세한 내용은 김용국,『미국침례교회사』(대전: 침례신학대학교출판부, 2014), 314-16을 참조하시오.

197 말콤 C. 펜윅,『복음과 은혜』, 36-44.

198 김장배,『한국침례교회의 산증인들』, 116-17; 총회역사편찬위원회,『한국침례교회사』, 92.

199 김갑수,『은혜의 발자취: 한국 침례회 총회·신학교의 역사와 회고』, 68.

200 김승태, "1930년대 일제의 기독교계 학교에 대한 신사참배 강요와 폐교 전말,"「한국근현대사연구」14집 (2000년 9월): 71-72.

201 이근삼, "신사참배 문제를 재검토한다,"「신학정론」13 (1995년 6월): 9-10.

202 쓰미모토, "교화 의견서, 1910년 9월," 김승태 편역,「일제강점기 종교정책사 자료집」, 31-36, 409.

203 호즈미 야스카, "조선학제에 대한 의견서, 1911년 4월," 김승태 편역,「일제강점기 종교정책사 자료집」, 42, 410.

204 데라우치 마사타케, "개정사립학교규칙 1915년 3월 24일," 김승태 편역, 「일제강점기 종교정책사 자료집」, 87-90, 411.

205 세키야, "사립학교규칙 개정의 요지, 1915년 4월" 김승태 편역, 「일제강점기 종교정책사 자료집」, 95.

206 고마쓰, "교육·종교분리주의를 논하여 조선의 교육제도에 미침(1915년 4월)," 김승태 편역, 「일제강점기 종교정책사 자료집」, 99.

207 고마쓰, "조선의 교육과 종교(1916년 1월)," 김승태 편역, 「일제강점기 종교정책사 자료집」, 108.

208 다카하시, "신사참배와 학교교육"(1927), 김승태 편역, 「일제강점기 종교정책사 자료집」, 180.

209 김장배, 『한국침례교회의 산증인들』, 116-17; 총회 역사편찬위원회, 『한국침례교회사』, 92.

210 김장배, 『한국침례교회의 산증인들』, 68-69; 총회 역사편찬위원회, 『한국침례교회사』, 102.

211 장일수, 「기독교대한침례교회 약사」, 11.

212 김승태, "1930년대 일제의 기독교계 학교에 대한 신사참배 강요와 폐교 전말," 73-75.

213 류대영, "신사참배 관련 소수파 의견-헤럴드 헨더슨(Harold H. Henderson)의 사례," 「한국기독교와 역사」 39집 (2013년 9월): 155-56, 159.

214 김승태, "1930년대 일제의 기독교계 학교에 대한 신사참배 강요와 폐교 전말," 81.

215 허긴, 『한국침례교회사』, 280-81 재인용.

216 김갑수, 『은혜의 발자취: 한국 침례회 총회·신학교의 역사와 회고』, 69.

217 이근삼, "신사참배 문제를 재검토한다," 13-18; 김승태 편역, 『일제강점기 종교정책사 자료집』, 382-85.

218 조선총독부 고등법원 검사국 사상부, "지나사변(중일전쟁)기에 기독교의 동정과 그 범죄에 관한 조사(1938)," 김승태 편역, 『일제강점기 종교정책사 자료집』, 251-57.

219 모리, "사변하에서의 기독교(1938)," 김승태 편역, 『일제강점기 종교정책사 자료집』, 279.

220 일본 대정성 관리국, "신사신앙과 일반 종교정책," 김승태 편역, 『일제강점기 종교정책사 자료집』, 388, 421.

221 조선총독부 고등법원 검사국 사상부, "지나사변(중일전쟁)기에 기독교의 동정과 그 범죄에 관한 조사(1938)," 253.

222 모리, "사변하에서의 기독교(1938)," 272, 416.

223 안희열, "만주 동아기독교의 항일운동에 관한 재평가-1932년 종성동교회 순교사건

을 중심으로," 215 재인용.

224 허긴,『한국침례교회사』, 300-01; 총회 역사편찬위원회,『한국침례교회사』, 128-29.

225 허긴,『한국침례교회사』, 271; 총회 역사편찬위원회,『한국침례교회사』, 106.

226 총회 역사편찬위원회,『한국침례교회사』, 111-12 내용의 요약.

227 총회 역사편찬위원회,『한국침례교회사』, 110.

228 사진 출처: 조용호 목사(1936년 원산대화회기념)

229 총회 역사편찬위원회,『한국침례교회사』, 110-11.

230 허긴, "대한기독교회와 달편지," 281-82.

231 허긴, "대한기독교회와 달편지," 282-83.

232 총회 역사편찬위원회,『한국침례교회사』, 73. 부루스 셸리(Bruce Shelly)는 근본
      주의자들을 이성주의적 근본주의, 호전적인 근본주의, 그리고 경건주의적 근본주
      의 등의 세 가지 그룹으로 나누었다. 그는 "경건주의적 근본주의자는 보수적인 정
      치적 신조에 자신을 던지기보다는 개인적인 경건에 열심을 기울이므로 그리스도에
      게 순종하는 것을 추구한다. … 그러나 그에게 경건이란 단순히 다른 세상을 의미
      하는 것만이 아니다. 경건주의적 근본주의자는 성결을 '영혼구원'으로 해석하며 특
      별히 세계 선교사역에 참여한다"라고 설명하였다. 셸리는 케직 사경회의 연사들 즉
      고든이나 토레이 같은 사람들을 대표적인 경건주의적 근본주의자들로 분류하였다
      (Shelly, "Sources," 69, 73).

233 총회 역사편찬위원회,『한국침례교회사』, 44; 김용해,『대한기독교침례회사』, 13; 민
      경배, "말콤 펜윅의 한국선교"「현대와 신학」17 (1933): 69.

234 L. L. Young, "The Passing of Rev. Malcolm C. Fenwick," *Korea Mission
      Field* (March 1936): 62.

235 Fenwick, *Life in the Cup*, 37.

236 James J. Thompson Jr., *Tried by Fires: Southern Baptists and the Religious
      Controversies of the 1920s* (Macon: Mercer University Press, 1982), 150-54.

237 Fenwick, *Life in the Cup*, 103-04.

238 Fenwick,「사경공부」, 33-34; idem, *Life in the Cup*, 192-93. 고든은 "강렬한 성
      품, 열정적 의지, 두려움 없는 용기와 불같은 열정, 이런 것들은 참으로 그분의 비밀
      스러운 능력의 생산물이라고 많은 사람들이 말할 것이다" 라고 하였다 (Adoniram
      J. Gordon, *Twofold Life: Or Christ's Work for Us and Christ's Work in Us*
      [Boston: H. Gannett, 1883], 193).

239 Fenwick, *Life in the Cup*, 125; idem,「사경공부」, 25.

240 Sandeen, *Roots*, xiv.

241 샌딘은 "근본주의 운동은 자-의식적이고, 조직화되었으며, 분명한 지도력과 잡지들

그리고 모임 등을 통하여 오랜 기간 생존한 활발하게 움직이는 실체적인 운동"이라
고 하였다(*Roots of Fundamentalism*, xiii).

242 Cho, "A History," 79-80.

243 김장배, 『한국침례교회의 산증인들』, 142-45.

244 허긴, 『한국침례교회사』, 291-92.

245 총회 역사편찬위원회, 『한국침례교회사』, 126-27.

246 김용복, "사경공부에 나타난 펜윅의 종말신앙" 『한국 침례교와 신앙의 특성』 (대전:
침례신학대학교출판부, 2000), 101-02.

247 Fenwick, 「사경공부」, 81.

248 Fenwick, 「사경공부」, 13-14, 79-80; Cyrus I. Scofield, *Rightly Dividing the
Word of Truth* (Chicago: Bible Institute Colportage Association, 1939), 51-
52.

249 Fenwick, 「사경공부」, 12-13.

250 Fenwick, 「사경공부」, 12-13, 76-77, 81.

251 Fenwick, 「사경공부」, 14-15, 77, 80-81. 스코필드 역시 율법폐기론(antinomian-
ism), 의례주의(ceremonialism), 갈라디안주의(Galatianism)를 율법과 은혜의
올바른 관계를 파괴하는 3가지 잘못된 견해로 제시하였다(Rightly Dividing, 53-
54). 펜윅과 스코필드는 이러한 견해를 증명하기 위해 똑같은 성경 구절을 사용하
였다. 고든 역시 분명하게 율법폐기론을 반대하였는데, 그는 "그리스도 예수 안에
있는 사람에게는 아무런 정죄함이 없다는 것은 참된 진리의 말씀이다. 그러나 오
믿는 성도여, 당신 스스로 메마르고 황폐한 율법폐기론에 빠지지 않게 하기 위하여
다른 측면 즉, 선한 삶을 위하여 그리스도 예수 안에서 창조되었고 선한 생활 안에
서 살아가도록 하나님께서 이미 정해 놓으셨다는 것을 잊지 마시오"라고 강조하였
다(Adoniram J. Gordon, In Christ; Or, *The Believer's Union With His Lord*
[Boston: Howard Gannett, 1880], 24).

252 Fenwick, 「사경공부」, 81-82.

253 Fenwick, *Life in the Cup*, 111-21.

254 Fenwick, *Church of Christ*, 73.

255 총회 역사편찬위원회, 『한국침례교회사』, 121; 김갑수, 『한국침례교 인물사』, 27.

256 노만 가이슬러(Norman Geisler)는 정부가 자연적이고 도덕적인 하나님의 기관
이라고 믿는 것과 애국주의는 율법폐기론자가 아니며, 율법폐기론을 반대하는 중
요한 표식이라고 주장했다(Norman L. Geisler, "A Premillennial View of Law
and Government," *Bibliotheca Sacra* 142 [July-September 1985]: 257-58).

257 George Balsama, "Madame Guyon, Heterodox…" *Church History* 42 (Spring

1973): 358.

258　Barabas, *So Great Salvation*, 62.

259　Fenwick, *Life in the Cup*, 57.

260　Fenwick, *Life in the Cup*, 104.

261　Fenwick, *Life in the Cup*, 107-08.

262　Robert A. Pyne, "Antinomianism and Dispensationalism" *Bibliotheca Sacra* 153 (April-June 1996): 148.

263　제임스 페커(James I. Packer)는 케직은 성화가 점차적인 죄의 근절 과정이라는 개혁주의 성화론을 배격하였다고 비판했다. 페커는 "성화는 하나님의 사역으로서 하나님 스스로가 성화가 계속되고 완전하게 하시도록 책임을 지시고 수행하는 사역이다(살전 5:23-24; 고전 1:8-9); 그러나 하나님은 성화를 수행하실 때 하나님의 백성들이 이에 적극적으로 참여하는 것을 끌어냄으로서 하신다"라고 주장했다 (James I. Packer, "Keswick and the Reformed Doctrine of Sanctification," *Evangelical Quarterly* 27 [July-September 1955]: 155, 159).

264　제임스 페커도 같은 이유로 케직의 성화론을 비판하였다(Packer, "Keswick," 158-59). 스티븐 코완(Steven Cowan)은 정통 칼빈주의 성화론을 잘 설명해 주었는데, 그는 "칼빈주의는 하나님이 어떠한 사람을 선택하실 때, 하나님은 그 사람의 삶이 점차적으로 그리스도를 닮아 가는 삶이 되도록 역사하신다고 가르친다"라고 하였다(Steven B. Cowan, "Common Misconceptions of Evangelicals Regarding Calvinism," *Journal of the Evangelical Theological Society* 33 [June 1990]: 193).

265　페커 역시 케직의 성화론은 마술적이고 기계적인 측면이 있다고 비판하였다("Keswick," 160-63).

266　오관석,『정금같이 나오리라』(서울: 쿰란, 2005), 80-81.

267　김장배,『한국침례교회의 산증인들』, 73-74; 총회 역사편찬위원회,『한국침례교회사』, 130-31; 허긴,『한국침례교회사』, 305-306.

268　허긴,『한국침례교회사』, 308; 총회 역사편찬위원회,『한국침례교회사』, 131.

269　Cho, "A History," 90-91.

270　Bulletin of Vanderbilt University (Nashville, Tennessee: Printed for the University, 1938), 294.

271　R. Kelly White, Letter to Edwin Dozier, Seinan Gakuin, Fukuoka, Japan, April 11, 1940.

272　Belmont Heights Baptist Church, R. Kelly White, Pastor, Nashville, Tennessee, "License," September 6, 1939.

　새로 읽는 한국침례교회사

273 "Announcement of Belmont Heights Baptist Church," November 29, 1939.

274 R. Kelly White, Letter to Edwin Dozier, Seinan Gakuin, Fukuoka, Japan, April 11, 1940.

275 총회 역사편찬위원회, 『한국침례교회사』, 138-39.

276 조선총독부 경무국, 「특수 주요 사건(기독교 관계, 1938)」, 김승태 편역, 『일제강점기 종교정책사 자료집』, 244-45.

277 Richard Rutt, *James Scrath Gale and his History of the Korean People* (Seoul: Seoul Computer Press, 1983), 64.

278 말콤 펜윅, 「말콤 펜윅」, 407, 305, 313, 411, 437, 441.

279 조선총독부 경무국 보안과, "치안상황 고등(기독교계 관계, 1940)," 김승태 편역, 『일제강점기 종교정책사 자료집』, 335, 418.

280 총회 역사편찬위원회, 『한국침례교회사』, 141-42 재인용. 손양원 장로교 목사도 재림신앙 문제로 일본 검사로부터 취조받았는데, 검사의 질의 문구는 이종근의 것과 매우 유사하였다. 손양원 역시 이종근과 유사한 답변을 하였다. 이근삼, "신사참배 문제를 재검토한다," 22-23을 보시오.

281 총회역사편찬위원회, 『한국침례교회사』, 142-43; 노윤백, "노재천 목사님의 사역활동," 2; 김갑수, 『한국침례교 인물사』, 91-92.

282 총회역사편찬위원회, 『한국침례교회사』, 142-43; 노윤백, "노재천 목사님의 사역활동," 2.

283 朝鮮總督府 高等法院檢事局思想部, "東亞基督敎會 事件," 「思想彙報續刊」 (소하 18년): 12.

284 「토지대장 및 등기부 등본-충청남도 논산시 강경읍 북옥리 124, 135-1, 135-2, 136, 137, 138, 139-1, 139-2」 (충청남도 논산시, 1998); 송현강, "강경침례교회 초기 역사(1896-1945)," 36-37.

285 김갑수, 『한국침례교 인물사』, 80-1; 김장배 『한국침례교회의 산증인들』, 97; 총회 역사편찬위원회, 『한국침례교회사』, 145-46; 허긴, 『한국침례교회사』, 318-20.

286 김갑수, 『은혜의 발자취: 한국 침례회 총회·신학교의 역사와 회고』, 70-71. 성결교회도 재림 신앙으로 교단이 폐쇄되었으며, 일제의 강압에 의해 1943년 12월 29일 자진 해산 성명서를 발표했다: "…재림의 항은 기독이 가까운 장래 육체로써 지상에 재림하여 유태인을 모으고 건국하여 그 왕이 될 뿐 아니라, 만왕의 왕인 자격으로서 전 세계 각국의 주권자로부터 그 통치권을 섭정하여 이를 통치한다는 것으로 근본적으로 국체의 본의에 적합하지 못할뿐더러…"(김승태 편역, 「일제강점기 종교정책사 자료집」, 384).

287 장일수, 『기독교대한침례교회 약사』, 12; 허긴, 『한국침례교회사』, 320; 총회 역사편

찬위원회, 『한국침례교회사』, 148; 김갑수, 『한국침례교 인물사』, 100.

288 허긴, 『한국침례교회사』, 197.

289 허긴, "대한기독교회와 만주(滿洲) 선교사업," 「복음과 실천」 12 (1989): 372.

290 김용해, "동아기독교 1946년 2월 9-11일 임시위원회 회의록," 3. 감로는 장로와 유사한 직분이었다.

291 펜윅의 비정치적 신앙에 대해서는 김용국, 『한국침례교사상사』, 56-61을 참고하시오.

292 R. Max Willocks, "Christian Missions in Korea with Special Reference to the Work of Southern Baptists," (Th.M. thesis, Golden Gate Baptist Theological Seminary, 1962), 137; Cho, "A History," 42-43. 펜윅의 교단에 끼친 구체적인 영향에 대해서는 김용국, 『한국침례교사상사』, 137-62를 참고하시오.

293 안희열, "종교 신학적 관점에서 본 말콤 펜윅의 구원론과 초기 한국교회의 선교적 성과," 「성경과 신학」 55 (2011): 135-63. 세대주의자들의 영혼구원 우선성에 대해서는 Dana L. Robert, "The Origin of the Student Volunteer Watchword: The Evangelization of the World in This Generation," *International Bulletin of Missionary Research* 10 (October 1986): 147-49을 참조하시오.

294 세대주의자들의 애국주의와 정교분리주의에 대해서는 Norman L. Geisler, "A Premillennial View of Law and Government," *Bibliotheca Sacra* 142 (July-September 1985): 257-58을 참조하시오.

295 이은선, "대한자강회 남양지회의 애국계몽운동," 「성경과 신학」 68 (2013): 217-44.

296 이영식, 『한국 장로교회와 민족운동』 (서울: 한국기독교사연구소, 2019), 146-49.

297 이영식, 『한국 장로교회와 민족운동』, 152-54.

298 권문상, "한국 전통 문화와 한국 교회의 세속화," 「성경과 신학」 38 (2005): 149.

299 박명수, "윌슨의 민족자결주의가 대한민국 임시헌장에 미친 영향," 「성경과 신학」 91 (2019): 116-25.

300 박명수, "윌슨의 민족자결주의가 대한민국 임시헌장에 미친 영향," 126-33.

301 장규식, 『일제하 한국 기독교민족주의 연구』, 122-26.

302 장규식, 『일제하 한국 기독교민족주의 연구』, 120.

303 안희열, "Malcolm C. Fenwick의 북방선교에 관한 연구: 북한, 만주, 시베리아를 중심으로." 「복음과 실천」 64집 (2019년 가을): 103, 112, 120을 기초로 작성.

  새로 읽는 한국침례교회사

1   장일수, 『기독교대한침례교회 약사』(n. p.: 1961), 13.

2   장정숙 면담, 2015년 11월 26일, 강원도 원주 장정숙 자택, 1, 4. 장정숙은 장일수 목
     사의 장녀이자 고용남 목사의 사모이다.

3   기독교한국침례회 총회 역사편찬위원회, 『침례교회사』 (서울: 침례회출판사,
     1990), 150. 총회 역사책이 10개 구역을 9개 구역으로 잘못 기술한 것으로 보인다.

4   총회 역사편찬위원회, 『한국침례교회사』, 150.

5   동아긔독교회, 「남부(南部) 뎨일회총회록」 (1946년 9월), 1-3.

6   총회 역사편찬위원회, 『침례교회사』, 150-52. 허긴, 『한국침례교회사』 (대전: 침례신
     학대학교출판부, 1999), 328-29.

7   총회 역사편찬위원회, 『한국침례교회사』, 151-52; Timothy Hyo-Hoon Cho, "A
     History of the Korea Baptist Convention: 1889-1969" (Th.D. diss., Southern
     Baptist Theological Seminary, 1970), 100-101; 허긴, 『한국침례교회사』, 335.

8   김갑수, 『한국침례교 인물사』 (서울: 요단출판사, 2007), 106.

9   장정숙 면담, 2015년 11월 26일, 강원도 원주 장정숙 자택, 15.

10   장일수, 『기독교대한침례교회 약사』, 20; 김갑수, 『한국침례교 인물사』, 109.

11   Seung Jin Kim, "A History of Southern Baptist Mission Work in Korea: Its
     Impact on Korean Baptist Church Growth," Ph.D. diss. (Southwestern Bap-
     tist Theological Seminary, 1995), 73.

12   Cho, "A History," 105; 총회 역사편찬위원회, 『한국침례교회사』, 155-56.

13   허긴, 『한국침례교회사』, 336-37; 총회 역사편찬위원회, 『한국침례교회사』, 158-59.

14   Earle J. Hamilton, Letter to Mrs. Robert Brown, Oberlin, Ohio, August 1,
     1946.

15   Earle J. Hamilton, Letter to Mrs. Robert Brown, Oberlin, Ohio, August 1,
     1946. 얼 햄린은 우태호가 미국에 있을 때 브라운 부부에게 호의를 입은 것에 감
     사해하고 있다고 하며, 우태호의 한국 주소를 알려주었다: Tai-ho Woo Property
     Custodian Bureau Room #5, City Hall Military Government, Inchon, Korea.

16   Baker J. Cauthen, Letter to Dr. M. T. Rankin, Foreign Mission Board, Rich-
     mond, Va., April 14, 1949.

17   M. Theron Rankin, Letter to Baker James Cauthen, P. O. Box 1686 Kow-
     loon, Hongkong, May 24, 1949.

18   Baker J. Cauthen, Letter to M. Theron Rankin, Foreign Mission Board, Rich-
     mond, Va., June 22, 1949.

19   Tai Ho Woo, "The Land of Hibiscus," *The Commission*, July 1949, 196-97.

20   Baker J. Cauthen, Letter to Mr. Tai-ho Woo, 17 Chan Dong, Inchon, Korea, June 22, 1949.

21   Baker J. Cauthen, Letter to M. Theron Rankin, Foreign Mission Board, Richmond, Va., June 22, 1949.

22   Baker J. Cauthen, Letter to M. Theron Rankin, Foreign Mission Board, Richmond, Va., June 22, 1949.

23   Baker J. Cauthen, Letter to M. T. Rankin, Foreign Mission Board, Southern Baptist Convention, 2037 Monument Avenue, Richmond, Va., September 10, 1949, 7.

24   Baker J. Cauthen, Letter to M. T. Rankin, Foreign Mission Board, Southern Baptist Convention, 2037 Monument Avenue, Richmond, Va., September 10, 1949, 10.

25   Baker J. Cauthen, Letter to M. T. Rankin, Foreign Mission Board, Southern Baptist Convention, 2037 Monument Avenue, Richmond, Va., September 10, 1949, 9.

26   John Abernathy, Letter to Baker J. Cauthen, Southern Baptist Missions, Hongkong, May 15, 1951.

27   Baker J. Cauthen, Letter to Mr. Tai-ho Woo, 17 Chan Dong, Inchon, Korea, June 22, 1949.

28   Baker J. Cauthen, Letter to Dr. Maxfield Garrot, Seinan Gakuin, Fukuoka, Japan, June 22, 1949.

29   Baker J. Cauthen, Letter to M. T. Rankin, Foreign Mission Board, Richmond, Va., July 28, 1949.

30   M. Theron Rankin, Letter to Dr. Baker J. Cauthen, c/o Rev. Edwin B. Dozier, Tokyo Foreign Missionaries APO 500, c/o P.M. San Francisco, California, August 10, 1949.

31   Baker J. Cauthen, Letter to M. T. Rankin, Foreign Mission Board, Southern Baptist Convention, 2037 Monument Avenue, Richmond, Va., September 10, 1949, 1. 본 편지는 10페이지에 달하는 보고서라서 각주에 페이지를 기입함.

32   Baker J. Cauthen, Letter to M. T. Rankin, Foreign Mission Board, Southern Baptist Convention, 2037 Monument Avenue, Richmond, Va., September 10, 1949, 2.

33   Baker J. Cauthen, Letter to M. T. Rankin, Foreign Mission Board, Southern

Baptist Convention, 2037 Monument Avenue, Richmond, Va., September 10, 1949, 6.

34   Cauthen, "Found," 13.

35   David Ahn and Jewell Abernathy, "Advance through Suffering," *Royal Service* 42 (November 1953): 27.

36   Baker J. Cauthen, Letter to M. T. Rankin, Foreign Mission Board, Southern Baptist Convention, 2037 Monument Avenue, Richmond, Va., September 10, 1949, 6-7.

37   Baker J. Cauthen, Letter to M. T. Rankin, Foreign Mission Board, Southern Baptist Convention, 2037 Monument Avenue, Richmond, Va., September 10, 1949, 4. 영어 원문은 다음과 같다: "Although a non-Baptistic church organization was developed, the essential teachings of the movement remained Baptist in nature. The message of salvation by grace remained unchanged and apparently they did not teach baptismal regeneration or salvation by church affiliation. Immersion was the only form of baptism practiced and it was restricted to believer's baptism only. Although they held this position, they permitted people from non-immersionist groups to join their church without being immersed. The question was left to the individual. If he choose to be immersed, he could do so, but if he wished to be received upon his former non-immersionist baptism, he was accepted."

38   Baker J. Cauthen, Letter to M. T. Rankin, Foreign Mission Board, Southern Baptist Convention, 2037 Monument Avenue, Richmond, Va., September 10, 1949, 7.

39   Baker J. Cauthen, Letter to M. T. Rankin, Foreign Mission Board, Southern Baptist Convention, 2037 Monument Avenue, Richmond, Va., September 10, 1949, 7.

40   Baker J. Cauthen, Letter to Rev. J. A. Abernathy, 1219 North I Street, Fort Smith, Arkansas, November 21, 1949.

41   Baker J. Cauthen, Letter to Rev. J. A. Abernathy, 1219 North I Street, Fort Smith, Arkansas, November 21, 1949.

42   Baker J. Cauthen, Letter to M. Theron Rankin, Foreign Mission Board, Richmond, Va., April 27, 1951.

43   Baker J. Cauthen, Letter to Rev. J. A. Abernathy, 1219 North I Street, Fort Smith, Arkansas, November 21, 1949.

44   Baker James Cauthen, "Found: 10,000 Baptists!," *The Commission*, March 1952, 12-13.

45   Cauthen, "Found: 10,000 Baptists!," 13.

46   총회 역사편찬위원회, 『한국침례교회사』, 161-62. 코든은 "Korean Baptist Convention organized, Send us missionaries"라는 문구의 전보를 받았다 했다. Cauthen, "Found," 13을 보시오.

47   John Abernathy, "Korea," *Annual of the Southern Baptist Convention* (June 1951): 160; Cauthen, "Found," 13.

48   John Abernathy, "Korea," 160; Cauthen, "Found," 13.

49   Baker J. Cauthen, Letter to M. T. Rankin, Foreign Mission Board, Southern Baptist Convention, 2037 Monument Avenue, Richmond, Va., September 10, 1949, 8.

50   John and Jewell Abernathy, "Korean Welcome," *The Commission*, June 1950, 7.

51   서울침례교회 역사는 이해성이라 했다. 서울침례교회 60년사편찬위원회, 『서울침례교회 60년』 (서울: 엘에스커뮤니케이션, 2009), 12. 허긴은 이기용이라 했다. 허긴, 『한국침례교회사』, 486.

52   서울침례교회 60년사편찬위원회, 『서울침례교회 60년』, 12-13.

53   Jewell L. Abernathy, "Music for a City," Royal Service, December 1956, 13.

54   John and Jewell Abernathy, "Korean Welcome," *The Commission*, June 1950, 7.

55   John and Jewell Abernathy, "Korean Welcome," 7.

56   Ahn and Abernathy, "Advance Through Suffering in Korea," 26.

57   John and Jewell Abernathy, "Korean Welcome," 7.

58   Ahn and Abernathy, "Advance Through," 28.

59   Ahn and Abernathy, "Advance Through," 28.

60   Ahn and Abernathy, "Advance Through," 28-29.

61   John A. Abernathy, "Korea," *Annual of Southern Baptist Convention*, June 1951, 160-61.

62   Abernathy, "Korea," *Annual of Southern Baptist Convention*, June 1951, 160.

63   Ione Gray, "They Live Their Faith," Baptist Training Union Magazine, October 1954, 512.

64   Kim, "A History of Southern Baptist," 79.

     새로 읽는 한국침례교회사

65   Gray, "They Live," 512-13.

66   Kim, "A History of Southern Baptist," 80.

67   Gray, "They Live," 513, 559.

68   Abernathy, "Korea," *Annual of Southern Baptist Convention*, June 1951, 160.

69   John and Jewell Abernathy, "Korean Welcome," 7.

70   John and Jewell Abernathy, "Korean Welcome," 7.

71   서울침례교회 60년사편찬위원회, 『서울침례교회 60년』, 17.

72   John A. Abernathy, "Korea," *Annual of Southern Baptist Convention*, May 1952, 160-61, 172.

73   John A. Abernathy, "The Loyalty of Deacon Kim," *The Baptist Training Union Magazine* 26 (January 1951): 12.

74   서울침례교회는 28일을 주장한다. 60년사편찬위원회, 『서울침례교회 60년』, 18. 반면에 아이온 그레이 선교사는 27일이라 하였다. Gray, "They Live," 559. 그레이 선교사가 50년대 초반에 사역하였기 때문에 그의 진술이 신빙성이 높다고 볼 수 있다.

75   Cauthen, "Found: 10,000 Baptists!," 14.

76   John A. Abernathy, "Korea," *Annual* 1951, 161.

77   Gray, "They Live," 559.

78   John A. Abernathy, "Baptists in Korea," *The Commission*, October 1951, 7.

79   Abernathy, "Baptists in Korea," 7-8.

80   John A. Abernathy, "Korea," *Annual of Southern Baptist Convention*, May 1952, 173.

81   Abernathy, "Korea," *Annual* June 1951, 160-61. 원문은 다음과 같다: "Fifty-five years after Baptist work was begun, there were about 150 churches and congregations in all Korea with about 10,000 members. We found they had a regularly organized Baptist convention and were carrying on the work as nearly like Pauline churches as they knew. They followed the New Testament so closely that in their churches they had pastors and deacons as well as elders and evangelists. An elder was higher than a deacon.... Tithing had been taught and all the churches were self-supporting. ···"

82   Abernathy, "Korea," *Annual* 1952, 171. 원문은 다음과 같다: "There have been Baptists in Korea for the past fifty years. They have not always used the name Baptist, but in faith and practice they were real Baptists."

83   Cho, "A History," 125, 131; Kim, "History of Southern," 89.

84   허긴, 『한국침례교회사』, 346; 장일수, 『기독교대한침례교회 약사』, 13.

85   허긴, 『한국침례교회사』, 347.

86   강경교회, "한국 최초의 침례교 성지 선교 역사기념교회," (n. p.: 2008), 8.

87   허긴, 『한국침례교회사』, 356-57.

88   김장배, 『한국침례교회의 산증인들』 (서울: 침례회출판사, 1981), 88-89.

89   김장배, 『한국침례교회의 산증인들』, 92-93; 김갑수, 『한국침례교 인물사』, 46; 허긴, 『한국침례교회사』, 357; 총회 역사편찬위원회, 『한국침례교회사』, 169.

90   김갑수, 『한국침례교 인물사』, 46.

91   김태식, 오지원, 『한국 침례교회 100년의 향기』 (서울: 누가출판사, 2020), 53-54.

92   허긴, 『한국침례교회사』, 171-74; 김용해, 『대한기독교침례회사』, 30.

93   허긴 『한국침례교회사』, 220.

94   노윤백, "노재천 목사님의 사역활동," 2; 김갑수, 『은혜의 발자취』, 69. 안사는 감목 (총회장)을 역임한 목사에게 주어진 호칭이었다.

95   허긴 『한국침례교회사』, 301; 총회 역사편찬위원회, 『한국침례교회사』, 128-29.

96   총회 역사편찬위원회, 『한국침례교회사』, 151-52; Cho, "A History," 100-01; 허긴, 『한국침례교회사』, 328-29.

97   김갑수, 『한국침례교 인물사』, 44.

98   총회 역사편찬위원회, 『한국침례교회사』, 161-62. 코든은 "Korean Baptist Convention organized, Send us Missionaries."라는 문구의 전보를 받았다 했다. Cauthen, "Found," 13을 보시오.

99   William T. Pelphrey, "Story of Love and Sacrifice," *The Commission*, March 1952, 78.

100 김장배, 『한국침례교회의 산증인들』, 76; 총회 역사편찬위원회, 『한국침례교회사』, 177-78.

101 Jewell L. Abernathy, "Missionary Ford," *The Commission* 17, April 1954, 26.

102 Abernathy, "Korea," *Annual*, 1951, 161.

103 Abernathy, "Missionary Ford," 26.

104 Abernathy, "Missionary Ford," 26.

105 John A. Abernathy, Letter to Dr. B. J. Cauthen, Hongkong, April 23, 1951. 주얼 애버네티는1952년 9월이 되어서야 한국에 올 수 있었다. John A. Abernathy, "Baptist Mission in Korea," *Annual of Southern Baptist Convention*, May 1953, 16을 보시오.

106 Abernathy, Letter to Dr. B. J. Cauthen, Hongkong, April 23, 1951.

107 "Handbook, Korea Baptist Mission (1961)," 13. 이 문서는 1961년에 한국선교부
가 선교사들의 인적 변화를 기록한 자료이다.

108 Branum, "Three Mission Stations in Korea," *Annual of Southern Baptist
Convention*, June 1954, 171; "Handbook," 13.

109 J. G. Goodwin, Jr., "Mission in Transition," *The Commission* 38 (March
1975), 16. R. Max Willocks, "Christian Missions in Korea with Special Refer-
ence to the Work of Southern Baptists," (Th.M. thesis, Golden Gate Baptist
Theological Seminary, 1962), 156.

110 "Handbook," 13.

111 "Handbook," 14.

112 "Handbook," 14.

113 J. Winston Crawley, "Korea Mission," *Annual of Southern Baptist Conven-
tion*, May 1958, 182.

114 "Handbook," 14.

115 J. Winston Crawley, "Korea," *Annual of Southern Baptist Convention*, May
1959, 176.

116 Dr. Robert M. Wright, Baptist Mission A.P.O. # 59 San Francisco, California,
Letter to Dr. Winston Crawley, P.O. Box 5148, Richmond, Virginia, March 7,
1957, 4.

117 Bob & Paula Wright, Baptist Mission PO Box 76 Pusan, Korea, Letter to
Friends and Family, October 1957, 1.

118 Bob & Paula Wright, Baptist Mission PO Box 76 Pusan, Korea, Letter to
Friends and Family, October 1957, 1-2.

119 Don C. Jones, "Korea-Land to Love," *The Commission* 22 (March 1959), 74.

120 Don C. Jones, "Korea-Land to Love," 74-75.

121 Crawley, "Korea Mission," *Annual*, 1958, 183.

122 Lucy Wagner, Paula Wright, Juanita Jones, "O Worship the King in Korea,"
Royal Service 54 (November, 1959), 34.

123 John A. Abernathy, "Baptists in Korea," *The Commission*, October 1951, 7.

124 침례병원 50년사 편찬위원회, 『침례병원 50년사』 (부산: 우주문화사, 2002), 95.

125 Abernathy, "Baptists in Korea," *The Commission*, October 1951, 7.

126 허긴, 『한국침례교회사』, 358.

127 Cho, "History," 124-25; John Abernathy, "Baptists in Korea," 263-64; idem,
"Korea," (1952): 172-73; R. Max Willocks, "Christian Missions in Korea with

Special Reference to the Work of Southern Baptists," Th.M. thesis (Golden Gate Baptist Theological Seminary, 1979), 155-56.

128 Baker James Cauthen, "Found: 10,000 Baptists!," *The Commission*, March 1952, 14; Ahn and Abernathy, "Advance Through Suffering in Korea," 27.

129 Abernathy, "Baptists in Korea," 7-8.

130 John A. Abernathy, "Baptist Mission in Korea," *Annual of the Southern Baptist Convention* (May 1953): 166; Cho, "A History," 126.

131 Abernathy, "Korea," *Annual*, May 1952, 172-73.

132 Abernathy, "Korea," *Annual*, May 1952, 172.

133 Cauthen, "Found: 10,000 Baptists!," 14.

134 Rex Ray, "You Are in This Story," *The Commission*, 5 (September 1952): 14.

135 Rex Ray, "You are in This Story," *The Commission* 15 (September 1952): 238, 245.

136 Ray, "You Are in This Story," 15.

137 John A. Abernathy, "Baptist Mission in Korea," *Annual of Southern Baptist Convention*, May 1953, 166.

138 Ray, "You Are in This Story," 21.

139 Rex Ray, "We Four and One More-Jesus Was There, Too," *The Commission*, 16 (March 1953): 27. 렉스 레이는 남침례교 총회 연감에도 같은 내용을 보고했다. Abernathy, "Baptist Mission in Korea," *Annual*, May 1953, 166-7을 보시오.

140 Abernathy, "Baptist Mission in Korea," *Annual*, May 1953, 166.

141 Cho, "A History," 125.

142 Irene Branum, "Three Mission Stations in Korea," *Annual of the Southern Baptist Convention* (June 1954): 172; Rex Ray, "We Four and One More-Jesus Was There, Too," 91.

143 Irene Branum, "Three Mission Stations in Korea," *Annual*, 1954, 172.

144 Ruby Wheat, "Korea," *Annual of Southern Baptist Convention*, May 1955, 170.

145 Abernathy, "Baptist Mission in Korea," *Annual*, 165; Cho, "A History," 157.

146 장일수, 『기독교대한침례교회 약사』, 14.

147 서울침례교회 60년사편찬위원회, 『서울침례교회 60년사』, 18-19; 침례병원 50년사 편찬위원회, 『침례병원 50년사』, 96.

148 Baker James Cauthen, "Found: 10,000 Baptists!," *The Commission*, March 1952, 14; Gateway to Heaven," *The Commission* 22 (March 1959), 12; 침례병

원 50년사 편찬위원회, 『침례병원 50년사』, 96; Barbara Anne Welborn, "Touching Lives, Meeting Needs," *The Commission* 38 (March 1975): 6.

149 Welborn, "Touching Lives, Meeting Needs," 6.

150 Abernathy, "Korea," Annual, May 1952, 173.

151 Abernathy, "Baptist Mission in Korea," *Annual* May 1953, 166.

152 Abernathy, "Baptist Mission in Korea," 166.

153 Abernathy, "Baptist Mission in Korea," 166.

154 Ray, "You Are in This Story," 21; Jewell L. Abernathy, "Korea's 'Lottie Moon Church," Royal Service (July 1953), 7.

155 Branum, "Three Mission Stations in Korea," 171; Welborn, "Touching Lives," 6; A. W. Yocum, "Forty Years a Missionary Doctor," *The Commission* 17 (May 1954): 149, 155.

156 A. W. Yocum, "Forty Years a Missionary Doctor," 21.

157 Branum, "Three Mission Stations in Korea," 171.

158 침례병원 50년사 편찬위원회, 『침례병원 50년사』, 96-97.

159 Branum, "Three Mission Stations in Korea," 171.

160 Branum, "Three Mission Stations in Korea," 172.

161 Yocum, "Forty Years a Missionary Doctor," 27.

162 Branum, "Three Mission Stations in Korea," 171.

163 Branum, "Three Mission Stations in Korea," 171.

164 Yocum, "Forty Years a Missionary Doctor," 21, 155; 침례병원 50년사 편찬위원회, 『침례병원 50년사』, 97.

165 Dan and Frances Ray, "Korean Mission," 162.

166 "Foreign Mission News (Korea)," *The Commission* 18 (October 1955), 12.

167 Ruby Wheat, "Korea," *Annual of Southern Baptist Convention*, May 1955, 170.

168 침례병원 50년사 편찬위원회, 『침례병원 50년사』, 98.

169 "Foreign Mission News (Korea)," *The Commission* (March 1956): 85; "Gateway to Health," *The Commission* 22 (March 1959): 76; Baker J. Cauthen, "The Orient," *Annual of Southern Baptist Convention*, June 1951, 159; "Gateway to Heaven," 12.

170 침례병원 50년사 편찬위원회, 『침례병원 50년사』, 96.

171 총회 역사편찬위원회, 『한국침례교회사』, 182.

172 침례병원 40년사 편찬위원회 『침례병원 40년사』, 30.

173　"Foreign Mission News," *The Commission* 19 (March 1956), 21.

174　Dan Ray and Frances Ray, "Korean Mission," *Annual of the Southern Baptist Convention* (May-June 1956): 162; Ruby Wheat, "Korean Mission," *Annual of the Southern Baptist Convention* (May 1957): 174-75.

175　Wheat, "Korean Mission," *Annual*, May 1957, 174-75.

176　Dan and Frances Ray, "Korean Mission," 162; Ruby Wheat, "Korean Mission," *Annual of the Southern Baptist Convention* (May 1957): 174.

177　Dan and Frances Ray, "Korean Mission," 162; Wheat, "Korean Mission," *Annual*, May 1957, 174.

178　Robert Max Wright, "Application for Missionary Service to Foreign Mission Board," (October 26, 1954), 5. 본 자료는 저자가 1999년에 미국 테네시주 내슈빌에 소재하고 있는 남침례교 고문서 보관소를 방문하여 취득한 자료이다.

179　Wright, "Application for Missionary Service to Foreign Mission Board," 5-6.

180　Wright, "Application for Missionary Service"; Paula Perkins Wright, "Application for Missionary Service" (Foreign Mission Board, October 26, 1954). 저자가 미국 테네시주의 내슈빌(Nashville)에 있는 남침례교회의 역사도서관 및 고문서 보관소(Historical Library and Archives)에 방문했을 때 라이트 선교사 부부의 선교사 지원서만 볼 수 있었다. 담당자는 당시 시점에서는 다른 선교사의 지원서 방출은 금지되어 있다고 했다.

181　Mrs. Lee Dorrough, "My Second Son is a Missionary Doctor," *Royal Service* 51 (June 1957): 1-3. 저자가 부산침례교회의 대학부 학생으로 있을 때 남침례교회 의료선교사인 의사와 약사와 함께 영어성경공부를 한 경험이 있는데, 그들은 참으로 경건하고 보수적인 그리스도인들이었다.

182　Wheat, "Korean Mission," *Annual*, May 1957, 174.

183　Mary Dorrough, "My Second Son is a Missionary Doctor," *Royal Service* 51 (June 1957), 1-3.

184　Dorrough, "My Second Son," 3.

185　Dorrough, "My Second Son," 3.

186　Wheat, "Korean Mission," *Annual*, May 1957, 175.

187　"Gateway to Heaven," 13; 침례병원 50년사 편찬위원회, 『침례병원 50년사』, 99.

188　Kim, "History of Southern," 194.

189　침례병원 50년사 편찬위원회, 『침례병원 50년사』, 99.

190　Wheat, "Korean Mission," *Annual*, May 1957, 175; "Gateway to Heaven," 13.

191　침례병원 50년사 편찬위원회, 『침례병원 50년사』, 100.

192 Crawley, "Korea Mission," Annual, May 1958, 182-83.

193 Winston Crawley, Letter to Dr. Robert M. Wright, Baptist Mission A.P.O. 59-c/o Postmaster, San Francisco, California, February 21, 1957.

194 Dr. Robert M. Wright, Baptist Mission A.P.O. # 59 San Francisco, California, Letter to Dr. Winston Crawley, P.O. Box 5148, Richmond, Virginia, March 7, 1957, 1-2. 5페이지에 달하는 편지여서 편의상 페이지 수를 기입함.

195 Dr. Robert M. Wright, Baptist Mission A.P.O. # 59 San Francisco, California, Letter to Dr. Winston Crawley, P.O. Box 5148, Richmond, Virginia, March 7, 1957, 3.

196 Bob & Paula Wright, Baptist Mission PO Box 76 Pusan, Korea, Letter to Friends and Family, October 1957, 2.

197 침례병원 50년사 편찬위원회, 『침례병원 50년사』, 100.

198 "Gateway to Heaven," 13.

199 Lucy Wagner, Paula Wright, Juanita Jones, "O Worship the King in Korea," *Royal Service* 54 (November, 1959), 36; Crawley, "Korea," *Annual*, May 1959, 176.

200 침례병원 50년사 편찬위원회, 『침례병원 50년사』, 100.

201 Kim, "History of Southern," 180에서 인용.

202 Abernathy, "Korea," *Annual*, May 1952, 172.

203 Ray, "You Are in This Story," 21.

204 Cho, "A History," 128-29. 조효훈 박사는 본인이 1952년부터 1953년까지 약 2년 동안 "침례교 시간"의 안내자로 봉사했다고 하였다.

205 Cho, "A History," 129-30.

206 Baker J. Cauthen, Letter to Rev. J. A. Abernathy, APO 59 Postmaster, San Francisco, Cal., January 15, 1952.

207 Jewell Abernathy, "Korea's Lottie Moon Church," Royal Service 47 (July 1953): 6-7; John A. Abernathy, "Letter-ettes," Royal Service 49 (December 1955): 24; Cho, "History," 128.

208 Abernathy, "Korea's Lottie Moon Church," 6.

209 Abernathy, "Korea's Lottie Moon Church," 6-7; Jewell Abernathy, "Letter-ettes," *Royal Service*, December 1955, 24.

210 Abernathy, "Korea," *Annual*, May 1952, 172; Jewell L. Abernathy, "The Church of Great Price," *The Commission*, October 1951, 8; Jewell L. Abernathy, "The Church of Great Price," *The Commission* 14 (October 1951): 264;

Lois Henderson, "Members Finance, Erect Church Building by Selves," *The Commission* 24 (March 1961): 94-95.

211 Abernathy, "Baptist Mission in Korea," *Annual*, May 1953, 166.

212 Cho, "A History of the Korea Baptist Convention," 137-38.

213 Cho, "A History of the Korea Baptist Convention," 138. 조효훈은 함태영의 예배 참석을 직접 목격했다고 하였다.

214 John A. Abernathy, "Baptist Mission in Korea," *Annual of the Southern Baptist Convention* (May 1953): 165.

215 Sherwood Wirt, 『빌리 그래함』, 장밀알 역 (서울: 예영커뮤니케이션, 1999), 191-92.

216 이은선, "6·25전쟁과 미국 복음주의와 한국교회," 「영산신학저널」 44 (2018년 6월): 206.

217 Abernathy, "Baptist Mission in Korea," *Annual*, May 1953, 165.

218 박용규, "Billy Graham(1918-): 20세기가 낳은 가장 위대한 전도자," [온라인 자료] http://www.1907revival.com/news/articleView.html?idxno=3239, 2018년 8월 22일 접속.

219 이은선, "6·25전쟁과 미국 복음주의와 한국교회," 206.

220 David Ahn and Jewell Leonard Abernathy, "Advance Through Suffering in Korea," *Royal Service* (November 1953), 28.

221 Abernathy, "Baptist Mission in Korea," *Annual*, May 1953, 165.

222 허긴, 『한국침례교회사』, 370.

223 허긴, 『한국침례교회사』, 362.

224 Jewell L. Abernathy, "One Pastor-Seventeen Churches," *The Commission* 17, January 1954, 12.

225 Cho, "A History of the Korea Baptist Convention," 135.

226 Ahn and Abernathy, "Advance Through Suffering in Korea," 28.

227 Dan and Frances Ray, "Korean Mission," *Annual of Southern Baptist Convention*, May 30-June 2, 1956, 161-62.

228 Dan and Frances Ray, "Korean Mission," 161-62; Ruby Wheat, "Korean Mission," *Annual of Southern Baptist Convention*, May 1957, 174.

229 Jewell L. Abernathy, "Can Catch One Small House for Kim?" *Royal Service* 49 (November 1955), 27.

230 John A. Abernathy, "Above the Thirty-Eighth Parallel," *The Commission* 19 (May 1956), 29.

231 Abernathy, "Above the Thirty-Eighth Parallel," 29.

232 Marler, "A Communist Was Converted," 7.

233 Ruby Wheat, "Korea," *Annual of Southern Baptist Convention*, May 1955, 170.

234 Jewell Abernathy, "The 'White House' of Korea," *Royal Service* 48, June 1954, 10.

235 Jewell Abernathy, "The 'White House' of Korea," 11.

236 Jewell Abernathy, "The 'White House' of Korea," 11.

237 John Abernathy, "Memorial in Seoul," *The Baptist Training Union Magazine* 30, December 1955, 11.

238 John A. Abernathy, "Memorial in Seoul," *The Baptist Training Union Magazine* 30 (December 1955): 627; Elmer S. West, Jr., "Visit to Korea," *The Commission* 17, October 1954, 29; Jewell Abernathy, "Our Prize Church," *Royal Service* 49, November 1954, 4; Jewell Abernathy, "Music for a City," *Royal Service* 50 (December 1956): 13.

239 Wheat, "Korea," *Annual*, May 1955, 170.

240 Abernathy, "Letter-ettes," 24.

241 Ruby Wheat, "Korean Mission," *Annual of Southern Baptist Convention*, May 1957, 174.

242 L. Parkes Marler, "A Communist Was Converted," *The Commission* 21 (April 1958), 7, 27.

243 Lucy Wagner, "Leaders in Training on Ul Lung Do," *The Commission* 23 (January 1960), 28.

244 R. Max Willocks, "A Chain of Churches Develops As Koreans Share the Gospel News," *The Commission* 21 (November 1958), 24.

245 Willocks, "A Chain of Churches Develops As Koreans Share the Gospel News," 24.

246 Martha Ellen Marler, "Seeing a Need She Cannot Meet, Missionary Realizes She Can Pray," *The Commission* 22 (February 1959), 25.

247 Wheat, "Korean Mission," *Annual*, May 1957, 174.

248 Guy Henderson, "Led By The Unseen Hand," *The Commission* 23 (July 1960), 13.

249 Jewell Abernathy, "Can Catch One Small House for Kim?," *Royal Service* 49 (November 1955): 27; Jewell Abernathy, "Our Korean Gatekeeper," *The*

Baptist Training Union Magazine 31 (July 1956): 347.

250 Guy Henderson, "One Lord, One Faith, One Baptism," *The Commission* 24 (January 1961): 11.

251 John A. Abernathy, "침례교회는 어떠한 교회인가?" 「뱁티스트」 1 (구판), 1953년 9월, 12-13.

252 J. M. Carroll, "거룩한 혈통" 김요셉 역, 「뱁티스트」 1 (구판) (1953년 9월): 42-51.

253 J, M. Carroll, 「피흘린 발자취」 (서울: 한국빱티스트성서연맹, 1957).

254 Margaret Bruce, 『소녀회 입문』 고명순 역 (서울: 대한침례교부인회 총회 출판부, 1957); Cho, "History," 112.

255 Ernest R. Sandeen, *The Roots of Fundamentalism: British and American Millenarianism* 1800-1930 (Chicago: The University Of Chicago Press, 1970), 166을 살펴보시오.

256 자세한 내용은 김용국, 『한국침례교사상사, 1889-1997』 (대전: 침례신학대학교 출판부, 2005), 226-27을 참조하시오.

257 Cho, "A History of the Korea Baptist Convention," 128-29. 조효훈은 자신이 1952년부터 1953년까지 약 2년 동안 "침례교 시간"의 안내자로 봉사했다고 하였다.

258 이숙재, "여성 연합사역의 중요성 강조와 기관의 정체성 유지를 위한 한국침례교 여선교회 매뉴얼 개발" (목회학 박사학위논문, 침례신학대학교 목회신학대학원, 2018), 40.

259 조혜도, 왕은신, 『한국침례교 여전도회사』 (서울: 유니게출판사, 1998), 28; 이숙재, "여성 연합사역의 중요성," 40.

260 Branum, "Three Mission Stations," 171.

261 서울침례교회, 『서울침례교회 60년사』, 29-30.

262 Wheat, "Korea," *Annual*, May 1955, 169.

263 Wheat, "Korea," *Annual*, May 1955, 170.

264 Dan and Frances Ray, "Korean Mission," 161-12.

265 Dan and Frances Ray, "Korean Mission," 162.

266 Lucy E. Wagner, "Young People See Korea's Need for Gospel, Dedicate Lives to Witness," *The Commission* 19 (October 1956): 28; "Your Lottie Moon Offering at Work in Korea," *Royal Service* 49 (November 1955): 10.

267 Dan and Frances Ray, "Korean Mission," 162.

268 Wheat, "Korean Mission," *Annual*, May 1957, 174.

269 Lucy Wagner, "Epistles," *The Commission* 19 (October 1956), 28.

270 Wagner, "Epistles," 28.

  새로 읽는 한국침례교회사

271 Margaret Bruce,『소녀회 입문』, 고명순 역 (서울: 대한침례교부인회총회 출판부, 1957).

272 Juanita Jones, "Korean Seminary Students Show Concern for Unreached Villages," *The Commission* 22 (April 1959), 24.

273 Jewell Leonard Abernathy, "Brothers in Christ in Korea," *The Baptist Training Union Magazine* 34 (August 1959), 12-13.

274 Abernathy, "Brothers in Christ in Korea," 13, 50.

275 Branum, "Three Mission Stations in Korea," *Annual*, June 1954, 171.

276 Wheat, "Korea," *Annual*, May 1955, 170.

277 Dan and Frances Ray, "Korean Mission," 162.

278 조혜도, 왕은신,『한국침례교 여전도회사』, 26; 김용해,『대한기독교침례회사』, 88.

279 조혜도, 왕은신,『한국침례교 여전도회사』, 26-27.

280 Wheat, "Korea," *Annual*, May 1955, 169; 조혜도, 왕은신,『한국침례교 여전도회사』, 28.

281 조혜도, 왕은신,『한국침례교 여전도회사』, 28-30.

282 "Foreign Mission News (Korea)," The Commission 18 (November 1955), 13.

283 조혜도, 왕은신,『한국침례교 여전도회사』, 30, 199.

284 조혜도, 왕은신,『한국침례교 여전도회사』, 31, 34-35, 199.

285 Wheat, "Korean Mission," *Annual*, May 1957, 174; 조혜도, 왕은신,「한국침례교 여전도회사」, 31.

286 Bruce,『소녀회 입문』).

287 조혜도, 왕은신,『한국침례교 여전도회사』, 34-35.

288 Don C. Jones, "출판과 교회진흥 사업,"「뱁티스트」4 (1992년 11-12월): 116.

289 Jones, "출판과 교회진흥 사업," 117.

290 Crawley, "Korea," *Annual*, May 1959, 176.

291 "Foreign Mission News (Korea)," *The Commission* 18 (October 1955): 268; Cho, "History," 148.

292 침례신학대학교 50년사 편찬위원회,『침례신학대학교 50년사』, 56; 허긴,『한국침례교회사』, 377-78.

293 Branum, "Three Mission Stations in Korea," *Annual*, June 1954, 172.

294 김병수, 저자와의 면담, 2017년 10월 4일, 대전 반석마을 아파트 608동 1502호 저자 자택, 녹취록, 6. 김병수 목사는 부산침례교회 원로 목사로 1953년 성경학교 1회 입학생이었다. 따라서 그의 증언은 신빙성이 있다고 볼 수 있다.

295 침례신학대학교 50년사 편찬위원회,『침례신학대학교 50년사』, 70-71.

296 Branum, "Three Mission Stations in Korea," *Annual*, June 1954, 172.

297 Wheat, "Korea," Annual, May 1955, 74.

298 "Designed for Growth," *The Commission* 21 (July 1958), 46.

299 허긴, 『한국침례교회사』, 378-79.

300 "Designed for Growth," 46.

301 침례신학대학교 50년사 편찬위원회, 『침례신학대학교 50년사』, 65-66.

302 침례신학대학교 50년사 편찬위원회, 『침례신학대학교 50년사』, 82, 87.

303 Wheat, "Korea," *Annual*, May 1955, 170.

304 Dan and Frances Ray, "Korean Mission," 161-62.

305 침례신학대학교 50년사 편찬위원회, 『침례신학대학교 50년사』, 101.

306 침례신학대학교 50년사 편찬위원회, 『침례신학대학교 50년사』, 59, 102.

307 Wheat, "Korean Mission," *Annual*, May 1957, 174.

308 Crawley, "Korea Mission," *Annual*, May 1958, 182; 침례신학대학교 50년사 편찬위원회, 『침례신학대학교 50년사』, 95-97.

309 J. G. Goodwin, Jr., "Korea Mission," *Annual of the Southern Baptist Convention* (May 1958): 182; "Designed for Growth," *The Commission* 21 (July 1958): 238.

310 Crawley, "Korea Mission," *Annual*, May 1958, 182; "Designed for Growth," 46.

311 침례신학대학교 50년사 편찬위원회, 『침례신학대학교 50년사』, 7.

312 "Designed for Growth," 46.

313 장성익 "기독교한국침례교회 총회 자유게시판 게시글," 2018년 8월 13일.

314 Crawley, "Korea," *Annual*, May 1959, 176.

315 이재순 편, 『부산기독교한국침례회 70년 기념 강좌 침례교』 (서울: 요단출판사, 2020), 48.

316 Wheat, "Korea," *Annual*, May 1955, 131-32.

317 R. Max Willocks, "Christian Missions in Korea with Special Reference to the Work of Southern Baptists," (Th.M. thesis, Golden Gate Baptist Theological Seminary, 1962), 156; 허긴, 『한국침례교회사』, 383-85.

318 Wheat, "Korea," Annual, May 1955, 169.

319 Yocum, "Forty Years a Missionary Doctor," 21; 침례병원, 『침례병원 50년사』, 97.

320 김용해, 『대한기독교침례회사』 (서울: 성청사, 1964), 85-86.

321 허긴, 『한국침례교회사』, 365-66; 김장배, 『한국침례교회의 산증인들』, 76; 총회 역

  새로 읽는 한국침례교회사

사편찬위원회,『한국침례교회사』, 177-78.

322   허긴,『한국침례교회사』, 393-94.

323   허긴,『한국침례교회사』, 393-94.

324   총회 역사편찬위원회,『한국침례교회사』, 190-91.

325   Cho, "A History," 166-67.

326   Cho, "A History," 155.

327   Cho, "A History," 155-6. 허긴,『한국침례교회사』, 421-22.

제4장 교단 분열 시대(1959-1968)

1   Timothy Hyo-Hoon Cho, "A History of the Korea Baptist Convention: 1889-1969" (Th.D. diss., Southern Baptist Theological Seminary, 1970), 142.

2   Cho, "A History," 153.

3   허긴,『한국침례교회사』(대전: 침례신학대학교출판부, 1999), 422-23; Seung Jin Kim, "A History Southern Baptist Mission Work in Korea: Its Impact on Korean Baptist Church Growth" (Ph. D. diss. Southwestern Baptist Theological Seminary, 1995), 100.

4   허긴,『한국침례교회사』, 422-23; Cho, "History," 170.

5   기독교한국침례교 총회 역사편찬위원회.『한국침례교회사』(서울: 침례회출판사, 1990), 191-92; Cho, "A History," 166.

6   Cho, "A History," 167.

7   김용해,『대한기독교침례회사』(서울: 성청사, 1964), 96.

8   김장배,『한국침례교회의 산 증인들』(서울: 침례회출판사, 1981), 184, 188, 195-96.

9   김갑수,『은혜의 발자취』(대전: 침례신학대학교출판부, 2013), 167-68.

10   R. Max Willocks, "Christian Missions in Korea with Special Reference to the Work of Southern Baptists" (Th.M. thesis, Golden Gate Baptist Theological Seminary, 1962), 165-66.

11   인천침례교회, "성명서," 1960년 8월 25일.

12   허긴,『한국침례교회사』, 421.

13   Cho, "A History," 155-56.

14   총회 역사편찬위원회,『한국침례교회사』, 190.

15   Dan Ray, "The Baptist Convention of Korea," Minutes of the Mission Executive Committee Meeting of the Korea Baptist Mission, 1955.

16 Willocks, "Christian Missions in Korea," 159.

17 John and Jewell Abernathy, "Korean Welcome," The Commission. June 1950, 7.

18 허긴,『한국침례교회사』, 358.

19 장일수,『자서전 3』(n. p: n. d), 15.

20 김장배,『한국침례교회의 산 증인들』, 202-3; 총회 역사편찬위원회,『한국침례교회사』, 184, 188.

21 Willocks, "Christian Missions in Korea," 159.

22 허긴,『한국침례교회사』, 379.

23 장일수,『자서전 3』, 15.

24 Willocks, "Christian Missions in Korea," 159.

25 장일수,『자서전 3』, 15, 18.

26 허긴,『한국침례교회사』, 404.

27 안대벽, "주님 안에 사랑하는 동역자 교회 형제자매 귀중," 1959년 4월 22일.

28 허긴,『한국침례교회사』, 403-05.

29 Cho. "A History," 172.

30 총회 역사편찬위원회,『한국침례교회사』, 187; 김장배,『한국침례교회의 산 증인들』, 184-86.

31 Willocks, "Christian Missions in Korea," 158.

32 Cho, "A History," 172-73.

33 Willocks, "Christian Missions in Korea," 161.

34 Korea Baptist Mission, Minutes of the Korea Mission of the Southern Baptist Convention, 1957, 1.

35 총회 역사편찬위원회,『한국침례교회사』, 192-93, 195.

36 김용해,『대한기독교침례회사』, 96.

37 김용해,『대한기독교침례회사』, 97-98.

38 대한기독교침례회 총회실행위원 총회장 안대벽 외 8인, "建議書," 1957년 8월. 8인은 부회장 노재천, 한기춘, 총무 김용해, 전도부장 신혁균, 사회부장 최성업, 교육부장 이원균, 출판부장 한태경, 재무부장 김길남

39 Willocks, "Christian Missions in Korea," 161-62.

40 총회 역사편찬위원회,『한국침례교회사』, 196.

41 Willocks, "Christian Missions in Korea," 160.

42 대한기독교침례회,「제48회 총회 회록」, 1958년 5월 12~16일, 12-19.

43 Willocks, "Christian Missions in Korea," 158, 163-64.

44   Willocks, "Christian Missions in Korea," 164.

45   이순도, "재한 미남침례교 선교사들께 경고함," 1959년 4월 22일.

46   안대벽, "주님 안에 사랑하는 동역자 교회 형제자매 귀중," 1959년 4월 22일.

47   김장배,『한국침례교회의 산 증인들』, 187.

48   "고 장일수 목사 약력",「고 장일수 목사 발인 예배 순서지」, 1986년 3월 19일.

49   총회역사편찬위원회,『한국침례교회사』, 92.

50   장일수,『자서전 1』(n.p.: n.d.), 2.

51   허긴,『한국침례교회사』, 338.

52   장일수,『자서전 3』, 16.

53   장일수,『자서전 3』, 16.

54   장일수,『자서전 3』, 17.

55   장일수,『자서전 3』, 17.

56   필자 미상, "주님의 은혜 가운데 엄동지절에", 1959년 1월 12일. 필자 미상, "총회장
      소변경 신청서", 1959년 1월 20일. 서신과 신청서의 발신자는 미상으로 되어 있으
      나 장일수가 보낸 것으로 알려졌다. 김용해,『대한기독교침례회사』, 115 보시오.

57   김장배,『한국침례교회의 산 증인들』, 190-91; 총회 역사편찬위원회,『한국침례교회
      사』, 201-02.

58   Willocks, "Christian Missions in Korea," 164.

59   Korea Baptist Mission Executive Committee, "Statement" (March 20, 1959).

60   Korea Baptist Mission Executive Committee, "Statement" (March 20, 1959);
      Cho, "History," 196-97.

61   한국침례회선교부 부장 마라, 총무 구두원, "한국침례회 총회 제 교회 목사 전도사
      귀하," 1959년 3월 30일경.

62   한국침례회선교부 부장 마라, 총무 구두원, "한국침례회 총회 제 교회 목사 전도사
      귀하," 1959년 3월 30일경.

63   Willocks, "Christian Missions in Korea," 164-65.

64   김용해,『대한기독교침례회사』, 105.

65   김용해,『대한기독교침례회사』, 105.

66   한국침례회 49회 총회 수습대책 준비위원회 대표 장일수 외 21명, "성명서," 1959년
      4월 2일.

67   장일수, "친애하는 교우들에게," 1959년 4월 7일.

68   윈스톤 크롤리, "美國南浸禮會 外國宣敎部," 1959년 4월 8일.

69   대한기독교침례회 총회 실행위원장 대리 김용해, 위원 노재천, 이원균, 한기춘, 안
      대벽, 김주언, "성명서," 1959년 3월 31일. 신혁균 전보 (내정간섭규탄), 장일수 전보

(유고불참), 한태경 (통신 없음).

70   대한기독교침례회 총회 실행위원장 대리 김용해, 위원 노재천, 이원균, 한기춘, 안
      대벽, 김주언, "미국 남침례회 동양 총무 크로-리 박사 귀하," 1959년 3월 31일. 신혁
      균 (병고불참), 장일수 (유고불참), 한태경(불참).

71   전도부 실행위원 안대벽 외 4명, "해명서," 1959년 4월 7일.

72   대한기독교침례회 경서구역 회원 일동, "성명서," 1959년 4월 10일.

73   전도부 실행위원 안대벽 외 4명, "각 교회 귀중," 1959년 4월 10일.

74   대한기독교침례회 총회 실행위원회 위원 김용해 외 5인, "성명서," 1959년 4월 13
      일. 나머지 실행위원은 노재천, 안대벽, 한기춘, 이원균, 김주언 등이다.

75   대한기독교침례회 경북구역 총회, "성명서," 1959년 4월 13일.

76   대한기독교침례회 신학교 동창회 회장 이덕홍 외 5인, "성명서," 1959년 4월 16일.
      나머지 임원은 부회장 이종철, 총무 이덕근, 회계 박경배, 서기 김갑수 등이다.

77   대한기독교침례회 종로교회 대표 박경배 외 18인, "재한미남침례회 선교부실행위
      원회 귀하," 1959년 4월.

78   대한기독교침례회 총회 실행위원회 위원 김용해 외 5인, "해명서," 1959년 4월 20
      일.

79   대한기독교침례회 부인전도회 임원 이순도 외 4인, "성명서," 1959년 4월 22일. 나
      머지 임원은 신귀례, 김혜경, 여정실, 황필련 등이다.

80   대한기독교침례회 총회 재무부장 김주언, "성명서," 1959년 4월 24일.

81   허긴, 『한국침례교회사』, 437-38.

82   대한기독교침례회, 「제49차 총회 회의록」(1959), 13-14.

83   Korea Baptist Mission, Minutes of the Called Meeting of the Korea Baptist
      Mission Held in Taejeon, May, 1959.

84   대한기독교침례회 총회 총회장 강성구, 부회장 이덕여, 김기석, 총무 김승학, 전도
      부장 죤스, 교육부장 조효훈, 사회부장 말러, 출판부장 장시정, 재무부장 박종록,
      "각 교회 귀중," 1959년 5월 8일.

85   총회 역사편찬위원회, 『한국침례교회사』, 217; 허긴, 『한국침례교회사』, 498.

86   대한기독교침례회총회 실행위원회 신혁균, 김용해, 노재천, 안대벽, 한기춘, 이원
      균, 김주언, "4월 28-9일 대전 불법총회를 규탄한다," 1959년 5월 2일.

87   대한기독교침례회총회 실행위원회 신혁균, 김용해, 노재천, 안대벽, 한기춘, 이원
      균, 김주언, "4월 28-9일 대전 불법총회를 규탄한다," 1959년 5월 2일.

88   대한기독교침례회 총회 실행위원 신혁균, 김용해, 노재천, 이원균, 한기춘, 안대벽,
      김주언, "해명서," 1959년 5월 9일.

89   대한기독교침례회 포항교회 사무처리회장 김창복, "전국교역자 및 교우들 앞,"

1959년 5월 18일.

90 대한기독교침례회, 「제49회 총회 회록」 (1959년 5월 26일), 2.

91 대한기독교침례회, 「제49회 총회 회록」 (1959년 5월 27일), 8.

92 총회역사편찬위원회, 『한국침례교회사』, 217; 허긴, 『한국침례교회사』, 483.

93 김용해, 『대한기독교침례회사』, 118-19.

94 김장배, 『한국침례교회의 산 증인들』, 205.

95 재단법인 대한기독교침례회 이사장 김용해, "재단법인 대한기독교침례회 유지재산 처리에 관한 공고," 1959년 9월.

96 「제50회 총회 회록」 (1960년 5월 4일), 19.

97 대한기독교침례회, 「제50회 총회 회록」 (1960년 5월 4일), 19-22.

98 인천침례교회, "성명서," 1960년 8월 25일.

99 인천침례교회, "성명서," 1960년 8월 25일.

100 김장배, 『한국침례교회의 산증인들』, 201; 총회 역사편찬위원회, 『한국침례교회사』, 215-16.

101 허긴, 『한국침례교회사』, 482; 총회 역사편찬위원회, 『한국침례교회사』, 216.

102 허긴, 『한국침례교회사』, 483-85; 총회 역사편찬위원회, 『한국침례교회사』, 217.

103 허긴, 『한국침례교회사』, 485.

104 허긴, 『한국침례교회사』, 485-86.

105 허긴, 『한국침례교회사』, 486-88.

106 허긴, 『한국침례교회사』, 491.

107 허긴, 『한국침례교회사』, 489-90.

108 허긴, 『한국침례교회사』, 493.

109 허긴, 『한국침례교회사』, 494.

110 이재순 편, 『부산기독교한국침례회 70년 기념 강좌 침례교』 (서울: 요단출판사, 2020), 48.

111 Kim, "History of Southern Baptist," 111; 허긴, 『한국침례교회사』, 460-61.

112 J. G. Goodwin, Jr., "침례회 방송 전도사업 안내," 「침례회보」 (1967년 11월): 14; 허긴, 『한국침례교회사』, 461.

113 Goodwin, "침례회 방송 전도사업 안내," 14.

114 Goodwin, "침례회 방송 전도사업 안내," 14; 허긴, 『한국침례교회사』, 461.

115 Kim, "History of Southern," 169-70.

116 W. Guy Henderson, "Growth Sought by Various Ways: Army Center Opens," The Commission 26 (June 1963): 21.

117 Kim, "History of Southern," 172-75.

118 Juanita Jones, "Riots Show Need for Student Work," The Commission 23 (September 1960): 237.

119 Kim, "History of Southern," 171-72.

120 Don C. Jones, "출판과 교회진흥 사업,"「뱁티스트」4 (1992년 11-12월): 116.

121 Jones, "출판과 교회진흥 사업," 117.

122 J. G. Goodwin, Jr., "Korea," Annual of Southern Baptist Convention (May 1959): 176.

123 "SBC President, Fellow Pastors Start Ripples of Korean Revival," The Commission 23 (March 1960): 71.

124 Jones, "출판과 교회진흥 사업," 117.

125 Jones, "출판과 교회진흥 사업," 117.

126 Jones, "출판과 교회진흥 사업," 117.

127 Lucy Wagner et al., "Christianity's Challenge in Korea," Royal Service 54 (November 1959): 3-4; Lucy E. Wagner, "Impression of Rural Korea," The Commission 23 (December 1960): 328-29; Lucy E. Wagner, "Leaders in Training on Ul Lung Do," The Commission 23 (January 1960): 28-30.

128 Don C. Jones, "교회행정잡지와 교회확장운동, 1963년에서 1968년까지"「　티스트」6 (1993, 3-4): 88; 안병창,『교회진흥원 60년사』(서울: 요단출판사, 2014), 75.

129 Jones, "출판과 교회진흥 사업," 117-18; Jones, "교회행정잡지와 교회확장운동, 1963년에서 1968년까지," 88.

130 Jones, "출판과 교회진흥 사업," 118.

131 Jones, "출판과 교회진흥 사업," 118-19.

132 Jones, "출판과 교회진흥 사업," 119.

133 Jones, "교회행정잡지와 교회확장운동, 1963년에서 1968년까지" 88.

134 Jones, "출판과 교회진흥 사업," 117-19; 안병창,『교회진흥원 60년사』(서울: 요단출판사, 2014), 75.

135 안병창,『교회진흥원 60년사』, 85.

136 Don C. Jones, "동양에서의 주일학교(교회학교) 운동"「　티스트」5 (1993, 1-2): 104.

137 Jones, "동양에서의 주일학교(교회학교) 운동," 105.

138 Jones, "동양에서의 주일학교(교회학교) 운동," 105-06.

139 Jones, "동양에서의 주일학교(교회학교) 운동," 106.

140 안병창,『교회진흥원 60년사』, 87.

141 Jones, "동양에서의 주일학교(교회학교) 운동," 106-07.

새로 읽는 한국침례교회사

142 Jones, "동양에서의 주일학교(교회학교) 운동," 106.

143 Jones, "교회행정잡지와 교회확장운동, 1963년에서 1968년까지," 88.

144 Jones, "교회행정잡지와 교회확장운동, 1963년에서 1968년까지," 88.

145 Jones, "교회행정잡지와 교회확장운동, 1963년에서 1968년까지," 89.

146 J. Clyde Turner, 『신약교회교리』 이요한 역, (서울: 침례회출판사, 1961).

147 Jones, "교회행정잡지와 교회확장운동, 1963년에서 1968년까지," 90.

148 안병창, 『교회진흥원 60년사』, 75.

149 Jones, "교회행정잡지와 교회확장운동, 1963년에서 1968년까지," 89-90.

150 Theodore F. Adams, 『온 세계의 침례교인들』 구난서 역, (서울: 침례회출판사, 1968).

151 J. G. Goodwin, Jr., "광고," 「침례회보」(1968년 2월): 15.

152 Jones, "교회행정잡지와 교회확장운동, 1963년에서 1968년까지," 89.

153 "Dedication in Korea," The Commission 32 (January 1969): 33; Welborn, "Touching Lives," 8; Kim, "History of Southern," 191.

154 침례병원 50년사 편찬위원회, 『침례병원 50년사』 (부산: 우주문화사, 2002), 102.

155 50년사 편찬위원회, 『침례병원 50년사』, 102.

156 50년사 편찬위원회, 『침례병원 50년사』, 100.

157 50년사 편찬위원회, 『침례병원 50년사』, 102-03.

158 50년사 편찬위원회, 『침례병원 50년사』, 101.

159 50년사 편찬위원회, 『침례병원 50년사』, 105.

160 50년사 편찬위원회, 『침례병원 50년사』, 105; Charles Wiggs, letter to Winston Crawley, January 7, 1966.

161 Mrs. Roy C. McGlamery, "Responding to Physical Need in Korea," Royal Service 63 (June 1969): 30.

162 노영식, "공주침례교회 역사, 1960-1967," 4.

163 허긴, 『한국침례교회사』, 451-52.

164 허긴, 『한국침례교회사』, 510-11.

165 총회 역사편찬위원회, 『한국침례교회사』, 231.

166 총회 역사편찬위원회, 『한국침례교회사』, 230-31; 허긴, 『한국침례교회사』, 511-17; Cho, "A History," 235.

167 노영식, 하영자 인터뷰, 2006년 4월 27일, 꿈의교회 공주성전, 15.

168 Cho, "A History," 192.

169 오관석, 『정금같이 나오리라』 (서울: 쿰란, 2005), 80-81.

170 오관석, 『정금같이 나오리라』, 86-87.

171 이옥주, 『나의 나 된 것은: 김충기 목사의 삶과 신앙』 (서울: 강남중앙침례교회, 2002), 47-49.

172 이옥주, 『나의 나 된 것은: 김충기 목사의 삶과 신앙』, 51.

173 노영식 인터뷰, 2006년 4월 27일, 꿈의교회 공주성전, 15.

174 노영식, "공주침례교회 역사, 1960-1967," 7-8; 고용남, "꿈의교회 역사에 관하여," 2.

175 허긴, 『한국침례교회사』, 508.

176 Albert W. Gammage, Jr., "Korean Baptists Can Teach Devotion to Revival Efforts," The Commissions 22 (April 1959): 124.

177 원로장로(송재웅, 안원모, 박정일) 면담, 2016년 3월 6일, 꿈의교회 공주성전, 4.

178 고용남, 고정남, 최복순, 최금자 인터뷰, 2015년 12월 17일, 서울 신촌중앙침례교회, 2, 11; 고용남, "꿈의교회 역사에 관하여," (2016년 2월 18일), 1.

179 허긴, 『한국침례교회사』, 479.

180 고용남, 고정남, 최복순, 최금자 인터뷰, 2015년 12월 17일, 서울 신촌중앙침례교회, 9.

181 노영식, 하영자 인터뷰, 2006년 4월 27일, 꿈의교회 공주성전, 24.

182 노영식, 하영자 인터뷰, 2006년 4월 27일, 꿈의교회 공주성전, 12.

183 안중모 면담, 2015년 12월 3일, 충남 공주시 꿈의교회, 2; 고용남, "꿈의교회 역사에 관하여," 1.

184 공주시, 『공주 근대사 자료집 (개신교편)』 (공주시: 2012), 271.

185 최복순, 최명순 면담, 2015년 12월 8일, 경기도 안성시 최복순 자택, 6-7.

186 고용남, "꿈의교회 역사에 관하여," 2.

187 최복순, 최명순 면담, 2015년 12월 8일, 경기도 안성시 최복순 자택, 7.

188 노영식, "공주침례교회 역사, 1960-1967," 8-9; 노영식 인터뷰, 2006년 4월 27일, 꿈의교회 공주성전, 12-13.

189 공주시, 『공주 근대사 자료집 (개신교편)』, 270.

190 고용남, 고정남, 최복순, 최금자 인터뷰, 2015년 12월 17일, 서울 신촌중앙침례교회, 2.

191 원로장로(송재웅, 안원모, 박정일) 면담, 2016년 3월 6일, 꿈의교회 공주성전, 4; 고용남, 고정남, 최복순, 최금자 인터뷰, 2015년 12월 17일, 서울 신촌중앙침례교회, 6; 고용남, "꿈의교회 역사에 관하여," 1. 고용남은 2016년 현재 서울 신촌중앙침례교회 담임목사로서 모태에서부터 1965년 대전대학에 입학할 때까지 공주침례교회에 출석하였다.

1   Billie Frank Fudge, "Training Korean Seminary Students in Principles and Methods of Church Planting," D.Min. project (Southwestern Baptist Theological Seminary, 1979)를 살펴보시오.

2   허긴, 『한국침례교회사』 (대전: 침례신학대학교 출판부, 1999), 537-38, 545.

3   김승진, 『영·미·한 침례교회사』 (대전: 침례신학대학교 출판부, 2016), 677.

4   김승진, 『영·미·한 침례교회사』, 681.

5   Cloyes Starnes, "Baptists in Korea," Baptist Message (June 18, 1970): 7.

6   John Green, "Korean Crusade Briefs," Baptist Message (July 16, 1970); John Green, "Eighty-one Louisianians departed for Korean Crusade." Baptist Message (June 1970): 4-8; John Green, "Korean Crusade Wrap-up." Baptist Message (July 1970): 2-4.

7   Don C. Jones, "교회행정잡지와 교회확장운동, 1963년에서 1968년까지," 「뱁티스트」 6 (1993, 3-4): 91.

8   Jones, "교회행정잡지와 교회확장운동, 1963년에서 1968년까지," 91-92.

9   Don C. Jones, "교회진흥원이 탄생하기까지, 1969년에서 1973년까지" 「뱁티스트」 6 (1993, 3-4): 93.

10   Jones, "교회진흥원이 탄생하기까지, 1969년에서 1973년까지," 94.

11   Jones, "교회진흥원이 탄생하기까지, 1969년에서 1973년까지," 94-95.

12   Jones, "교회진흥원이 탄생하기까지, 1969년에서 1973년까지," 93.

13   Jones, "교회진흥원이 탄생하기까지, 1969년에서 1973년까지," 94.

14   허긴, 『한국침례교회사』, 561-62.

15   안중모 면담2, 2016년 2월 15일, 꿈의교회 공주성전, 7; 안중모 면담, 2015년 12월 3일, 충남 공주시 꿈의교회, 3.

16   공주시, 『공주 근대사 자료집 (개신교편)』, (2012년 1월), 282.

17   안중모, 『공주침례교회 100년사』 (공주: 공주침례교회, 1996), 20-21; 공주시, 『공주 근대사 자료집 (개신교편)』, 276-81.

18   공주시, 『공주 근대사 자료집 (개신교편)』, 283.

19   안중모, 『공주침례교회 100년사』, 21.

20   김승진, 『영·미·한 침례교회사』, 677-78.

21   김승진, 『영·미·한 침례교회사』, 678.

22   허긴, 『한국침례교회사』, 550.

23   허긴, 『한국침례교회사』, 523-24.

24 허긴, 『한국침례교회사』, 527-28.

25 허긴, 『한국침례교회사』, 531-32.

26 허긴, 『한국침례교회사』, 533-34.

27 허긴, 『한국침례교회사』, 534-35.

28 허긴, 『한국침례교회사』, 519.

29 Timothy Hyo-Hoon Cho, "A History of the Korea Baptist Convention: 1889-1969," (Th.D. diss., Southern Baptist Theological Seminary, 1970), 185.

30 Albert W. Gammage, Jr, Letter to Yong Gook Kim, 2000년 7월 10일.

31 Albert W. Gammage, Jr, Letter to Yong Gook Kim, 2000년 7월 10일.

32 김승진, 『영·미·한 침례교회사』, 694-95.

33 Don J. McMinn, "Training for the Future," The Commission 38 (March 1975): 21.

34 김승진, 『영·미·한 침례교회사』, 695.

35 Albert W. Gammage, Jr, Letter to Yong Gook Kim, 2000년 7월 10일.

36 "Dedication in Korea," The Commission 32 (January 1969): 33; Barbara Anne Welborn, "Touching Lives, Meeting Needs." The Commission (March 1975): 7.

37 침례병원 50년사 편찬위원회, 『침례병원 50년사』 (부산: 우주문화사, 2002), 105; "Dedication in Korea," 33; Welborn, "Touching Lives," 7.

38 침례병원 50년사 편찬위원회, 『침례병원 50년사』, 107.

39 침례병원 50년사 편찬위원회, 『침례병원 50년사』, 108.

40 침례병원 50년사 편찬위원회, 『침례병원 50년사』, 110.

41 Jones, "교회진흥원이 탄생하기까지, 1969년에서 1973년까지," 95.

42 Jones, "교회진흥원이 탄생하기까지, 1969년에서 1973년까지," 96; 안병창, 『교회진흥원 60년사』 (서울: 요단출판사, 2014), 75.

43 Jones, "교회진흥원이 탄생하기까지, 1969년에서 1973년까지," 96.

44 Jones, "교회진흥원이 탄생하기까지, 1969년에서 1973년까지," 97; 허긴, 『한국침례교회사』, 578.

45 Jones, "교회진흥원이 탄생하기까지, 1969년에서 1973년까지," 95.

46 Jones, "교회진흥원이 탄생하기까지, 1969년에서 1973년까지," 97.

47 안병창, 『교회진흥원 60년사』, 76.

48 Harold L. Fickett, 『침례교인의 신앙』 도한호, 정익환 역 (서울: 침례회출판사, 1975).

49 Stanley E. Anderson, 『침례의 중요성』, 이요한 역 (서울: 침례회출판사, 1975).

새로 읽는 한국침례교회사

50   안종만, 『교회입문』 (서울: 침례회출판사, 1970), 17.

51   이은선, "6·25전쟁과 미국 복음주의와 한국교회," 「영산신학저널」 44 (2018년 6월): 207.

52   유동식, "빌리 그레함 傳道大會를 말한다," 「기독교사상」 (1973년 7월): 81.

53   한경직, "빌리 그레함 전도대회의 비죤과 그 목표," 『빌리그레함 전집-한국전도대회특집』 한국기독교선교협의회 편 (서울: 신경사, 1973), 10.

54   "빌리 그레함 한국 전도대회 종합통계," 『빌리그레함 전집-한국전도대회특집』 한국기독교선교협의회 편 (서울: 신경사, 1973), 69.

55   Sherwood Wirt, 『빌리 그래함』, 장밀알 역 (서울: 예영커뮤니케이션, 1999), 192-96.

56   William Martin, 『빌리 그레이엄』, 전가화 역 (서울: 고려원, 1993),, 436.

57   이근미, 『김장환 목사 이야기 下, 그를 만나면 마음에 평안이 온다』 (서울: 조선일보사, 2000), 22-23.

58   조동진, "빌리 그레함 傳道大會를 말한다," 「기독교사상」 (1973년 7월): 87-88.

59   서울침례교회 60년사편찬위원회, 『서울침례교회 60년』 (서울: 엘에스커뮤니케이션, 2009), 46.

60   조만, "빌리 그래함 대전도: 빌리 그래함 한국 전도대회," 「활천」 366호 (1973): 70.

61   Martin, 『빌리 그레이엄』, 435-36.

62   조동진, "빌리 그레함 傳道大會를 말한다," 83.

63   조향록, "빌리 그레함 傳道大會를 말한다," 86.

64   이근미, 『김장환 목사 이야기 下, 그를 만나면 마음에 평안이 온다』, 17-8. William Martin은 통역을 정하는 것은 어려운 일이었다. 한경직은 이미 자신은 너무 늙었다고 고사했고, 결국 칼 매킨타이어의 통역을 한 적이 있어 실력이 입증된 김장환을 택하게 되었다고 했다(Martin, 『빌리 그레이엄』, 437).

65   Martin, 『빌리 그레이엄』, 439.

66   조수진, "「극동방송」의 대북방송 역사연구-1956년 개국부터 90년대 말까지" (석사학위논문, 고려대학교 언론대학원, 2014), 54.

67   Wirt, 『빌리 그래함』, 283-85.

제6장 기독교한국침례회 시대(1976-현재)

1   조혜도·왕은신, 『침례교 여전도회사』 (서울: 한국침례회 전국여전도연합회, 1998), 71.

2   침례신학대학교 50년사 편찬위원회, 『침례신학대학교 50년사』 (대전: 침례신학대
학교 출판부, 2004), 158.

3   안병창. 『교회진흥원 60년사』 (서울: 요단출판사, 2014), 101-02

4   허긴, 『한국침례교회사』, (대전: 침례신학대학교출판부, 1999), 585.

5   김승진, 『영·미·한 침례교회사』 (대전: 침례신학대학교 출판부, 2016), 682.

6   허긴, 『한국침례교회사』, 551, 556-57.

7   Don C. Jones "1970 Korea Baptist Crusade Report," Report to the Foreign
Mission Board, 3 February 1971, 3-4; 김승진, 『영·미·한 침례교회사』, 682 재인
용.

8   허긴, 『한국침례교회사』, 562.

9   Seung Jin Kim, "A History Southern Baptist Mission Work in Korea: Its Im-
pact on Korean Baptist Church Growth," (Ph. D. dissertation, Southwest-
ern Baptist Theological Seminary, 1995), 123-24.

10   김승진, 『영·미·한 침례교회사』, 683; 허긴, 『한국침례교회사』, 562-66; Kim, "A His-
tory," 123-24.

11   허긴, 『한국침례교회사』, 571.

12   허긴, 『한국침례교회사』, 566-70.

13   O. K. Bozeman, Jr., "Report on Oct. 13-28, 1983 Partnership Crusade," (No-
vember 22, 1983); O. K. Bozeman, Jr., "Report on October 18-30, 1984 Part-
nership Crusade," (November 5, 1984). 허긴, 「한국침례교회사」, 566-70, 600.

14   김승진, 『영·미·한 침례교회사』, 686.

15   김승진, 『영·미·한 침례교회사』, 686.

16   김승진, 『영·미·한 침례교회사』, 687.

17   김승진, 『영·미·한 침례교회사』, 686-87.

18   허긴, 『한국침례교회사』, 614.

19   허긴, 『한국침례교회사』, 615-16.

20   허긴, 『한국침례교회사』, 396-97.

21   Peter Shepherd, "Denominational Renewal: A Study in English Baptist
Church Life and Growth, 1901-1906," Baptist Quarterly, vol. 37 (1997-1998):
346-47.

22   Carl W. Tiller, "Some Strands in the History of the Baptist World Alliance,"
Foundations, vol. 17, no. 1 (January-March 1974): 21.

23   Water O. Lewis, "Origin and Growth of the Baptist World Alliance," The
Chronicle, vol. 13, no. 3 (July 1950): 102.

24   J. H. Rushbrooke, "The Baptist World Alliance." Baptist Quarterly, vol. 9 (1938-1939): 68-69.

25   BWA에 관한 자세한 내용은 김용국, 『침례교회사』 (서울: 누가출판사, 2024), 584-605를 참조하시오.

26   김승진, 『영·미·한 침례교회사』, 688.

27   김승진, 『영·미·한 침례교회사』, 689.

28   오관석, 『정금같이 나오리라』 (서울: 쿰란, 2005), 80-81.

29   오관석, 『정금같이 나오리라』, 81-84.

30   오관석, 『정금같이 나오리라』, 85-86.

31   오관석, 『정금같이 나오리라』, 86-87.

32   오관석, 『정금같이 나오리라』, 87-88.

33   오관석, 『정금같이 나오리라』, 88.

34   오관석, 『정금같이 나오리라』, 88-89.

35   오관석, 『정금같이 나오리라』, 90.

36   오관석, 『정금같이 나오리라』, 91.

37   오관석, 『정금같이 나오리라』, 111-12.

38   오관석, 『정금같이 나오리라』, 112-13.

39   오관석, 『정금같이 나오리라』, 94-96.

40   오관석, 『정금같이 나오리라』, 96-99.

41   하늘비전교회, "교회발자취," 「온라인 자료」 http://www.hvbc.kr/bbs/board.php?bo_table=board_18&wr_id=12. 2023 4월 9일 접속

42   오관석, 『정금같이 나오리라』, 104-05.

43   하늘비전교회, "교회발자취," 「온라인 자료」 http://www.hvbc.kr/bbs/board.php?bo_table=board_18&wr_id=12. 2023년 4월 9일 접속.

44   이옥주, 『나의 나 된 것은: 김충기 목사의 삶과 신앙』 (서울: 강남중앙침례교회, 2002), 15-16.

45   이옥주, 『나의 나 된 것은: 김충기 목사의 삶과 신앙』, 34-37.

46   이옥주, 『나의 나 된 것은: 김충기 목사의 삶과 신앙』, 38-46.

47   이옥주, 『나의 나 된 것은: 김충기 목사의 삶과 신앙』, 47-49.

48   이옥주, 『나의 나 된 것은: 김충기 목사의 삶과 신앙』, 49.

49   이옥주, 『나의 나 된 것은: 김충기 목사의 삶과 신앙』, 51.

50   이옥주, 『나의 나 된 것은: 김충기 목사의 삶과 신앙』, 51-52.

51   이옥주, 『나의 나 된 것은: 김충기 목사의 삶과 신앙』, 56-59.

52   이옥주, 『나의 나 된 것은: 김충기 목사의 삶과 신앙』, 59-61.

53   이옥주, 『나의 나 된 것은: 김충기 목사의 삶과 신앙』, 64-66.

54   피영민 외 11인, 『강남중앙침례교회 사십년사』 (서울: 검과 흙손, 2016), 58.

55   이옥주, 『나의 나 된 것은: 김충기 목사의 삶과 신앙』, 69-72.

56   이옥주, 『나의 나 된 것은: 김충기 목사의 삶과 신앙』, 73-74.

57   이옥주, 『나의 나 된 것은: 김충기 목사의 삶과 신앙』, 74-75.

58   피영민 외 11인, 『강남중앙침례교회 사십년사』, 59.

59   피영민 외 11인, 『강남중앙침례교회 사십년사』, 58-59. 이옥주, 『나의 나 된 것은: 김
      충기 목사의 삶과 신앙』, 75-81.

60   이옥주, 『나의 나 된 것은: 김충기 목사의 삶과 신앙』, 83-84.

61   이근미, 『김장환 목사 이야기 上』 (서울: 조선일보사, 2000), 17-27.

62   이근미, 『김장환 목사 이야기 上』, 29-36.

63   이근미, 『김장환 목사 이야기 上』, 37-41.

64   이근미, 『김장환 목사 이야기 上』, 52-55.

65   이근미, 『김장환 목사 이야기 上』, 58-60.

66   이근미, 『김장환 목사 이야기 上』, 79-83.

67   이근미, 『김장환 목사 이야기 上』, 89-91.

68   이근미, 『김장환 목사 이야기 上』, 111-12.

69   이근미, 『김장환 목사 이야기 上』, 106-08, 113.

70   이근미, 『김장환 목사 이야기 上』, 133-35.

71   이근미, 『김장환 목사 이야기 上』, 194-95.

72   이근미, 『김장환 목사 이야기 上』, 207-09.

73   William Martin, 『빌리 그레이엄』, 전가화 역 (서울: 고려원, 1993), 439.

74   Martin, 『빌리 그레이엄』, 437.

75   이근미, 『김장환 목사 이야기 下』 (서울: 조선일보사, 2000), 37.

76   Martin, 『빌리 그레이엄』, 216-9.

77   이근미, 『김장환 목사 이야기 下』, 23-25.

78   이근미, 『김장환 목사 이야기 下』, 25.

79   이근미, 『김장환 목사 이야기 下』, 27.

80   유동식·조향록·조동진·김경재·김종렬. "빌리 그레함 傳道大會를 말한다," 「기독교사
      상」 (1973년 7월): 81.

81   "빌리 그레함 한국 전도대회 종합통계," 『빌리그레함 전집-한국전도대회특집』, 한국
      기독교선교협의회 편 (서울: 신경사, 1973), 69.

82   이근미, 『김장환 목사 이야기 下』, 22-23, 29-30.

83   이근미, 『김장환 목사 이야기 下』, 41-43.

84　이근미, 『김장환 목사 이야기 下』, 70-71; 조수진, "「극동방송」의 대북방송 역사
　　연구-1956년 개국부터 90년대 말까지" (석사학위논문, 고려대학교 언론대학원,
　　2014), 54.

85　김장환, 『지금 마지막을 대비하라』 (서울: 나침반출판사, 1997), 149-50; 김장환, 『힘
　　을 다하여 주님께 배우라』 (서울: 나침반, 1988), 13, 49, 85.

86　김장환, 『힘을 다하여 주님을 증거하라』 (서울: 나침반, 1987), 44-45.

87　김장환, 『힘을 다하여 주님께 배우라』, 45.

88　김장환, 『지금 마지막을 대비하라』, 69.

89　김장환, 『지금 마지막을 대비하라』, 87; 김장환, 『생명을 걸고 사랑하라』 (서울: 규
　　장, 1994), 136.

90　김장환, 『생명을 걸고 사랑하라』, 137, 347-48; 김장환, 『지금 마지막을 대비하라』,
　　75.

91　김장환, 『힘을 다하여 주님께 배우라』, 28, 30-32.

92　김장환, 『생명을 걸고 사랑하라』, 42-43.

93　이근미, 『김장환 목사 이야기 上』, 198-200.

94　이근미, 『김장환 목사 이야기 上』, 131-32.

95　이동원, 『비전의 신을 신고 내일로 간다』 (서울: 두란노, 2010), 18-27.

96　이동원, 『비전의 신을 신고 내일로 간다』, 28.

97　이동원, 『비전의 신을 신고 내일로 간다』, 32-33, 47.

98　이동원, 『비전의 신을 신고 내일로 간다』, 31-32.

99　이동원, 『비전의 신을 신고 내일로 간다』, 34-37.

100　이동원, 『비전의 신을 신고 내일로 간다』, 40, 46.

101　이동원, 『비전의 신을 신고 내일로 간다』, 48-50.

102　두란노서원 출판부, 『내가 본 이동원 목사』 (서울: 두란노, 2010), 152.

103　이동원, 『비전의 신을 신고 내일로 간다』, 51-53.

104　이동원, 『비전의 신을 신고 내일로 간다』, 57-60.

105　이동원, 『비전의 신을 신고 내일로 간다』, 62.

106　이동원, 『비전의 신을 신고 내일로 간다』, 62-63.

107　이동원, 『비전의 신을 신고 내일로 간다』, 63-64.

108　이동원, 『비전의 신을 신고 내일로 간다』, 66.

109　이동원, 『비전의 신을 신고 내일로 간다』, 68.

110　이동원, 『비전의 신을 신고 내일로 간다』, 69-71.

111　이동원, 『비전의 신을 신고 내일로 간다』, 74-76.

112　이동원, 『비전의 신을 신고 내일로 간다』, 81-83.

113   이동원,『비전의 신을 신고 내일로 간다』, 85-86.

114   이동원,『비전의 신을 신고 내일로 간다』, 87.

115   이동원,『비전의 신을 신고 내일로 간다』, 92-94.

116   이동원,『비전의 신을 신고 내일로 간다』, 95-96, 100-01.

117   두란노서원 출판부,『내가 본 이동원 목사』, 11-15.

118   두란노서원 출판부,『내가 본 이동원 목사』, 20-22, 26.

119   두란노서원 출판부,『내가 본 이동원 목사』, 42-46.

120   두란노서원 출판부,『내가 본 이동원 목사』, 31.

121   두란노서원 출판부,『내가 본 이동원 목사』, 132.

122   두란노서원 출판부,『내가 본 이동원 목사』, 36-38.

123   두란노서원 출판부,『내가 본 이동원 목사』, 74-76.

124   두란노서원 출판부,『내가 본 이동원 목사』, 85.

125   두란노서원 출판부,『내가 본 이동원 목사』, 117-18.

126   두란노서원 출판부,『내가 본 이동원 목사』, 143.

127   두란노서원 출판부,『내가 본 이동원 목사』, 54-55.

128   두란노서원 출판부,『내가 본 이동원 목사』, 59, 61.

129   두란노서원 출판부,『내가 본 이동원 목사』, 123-25.

130   두란노서원 출판부,『내가 본 이동원 목사』, 135-36.

131   두란노서원 출판부,『내가 본 이동원 목사』, 108-10.

132   이동원,『로마가 들어야 했던 복음』(서울: 도서출판 두란노, 1996), 30; 이동원,『시편강해 상: 새벽 사슴의 노래』(서울: 요단출판사, 1997), 117-25.

133   이동원,『로마가 들어야 했던 복음』, 121; 이동원,『시편강해 하: 호흡 있는 자들의 노래』(서울: 요단출판사, 1997), 160-61.

134   이동원,『로마가 들어야 했던 복음』, 19.

135   이동원,『로마가 들어야 했던 복음』, 78; 이동원,『로마를 바꾸어 놓은 사랑』(서울: 두란노, 1996), 13.

136   이동원,『로마가 들어야 했던 복음』, 88-95.

137   이동원,『『로마를 바꾸어 놓은 사랑』, 61-63.

138   이동원,『로마가 들어야 했던 복음』, 239.

139   이동원,『로마를 바꾸어 놓은 사랑』, 36-37.

140   이동원,『로마를 바꾸어 놓은 사랑』, 35-36.

141   이동원,『로마를 바꾸어 놓은 사랑』, 64.

142   이동원,『미움이 있는 곳에 사랑을』(서울: 나침반, 1991): 31.

143   이동원,『비유로 말씀하시더라』(서울: 나침반, 1988), 55.

144　이은호, "멀티교회 소개," 2025년 7월 31일.

145　김용국, 『꿈의교회 120년사: 꿈의 사람 꿈의 역사』 (서울: 요단출판사, 2016), 242.

146　김용국, 『꿈의교회 120년사: 꿈의 사람 꿈의 역사』, 244-53.

147　김용국, 『꿈의교회 120년사: 꿈의 사람 꿈의 역사』, 246.

148　꿈의교회, "2023년도 꿈의교회 안내 팜플렛."

149　김용국, 『꿈의교회 120년사: 꿈의 사람 꿈의 역사』, 266-69.

150　꿈의교회, "2025년도 다음세대 안내 팜플렛."

151　꿈의교회, "2025년도 꿈의교회 안내 팜플렛." 꿈의교회, "꾸밍 코딩 교회학교 안내 팜플렛." 김용국, 『꿈의교회 120년사: 꿈의 사람 꿈의 역사』, 270-76.

152　김용국, 『꿈의교회 120년사: 꿈의 사람 꿈의 역사』, 277-78.

153　안희묵, 『교회, 다시 꿈꾸다』 (서울: 교회성장연구소, 2015), 100-01, 209-11, 허준, 배창효, "선교적 교회 개척 모델 제안: 공주꿈의교회를 중심으로 한 '멀티교회'에 대한 연구," 「선교신학」 제74집 (2024): 220.

154　안희묵, "멀티사이트 캠퍼스 교회, 새 시대를 열어라," 「Church Growth」 (2015년 5월): 16-17; 이은호, "멀티교회 소개," 이은호, "멀티교회 소개," 2025년 7월 31일.

155　이은호, "멀티교회 소개," 2025년 7월 31일.

156　춘천한마음교회가 2025년 8월 7일 저자에게 보내준 자료를 기초로 작성함.

157　고재봉, "목회서신에서 감독의 자격에 대한 의미와 해석," 「복음과 실천」, 11 (1988): 55; 고재봉, "목사와 장로제도," 「 티스트」 4 (1992년 11-12월호): 82-83; Charlie Ray, "침례교 회중 교회정치에 대한 신약의 증거", 230-31, 243; 도한호, "침례교회에서의 장로문제," 「복음과 실천」 13 (1990): 57-66; 조효훈, "침례교인의 긍지(1)," 27-28; 도한호, "미래지향적 사고," 「 티스트」 2 (1992년 7-8월호): 11; 안경선, "나는 침례교 집사로서 자부심을 갖는다," 「 티스트」 2 (1992년 7-8월호): 110-11; 이창록, "나의 긍지," 「 티스트」 2 (1992년 7-8월호): 113; 조효훈, "장로직분에 대한 교리," 「 티스트」 3 (1992년 9-10월호): 8-13; 김선배, "로마서(7)," 57; 이재순, "침례교회와 행정," 16-17; 이진팔, "장로직 호칭인가 직칭인가?" 66; 김갑수, "신약성경에 나타난 교회관," 53.

158　박영철, "침례교 신앙과 제자훈련," 153; 노윤백, "목사의 교육적 기능," 102; 정진황, "침례교의 정신과 신앙," 18; 김병수, "효과적인 집사 사역의 길," 22-27; 박형중, "집사가 알아야 할 일," 「 티스트」 11 (1994년 1-2월호): 16-20; 박형중, "목회자와 평신도," 10-13.

159　허긴, 『한국침례교회사』, 603.

160　허긴, 『한국침례교회사』, 603.

161　안경선, "나는 침례교회 집사로서 자부심을 갖는다," 「 티스트」 2 (1992년): 110-

11.

162 조효훈, "장로직분에 대한 교리,"「   티스트」3 (1992년 9-10): 8-9.

163 조효훈, "장로직분에 대한 교리," 10-12.

164 임종호, "기독교한국침례회 82차 총회를 보고서,"「   티스트」(1992년 11-12월): 10.

165 고재봉, "목사와 장로제도,"「   티스트」4 (1992, 11-12): 82-83.

166 김병수, "효과적인 집사 사역의 길,"「   티스트」11 (1994, 1-2): 22.

167 이재순 편, 『부산기독교한국침례회 70년 기념 강좌 침례교』(서울: 요단출판사, 2020), 46.

168 기독교한국침례회,「제97차 정기총회 회의록」, 38.

169 기독교한국침례회,「제97차 정기총회 회의록」, 39.

170 기독교한국침례회,「제97차 정기총회 회의록」, 39-40.

171 기독교한국침례회,「제97차 정기총회 회의록」, 40.

172 기독교한국침례회,「제97차 정기총회 회의록」, 41.

173 기독교한국침례회,「제98차 정기총회 의사자료」, 426.

174 기독교한국침례회,「제98차 정기총회 의사자료」, 427-28.

175 기독교한국침례회,「제98차 정기총회 의사자료」, 428-29.

176 기독교한국침례회,「제98차 정기총회 의사자료」, 429-32.

177 기독교한국침례회,「제99차 정기총회 회의록」, 38-39.

178 기독교한국침례회,「제99차 정기총회 회의록」, 39.

179 기독교한국침례회,「제99차 정기총회 회의록」, 40;「국민일보」, 2009년 9월 22일.

180 「국민일보」, 2009년 8월 31일.

181 「국민일보」, 2009년 9월 22일.

182 「국민일보」, 2009년 11월 17일.

183 「국민일보」, 2009년 11월 17일.

184 「국민일보」, 2009년 11월 17일.

185 조미애, "한국 교회의 여성 이해에 대한 연구" (신학석사논문, 합동신학대학원, 2002), 29-30.

186 민순홍, "한국교회에서의 여성의 역할," (신학석사논문, 감리교신학대학 신학대학원, 1988), 37.

187 조선혜, "초기 한국교회 여성의 신앙과 활동,"「기독교사상」, 1999년 10월, 57에서 재인용.

188 양미강, "일제하 한국 기독교 여성운동에 관한 연구" (석사학위 논문, 한신대학 신학대학원, 1988), 47-48.

189 박용규, 『한국기독교회사 1 (1784-1910)』(서울: 생명의말씀사, 2004), 522; 조미애,

"한국 교회의 여성 이해에 대한 연구," 36.

190 김은정, "한국교회사에 나타난 여성 지도력 고찰," 18-19.

191 조미애, "한국 교회의 여성 이해에 대한 연구," 34.

192 정정숙, "韓國敎會에서의 女敎役者의 역할에 관한 硏究,"「신학지남」64 (1997): 24;
     김은정, "한국교회사에 나타난 여성 지도력 고찰," 21.

193 김은정, "한국교회사에 나타난 여성 지도력 고찰," 22, 전도부인이라는 이름이 갈수
     록 부정적인 명칭으로 바뀌었고, 급기야 전도부인들 스스로 자신들의 인격을 무시
     하는 이름이라고 생각하게 되었다. 결국 1932년에 장로교 각 노회에서는 여전도사
     라는 이름을 주어 시취 후 노회의 인정을 받게 하였다 (Ibid., 71).

194 조선혜, "초기 한국교회 여성의 신앙과 활동," 58; 임창복, "한국교회 여교역자의 항
     존직의 위치 및 역할 가능성에 관한 연구," 143-44.

195 임창복, "초대교회 교역의 관점에서 본 한국교회 여교역자의 항존직의 위치 및 역
     할 가능성에 관한 연구,"『교역과 여성안수』, 장로회신학대학교 다원화목회연구원
     (서울: 장로회신학대학출판부, 1992), 141; 김은정, "한국교회사에 나타난 여성 지도
     력 고찰," 52-53.

196 정정숙, "韓國敎會에서의 女敎役者의 역할에 관한 硏究," 26-28; 김은정, "한국교회
     사에 나타난 여성 지도력 고찰," 53-62.

197 조미애, "한국 교회의 여성 이해에 대한 연구," 37.

198 정정숙, "韓國敎會에서의 女敎役者의 역할에 관한 硏究," 28-29; 조윤희, "한국 교회
     에 있어서 여성안수에 관한 역사적 고찰," (석사학위논문, 한신대학교 신학대학원,
     1994), 37.

199 김은정, "한국교회사에 나타난 여성 지도력 고찰," 66-67.

200 임창복, "한국교회 여교역자의 항존직의 위치 및 역할 가능성에 관한 연구," 142.

201 조윤희, "한국 교회에 있어서 여성안수에 관한 역사적 고찰," 36.

202 조윤희, "한국 교회에 있어서 여성안수에 관한 역사적 고찰," 70.

203 조윤희, "한국 교회에 있어서 여성안수에 관한 역사적 고찰," 47-48.

204 김인수, "여성과 여성안수의 이해에 대한 교회사적 고찰," 35-37; 조윤희, "한국 교회
     에 있어서 여성안수에 관한 역사적 고찰," 48-49.

205 조윤희, "한국 교회에 있어서 여성안수에 관한 역사적 고찰," 61-62.

206 조윤희, "한국 교회에 있어서 여성안수에 관한 역사적 고찰," 62-63.

207 조윤희, "한국 교회에 있어서 여성안수에 관한 역사적 고찰," 66-69; 조미애, "한국
     교회의 여성 이해에 대한 연구," 44, 51.

208 김인수, "여성과 여성안수의 이해에 대한 교회사적 고찰, 37-42.

209 대한예수교장로회(통합),『헌법』(서울: 한국장로교출판사, 2004), 3-4, 193.

210 서창원, "여성안수 허용 문제에 대한 이의 제기,"「목회와 신학」, 2004년 10월, 202-5.

211 서창원, "여성안수 허용 문제에 대한 이의 제기," 204-07.

212 김의환, "교회 내 여성 사역의 제한성과 중요성,"「신학지남」64 (1997): 19-20.

213 서창원, "여성안수 허용 문제에 대한 이의 제기," 205-6; idem, "여성안수에 대한 김세운 교수의 반박에 대한 재반박,"「목회와 신학」, 2004년 12월, 203.

214 김의환, "교회 내 여성 사역의 제한성과 중요성," 12-16.

215 「국민일보」, 2006년 9월 22일;「국민일보」, 2006년 9월 27일. 김용국, "여교역자에 대한 한국교회의 인식 및 정책," 침례교신학연구소 편,『교회와 여성의 리더십』(대전: 침례신학대학교출판부, 2006년 5월), 245.

216 침례교신학연구소 편,『교회와 여성의 리더십』(대전: 침례신학대학교출판부, 2006년 5월).

217 기독교한국침례회,「제96차 정기총회 회의록」, 42.

218 기독교한국침례회,「제98차 정기총회 의사자료」, 436-37.

219 기독교한국침례회,「제98차 정기총회 의사자료」, 433.

220 기독교한국침례회,「제98차 정기총회 의사자료」, 434-35.

221 기독교한국침례회,「제98차 정기총회 의사자료」, 435-36.

222 기독교한국침례회,「제99차 정기총회 회의록」, 38;「국민일보」, 2009년 9월 22일.

223 「국민일보」, 2009년 9월 22일.

224 기독교한국침례회,「제100차 정기총회 회의록」, 46.

225 기독교한국침례회,「제101차 정기총회 회의록」, 47.

226 기독교한국침례회,「제103차 정기총회 의사자료」, 33.

227 기독교한국침례회,「제104차 정기총회 의사자료」, 34.

228 기독교한국침례회,「제105차 정기총회 의사자료」, 39-40.

229 이새, 김용국 이메일 yongkim@kbtus.ac.kr, 2025년 7월 4일.

230 침례병원 50년사 편찬위원회,『침례병원 50년사』(부산: 우주문화사, 2002), 109-10.

231 침례병원 50년사 편찬위원회,『침례병원 50년사』, 111.

232 침례병원 50년사 편찬위원회,『침례병원 50년사』, 112.

233 침례병원 50년사 편찬위원회,『침례병원 50년사』, 112.

234 침례병원 50년사 편찬위원회,『침례병원 50년사』, 149.

235 침례병원 50년사 편찬위원회,『침례병원 50년사』, 139.

236 침례병원 50년사 편찬위원회,『침례병원 50년사』, 140-41.

237 침례병원 50년사 편찬위원회,『침례병원 50년사』, 148.

238 침례병원 50년사 편찬위원회,『침례병원 50년사』, 150-51.

    새로 읽는 한국침례교회사

239　「메디칼타임즈」, 2017년 5월 10일.

240　이재순 편, 『부산기독교한국침례회 70년 기념 강좌 침례교』 (서울: 요단출판사, 2020), 171.

241　이재순 편, 『부산기독교한국침례회 70년 기념 강좌 침례교』, 171.

242　침례병원 50년사 편찬위원회, 『침례병원 50년사』, 158-59.

243　「노컷뉴스」, 2017년 3월 15일; 「노컷뉴스」, 2017년 3월 17일; 「프레시안」, 2017년 3월 18일.

244　「노컷뉴스」, 2017년 3월 15일; 「노컷뉴스」, 2017년 3월 17일; 「프레시안」, 2017년 3월 18일.

245　「노컷뉴스」, 2017년 4월 28일.

246　「노컷뉴스」, 2017년 4월 28일.

247　「국제신문」, 2017년 7월 14일.

248　「연합뉴스」, 2018년 7월 30일.

249　「노컷뉴스」, 2018년 7월 30일.

250　「메디칼타임즈」, 2017년 5월 10일.

251　「국제신문」, 2017년 7월 14일.

252　「부산일보」, 2017년 7월 15일.

253　이재순 편, 『부산기독교한국침례회 70년 기념 강좌 침례교』, 172.

254　Dr. Robert M. Wright, Baptist Mission A.P.O. # 59 San Francisco, California, Letter to Dr. Winston Crawley, P.O. Box 5148, Richmond, Virginia, March 7, 1957, 3.

255　허긴, 『한국침례교회사』, 589; Don J. McMinn, "Training for the Future," The Commission 38 (March 1975): 21.

256　김승진, 『영·미·한 침례교회사』, 695.

257　허긴, 『한국침례교회사』, 590-91.

258　김승진, 『영·미·한 침례교회사』, 696-97.

259　침례신학대학교 50년사 편찬위원회, 『침례신학대학교 50년사』 (대전: 침례신학대학교 출판부, 2004), 181-82.

260　허긴, 『한국침례교회사』, 593.

261　침례신학대학교 50년사 편찬위원회, 『침례신학대학교 50년사』, 183-84.

262　침례신학대학교 50년사 편찬위원회, 『침례신학대학교 50년사』, 184-85.

263　침례신학대학교 50년사 편찬위원회, 『침례신학대학교 50년사』, 185-87.

264　침례신학대학교 50년사 편찬위원회, 『침례신학대학교 50년사』, 187-88.

265　침례신학대학교 50년사 편찬위원회, 『침례신학대학교 50년사』, 188-89.

266 침례신학대학교 50년사 편찬위원회,『침례신학대학교 50년사』, 191-92.

267 침례신학대학교 50년사 편찬위원회,『침례신학대학교 50년사』, 192-93.

268 김승진,『영·미·한 침례교회사』, 697-98; 허긴,『한국침례교회사』, 593.

269 Branum, "Three Mission Stations in Korea," Annual, June 1954, 172.

270 학교법인 한국침례신학원,「2020년도 제170차 이사회 회의록」, 3.

271 2023학년도 개교 70주년 기념예배 순서지.

272 「Baptist Today」, 7월 1일.

273 기독교한국침례회 총회,「2025년도 제114-2차 임시총회 회의록」, 24.

274 기독교한국침례회 총회,「2025년도 제114-2차 임시총회 회의록」, 28.

275 안병창,『교회진흥원 60년사』(서울: 요단출판사, 2014), 76.

276 안병창,『교회진흥원 60년사』, 102.

277 안병창,『교회진흥원 60년사』, 102.

278 안병창,『교회진흥원 60년사』, 102-3.

279 안병창,『교회진흥원 60년사』, 103.

280 안병창,『교회진흥원 60년사』, 104-05.

281 안병창,『교회진흥원 60년사』, 105.

282 안병창,『교회진흥원 60년사』, 110.

283 안병창,『교회진흥원 60년사』, 110.

284 기독교한국침례회 교회진흥원, "연혁," http://www.holylife.co.kr/html/sub01/03.asp, 2025년 7월 24일 접속.

285 허긴,『한국침례교회사』, 595-96.

286 유병기, "한국교회와 침례교단 교회들의 선교참여,"「 티스트」6 (1993, 3-4): 98-99.

287 Wheat, "Korea," 170; Wheat, "Korean Mission," 174; Kim, "History of Southern," 176-77.

288 허긴,『한국침례교회사』, 582.

289 허긴,『한국침례교회사』, 584.

290 W. Guy Henderson, "Led by the Unseen Hand," The Commission 23 (July 1960): 133; W. Guy Henderson, "Growth Sought by Various Ways: Army Center Opens," The Commission 26 (June 1963): 21; 허긴,『한국침례교회사』, 462-64.

291 허긴,『한국침례교회사』, 575-77; Department of Military Evangelism of the Korea Baptist Mission,『자유를 얻는 길』(대전: Department of Military Evangelism of the Korea Baptist Mission, 1973).

292 Cloyes Starnes, "Baptists in Korea," Baptist Message (June 18, 1970): 7; 허긴,
『한국침례교회사』, 579-82.

293 허긴, 『한국침례교회사』, 597-98.

294 허긴, 『한국침례교회사』, 598.

295 김승진, 『영·미·한 침례교회사』, 698.

296 허긴, 「한국침례교회사」, 594-95; 김승진, 『영·미·한 침례교회사』, 699-700.

297 안중모, 『벼랑 끝에서 누린 은혜』 (N.p: n.d.), 47-48.

이정훈 목사, 이요섭 목사, 이황규 전도부장, 이욥 총회장
김용국 교수, 김태식 교수, 김성렬 교육부장, 김일엽 총무

(왼쪽 부터)